정도전 | 허준 | 박문수 | 홍국영 | 사마천 | 오자서 | 범려
칭기즈칸 | 오다 노부나가 | 도요토미 히데요시 | 요시다 쇼인

내 삶의 나침반
한·중·일 인물 열전

이공록 지음

도서출판 담아내기

머리말

　인간은 살아가는 과정에서 자신만의 나침판을 갖게 된다. 그 나침판은 부모가 될 수도 있고 스승이 될 수도 있으며 읽은 책 속의 등장인물이 될 수도 있다. 인간은 각자 다른 환경에서 태어나 성장하는데, 어떤 나침판을 가슴에 품고 살아가느냐에 따라 인생의 방향과 도착점이 다르게 형성된다고 볼 수 있다.

　어떤 사람은 좋은 환경에서 태어나 부모의 후원과 배려 속에 성장하고, 어떤 사람은 열악한 환경에서 태어나 부모의 후원이나 배려 없이 성장하기도 한다. 그런데 문제는 좋은 환경에서 태어나 부모의 알뜰한 후원과 배려 속에 성장하고도 큰 뜻을 이루지 못하는 사람이 있는가 하면, 부모의 후원 없이 열악한 환경 속에 살면서도 큰 뜻을 이룬 사람이 있다는 점이다. 말하자면 좋은 여건이 꼭 좋은 결과만을 가져오는 것은 아니라는 뜻이다.

　인간은 유한한 존재이다. 무변광대한 이 우주 속에 잠시 몸을 담갔다가 자연으로 되돌아간다. 대부분의 인간은 우주 속 먼지처럼 잊히지만, 어떤 이는 별처럼 빛나는 발자취로 인해 후대의 존경을 받는다. 물론 정반대의 경우도 있지만 말이다.

  인간은 각자 출발점이 다르듯이 지나온 과정도 다르고 도착점도 각양각색이다. 그중에서 다수인으로부터 회자되고 존경받는 사람들의 인생에는 편안하고 행복한 시간보다 눈물, 땀, 피가 뒤범벅된 굴곡진 과정이 저변에 깔려 있음을 알 수 있다. 필자는 늦은 나이에 이러한 삶의 진실을 인지하기에 이르렀고, 후손에게 그 깨달음을 공유하고 올바른 삶을 영유하는 데 도움을 주고자 이 글을 쓰기로 했다.

  주요 내용은 귀감이 될 만한 위인들의 족적을 필자 나름대로 선정하여 써내려간 압축된 전기문이다. 그러나 막상 위인의 전기에 필자의 깨달음을 글로 엮어내자니 여간 어려운 일이 아니었다. 특히나 전기문은 정확한 시대적 배경을 알지 못하면 이해되지 않은 내용이 많으므로, 이 점에도 큰 주위를 기울였다. 사실성 검증에도 심혈을 기울인 것은 말할 나위 없다.

  이 글을 쓰면서 필자가 느낀 것을 전해 두고 싶다.

  인간사 저절로 되는 일이 없다. 하늘 위 구름 속을 나는 용도 급할 때는 남의 집 처마 밑에 숨는다는 말처럼 급한 일이 있으면 쉬었다 가고 돌아서 가는 것을 추천한다. 억울한 일이 있어도 참고 가는 마음가짐이 필요하다. 권력과 금력은 영원할 수 없으며 아침 풀잎에 맺힌 이슬과도 같다.

  모쪼록 이 책이 독자 여러분의 삶에 조금이나마 올바른 나침판으로 작동하기를 기대해 본다.

속초 우거에서

목차

제1부 한국 편

01 정도전(鄭道傳)
풍운의 꿈 · 10
대륙에 부는 바람 · 12
고려와 정도전 · 17
개혁의 길 · 25
조선 개국과 정도전 · 34
정도전이 추구한 삶 · 36

02 허준(許浚)
허준, 그는 누구인가? · 39
가계와 출생 · 44
의원의 길에 들어서다 · 51
임진왜란과 허준의 활동 · 62
아, 동의보감! · 65
의성(醫聖) 허준 · 70

03 과거(科擧)에 얽힌 인물과 사연들
과거(科擧)의 등장 · 73

교육제도와 과거제도 • 76
조선의 과거제도 • 82
용(龍)이 된 사람들 • 86

제2부 중국 편

01 사마천(司馬遷)
〈사기(史記)〉와 사마천(司馬遷) • 108
사마천의 가계와 출생 및 성장 • 110
새로운 세상의 길 • 119
〈사기(史記)〉 집필 • 127
〈사기(史記)〉 고찰 • 134

02 〈사기(史記)〉 속 인물 열전
〈사기(史記)〉 속 인물들 • 147
주아부와 위관 • 166

03 오자서(伍子胥)
춘추전국시대(春秋戰國時代) • 184
미색(美色)이 경국(傾國)하다 • 186
쫓기는 오자서 • 191
오(吳)나라와 오자서 • 195
오(吳)·월(越)의 성장과 대결 • 201
사마천의 평가 • 210

04 범려(范蠡)
초(楚)와 오월(吳越) 시대의 개막 · 213
범려와 문종의 조우 · 215
장강에 배를 띄우다 · 217
늪 속으로 점점 빠지다 · 227
동정호의 배를 타다 · 234
나라와 개인을 지키는 법 · 242

05 칭기즈칸(Chingiz Khan)
중국 대륙의 상황 · 245
신부를 탈취하다 · 247
칭기즈칸의 탄생 · 250
고난의 세월 · 256
스스로 의지를 키우다 · 261
자무카와의 인연 · 274
부족의 통일을 향하여 · 281
옹 칸, 망령이 들다 · 285
테무진, 몽골 제곡의 칸(汗)이 되다 · 295

제3부 일본 편

01 오다 노부나가(織田信長)
당시 일본의 정세 · 302
관직명 및 업무 내용 · 305
'오닌의 난' 이후의 정세 · 306

전국시대(戰國時代) • 307
오다 노부나가(織田信長)의 등장 • 308
무력 발산의 시대 • 310
철포 문명에 몰입하다 • 322
적은 가까운 곳에 • 330
사나움보다는 너그러움으로 • 333

02 도요토미 히데요시(豊臣秀吉)
시대 상황과 도요토미 히데요시 • 335
히데요시의 여러 가지 출생 배경 • 337
히데요시의 성장 배경 • 343
노부나가와 히데요시 • 345
군 지휘관이 되다 • 352
야마자키 전투 • 356
시즈가타케(賤ヶ岳) 전투 • 362
도요토미 히데요시의 망상 • 367

03 요시다 쇼인(吉田松陰)
시대 상황과 요시다 쇼인의 등장 • 369
새로운 세상을 알게 되다 • 376
견문을 넓히다 • 379
시대를 거스르다 • 385
요시다 쇼인의 사상 • 398
후세에 끼친 영향 • 406

제1부

한국 편

내 삶의 나침반
한·중·일 인물 열전

01 정도전(鄭道傳)
02 허준(許浚)
03 과거(科擧)에 얽힌 사람과 사연들

01 정도전
(鄭道傳)

풍운(風雲)의 꿈

한 청년이 봉화(奉化)의 마을 길을 걸으며 중얼거리고 있었다.

"우리 봉화 정씨 집안에는 아직까지 벼슬길에 나간 어른이 없구나, 아버지는 기감(技監)이라는 벼슬을 했다는데, 이것은 산직(散職)이 아닌가?"

"벼슬길에 나아가고 싶은데, 누구에게 의논해 본단 말인가? 집안사람 가운데는 벼슬길에 나간 사람이 없으니 정말 답답하기 짝이 없구나! 관상쟁이가 나를 보고 학문에 정진하여 서른 살이 넘어 늦게 장가를 가면 재상이 될 자식을 얻을 수 있다고 했으니 그 또한 답답하구나!"

"내가 이렇다 할 입지도 세우지 못하고 있는데……."

"벼슬길에 나아가기를 마음먹었으니 학문에 매진하여 이 빈천한 집안의 이름을 떨치리라, 이왕 장가를 늦게 갈 운명이라면 당장 금강산에 들어가 학문에 정진해야겠다. 그래서 과거에 급제해 부모님을 기쁘게 해 드리고 문명(文名)을 날리리라!"

이런 고민을 한 청년은 바로 정도전의 아버지 정운경(鄭云敬)이다.

정운경은 어려서 어머니를 여의고 이모 집에서 자라면서 봉화현의 영주향교(榮州鄕校)에 다니다가 그 뒤 조금 더 격이 높은 안동의 복주향교(福州鄕校)에 다녔는데 성적이 우수했다. 이후 과거에 응시하여 사마시(司馬試. 생원과 진사를 뽑는 시험)에 급제했고, 다시 4년 뒤에 동진사(同進士)에 급제하여 상주목 사록(司錄)에 제수되면서 벼슬살이의 시작을 알린다. 이후 여러 벼슬을 거쳐 1343년 고려 충혜왕 때 밀성군 지사가 되었다.

영주향교

한편, 정운경이 벼슬에 뜻을 세우고 금강산에 들어가 학문에 매진하다가 고향으로 돌아오는 길에 충청도 단양 땅에서 하룻밤 유숙하게 되었을 때 우씨 성을 가진 낭자를 만나 훗날 백년가약을 맺는다. 그의 나이 38세 되던 해에 장남을 보게 되는데, 이 아들이 조선 개국의 일등공신 정도전이다.

대륙에 부는 바람

한족과 이민족

한족은 황하와 양자강 사이의 비옥한 평야 지대에서 오랫동안 생활하며 문화를 발전시킨 민족이다. 이에 반해 만리장성 너머 고비 사막을 근거지로 생활하는 흉노족이나 만주 지방의 여진족, 거란족들은 계절마다 초지를 찾아 가축 떼를 몰고 이동하는 유목민족이다.

중원에서 오랜 세월 한곳에 정착하여 문화를 발전시키며 살아왔기에 평상시 생활이 유사시 전투력과 직결되지 못한 한족에 비해, 말을 타고 사냥하며 살아온 이민족에게는 일상생활이 곧 전투력과 직결됐다. 즉 모든 국민이 전투 요원인 셈이다.

그들은 열악한 환경에서 생활하면서 중원 대륙을 동경했고 중원에서 일어나는 문제에 민감했다. 그들은 중원의 왕조가 강건할 때는 숨죽이고 살았지만, 중원의 왕조가 위약할 때는 발호했다. 그래서 기마민족이 침략해 오면 중원의 왕조는 큰 곤욕을 치르거나 피난을 가거나 심한 경우 왕조가 멸망하기까지 했다. 그래서 한족들은 이민족을 달래기 위해 그들에게 관직을 주거나 많은 재물을 주어 달래기도 했다. 한편으로는 이이제이(以夷制夷) 정책을 쓰기도 했다.

중원 대륙에서 송(宋)나라가 천자국으로 존립할 때 만주지방에 큰 변화가 생겼다. 야율라보기라는 영웅이 출현하여 산재해 있던 거란족을 통일하고 요(遼)나라를 세운 일이 그것이다. 그들은 둘째 아들 야율덕광(태종) 때에 만리장성을 넘어 송나라를 침입하여 연운 16개 주를 차지한다. 이에 당황한 송나라 진종은 요나라의 성종을 만나 협상을 하게 된다.

회담 결과 두 나라는 형제의 의를 맺고 요나라가 송나라를 형이라 칭하기로 한다. 단, 송나라는 요나라에 매년 비단 20만 필과 은 10만 냥을 주기로 하고 휴전한다. 그만큼 송나라의 군사력은 요나라에 밀렸다는 뜻이다.

한편 만주지방에서는 여진족의 아골타가 등장하여 금(金)나라를 세우게 된다. 상황이 이렇게 되자 송나라는 새로 일어난 금나라의 힘을 이용하여 요나라를 멸망시킬 간계를 쓰게 된다. 이른바 이이제이(以夷制夷) 정책을 쓴 셈이다. 이에 금나라는 요나라 수도인 상경용천부(上京龍泉府)를 함락하지만, 송나라는 요나라의 남경(南京) 함락에 실패하고 만다. 송나라의 군사력이 그만큼 약했다는 증거이다.

이후 송나라는 금나라의 내부분열을 노리며 기미정책(羈縻政策)을 쓰게 되는데, 이에 분개한 금나라가 송나라로 쳐들어온다. 이에 송나라의 수도 개봉이 함락되고 왕과 왕후, 태자를 붙잡아 가니 송(북송)나라는 멸망하기에 이른다. 이는 송나라가 자국의 군사력을 키우기보다 남의 힘을 이용하여 적을 치려는 졸렬한 정책을 펼친 결과이다.

송(북송)나라가 멸망하자 휘종의 아홉 번째 아들이자 흠종의 동생인 조구가 송나라의 유민을 이끌고 양자강을 건너가 남경 웅천부에 송나라를 재건하게 되는데 이것이 남송(南宋)이다. 이렇게 하여 북송은 멸망하고 남송시대로 들어가게 되지만, 금나라가 재차 남송을 치게 되니 남송은 지금의 항주까지 쫓겨 간다. 즉 중원 대륙은 여진족이 세운 금나라가 차지하고 양자강 이남은 북송의 유민이 쫓겨 와 남송을 세운 꼴이다. 덧붙이자면 예로부터 중국은 양자강 이남에 세운 나라는 국력이 없는 존재로 취급해 왔다.

이렇게 하여 당시 중국 대륙은 제후국이던 금나라가 천자국이 되고, 천자국이던 송나라는 제후국 신세가 된 상황이었다.

성리학(性理學)의 영향<1> - 성리학의 생성과 본질

철학은 시대의 산물이고, 성리학은 북송시대에 생성되어 남송시대에 크게 발전한 철학이다.

성리학(性理學)은 유학(儒學)의 한 분파이다. 유학을 시기적으로 나누어 보면 공자(孔子)가 창시하여 맹자(孟子)를 거쳐 순자(荀子)를 이은 원시유학(原始儒學)이 있고, 이후 진시황(秦始皇)의 분서갱유(焚書坑儒)로 탄압받다가 한(漢)나라 통일 후 동중서(董仲舒)에 의해 크게 발전한다.

성리학은 유학에 선불교(禪佛敎)의 요소가 가미되어 종교적 색체를 띠게 됨으로써 유교(儒敎)라고 부르게 되었다. 성리학에서 신독(愼獨. 홀로 있을 때에도 도리에 어그러짐이 없도록 몸가짐을 바로 하고 언행을 삼감) 같은 수행은 불교에서 온 것이다. 성리학은 한때 도교 및 불교의 융성으로 쇠퇴하다가 당나라의 한유(韓愈)에 의해 중흥하기 시작한다.

춘추전국시대의 원시 유학을 거쳐 한나라, 당나라 시대 고대 유학의 바탕 위에 중세 유학이 발전하는데, 성리학은 중세 유학이다. 성리학이야말로 한족(漢族)의 이데올로기가 강하게 투영된 철학이다.

그렇다면 성리학이란 구체적으로 어떤 학문인가?

성리학이란 성명(性命)과 이기(理氣)에 대한 학문이다. 性(성)이란 하늘이 인간에게 내린 명령이다. 이 성(性)을 따르는 것을 도(道)라 하고, 또 이 道(도)를 닦는 것을 敎(교)라 한다. 그리고 이(理), 기(氣)와 관련해서는 이(理)는 인간이 마땅히 지키고 행동해야 할 준칙 또는 준거이다. 기(氣)는 이 세상의 모든 것을 생성(生成)할 수 있게 하는 물질, 즉 질료이다.

다른 표현으로 하면 이(理)가 만물을 생성하는 형이상(形而上)의 원리라면, 기(氣)는 만물을 생성하는 형이하(形而下)의 존재라는 것이다. 이를 당시 중국 정세에 대입하면 이(理)는 남송을 구성하는 한족을 가리키고, 기(氣)는 한족 이외의 다른 민족을 가리킨다. 즉 형이상은 한족이요, 형이하는 이민족이 되는 셈이다. 그렇다면 이민족이란 누구인가? 금나라를 세운 여진족이다.

이 세상은 이(理), 즉 남송(한족)을 중심으로 움직이고 발전해야 한다는 철학이다. 따라서 당시 성리학은 한족을 중심으로 세상이 변화하고 발전해야 한다는 간절한 생각이 그 속에 담겨 있는 사상이다. 그런데 현실은 어떠한가? 한족은 양자강 이남으로 쫓겨 와 있고, 중원 대륙은 이민족인 여진족이 세운 금나라가 지배하고 있으니 한족으로서는 통탄할 수밖에 없었다.

이처럼 중국의 현실은 남송이 아니라 금나라가 지배하고 있으니, 이런 현실은 잘못됐다고 보는 것이 주희(朱熹)의 이기론(理氣論)이다. 이(理)가 세상을 지배해야 하는데, 현실은 기(氣)인 여진족이 지배하고 있으니 성리학의 입장에서 보면 한참이나 잘못된 상황인 셈이다. 이때 잘못된 것을 바로잡으려면 어떻게 해야 할까? 바꾸어야 한다. 무엇을 어떻게 바꾸어야 할까?

여기서 당시 송나라의 현실과 내부 사정을 알아보자. 당시 송나라 내부에는 귀족, 관료, 지방 호족 등 형세호(形勢戶)라 불리는 세력가가 있었다. 문제는 이들 형세호 집안에서 과거에 합격하는 사람이 많이 배출되었고, 이들이 정권과 금권을 모두 장악했다. 또한 중소 토지 소유자의 토지까지 모두 아우르자 민심이 극도로 흉흉해졌다.

이런 분위기는 국가가 위급할 때 국민의 단합과 국난 극복의 의지를 상실케 하지 않을 수 없었다. 그 결과 송나라(북송)는 여진족이 세운 금나라의 침략에 맥없이 무너지고, 소수의 왕족과 귀족만이 양자강 이남으로 쫓겨 와서 겨우 남송을 세워 명맥을 유지하게 된 상황이었다.

성리학(性理學)의 영향<2> - 고려

변화하는 중국 대륙의 상황과 성리학은 고려에 어떤 영향을 끼쳤을까? 또 고려 말 신흥사대부들이 왜 성리학을 받아들였을까? 남송시대의 사대부들과 고려 말의 신흥세력인 사대부들 사이에는 어떤 연관관계가 있을까?

사실 송나라 시대에 정권과 경제권을 장악했던 형세호와 고려 말의 권문세족들의 작태는 비슷한 점이 있었다. 고려 말 권문세족들은 양민들의 토지를 강탈하는 것으로 부족했던지 중소 지주계급인 사대부들의 땅마저 권력을 남용하여 강탈했다. 다만, 양민은 가진 지식과 힘이 없어서 국가권력에 항변할 수 없었지만, 중소 지주계급인 사대부들은 유학자이자 새로운 학문을 받아들인 신진 지식층이었기에 사정이 달랐다. 그들은 비판할 줄도 알고 항변하려는 자세도 갖추고 있었다. 때문에 그들은 권문세족들의 횡포를 보고만 있지 않았다. 성리학으로 무장한 신진사대부들은 권문세족들의 체제에 도전하는 세력으로 변해

갔다. 부패가 만연한 고려 말에 성리학의 전래는 기존 체제를 전복하려는 혁명사상으로 전환하는 여지가 있었다.

고려와 정도전
고려 말의 상황

정도전이 살던 고려 말은 토지제도의 문란으로 백성들이 도탄에 빠져 있었다. 당시에는 소수의 권문세족이 정권과 금권을 장악하고 있었다.

고려의 지배층을 살펴보면 전기에는 문벌귀족이었고, 무신의 난 이후에는 무신계급이었으며, 고려 후기에는 권문세족이었다. 권문세족들 가운데 군사력을 자의적으로 행사한 계층은 원나라의 힘을 배경으로 성장한 가문들이었다. 당시에는 권력을 장악하려면 원나라와 관계를 잘 맺어야 했다.

당시 고려에는 도평의사사(都評議使司)란 기관이 있었는데 그들은 막대한 권력을 행사했다. 도평의사사는 기존의 도병마사(都兵馬使)를 원나라의 요구에 따라 개편한 기관이다. 도병마사 때는 군사 문제만 취급하는 기관이었는데 도평의사사로 개편된 후부터는 군사, 조세, 화폐, 형사, 옥리 문제까지 취급하게 되어 막강한 권력을 행사했다.

한편, 도평의사사를 도당(都堂)이라고도 했는데 도당에 참여하는 사람은 대부분 권문세족이었다. 권문세족들의 도당을 통해 결정된 사안은 국왕도 거부할 수 없을 정도로 권력이 막강했다. 마치 국왕 위에 있는 권력처럼 고려의 정치를 좌지우지했다. 이런 권문세족들이 막강한 권력을 악용하여 사익 추구에 열을 올리게 되니 고려 사회는 차츰 혼돈의 위기 속으로 빠져 가고 있었다. 권문세족들은 많은 토지를 소유하기 위해 자신들의 권력을 남용했고, 결국에는 많은 토지를 소유하기에 이르렀다. 당시 권문세족들이 소유한 토지가 얼마나 많았는지를 추측할 수 있는 다음과 같은 말이 있다.

"토지의 넓이가 산천을 경계로 삼는다."

한 집안이 이렇게 많은 토지를 소유하게 되었다는 것은 상대적으로 양민들이 소유한 토지는 적어졌음을 뜻한다. 이런 형편이다 보니 자작농은 서서히 몰락하여 소작인이나 유랑민이 되고, 심지어 자진하여 노비로 전락하는 사람까지 있었다. 당시에는 권문세족의 노비가 되면 세금도 내지 않고 군역도 면제 받을 수 있었다. 이처럼 권문세족들의 횡포에 양민들은 살기가 매우 힘들었는데, 설상가상으로 해안을 중심으로 왜구가 출몰하여 노략질을 일삼으니, 양민들의 생활은 점점 비참해져 갔다.

한편, 중국으로부터 성리학이 전래되니 사대부를 중심으로 새로운 사상이 나타났다. 권문세족의 횡포를 막아 줄 국가 권력도 없었고 왜구의 노략질로부터 백성을 보호할 힘이 없는 고려는 서서히 무너져 가고 있었다. 권문세족의 토지 점유는 자작농의 소멸을 초래했고, 자작농의 소멸은 세수의 감소로 이어졌으며, 세수 감소는 국력이 쇠퇴하는 결과로 나타났다.

이런 현상을 개혁하고자 충선왕, 충숙왕, 공민왕 등이 노력했으나, 고려사회에 뿌리 깊게 박힌 권문세족들의 비협조와 방해로 이런 노력마저 실패로 돌아가고 만다. 국가의 권력은 권문세족의 권력에 비해 미미했다. 그로 인해 고려는 재생할 수 없는 자멸의 늪으로 빠져들게 된다.

정도전의 가계(家系)

정도전의 집안은 경북 봉화를 관향으로 하는 봉화 정씨로서 그의 조상은 이 지방의 향리를 지냈다. 그는 봉화에서 태어났고, 자(字)는 종지(宗之)이고 호(號)는 삼봉(三峰)이다.

봉화 정씨 집안에서 처음으로 벼슬길에 오른 사람은 정도전의 아버지 정운경이다. 정운경은 충숙왕 13년(1326년)에 사마시(司馬試)에 급제하여 벼슬을 얻은 이후 밀성군 지사까지 지냈다. 정도전은 아버지 정운경의 3남1녀 중 맏아들로 태어났다.

한편, 어머니의 가계를 살펴보면 외할아버지는 우연(禹延)이라는 분이다. 외할머니 쪽은 사정이 조금 복잡하다. 김전이라는 사람이 있었다. 그는 젊은 나이에 출가하여 중으로 생활하다가 다시 환속하게 된다. 김전은 환속 후 자기 집에서 일하는 하인의 처와 정을 나누는데, 두 사람 사이에서 태어난 여자아이가 외할머니 김 씨이다.

외할아버지 우연에게는 두 명의 아내가 있었는데, 첫째 부인은 차 씨 성을 가진 사람이고, 둘째 부인은 김 씨 성을 가진 여인이다. 이 김 씨가 환속한 김전의 외동딸이다. 그리고 우연과 김 씨 사이에서 태어난 딸이 후에 정운경의 부인이 된다.

정도전이 벼슬길에 오를 때 외할아버지와 같은 집안인 단양 출신 우현보(禹玄寶)의 세 아들이 정도전 외가 쪽의 일을 소문낸다. 즉 그들은 정도전이 벼슬길에 나설 때 천한 피를 받은 후손이라고 경멸한 셈이다. 그 사정은 정도전이 승진할 때마다 사헌부(司憲府)에서 임명장인

고신(告身)을 선뜻 내어 주지 않아 곤욕을 치르는 빌미를 제공한다. 훗날 정도전은 조선이 개국된 뒤 우현보의 세 아들에게 보복을 감행했다고 한다.

청운의 꿈(1) - 벼슬길과 귀양살이

삼봉 정도전은 총명했고 어려서부터 글 읽기를 좋아했다. 공민왕 9년(1360년) 19살 때 성균시(成均試)에 합격했고 그때 최 씨 부인과 결혼했다. 공민왕 11년(1362년) 21세 때 진사시(進士試)에 합격하여 충주 사록(司錄)을 시작으로 관직에 나섰다. 이후 그는 개경으로 와서 전주교부가 되고, 24세 때는 임금의 비서직에 해당하는 통례문 지후(通禮門祗候)로 승진했다. 그 시절 공민왕이 요승 신돈을 총애하여 국정이 문란해지자 사직하고 삼각산 옛집으로 낙향했다. 그 뒤 부모상을 당하여 고향 영주에서 3년간 시묘살이를 했다. 부모 타계 후 얼마 안 되는 재산이지만, 그것을 모두 형제에게 나누어 주고 자신은 늙은 노복 몇 명만 데려왔다.

한편, 공민왕은 노국 공주가 죽고 나서 신돈의 죄상을 알게 되어 그를 사형에 처했다. 또한 공민왕은 유교를 진흥시키고 성균관을 개혁하여 명망 있는 유생을 모으는 등 개혁정치를 시작했다. 그때 성균관에는 이색(李穡)이 대사성(大司成)을 맡고 정몽주(鄭夢周), 이숭인(李崇仁) 등 명망 있는 신진세력들이 교관을 맡아 일하고 있었다.

정도전은 정몽주를 위시한 교관들의 추천을 받아 성균박사에 임명되었다. 후에 국가의 제사의식을 관장하는 태상박사에 특임되어 성균박사 일도 겸하게 되었다. 그런데 그의 나이 33세 되던 해에 개혁 정치를 추진하던 공민왕이 시해당하고, 우왕(禑王)이 즉위하자 불운이 닥쳐왔다.

우왕 즉위 후 이인임(李仁任), 염흥방(廉興邦) 등의 권문세족이 정권을 장악하니, 공민왕이 표방했던 개혁정치는 유야무야되었다. 우왕 원년, 정도전이 34세 되던 해에 원나라에서 사신이 오게 되었는데, 주된 협의 내용은 원과 고려가 힘을 합쳐 신흥국가인 명나라를 토벌하자는 내용이었다.

정도전은 평소부터 고려의 번영을 위해서는 지금까지의 친원정책에서 벗어나 친명정책을 취해야 한다는 주장을 펴 왔다. 그가 원나라 사신을 영접하는 영접사로 임명받게 되는데, 그 자리에서 정도전은 과격한 행동과 발언을 하며 이를 거부한다. 그래서 정도전은 이인임 일파에게 미움을 받아 전라도 나주(羅州)의 회진(會津)현 거평(居平) 부곡(部曲)으로 귀양을 가게 된다.

그는 그곳에서 촌로의 집을 빌려서 살았는데, 동네 사람들이 음식을 가지고 와서 그를 융숭하게 대접해 주었다고 한다. 귀양 기간 동안 접촉한 사람들은 농부, 야인, 승려들이 대부분이었다. 부곡민 가운데 유식한 사람도 있어 정도전의 가치관 형성에 영향을 끼치기도 했다. 정도전은 그들의 순박한 인정과 예리한 비판 정신에 깊은 감동을 받는다. 그때 정도전에게는 지적 성장도 있었고 고려의 앞날을 위한 개혁 의지도 싹트기 시작했을 것으로 본다. 정도전의 저서 〈삼봉집(三峯集)〉에는 당시 부곡촌에서 겪은 일이 시와 산문으로 남아 있다. 또한 우리의 가슴을 뭉클하게 하는 또 다른 여러 글들이 실려 있는데, 특히 〈가난(家難)〉이라는 글 속에는 귀양살이 동안 본인은 물론 형제자매와

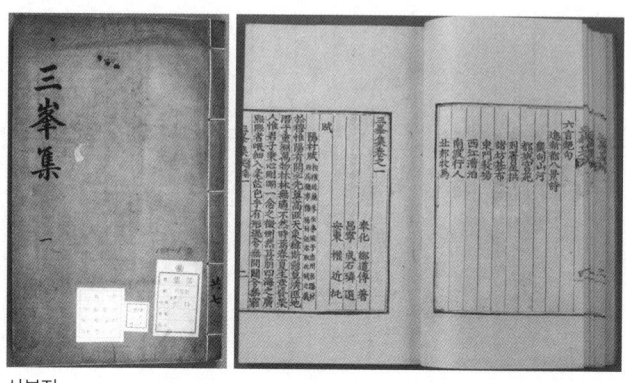
삼봉집

집안이 당한 수난을 표현한 내용과 최 씨 부인의 애절한 사연이 담긴 글도 실려 있다.

청운의 꿈(2) - 유랑 생활

정도전이 귀양을 간 지 2년 후인 우왕 3년에 나주 거평 부곡의 한정된 지역에서만 생활하던 귀양살이에서 풀려난다. 단, 귀양살이에서 풀려나기는 했지만 종편거처(從便居處. 죄를 지었을 때 이를 사면해 주고 서울 밖의 편리한 곳에 가서 살게 하던 일)로 인해 개경으로 돌아오지는 못한다.

처음에는 고향 영주로 돌아갔다가 다시 개경 인근의 삼각산 기슭에 초막을 짓고 생계를 위해 서당을 연다. 그러나 이곳 출신 재상이 정도전의 초막을 헐어 버리게 한다. 그래서 과거 동문수학하던 부평부사 정의(鄭義)란 사람의 도움으로 부평부 남촌에 주거를 마련했지만, 재상인 왕 씨가 헐어 버려 또다시 김포로 이주한다. 그곳의 생활 또한 여의치 못했다. 그때 나이 40세였다. 6년 동안 세 번이나 거처를 옮긴 서글픈 심정을 정도전은 〈이가(移家: 집을 옮긴다는 뜻)〉라는 시에서 다음과 같이 표현했다.

> 오 년 간 세 번이나 이사를 했는데
> 올해 또 다시 집을 옮겼네.
> 탁 트인 들에 초가는 작기도 하네
> 기다란 산에는 고목이 드문드문
> 농부들이 찾아와 성(姓)을 묻는데
> 옛 친구들은 편지를 끊었네.
> 하늘과 땅이 나를 용납할 수 있을까?
> 바람 부는 대로 가는 곳을 맡길 수밖에 없네.

당시의 정도전은 너무나 암울했다. 그의 친구들은 조정에 복귀했지만, 유독 정도전만은 복귀하지 못하고 유랑 생활을 했다. 3년 동안의 유배 생활과 6년 동안의 유랑 생활이 그에게는 너무나도 가슴 아프고 고달픈 세월이었다. 이 시절에 정도전은 자신의 이념이 용해된 많은 글을 지었고, 조선 개국 후에 정리하여 출판했다.

청운의 꿈(3) - 이성계와 만나다

10년 동안의 유배와 유랑 생활은 참으로 처참했다. 그래서 정도전은 고려 말의 혼탁한 정치 상황에서 자신의 입지를 세우려면 누군가의 후원이 필요하다고 생각했다. 그 결과 정도전은 고려 말 왜구 토벌로 떠오르는 샛별 이성계(李成桂)의 휘하로 들어가 재기의 기회를 모색하기로 마음먹었다. 우왕 9년, 불혹의 나이 42세 때 정도전은 두 번에 걸쳐 동북면 도지휘사로 있는 이성계를 찾아간다. 즉 이성계의 힘을 빌려 혁명을 해야겠다고 결심한 것이다. 무력을 이용하지 않고 혁명을 달성하기는 어렵다고 판단했기 때문이다.

이성계

이성계와 만났을 때의 일이다. 그의 휘하의 병졸들이 일사분란하게 움직이는 모습을 보고 이렇게 말했다.

"참 훌륭합니다. 이런 군대라면 무슨 일인들 못하겠습니까?"

그러자 이성계가 무슨 뜻으로 그런 말을 하느냐고 묻자 이렇게 둘러댄다.

"동남방의 근심인 왜적을 충분히 물리칠 수 있겠습니다."

정도전이 함주(함흥)의 이성계 막사를 찾아갔을 때만 해도 이성계는 역성혁명의 뜻을 품고 있지 않았다고 볼 수 있다. 그러나 이성계는 정도전과 나눈 많은 대화를 통해 혁명의 당위성을 인지했고, 혁명에 성공하려면 병력을 지휘할 사람과 유능한 책사의 필요성을 알게 된다.

이성계와의 끈을 맺어둔 후 정도전은 전의부령(典儀副令)의 직책으로 서장관(書狀官)이 되어 성절사(聖節使)인 정몽주와 함께 명나라의 수도인 금릉(金陵)을 다녀오게 된다. 명나라를 찾아간 목적은 우왕의 왕위 계승에 대해 고명(告命)을 받기 위해서다. 정도전은 명나라를 찾아간 임무를 무난히 수행한 공로로 우왕 11년에 종3품인 지제교(知製

敎)에 임명된다. 지제교의 임무는 왕의 교서를 짓는 요직이다. 그 뒤 남양부사(지금의 화성군)로 임명되어 선정을 베풀었다. 이런 일련의 과정에는 이성계의 뒷받침이 있었다고 본다. 이때는 이미 이성계와 정도전이 한마음이 되어 있었기 때문이다.

개혁의 길
위화도 회군과 개혁

이성계는 1388년 당시 문하시중(門下侍中)이던 최영(崔瑩)의 강압에 의해 요동 정벌의 임무를 띠고 출병하지만, 위화도에서 회군하여 최영을 처단한다. 그로부터 이성계는 실권을 장악하고 개혁정치를 단행하는데, 여기에는 정도전의 생각이 있었다. 회군 후 정도전은 종2품인 밀직부사(密直副使)의 직책을 맡아 왕의 비서로서 근무하게 된다.

이제 남은 것은 개혁에 걸림돌이 되는 우왕을 폐위시키는 일이다. 우왕 폐위에 내세운 명목은 폐가입진(廢假立眞)이다. 우왕은 공민왕의 자식이 아니라 신돈(辛旽)의 자식이기 때문에 가짜를 폐하여야 한다는 논리이다. 우왕은 공민왕과 신돈의 여종이었던 반야 사이에서 태어난 것이 아니라 신돈과 반야 사이에서 태어났으므로 폐해야 한다고 주장했다. 그래서 우왕을 폐하고 창왕(昌王)을 옹립한다. 그러나 이성계의 추종 세력들은 창왕마저 폐해버리고 만다. 그리고는 신종(神宗)의 7대손인 정창군(定昌君) 왕요(王瑤)를 공양왕(恭讓王)으로 옹립했는데, 왕요는 유약했고 이성계와 정도전의 세력 앞에서는 있으나 마나 한 존재였다.

이후에도 정도전은 개혁의 장애물이 되는 사람이나 무리들을 제거해 나갔다. 그리고 공양왕 2년(1390년)에 그동안 중단됐던 경연(經筵)을 열어 공양왕과 신하들이 정치 토론을 하게 했다. 이는 정치개혁을 위한 한 방안이었다.

그는 경연에서 그동안 왜구 토벌에 공을 세운 군인들에게 하사하던 관직인 첨설직(添設職)의 혁파를 주장했다. 첨설직은 수가 너무 많고 관직은 없으니, 관료제도의 혼란만 가져온다면서 개혁하자는 것이다. 또 중서문하성(中書門下省)의 종2품인 정당문학(政堂文學)으로 승진하여 성절사 신분으로 명나라에 가 황제의 생일을 축하하는 한편, 윤이(尹彛)와 이초(李初)의 무고 사실을 해명했다. 내용인즉 파평군(坡平君) 윤이와 중랑장(中郎將) 이초가 이성계를 무고하는 글을 올렸는데, 개인적인 일탈로 설득함으로써 이성계에게 피해가 가지 않도록 사건을 봉합했다.

정도전의 나이 50세 되던 해에는 군권마저 확보한다. 그는 병서에도 능통하여 문무를 겸한 인물이었기에 개혁을 강력하게 추진하기 위해서도 군권 장악은 필수라고 보았다. 그래서 종래의 5군 제도를 폐지하고 삼군도총제부(三軍都摠制府)를 설치하여 도총제사에 이성계, 좌군 총제사에 조준, 우군 총제사에 정도전 자신이 앉았다.

한편, 우왕, 창왕 폐위 문제로 스승인 이색(李穡)과 거리가 멀어졌는데, 전제개혁으로 인해 사이가 더욱 악화되었다. 개혁 정치에 걸림돌이 되는 이색 일파도 상소를 올려 제거했다.

두 번째 귀양살이

정도전이 개혁을 강행하자 권문세족들은 불안감을 느껴 개혁정책에 불응하거나 방해 공작을 폈다. 설상가상으로 이성계에 의해 옹립된 공양왕은 개혁에 미온적이었고 구세력들과의 관계를 단절하지 못하고 있었다. 이성계는 이런 상황에 대한 불만의 표시로 국가의 요직을 사직하고 평주 온천에서 은거에 들어갔다. 한편, 정몽주와 정도전의 이념 갈등 또한 점점 불거지고 있었다.

이성계의 사직으로 개혁 세력에 힘의 공백이 생기게 되자, 이번에는 정몽주가 정도전 탄핵에 나섰다. 정몽주는 정도전이 국가 기밀을 누설했다는 것과 그에게는 천출의 피가 흐르고 있는데, 이것을 속이고 관직에 나섰다는 것이 주요 내용이었다.

국가 기밀 누설이란, 정도전이 우현보를 탄핵할 때 그 내용을 밀봉하여 왕에게 올린 이후, 발설하면 안 될 탄핵 내용을 공공연하게 떠들고 다녔으므로 국가 기밀 누설죄에 해당한다는 주장이었다. 또한 천출의 피가 흐르면 관직에 나설 수 없는데, 이를 감추고 출사했다고 주장한 것이다.

여기에 장단을 맞추듯 구세력들은 개혁 세력들의 면면이 양반의 직계가 아니라 미천한 신분의 피가 섞여 있다고 공격했다. 따라서 자신들의 비천한 신분을 숨기기 위해 개혁이라는 미명하에 자신들이 모시던 윗사람들을 제거하고 있다고 주장했다.

공양왕은 정도전에 대한 여론이 좋지 않자 처음에는 외직인 평양부윤(平壤府尹)으로 보낸다. 그러나 정몽주의 사주를 받은 사헌부와 형조가 다시 강도 높게 탄핵하자 공양왕은 정도전을 삭탈관직하고 봉화현으로 유배 보낸다. 다만, 정도전의 죄가 크다고 할 수 없다며 그의 본 고향인 영주에서 살 수 있도록 한다. 그때 그의 나이 51세였다. 그러나 정도전의 불운은 계속된다.

이성계가 은둔 생활을 끝내고 개경으로 돌아와 그 사실을 알고 분노와 괴로운 마음을 풀고자 사냥을 나갔다가 낙마하여 사경을 헤매는 사건이 발생한다. 정몽주와 그를 따르는 사람들이 이때다 싶어 조준(趙浚), 정도전, 남은(南誾) 등을 악의 근원이라고 강도를 높여 규탄하고, 영주의 본향에서 생활하고 있는 정도전을 체포하여 감옥에 가둔 후, 처형을 강력하게 주장했다. 정도전의 목숨은 바람 앞의 등불처럼 위태로웠다. 그러나 공양왕은 자신을 옹립한 공신을 죽인다는 불안감과 이성계의 반발이 두려워 불응한다.

새로운 세상을 열려는 개혁파인 정도전과 고려의 사직을 지키려는 두 세력의 갈등 속에서 고려는 흔들리고 있었다.

한편, 이성계의 병세 회복으로 개혁 세력의 힘이 강해지자 공양왕은 정도전을 경기도 광주로 위배시켰다가 다시 개경으로 불러들여 충의군(忠義君)에 봉한다.

토지제도의 개혁(1) - 고려의 토지제도

고려의 토지제도는 농토를 의미하는 '밭 전(田)' 자와 땔감(연료)을 뜻하는 '땔감 시(柴)' 자를 써서 전시과(田柴科)라 했다. 이는 당나라의 제도를 모방해서 만든 것인데, 문무백관, 부병(府兵), 한인(閑人) 등에게 농토와 땔감을 채취할 수 있는 임야나 토지를 주는 방식이다. 부병은 직업 군인을 말하고, 한인은 관리에 임용되기 전인 예비 관료를 말한다.

변천 과정을 보면 경종 때는 시정전시과(始定田柴科)라고 했다. 당시 제1품관에게는 전지(田地)와 시지(柴地)를 각각 100결씩 주었고, 가장 낮은 18품관에는 전지 32결, 시지 25결을 주었다. 그리고 목종 때는 개정전시과(改定田柴科)라고 했는데, 이때부터는 전지와 시지를 축소에서 관리에게 주었다고 한다. 그 후 문종 때 다시 고쳐 경정전시과(更定田柴科)를 실시했다. 관리로 있던 사람이 세상을 떠나면 그 땅을 국가에 반납하기로 되어 있었다. 문종 3년에는 공음전시과(功蔭田柴科)가 생겼다. 이는 본인이 죽어도 그가 세운 공이 크면 자식에게 세습되는 제도이다.

고려시대 때는 국가가 양민에게 무료로 토지를 나누어주고 세금을 거두어 들였는데, 이 제도를 결부법(結負法)이라고 한다. 결부법이란 일정 면적당 1결, 2결 식으로 정하는 것이 아니라, 그 땅에서 생산되는 소출량을 기준으로 정했다. 1결이면 약 300말(15석) 정도의 곡식을 생산할 수 있는 면적이다. 그래서 비옥하다고 인정되는 토지는 1결의 면적이 좁았고, 척박한 토지라고 인정되는 것은 1결의 면적이 넓었다. 이 제도는 국가의 입장에서 조세를 징수하기는 편했지만, 많은 모순과 문제점을 갖고 있었다.

결부법(結負法)이란 결(結)과 부(負)라는 단위에서 유래하는데, 수확량으로 토지를 측정하는 방식이다. 수확량을 측정하는 방식에는 파(把)[줌], 속(束)[묶음], 부(負)[짐], 결(結)[먹]과 같은 용어들이 쓰였다. 파(把)란 곡식 다발을 한 웅큼 쥐었을 때의 양을, 속(束)은 곡식 다발을 한 아름 안았을 때의 양을, 부(負)는 곡식 다발을 등으로 짊어질 수 있는 양을 뜻한다. 그리고 셈법은 다음과 같다. 10파는 1속, 10속은 1부, 100부는 1결.

이런 방식은 측량 기술이 발달하지 못한 시절에는 최선이었겠지만, 측량 자체가 정확하지 않을 뿐더러 관리의 자의적인 판단이 개입될 여지가 많았다. 한편, 1결을 현대의 '평(坪)'으로 환산하면 약 300평 정도라고 한다.

토지제도의 개혁(2) - 토지제도를 고치다

〈고려사〉 '식화지(食貨志)' 편에 다음과 같은 내용이 있다.

"권문세족들은 남의 땅을 조상 대대로 물려받은 자기 땅이라고 우기면서 주인(농민)을 내쫓고 빼앗았다. 그리고 어떤 땅은 주인이 대여섯 명이나 나타나 농민이 피땀 흘려 지은 곡식을 빼앗아 가니, 농민은 소출의 8~9할을 내놓아야 했다. 농민들의 생활은 비참하지 않을 수 없었다."

고려 말 권문세족들이 소유한 토지는 산천을 경계로 구분했다고 하니 실로 광활한 면적이었다. 권력을 악용하여 양민들의 농토를 강탈하니 힘없는 농민들은 소작인이나 노비, 고향을 등진 유랑민으로 전락했다. 권문세족 한 집안이 소유한 땅이 2,000결~3,000결에 이르렀다. 1000결이면 300만 평이니 정말 어마어마한 겸병(兼倂)이었다.

권문세족들은 농민뿐 아니라 신진사대부들의 땅도 빼앗았다. 신진사대부란 지금은 권력이 없으나 중국으로부터 불어온 성리학을 공부한 엘리트였다. 당시 권문세족들은 소유한 토지에 대해 세금도 내지 않았다. 세금은 평민만 냈다. 그들은 군포의 의무도 없었다. 따라서 양민들은 도탄에 빠지고 국고는 궁핍해졌다.

조준은 상소를 올려 말하기를 임금의 정사에서 가장 중요한 것은 문란한 토지 제도를 바로 잡는 일이라 했다. 또 고려 선대의 세금은 소출의 10분의 1이었지만, 현재 사가(私家)에서는 양민에게 10분의 10을 걷는다고 개탄할 정도였다. 이에 정도전은 조준, 윤소중과 함께 토지 제도 개혁의 당위성을 역설했다.

그 내용을 보면, 우선 전국의 토지를 다시 조사하고 측량하기로 했다. 재조사 및 측량 결과, 권문세족이 강탈한 남의 땅은 몰수하여 계민수전(計民授田)의 이념에 의해 백성들에게 골고루 나누어 주려고 했다. 한편 조준 등은 관청 소유의 공전과 개인 소유의 사전(私田)을 혁파하여 새로 구획해야 한다고 주장했다.

이를 실행에 옮기려 하자 보수파의 강한 반발과 방해에 부딪혀 난항을 겪게 되었다. 이색을 중심으로 한 보수파는 토지 소유자를 한두 명으로 줄이는 방향으로 토지 개혁을 하자고 맞섰다. 이들은 자신이 소유한 토지까지 빼앗길 수 있다는 위기감 속에 반대를 한 셈이다. 이에 정도전은 이성계의 강한 힘을 뒷배 삼아 토지 재조사를 밀어붙였다. 그 결과 권문세족들이 불법으로 빼앗은 땅과 사전으로 둔갑시킨 공전 등을 합쳐 50만 결에 이르는 땅을 찾게 된다. 당시 1결의 수확량을 300말(20석)으로 보았을 때 50만 결이면 1000만 석을 생산할 수 있는 토지이다. 그 후로도 이어진 토지 재조사 결과, 20만 결이라는 토지를 더 찾게 된다.

정도전은 이를 근거로 계민수전의 이념에 의해 백성들에게 골고루 나누어 주어 그들이 편하게 살 수 있도록 할 생각이었다. 그러나 이것만으로 정전제(丁田制)의 이상을 실현하기에는 역부족이었다.

토지제도의 개혁(3) - 과전법 실시

당시 이성계는 만조백관의 지지 속에 왕으로 추대되기를 간절히 바라고 있었다. 따라서 토지개혁을 통해 농민들을 안정시키고 국가를 위해 헌신하는 관리에게 안정적으로 녹봉을 지급함으로써 지지세력 확보에 공을 들이지 않을 수 없었다. 그 결과 개인의 땅인 사전(私田)을 제한하고 국가의 토지를 확대해 농민이 안정적으로 경작에 몰입하고 안정적인 녹봉 지급을 위해 마련된 것이 과전법(科田法)이다.

농민들은 국가로부터 땅을 받아 경작한 후 적정 수준의 세금을 내고, 국가는 그 세금으로 녹봉을 지급한다는 것이 과전법의 핵심이다. 과전법은 당나라에서 시행했던 정전제(井田制)의 이념이 깔려 있다.

정전제의 기본 원리는 다음과 같다. 사각형 모양의 땅에 '우물 정(井)' 자를 쓰면 모두 아홉 개로 나뉜다. 이 중에서 한가운데의 땅을 제외한 여덟 개는 백성들에게 나누어 주고, 나머지 한 개의 땅은 여덟 명의 주민이 공동으로 경작하여 세금으로 내게 한다. 즉 세금이 9분의 1인 셈이다. 정도전은 이와 같은 이상을 실현하여 백성들이 편안하게 살 수 있는 국가를 만들고자 했다.

관리가 국가로부터 땅을 받게 되면 관리는 농민에게 경작권을 주고, 그 생산량의 10분의 1을 세금으로 받은 뒤, 다시 그 중의 10분의 1을 세금으로 내고 나머지는 자신의 녹봉으로 삼는 방식이다. 당시 1결의 소출량을 300말로 보았는데, 그 중 10분의 1인 30말을 받아서 그 10분의 1인 3말을 조세로 내고 나머지 27말을 녹봉으로 받게 한 셈이다.

당시 과전 제1과는 150결을 주었고, 마지막인 18과에는 10결을 주었다고 한다. 관리가 국가로부터 과전을 받았다는 것은 그 땅의 소유권을 받은 것이 아니라, 농민이 농사 지은 소출량의 일정량을 녹봉으로 받을 수 있는 수조권(收租權)을 받은 것이다. 따라서 관리는 과전으로 받은 땅을 매매할 권한도 없고 상속할 권한도 없었다. 또 소출에서 수취하는 비율을 변경할 수도 없었다. 또 흉년이 들면 10% 정도를 감면해 주었다. 만약 과전을 받은 땅에서 위와 같은 규칙을 어기면 벌을 받게 된다.

과전은 본인이 사망하면 국가에 반납하는 것이 원칙이나 세습이 가능한 것도 있었다. 예를 들면 개국공신 44명에게 준 공신전(功臣田)은 세습이 가능했다. 또 과전을 받은 관리가 사망했을 때 부인이 어린 자녀를 데리고 수절하면 세습되는 수신전(守信田)도 있었다. 과전으로 준 토지는 경기도에 한했으나, 군인전(軍人田)은 지방에도 실시했다.

당시 과전으로 준 땅은 약 12만 결 정도였다고 한다. 과전법은 신흥 사대부의 적극적인 지지를 받았는데, 이것은 고려의 마지막을 알리는 신호탄이었다. 고려의 34대 마지막 왕 공양왕은 다음처럼 탄식했다.

"국초부터 내려온 토지제도의 개혁이 새롭게 탄생된 것을 한탄하노라."

그로부터 고려는 1년 뒤에 망한다. 과전법의 공포는 고려 말의 문란한 토지제도를 바로잡았고 민생의 안정을 도모했으며 조선 왕조 탄생의 정당성을 주는 데 일조했다. 유한한 땅이 소수에게 집중된다면 과연 건전한 사회라고 할 수 있을까? 모두에게 공평한 기회가 주어질 때에야 비로소 같은 땅을 밟고 같은 하늘을 바라보며 살아갈 수 있지 않을까?

조선 개국과 정도전
새 왕조의 대들보

권력을 잃은 고려 말 권문세족들은 토지개혁과 과전법 실시로 경제권마저 잃게 되니 이 빠진 늙은 호랑이 신세가 되었다. 또 마지막 보루였던 정몽주마저 죽임을 당하니 고려는 그야말로 스러져가는 화롯불과 같았다.

한편, 기사회생한 정도전은 조준, 남은 등이 주동이 되어 50여 명의 대소신료들과 함께 공양왕을 폐하고 이성계를 왕으로 추대한다. 1392년 혁명파들은 구세력을 제압하고 공양왕으로부터 옥새를 받아 이성계에게 받을 것을 권했으나 이성계는 불응한다. 이에 정도전은 민심이 고려를 떠나 문하시중(이성계)에게 향하고 있으니 도탄에 따진 백성을 살리는 새로운 세상을 열어야 한다는 간언을 올렸다. 그때서야 이성계는 옥새를 접수한다.

이성계는 공양왕 다음 고려의 마지막 왕으로 옥새를 접수한 뒤 조선 개국의 새로운 옥새를 만든다. 이성계의 즉위식은 수창궁(壽寧宮)에서 거행되었다. 그리고 고려의 최고 의사결정기관인 도평의사사의 인준까지 받아 정당성을 합법적으로 얻게 된다.

정도전은 공양왕을 우선 원주로 유배시켰다가 다시 강원도 간성으로 이배시켰다. 그리고 3년 뒤 다시 삼척으로 이배시킨다. 지금도 삼척에는 공양왕이 유배된 마을 '궁촌'이 있고, 궁촌에는 공양왕의 무덤이 있다. 다만, 일설에 의하면 궁촌의 무덤은 가짜이고, 실제 무덤은 경기도 고양에 있는 고릉(高陵)이라는 설이 있다. 이로써 왕건이 개국한 고려는 475년 동안 유지하고 종말을 고한다.

조선이라는 새로운 세상의 주인공이 된 이성계는 그의 나이 21세 되던 해인 1356년에 아버지 이자춘을 따라가서 공양왕을 배알한 이후 36년 만에 조선의 태조가 된다. 그리고 이성계가 조선을 개국하고 왕이 될 수 있었던 데에는 정도전의 지략이 지대한 영향을 미쳤다.

정도전, 요직을 겸하다

조선 개국 후 이성계는 공이 큰 사람들을 개국공신으로 책봉하는데, 이때 정도전은 봉화백(奉化伯)이라는 작위와 함께 토지 200결과 노비 25명을 받는다. 뿐만 아니라 정도전은 다방면에서 실질적인 권한을 갖게 된다. 그리고 그 권한을 바탕으로 새로운 왕조의 기반을 자신의 의지가 투영된 방향으로 정립시키기 위해 많은 분야의 권력을 겸임하면서 불철주야 노력한다.

그가 겸임한 직책을 열거하면 다음과 같다. 정1품인 대광보국숭록대부(大匡輔國崇祿大夫), 문하시랑찬성사(門下侍郎贊成事), 최고 정책결정기구의 수장인 동판도평의사사사(同判都評議使司事), 국가 경제를 총괄하는 판호조사(判戶曹事), 인사 행정을 총괄하는 판상서사사(判尙瑞司事), 경연과 장서의 책임을 맡은 보문각대학사(寶文閣大學士), 왕을 교육시키고 역사를 편찬하는 지경연예문춘추관사(知經筵藝文春秋館事), 이성계의 친병인 의흥친군위(義興親軍衛)의 최고 책임자(이성계의 배다른 동생 이화〈李華〉) 밑의 직책인 절제사(節制使) 등이다.

이처럼 정책 결정, 인사, 재정, 군사 지휘권, 왕의 교육 및 교서 작성, 역사 편찬 등 국가 경영에 필요한 핵심 자리는 모두 겸직했다. 그는 천재적인 두뇌와 기량, 다방면에 걸친 탁월한 식견과 초인적인 노력으로 조선 왕조의 기틀을 마련했다. 그러나 그에게도 불운이 찾아온다.

그의 나이 57세 되던 해인 1398년(태조 7년) 무인년 8월 26일 새벽 2시경 이방원을 중심으로 한 한 씨 소생의 왕자들이 강 씨 부인의 소생인 방석을 세자로 책봉한 것에 대한 불만을 품고 거사하여 정도전은 죽음을 맞는다.

이로써 정도전은 파란만장한 혁명가로서의 일생을 마치게 된다. 그에게는 역모죄가 적용되었다. 그리고 정진, 정유, 정영, 정담 등 4명의 아들 중 둘째인 정유는 정도전이 변을 당할 때 살해되었다. 넷째 정담은 집에서 스스로 목숨을 끊었고, 맏아들 정진은 태조 이성계를 순행 중이어서 살아남았으나 뒤에 감옥에 갇히게 되었고, 후에 전라도 수군으로 편입되었다. 그의 후손들은 태종 11년에 서인으로 폐했다.

그리고 태종 16년에 셋째 아들 정연의 후손들은 과거에 급제하여 관찰사 등의 벼슬을 지냈다. 맏아들 정진의 아들들이 경기도 평택으로 낙향하여 문헌사(文憲祠)라는 사당을 짓고 그를 숭모하고 있다.

후손들은 간신히 대를 이어갔지만, 역적이라는 정도전의 누명은 그로부터 500년이 지난 고종 때 흥선대원군에 의해 사면되었다.

정도전이 추구한 삶

정도전은 조선 개국의 일등공신이자 다방면에 걸쳐 탁월한 재능을 가진 인물이었다. 기록을 보면 그는 타고난 재질이 총명했고 글 읽기를 좋아했다고 한다. 그의 집안인 봉화 정씨는 누대에 걸쳐 향리직을 세습했고, 5대조 정공미(鄭公美) 이래 관직에 나간 사람은 정도전의 아버지 정운경이 처음이었다.

정운경은 일찍이 어머니를 여의고 이모 집에서 자랐는데, 영주향교와 안동의 복주향교를 거쳤다. 향교에서의 성적이 매우 뛰어났다고 한다. 그는 늦게 결혼하여 38세 때 정도전이 태어났고, 늦게 얻은 아들의 총명함에 기뻐했으며 많은 기대도 했다.

정운경은 어린 시절의 아픔을 극복하며 관직에 나가 밀성군 지사 등을 역임했다. 왕을 보좌하는 직위로 요즘으로 치면 청와대에 근무했다고 볼 수 있다. 정도전은 그런 아버지를 매우 존경했으며, 후일 누명을 쓰고 겪은 3년 동안의 귀양살이와 6년 동안의 유랑생활을 견디는 원동력이 되었다고 볼 수 있다.

한편, 단양 지방의 우현보 후손들은 정도전의 외할머니가 자기 집안 여종의 후손이라고 업신여겼다. 천출의 피가 흐르면 벼슬을 할 수 없었던 당시, 정도전은 벼슬길에 오를 때마다 신원 증명 문제로 곤란을 겪어야 했다. 심지어 성균관 유생 시절 함께 신유학을 논하던 정몽주마저 천한 혈통이라고 탄핵했을 정도이다. 정도전은 외할머니의 혈통 문제로 많은 상처를 입었지만, 마음속에서 용솟음치는 수월성향상(秀越性向上)을 위한 집념이 이런 문제를 극복하는 계기가 되었을 것이다.

따라서 그의 유랑생활은 어떤 면에서 정도전 자신에게 이로운 측면도 있었다. 그는 유랑시 부곡민을 통해 사회의 실상을 알 수 있었고, 이성계를 만남으로써 새로운 세상의 잉태를 염원하는 싹을 틔울 수 있었기 때문이다. 정도전이 스스로의 새로운 모습을 확립해 가는 단초를 제공하는 그의 시 한 구절을 소개한다.

고금을 통틀어 백 살 넘긴 사람 없으니
이해득실 가지고서 정신을 허비 마시게
다음 썩지 않을 시문(斯文)이 있다면
후일에 당연히 성이 정 씨인 사람이 나올걸세.

정도전은 재상정치(宰相政治)를 추구했다. 즉 왕은 국가의 상징으로 국민 통합의 구심체가 되어야 하고, 실질적인 정치는 재상이 하게 하자는 주의이다. 왕은 재상을 임명하고 재상과 정사를 협의하여 처리하되, 사소한 일은 재상이 독자적으로 처리하도록 하자는 민본주의 사상의 발상이었다고 볼 수 있다.

02 허준 (許浚)

허준, 그는 누구인가?

허준(許浚)은 조선 14대 왕 선조(宣祖)와 그 뒤를 이은 광해군(光海君) 때 활약한 어의(御醫)로서 〈동의보감(東醫寶鑑)〉이라는 의서를 저술했다. 이 책은 조선 의학의 위상을 정립시켰고 동양 의학 발전에 크게 이바지했다. 〈동의보감〉은 단순히 질병에 대한 처방전이나 기존 연구의 정리 차원을 넘어 예방의학에도 크게 공헌한 명실상부 최고의 유산이다. 현재 국보로 지정되어 있으며, 세계문화유산에도 등재되어 있다. 이 위대한 의서를 저술한 허준의 삶을 살펴보자.

후대 사람들은 그를 의성(醫聖)이라고 추앙하면서 행복한 삶을 영위했을 것으로 생각할지 모르지만, 그의 출생과 성장 과정을 살펴보면 험난하고 굴곡진 면들을 엿볼 수 있다.

청소년 시절에는 많은 고민과 갈등을 극기하면서 절제된 삶을 살았다. 그의 아버지 허론(許碖)은 평생 관리 생활을 한 양반이지만, 그의 어머니는 아버지의 소실이었다. 한 세대 더 거슬러 올라가면, 아버지의 소실이었던 어머니는 허준의 외할아버지의 소실에게서 태어났다. 즉 소실의 자손이 소실이 되어 허준을 낳은 셈이다.

허준이 활동하던 조선시대에는 유교가 국가와 사회의 통치이념이었으므로 신분제도가 엄격했다. 양반은 선천적으로 우월한 지위를 가졌기에 평민 위에 군림했고 양반 이외의 인간에게는 존엄성이 인정되지 않았다. 사람 위에 사람 없고 사람 밑에 사람 없다는 현대의 인권법적 사상은 유보된 상태였다. 반대로 사람 위에 사람 있고 사람 밑에 사람 있다는 생각이 서민의 생활을 다방면에서 구속하고 있었다.

허준은 아버지의 근무 지역을 따라 생활하면서 유학에 심취하여 공부하면서 청소년시절을 보냈다. 그의 소망은 하루 빨리 등과하여 아버지처럼 관리로서 생활하는 것이었다. 그러나 신분의 벽은 그것을 허용하지 않았다. 천출의 피가 흐르는 그는 양반의 신분이 유보된 상태라는 것에 분노했고 방황했다. 그러나 그에게는 아직 관리가 될 수 있는 한 가지 방법이 있었다. 즉 서자도 중인처럼 과거의 잡과(雜科) 시험을 치를 수 있다는 사실이었다.

잡과란 전문기술관을 선발하는 시험이다. 종류는 역과(譯科), 의과(醫科), 음양과(陰陽科), 율과(律科) 등 네 가지가 있다. 이들 잡과 출신들도 전문기술관으로서 능력을 인정받으면 대우도 받을 수 있고, 사회에 진출하여 양반들과 교류하면서 생활할 수도 있었다.

허준이 네 가지 잡과 중에서 의학을 공부했다는 것은 의학에 대한 희망과 포부가 있었음을 엿볼 수 있다. 그럼 허준은 어떻게 의학 공부를 하게 되었을까?

허준이 어디에서 어느 스승 밑에서 어떻게 공부했는지에 대한 자세한 기록은 없다. 어느 유명한 한의원 집에 기식하며 의학 공부를 했다거나 유의(儒醫)와 교류하며 의학 지식을 쌓았다는 기록조차 없다. 때문에 다음과 같은 추측만 가능할 뿐이다. 어려서부터 총명했던 그는 여느 양반 자제처럼 유학을 기초로 한 학문에 힘썼을 것이며, 그런 그의 노력은 혼자서 의학 공부를 할 수 있는 기초가 되었을 것이라는 추측이다.

유학자 중에는 간혹 의학 공부를 병행하여 의술 실력을 갖춘 이가 있어서 어지간한 처방전 정도는 쓸 수 있는 사람이 있었다. 당시에는 오늘날처럼 자격증 제도가 있는 시대도 아니었기 때문에 환자만 잘 치료하면 입소문을 타고 원근 각지에서 치료를 목적으로 찾아오곤 했다. 허준 또한 경력이 쌓일 무렵에는 각지에서 환자가 찾아오기도 하고 왕진을 가기도 했다.

또 다른 의문이 있다. 당시 조선 제일의 의원이 근무하는 내의원에는 어떻게 들어갔느냐 하는 문제이다. 덧붙이자면 허준이 내의원에 입사할 당시 그는 과거 시험에 합격하지도 않았으며, 전의감이나 혜민서 등에서 교육을 받아 의원 활동 인정을 받은 사실도 없었다. 그러면 누가, 왜 그를 내의원에 들어가 활동할 수 있도록 추천했을까? 어떤 활동을 인정받아서 그와 같은 영광을 얻게 되었을까? 내의원은 임금, 왕비, 고급 관리의 건강을 보살펴 주는 조선 제일의 병원이다. 또한 내의원에 들어간 후 어떤 과정을 통해 선조로부터 총애를 받게 되었을까? 반대로, 고급 관리로부터 견제를 받게 된 이유는 무엇일까?

그리고 마지막으로 살펴보아야 할 것은 〈동의보감〉이라는 의서를 편찬하게 된 사연이다.

전 국토를 황폐화시키고 백성을 기아와 질병에 빠뜨린 임진왜란이 다소 소강상태였던 병신년(1596년) 선조대왕은 당시 태의였던 허준을 불러 다음과 같이 말한다.

"요즘 보건대 의학서적은 대개 중국의 것을 베끼거나 짜깁기한 자질구레한 것들뿐이라 볼 만한 것이 없도다. 모든 의서를 모아 한 권의 책으로 만들라. 사람의 질병은 모두 조섭(調攝)을 제대로 지키지 못했기 때문에 생기니 수양에 관한 내용을 앞에 놓고 약물이나 침구에 관한 내용들을 그 다음에 놓아야 할 것이니라. …… (중략) …… 궁벽한 시골과 후미진 거리에 의원과 약재가 없어서 요절하는 자들이 많은 것은 우리나라에 향약(鄕藥)은 많지만 사람들이 알지 못하기 때문이리라. 분류하고 향약명을 기록하여 백성들이 쉽게 알 수 있도록 해야 할 것이니라."

선조는 어릴 때부터 병약했기 때문인지 의술에 대해 많은 관심을 가졌고 간단한 질병에 대해서는 처방전도 내릴 수 있었다고 한다. 선조의 하명을 받은 허준은 유의(儒醫)인 정작(鄭碏), 태의인 양예수(梁禮壽), 김응탁(金應鐸), 이명원(李命源), 정예남(鄭禮男) 등과 함께 의서를 발행하기 위한 기구(일종의 프로젝트 팀)를 만들었다. 그러나 팀을 꾸린 지 얼마 안 되어 정유재란(丁酉再亂. 1597년)이 발발하여 의원들이 사방으로 흩어져 모처럼 의학서적을 편찬하려던 원대한 꿈은 중단되고 마는 아픔을 맞게 된다.

물론 다른 의원들이 그 일의 참여에 적극성을 나타내지도 않았다. 그 후 선조는 혼자라도 작업을 계속할 것을 명령하여 당시 조정에 보관 중이던 의학서적 500여 권을 활용할 수 있도록 배려해 주었다. 선조의 강력한 후원과 허준의 열정이 어우러져 의학서적 편찬 작업은 원만하게 이루어질 것으로 예상되었다. 하지만 세상사 쉽게 되는 일이 없다는 듯 청천벽력 같은 일이 벌어지고 만다.

1608년 2월 1일 평소 잔병치레로 고생하던 선조가 갑자기 승하한 것이다. 자신을 믿어 주던 선조의 승하로 〈동의보감〉 편찬이라는 대업은 무산될 위기에 처하게 된다. 선조가 살아 있을 때의 조정은 그나마 대북파(大北派), 소북파(小北派)의 갈등이 있었을지언정 아슬아슬한 정중동(靜中動) 상태를 유지하고 있었으나, 선조의 승하는 소북파를 몰락으로 몰게 된다.

소북파의 영수로 내의원 도제조(都提調)를 겸직했던 영의정이 사약을 받게 되는 소용돌이 속에 허준 또한 위험한 상황에 처하게 된다. 그리고 결국 선조의 승하에 대해 어의로서 책임을 지고 69세의 나이에 의주 땅으로 귀양살이를 가게 된다. 당시의 안타까움을 최립(崔岦)은 시를 통해 다음과 같이 읊고 있다.

  鼎水丹成馭未攀(정수단성어미반)
  誰期白首謫江關(수기백수적강관)

솥 안의 물로 단약을 지었으나 임금의 승하를 막지 못하여
백발 늙은 몸으로 의주(江關)로 귀양 갈 줄 누가 알았으랴

한편, 선조의 뒤를 이은 광해군은 허준에게 안 좋은 감정을 갖고 있지는 않았다. 오히려 왕자 시절 자신의 병을 치료하여 죽음 직전에서 구해 준 허준의 모습을 기억하고 있었다. 허준의 귀양살이는 1년 정도였는데, 그는 그 기간 동안 누구를 원망하거나 한탄하며 허송세월하는 대신 〈동의보감〉의 완성을 구상했다.

귀양살이를 끝내고 조정으로 다시 돌아오게 되었을 때 그의 나이는 71세였다. 이후 완성하지 못한 〈동의보감〉 작업을 마무리하기에 이른다. 〈동의보감〉은 시작부터 완성까지 14년이라는 긴 세월이 걸렸다.

〈동의보감〉 완성 후 허준은 조정에서 물러나 후학을 지도하고 책도 지으며 여생을 보내다가 1615년 77세의 나이로 생을 마쳤다. 영광과 오욕이 함께하는 이루 말할 수 없이 파란만장한 생애였다. 서얼 출신이라는 신분의 벽을 극복함으로써 고난을 이겨낸 큰 인물이라고 하지 않을 수 없다.

가계와 출생
집안 내력과 출생 연도

허준은 양천 허 씨(陽川許氏)의 시조인 허선문(許宣文)의 20세손이다. 할아버지 허곤(許琨)은 무과 출신으로 경상우수사(慶尙右水使)를 지냈고, 아버지 허론(許碖)도 무과 출신으로 용천부사(龍川府使)를 지냈다. 허준의 어머니는 지방 현령의 딸로 아버지의 소실(양첩)이었고,

영광 김 씨로 전해지고 있다. 지금까지 학계에서는 양천 허 씨 집안에서 만든 〈양천허씨세보〉에 의거해 허준의 어머니를 손 씨 부인으로 인식해 왔다. 그런데 김호의 연구에 의하면 지방의 무관이던 영광 김 씨 김욱진의 서녀였다고 한다(〈한국사 인물 열전〉 2권 p.82).

형제로는 형 허옥(許沃)과 동생 허징(許澂)이 있었다. 형은 한미한 직책에 그쳤지만 동생은 높은 관직을 지냈다고 한다. 또 허준의 의학 공부에 큰 도움을 주었다는 큰어머니, 즉 아버지의 본부인 영광 김 씨도 여기에 기록해 둔다.

한편, 그동안 허준의 출생연도는 1546년(丙午年) 또는 1547년(丁未年) 등으로 표기해 왔다. 그런데 〈조선사람 허준〉을 지은 신동원 씨나 〈허준의 동의보감 연구〉를 지은 김호 씨는 다음과 같은 내용을 서술했다.

선조가 환궁한 후에 임진왜란 때 공을 세운 공신들을 궁궐로 초청하

태평회맹도(太平會盟圖)

여 잔치를 베풀었다. 그때의 모습과 참석한 사람들을 그려 넣은 '태평회맹도(太平會盟圖)'란 병풍이 발견되었는데, 그림 속 허준의 이름 아래에 기해년(己亥年, 1539년)이라고 적혀 있다. 또 최립(1539~1612)의 시문집 〈간이집(簡易集)〉에서도 관련 내용이 나온다. 갑작스런 선조대왕 승하의 책임을 물어 의주에 귀양을 갔다가 풀려나 한양으로 향하는 허준에게 최립이 시 한 편을 짓는데, 그 시의 제목에서 "同庚太醫許陽平君(동갑내기 친구 태의 양평군 허준)"이라고 지칭한 것이다. 최립은 1539년 5월생이다.

출생지와 성장 지역

〈양천허씨세보〉에 의하면 허준은 경기도 양천에서 태어났다. 지금으로 치면 서울 강서구 가양동 일대이다. 양천 허 씨 집안은 그곳에서 여러 대를 이어서 살아왔다.

허준의 아버지 허론((許碖)은 일찍이 무과에 급제하여 용천(龍川), 종성(鍾城) 등 북쪽의 변방과 부안군수, 전라도의 지방관으로 봉직했는데, 부안군수로는 1536년에서 1537년까지 짧은 기간 봉직했다. 그에 대한 사연을 알아보니, 그때 허론은 아버지의 상을 당했고, 3년상을 치른 후 낙향한 곳이 경기도 파주라는 곳이다. 그때 허론의 품계는 봉열대부(奉烈大夫)였다. 그런데 허준의 출생연도가 1539년이니, 허론이 부친상을 치르고 난 후에 태어났다고 보는 것이 옳다. 근래에 허준의 묘가 휴전선 이북 파주에 있다는 보도를 보고 유추해 본다면 선영도 그 지역에 있다고 짐작할 수 있다. 그때 파주는 양천 허 씨 집안들의 작은 세거지였다.

또 다른 연구도 있다. 허준의 출생 및 성장지로 유력한 곳은 파주 개성 부근이다. 파주 개성 설은 서지학자 이양재(李亮載)가 열렬히 주장하고 있다. 허준의 직계 조상은 물론이고 허준 자신과 그의 후손도 이곳에 묻혔다. 대체로 생활 터전과 선산이 있는 지역은 일치하기 때문에 허준의 고향은 파주 개성 지역으로 보는 것이 적절하다고 하겠다.

다음으로는 의술의 연마와 관계된 성장 지역을 알아보자. 허준이 성장한 곳은 아버지 허론의 벼슬길과 무관하다고 볼 수 없다. 그가 29세가 되어 내의원으로 출사할 때까지 생활한 곳은 아버지의 부임지에 따라 전라도 지방으로 짐작된다. 즉 허준은 전라도 지방을 중심으로 성장하면서 의술을 익혔다고 볼 수 있다.

허준은 유년시절 아버지의 부임지를 따라다니며 생활했는데 전남 지역에서 많은 시간을 보냈다고 한다. 서얼 출신이라는 자신의 처지를 자각하고 중인계층이 진출할 수 있는 의원으로의 길을 걷게 된다. 또 허준의 생모인 영광 김 씨 집안이 담양에 살고 있었다. 허준이 훗날 서울에 올라가게 되었을 때 인연 있는 사람들을 방문했는데, 해남과 담양 지역에 연고를 가진 미암 유희춘(眉巖 柳希春)과 옥화현 출신 유팽로(柳彭老) 등이 있었던 것으로 미루어 청소년 및 장년시절을 그쪽에서 생활했다고 짐작할 수 있다.

허준이 태어나 29세가 되기까지의 성장 과정에 대한 기록을 찾을 수 없는 현재로서는 속단하기 어렵지만, 그는 적어도 전라도 지역을 중심으로 의생(醫生) 혹은 심약(審藥)이라는 낮은 직책을 수행하면서 의학 공부를 시작했다고 볼 수 있다.

청년 시절

 허준은 머리가 총명했고 어려서부터 책 읽기를 좋아했다. 양반 집안의 서자로 태어났기에 궁색한 생활은 하지 않았다. 그래서 유소년 시절부터 학문에 정진할 수 있는 환경이었다. 그는 과거 시험(문과)에 합격하여 아버지처럼 관리가 되고 싶어 했다. 그러나 청년이 되면서 서자는 문과 시험에 응시할 수 없다는 사실을 알고 충격을 받는다. 그래서 한때는 방황을 했고 자신의 진로에 대해 많은 고민과 갈등을 했다.
 그런 그에게 희망의 불빛이 보였다. 서자 출신도 중인계층이 응시하는 잡과 시험을 볼 수 있다는 사실과 잘만 하면 관복을 입을 수 있다는 사실을 알게 되었고 의과 시험을 치러 의원이 되겠다고 결심하게 된다.
 조선은 개국 초기인 정종 원년(1399년)부터 고려 때와 같이 과거제도를 받아들였다. 과거에는 문과, 무과 이외에 전문 기술관을 선발하는 잡과 시험이 있었다. 잡과 시험은 식년시(式年試)로 1894년 갑오경장(고종 31년)으로 폐지될 때까지 시행되었다. 잡과에는 역과, 의과, 음양과, 율과가 있었다. 조부나 부친이 관료로서 수십 년간 봉직한 공로가 있는 허준으로서는 음직제도(蔭職制度)를 통해 관리가 될 수 있는 길도 있었다. 그런데도 의학의 길을 택했다.
 의관이 되려면 전의감(典醫監)이나 혜민서(惠民署) 등에서 실시하는 과정에 등록하여 교육을 받은 후 시험을 치러야 한다. 그러나 허준은 이런 과정에 연찬한 기록이 없다. 그렇다면 허준은 어떤 경로를 통해 의학을 공부하게 되었을까?
 부모의 경제적 능력 덕을 보았다거나 순전히 독학으로 의학 공부를 했다고는 상상하기 어렵다. 유학이라면 모를까 의학이란 다양한 치료 경력을 쌓고 임상 경험을 늘려 체득하는 과정이 필수적이기 때문이다. 이런 사정을 감안했을 때 부모의 역할이 분명히 있었을 것으로 필자는 판단한다. 즉 부친 허론은 전라도 지방에서 관리 생활을 했고, 어머니 영광 김 씨 또한 전라도 지역에 연고가 있었을 것이다.

훗날 허준이 전라도 지역에서 명성을 얻게 되었을 때, 1571년 전라도 관찰사와 1572년부터 사헌부 대사헌 홍문관 부제학 등을 역임한 유희춘은 김안국(金安國), 김정국(金正國) 형제와 허준이 친척 관계라는 사실을 알았을 것이고 어떤 배려도 했을 것이다. 김안국은 유희춘의 스승이자 유학자였는데, 의술에도 달통한 것으로 알려져 있다.

김안국의 부친 김연(金連)은 허준의 할아버지인 허곤(許琨)의 사위였다. 그러니 김안국, 김정국한테 허곤(許琨)은 외할아버지가 된다. 그러므로 김안국, 김정국과 허준은 가까운 인척 관계인 셈이다. 따라서 허준이 의학 공부를 할 때 인척이었던 김안국 형제로부터 영향을 받았을 가능성을 배제할 수 없다.

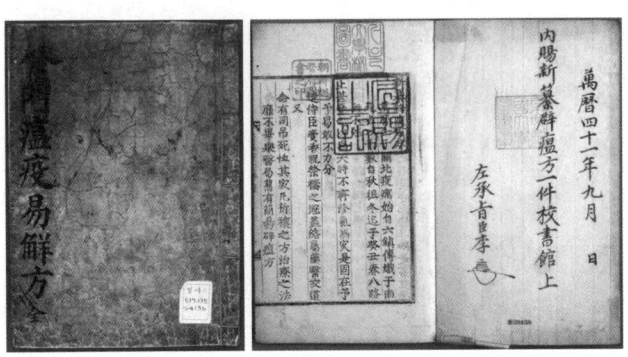

분문온역이해방　　　　　　　　　찬벽온방교서관본

김안국, 김정국 형제는 의학에 조예가 깊었다. 김안국은 1542년에 〈분문온역이해방(分門瘟疫易解方)〉이라는 책을, 동생 김정국은 1538년에 남원에서 〈촌가구급방(村家救急方)〉이란 책을 간행했다. 이 책들은 미암 유희춘한테도 전해진 것을 보면 유희춘, 허준, 김안국, 김정국은 이런저런 사연으로 관계를 맺고 있었다고 생각할 수 있다.

다음에 생각해 볼 것은 허준이 의원이 되기로 한 이유이다. 과연 허준은 과거의 문과 시험에 응시하지 못하는 서자 출신이라는 멍에 때문에 잡과 쪽인 의원의 길을 선택한 것일까? 필자는 그렇지 않다고 본다.

허준은 의원 일을 좋아했다. 평소 어려운 서민이나 남을 위해 무엇인가 베풀어 보겠다는 자세를 가지고 있었다. 그가 의원으로 명성을 얻었을 때 행인의 아픈 모습을 보면 어디가 아프냐고 묻기도 하고 어떤 약재를 사용해 보라며 조언도 해 주었다고 한다. 사례를 받지 않은 것은 말할 나위도 없다. 질병을 운명으로 여기며 체념하는 백성의 모습을 마음 아파하기도 했다. 이런 행위들은 인본주의 사상을 가슴 속에 품고 있지 않다면 우러나올 수 없다.

자신은 양반 집에 태어났다. 물론 서자라는 이유 때문에 사회적인 제약을 받고는 있지만, 부모님의 사랑을 받으며 부족함 없이 성장했다. 하지만 배운 것도 없이 이리 치이고 저리 치이면서 힘들게 살아가는 백성들은 정작 몸이 아플 때 치료조차 제대로 받을 수 없는 경우가 허다하다. 때문에 스스로 의술을 배워 그들에게 인술을 베풀려는 신념이 깊었을 것이라고 생각한다.

허준의 의술은 이미 걸린 병을 치료하는 것보다는 정신 수양과 섭생을 통해 병에 걸리기 전에 미리 예방하기를 강조했다. 따라서 치료 의

학보다는 예방 의학을 우선시했음을 알 수 있다.

의원의 길에 들어서다
미암 유희춘을 만나다.

허준이 살던 시절에는 지금처럼 면허를 가진 사람만 의료 행위를 해야 한다는 제도가 없었다. 의술을 공부한 사람이 한약방을 개설하고 환자를 치료하면서 경험을 쌓아가는 과정을 밟는다. 그러다가 명성을 얻게 되면 멀리서도 소문을 듣고 찾아오거나 요청을 받아 왕진을 가서 치료하기도 했다.

허준은 20대 때에 주로 전남 지역에서 성장하면서 의술을 익히고 환자를 치료했다. 그리고 20대 후반이 되면 서울에까지 이름이 알려지게 된다. 허준이 이처럼 유능한 의원이라는 사실이 서울 등 많은 지역으로 알려지게 된 것은 미암 유희춘이라는 해남 출신 유학자의 도움이 컸다.

미암 유희춘은 김안국(金安國)으로부터 유학을 배웠다. 김광필의 학통을 이어받은 김안국은 유희춘의 스승이다. 허준의 할아버지로 경상우수사를 지내다가 순직한 허곤의 사위로 김연이라는 분이 있었다. 사위 김연은 아들 김안국과 김정국을 두었다. 두 사람은 허곤한테 외손인 셈이다. 김안국은 외할아버지 허곤의 발자취를 저술했고 〈양헌 허씨세보(족보)〉를 만들 만큼 다방면에 걸쳐 해박한 지식을 갖고 있었다.

유희춘은 김안국의 제자였기에 허준이 김안국과 친척 관계에 있다는 사실도 알았을 것이다. 유희춘은 김안국의 영향을 많이 받았고, 김안국은 수제자 유희춘을 아끼고 칭찬했다. 유희춘은 김안국의 문집인 〈모재집(慕齋集)〉의 서문을 직접 쓰기도 했다. 김안국이 말하기를 유희춘은 소학(小學)에 대한 심오한 사상을 이해하고 있다며 그의 학문적인 수준을 높이 평가했다.

미암 유희춘이 1571년 전라도 관찰사로 재직할 때 그의 군관으로 김시흡(金時洽)이라는 무관이 있었는데 그는 허준의 생모와 같은 영광 김 씨 집안이었다. 허준한테는 외삼촌인 셈이다. 그는 광주에 연고를 두고 있었으며 종8품직인 훈련원 봉사(奉事)직과 군사 요충지를 지키는 만호(萬戶. 종4품직인 무관 벼슬)를 지낸 사람이다. 유희춘은 그 사람으로부터 허준을 알게 되었고 선대가 무인 집안이라는 사실도 알게 되었다고 〈미암일기(眉巖日記)〉에서 밝히고 있다.

허준과 유희춘 두 사람의 인연은 1569년 유희춘의 얼굴에 생긴 종기를 허준이 고쳐준 일로부터 시작되었다. 당시 얼굴에 난 종기는 생명을 앗아가기도 하는 무서운 병으로 인식되었다. 게다가 부인의 악질성 병도 치료해 주었기에 허준의 의술을 믿고 있었다. 그래서 유희춘의 부탁을 받은 허준은 전라도 내 다른 지역까지 찾아가서 환자를 치료해 주기도 했다. 1569년에 나주에 사는 나사침과 그의 아들 나사명의 병을 치료해 달라는 부탁과 남원에 사는 신흠(申欽)의 병을 치료해 달라는 부탁 등이 그 예이다. 또 유희춘이 서울에 있을 때는 송순(宋純)이라는 친구를 치료해 달라고 부탁한 일도 있다.

한편, 허준이 유희춘을 찾아가는 목적은 의학적인 문제 이외에도 서책을 선물하러 가는 경우도 많았다. 특히 의원직에 본격적으로 출사하기 이전인 20대 후반에 이런 상황이 자주 연출된다. 1568년 2월에는 효자(孝子), 문칙(文則), 조화론(造化論) 등의 책을 선물했고, 동년 4월에는 좌전(左傳) 10책과 당본(唐本) 모시(毛詩)를 선물하기도 했다.

이 사실을 통해 허준이 유학에 대한 소양을 갖추고 있었음을 짐작할 수 있다. 허준의 선물에 대해 유희춘은 부채 등으로 답례했다. 그밖에도 허준은 유희춘이 관직을 제수 받아 상경하거나 하직하여 담양이나 해남으로 내려올 경우에도 찾아가 문안 인사를 했다. 이런 인연으로 유희춘은 허준에 대한 신뢰가 깊어지게 되었고, 유희춘은 1569년 6월에 이조판서 홍담(洪曇)에게 허준의 내의원직 천거를 부탁했다. 이렇게 하여 내의원에 출사하게 된 허준의 나이는 30대 초반이다. 그때 유희춘은 성균관 대사성을 맡고 있었다.

유희춘에 대해 좀 더 자세히 알아보자.

유희춘은 16세기 대표적인 호남의 유학자이다. 본관은 선산(善山)이고 해남(海南)에서 태어났다. 그는 20세 전후에 최산두(崔山斗), 김안국으로부터 유학을 배웠고 1537년 생원시에 합격했다. 이듬해 별시에 합격하여 성균관 학유(學諭)로 출사했다. 1542년 세자시강원(世子侍講院), 설서(說書)에 임명되어 스승 김안국과 함께 인종(仁宗)을 가르쳤다. 유희춘과 함께 경연에 입시하면 아무 걱정이 없다고 할 정도로 경학에 조예가 깊었다. 이어 홍문관(弘文館) 수찬(修撰) 등으로 활동했다. 1543년 모친 봉양을 위해 사직을 청했을 때는 중종이 특명을 내려 무장현감(茂長縣監)에 임명하기도 한다. 중종을 이어 인종이 즉위하자, 새 임금이 즉위한 뒤에는 경연이 절대적으로 중요하다며 적합한 인물로 유희춘을 천거함으로써 홍문관 수찬으로 상경한다.

그런데 큰 문제가 발생한다. 원래부터 병약했던 인종이 즉위한 지 8

개월 만인 31세에 타계한다. 이어서 명종이 즉위하지만 성년이 되지 않아 그의 어머니 문정황후가 수렴청정에 들어간다. 모든 권한을 가진 문정황후와 그의 동생 윤원형은 독단 정치를 하게 된다. 이런 상황에서 문정황후와 윤원형 세력을 비방하는 글이 나붙는데, 일명 양재역 벽서 사건(良才驛壁書事件)이다. 이에 소윤 세력인 윤원형 일파들은 이 사건을 윤임을 중심으로 한 대윤 세력의 만행이라고 단정 짓고 대대적인 숙청을 단행하는데, 이것이 을사사화(乙巳士禍)이다. 이때 유희춘도 연루되었다는 의심을 받아 제주도와 함경도 등으로 귀양살이를 하며 18년이라는 세월을 보낸다. 그는 이때 학문에 전념하며 성리학에 해박한 경지에 이른다.

그 후 1567년 선조가 즉위하자 유배에서 풀려나게 되고, 1569년 성균관 대사성으로 홍문관 부제학, 예문관 제학, 전라도 관찰사, 사헌부 대사헌, 사간원 대사간 등을 역임했다. 유희춘이 경연에서 성리대전(性理大全)을 인용할 때면 반 장 정도는 통째로 외워서 경연에 임했다고 한다.

그의 높은 식견과 해박한 지식에 대해 선조는 "유희춘은 경연과 전적을 널리 보아 학술이 정치(精緻)하고 세밀하여 따르지 않을 수 없다"고 평했을 정도이다. 또 성균관 학생들은 물음에 막힘없이 답했다고 평가했다. 서중(書中)의 신명(神名)이요 동방의 주자(朱子)라고 불리기까지 했다. 그는 주자를 존경하여 경연시 주자의 학설을 주로 따랐다. 경연관으로 함께 활동했던 율곡 이이는 그의 학문을 높이 평가하여 사서오경의 언해와 주석 작업에 추천하기도 했다. 그는 당시 많은 학자들과 교류했고 이황과는 학문에 의심나는 문제를 서로 물어보고

답했다고 한다.

〈미암일기〉는 유희춘이 유배지인 은진에 있던 1567년 10월부터 1577년 5월 13일 타계하기 전까지 10년 동안 쓴 일기이다. 〈미암일기〉에 보면 유희춘은 의술과 양생에 밝은 인물이었다는 것도 알 수 있다. 그의 집에는 여러 의원이 드나들었는데, 스스로 처방을 내려 약을 지을 만큼 의학 지식이 상당했다고 한다.

그는 성리학 연구와 학술 진흥에 크게 기여한 인물로 인정받고 있다. 사후 1580년에 좌찬성(左贊成)에 추증되었고 문절(文節)이라는 시호를 받았다. 담양의 의암서원(義巖書院)을 비롯하여 무장(茂長)의 충현사(忠賢祠), 함경북도 종성군의 종산서원(鍾山書院), 해남의 표충사(表忠祠), 관산의 무양서원(武揚書院)에 배향되었다.

어의 양예수를 만나다

허준은 1569년 윤 6월 30일 미암 유희춘의 추천을 받아 내의원에 출사한다. 그때 허준은 의과시험도 치르지 않았고 전의감이나 혜민서에서 교육을 받은 사실도 없었다. 내의원에 입사하여 근무는 했지만 공식 직위도 없었다. 내의원에 입사한 지 2년 6개월이 지난 시점의 〈미암일기〉에 첨정(僉正) 내의(內醫)라는 글이 발견될 뿐이다.

관직명이 처음으로 등재된 시기는 선조 4년(1571년) 12월 2일이다. 그때 허준의 관직은 종4품이었다. 보통 과거에 장원으로 급제하면서 종8품직이었으니, 그동안의 근무 경력이 참작된 대우였을 것으로 추측된다. 허준이 내의원에 입사하며 만난 사람이 어의 양예수(楊禮壽)였다. 사실 허준이 내의원에 입사하기 전에 이미 유희춘을 통해 양예수와는 교류가 있었을 것이라고 보는 것이 옳다.

1570년 유희춘은 양예수에게 박순(朴淳)의 병을 봐 달라고 부탁했을 때 성실하게 박순을 치료해 준 것에 대해 고맙게 생각하고 있었다. 이 무렵부터 이런저런 사연으로 양예수를 찾는 방문 횟수가 늘어났고 허준은 마침 유희준 부인의 병을 치료하기 위해 드나들게 되었으니, 세 사람은 서로 인연을 맺었다고 보는 것이 자연스럽다. 그때 양예수의 나이는 40대 후반에서 50대 초반 정도로 추정할 수 있고 허준은 20대 청장년이었다.

양예수의 집안에 대해 알아보자.

본관은 하음(河陰), 호는 퇴사옹(退思翁)이다. 출생연도는 알려진 것이 없고 1597년에 타계했다. 부친은 양건(楊建)이고 부사용(副司勇)이라는 낮은 무직(武職) 출신이다. 양인수는 그의 둘째 아들이다.

첫째 아들인 형 양인수(楊仁壽)는 선조의 어린 시절 스승이었다. 훗날 선조가 보위에 오른 뒤 양인수에게 좋은 감정을 갖고 동반직(東班職)에 기용하려 했으나, 당시 간관(諫官)들의 반대가 있었다. 그래서 선조는 나중에 기회를 봐서 서반직(西班職) 상호군(上護軍)에 임명했다.

간관이란 사간원, 사헌부에 근무하는 관원을 총칭하여 부르는 직위다. 그리고 양예수는 아들 3형제를 두었는데 아들들은 사마시에 합격하여 생원 진사가 되는 등 신분이 상승되었다. 그들 집안은 의학과 함께 유학을 두루 섭렵했지만 일반 관리로 진출하는 것을 포기하고 의학 연구에 몰두했다.

선조는 어의 양예수가 임진왜란 때 몽진하면서 약재 수급 문제로 고생한 것을 생각해, 어명을 내려 조선에서 생산되는 약재로 병을 치유하는 방법을 찾아보라고 했다. 또한 그와 관련하여 조선의 대표적인 약재인 인삼을 광범위하게 사용하는 방법을 찾게 된다. 이런 어명 덕분에 인삼 사용법은 양예수의 연구를 거쳐 허준에게 이어지고 〈동의보감〉의 처방에 많이 준용되면서 인삼의 사용이 확대되었다.

그러나 안덕수(安德秀)를 비롯한 몇몇 의관들은 인삼 사용이 환자의 체질에 따라 변수가 있다는 이유로 양예수와 의견을 달리하는 측면도 있어서 어려움이 따르기도 했다. 이런 상황에서 양예수는 자신의 의술을 더 발전시키고 후대에 전해줄 수 있는 제자를 생각하지 않을 수 없었다. 바로 그런 시기에 허준과 만나게 된 셈이다. 이 만남이 허준에게는 올바른 의술을 습득할 수 있는 계기가 되었고 양예수에게는 자신의 의학 이론을 더욱 발전시켜 줄 계기가 되었다.

하지만 허준 입장에서는 양예수의 의학 이론에만 안주할 수 없었다. 양예수의 의학을 기초로 하여 새로운 의학 이론(〈의림촬요(醫林撮要)〉)을 더욱 발전시켜 나가고 〈동의보감〉을 저술할 바탕을 마련하게 된다.

의림촬요

그런 의미에서 허준이 내의원에 입사하여 당대 최고의 의원 양예수를 만난 것은 큰 행운이었다. 좀 더 크게 본다면 허준에게 미암 유희춘을 만난 것은 제1의 행운이요, 양예수를 만난 것은 제2의 행운이라고 말하고 싶다.

허준이 61세 되던 해인 선조 33년(1600년) 수의(首醫)였던 양예수가 사망하자, 그 자리를 허준이 물려받게 된다.

내의원 조직

그 당시 내의원(內醫院) 조직은 세 단계였다.

첫째는 내의원 일을 총괄 지휘하는 문관, 둘째는 문관의 지휘를 받아 행정을 집행하는 행정직 관리, 셋째로 의술을 담당하는 의원이다.

내의원 지휘를 맡은 문관으로는 총책임자인 도제조(都提調), 제조, 부제조가 있었다. 도제조는 3정승 가운데 한 사람이 겸직했고, 제조는 정2품의 당상관이 맡았으며, 부제조는 왕실의 살림을 관장하는 승지가 겸임했다. 이어서 행정직에는 정3품에서 종9품까지 10명이 배정되었다. 또 의술을 담당하는 의원으로는 산원의관(散員醫官), 침의(鍼醫), 의약동참(議藥同參)이 있었다.

침의는 침술을 전문으로 하는 의원으로 12명이 있었고, 의약동참은 의술에 밝은 사대부 문관으로 정원이 12명이나 공식적인 의료 행위는 하지 않았다. 산원의관(散員醫官)이란 실직(實職)은 없고 품계(品階)만 있었는데, 당상의관(堂上醫官)과 당하의관(堂下醫官)으로 구분되었다. 당상의관이란 품계가 정3품 통정대부(通政大夫) 이상의 의원을 말하며, 堂下醫官(당하의관)은 종3품 이하의 품계를 가진 의원이다.

당시 의원 제도를 보면 실직(實職)이 주어지는 의원은 승진이 없었고, 실직이 주어지지 않는 의원에게는 승진의 길이 있었다. 이는 기술직인 의관에게도 문관처럼 높은 품계를 수여해서 고위 문무관과 대등하게 대접받을 수 있는 제도였다. 그러나 문관들은 기술관인 의관들을 존경하지 않는 풍토가 있었다. 허준이 정3품 통정대부, 종1품 숭록대부(崇祿大夫), 정1품 보국숭록대부(輔國崇祿大夫)에 올라간 것은 실직의 승진이 아니라 이런 품계상(品階上)의 승진이었다. 이런 품계의 상하와 함께 의원의 의술 능력에 따른 서열도 있었다.

한편, 내의원에 봉직하는 의원이나 행정 관리 모두 의관이라고 존칭했으며, 의원 중 침의와 의약동참을 제외한 의관을 내의(內醫)라고 불렀다. 내의 중에도 직접 임금님의 진료에 참여하는 의원을 어의라고 했다. 어의 가운데 우두머리를 수의(首醫)라고 했는데, 모든 어의가 임금님의 진료에 참여하는 것은 아니고 그중에서 3~7명의 소수만 참여했다.

벼슬길에 오르다

허준은 1569년 30세에 내의원에 입사하여 벼슬길에 나서는데, 처음 얻은 벼슬은 종4품 내의원첨정(內醫院僉正)이다. 내의원에 입사하여 2년 6개월 정도 지나서 이와 같은 위치에 오른 것은 의술 활동이 우수하다고 인정된 결과로 보인다.

당시에는 의관 수가 적었다. 전의감 혜민서의 의정부 소속 의원, 세자궁 소속 의원, 육조(六曹) 소속 의원, 각 군(軍)에 소속된 의원, 지방 부(府) 목(牧), 군(郡), 현(縣)에 소속된 의원과 심약직(審藥職)을 다 합쳐도 몇 백 명 정도에 지나지 않았다. 그중에서도 내의원에 출사한다는 것은 의술이 비범하지 않고는 불가능한 일이었다.

그럼 허준이 취득한 종4품 내의원첨정이란 어떤 위치인가?

당시 과거의 잡과 시험에는 역과, 의과, 음양과, 율과가 있었다. 의과의 경우 초시에 18명을 합격시키고, 다시 복시를 쳐서 9명을 선발한다. 1등의 경우는 종8품, 2등은 정9품직, 3등은 종9품이다. 그런데 허준은 내의원에 입사할 때 의과 시험도 치르지 않았는데 내의원 입사 후 2년여가 지나자 종4품 첨정이란 위치에 오른 것을 보면 많은 혜택을 받았음을 짐작할 수 있다. 이어서 4년 만에 행정직인 정3품 내의원 정(內醫院正)의 위치에 오른다. 파격적인 대우라고밖에 표현할 길이 없다.

내의원의 규정을 보면 종8품은 봉사(奉事), 정9품은 부봉사(副奉事), 종9품은 참봉(參奉)이었다. 내의원의 행정직 소임을 맡은 사람은 모두 10여 명 정도였다. 첨정이란 자리는 고위 행정직이다. 당시 내의원의 직제는 행정직과 의원(醫員)직으로 이원화되어 있었다. 참봉, 부봉사, 봉사 직장, 주부 판관, 첨정, 정 따위의 직책은 약의관리, 첩약과 환약의 제조, 고관 댁에 대한 의원 파견, 의서 발간, 왕의 진료 기록 같은 사무를 관장하는 것이 행정직이다. 이들은 의원으로서 행정직을 맡아 일했을 뿐만 아니라 진료 행위에도 참여할 수 있었다.

허준의 관직 생활을 시기별로 나누면 다음과 같다.

첫째는 내의원의 관직을 얻은 1571년(또는 1573)부터 1592년 임진왜란 발발까지이다. 이 시기에는 어의로서의 명성을 크게 얻지 못한 시기로 핵심적인 위치에 오르지 못했다.

둘째는 임진왜란이 일어난 1592년부터 선조가 승하한 1602년까지이다. 왜란으로 한양을 버리고 임금을 따라 의주까지 몽진하여 선조와 생사고락을 같이했으며, 환궁 후에는 절대적인 신임을 얻으며 16년 동안 어의로서 문관에 버금가는 권력을 누렸다.

셋째는 1608년 선조 승하 후 그가 타계하는 1615년까지의 7년 동안이다.

허준이 두각을 나타내기 시작한 시기는 1575년 의과 시험에 정식으로 합격한 이후이다. 당시 어의인 안광익(安光翼)을 보조하여 왕을 진맥하기도 한다. 그해 선조의 중병을 고침으로써 신망을 얻어 어의로 임명된다. 1578년에는 선조로부터〈신간보주동인수혈침구도경(新刊補註銅人腧穴鍼灸圖經)〉이란 책을 하사받는다. 또 1581년에는〈찬도방론맥결집성(纂圖方論脈訣集成)〉이란 책의 편찬 작업을 맡게 되는데 "떨리는 마음으로 이 작업을 수행했다"고 기록은 전한다. 허준은 이 책을 통해 당시 진맥학의 오류를 바로잡았다고 한다. 그리고 1587년에는 선조의 진료와 치료 등 왕실에 많은 공을 세워서 녹비(사슴 가죽)와 숙마(나라에 속한 말을 사용할 수 있는 권리) 등 많은 배려를 받는다.

이처럼 선조의 절대적인 신임과 더불어 왕의 특지(特旨)로 여러 차례 품계를 올려 받았다. 밝은 면이 있으면 어두운 면도 있는 것은 당연지사. 그의 고속 승진에는 많은 관리들의 시기와 질투는 물론 수많은 방해 공작이 있었음은 말할 나위도 없다.

그의 출세에 큰 영향을 준 것은 공빈 김 씨의 남동생이 앓고 있던 구완와사였다. 입이 한쪽으로 돌아가는 증상을 가진 구완와사를 허준이 완치시키자 그 의술의 고절함이 만인에게 알려졌다. 그리고 1590년에는 인빈 김 씨의 소생인 신성군의 두창을 고쳐 당상관(정3품 통정대부 이상을 말함)의 품계를 받게 된다. 그때 허준의 나이는 52세였다.

이에 사헌부, 사간원, 홍문관 삼사와 의금부는 선조에게 서얼 출신 기술관인 허준이 신분 구조상 정상적으로 승진할 수 있는 최고의 지위인 당하관(堂下官) 정3품 통훈대부(通訓大夫)라는 한계를 뛰어넘은 것이라며 그에게 내린 벼슬을 철회할 것을 상소했다. 즉 왕자 치료는 의관으로서 당연히 해야 할 일이기에 의관에서 당상관으로의 가자(加資)는 불가하다는 것이다. 그러나 선조는 듣지 않았다.

허준의 이번 승진은 동반(東班. 문관을 뜻함)에 오르게 됐다는 것인데, 이를 달리 표현하면 서얼 출신 기술관에서 양반으로의 신분 상승을 뜻한다. 이때가 허준이 내의원에 입사한 지 17년이 되는 해이다. 그 후 1등급 더 승진하게 되는데, 허준의 품계는 정3품 통정대부에서 종2품 가의대부(嘉義大夫)로 올라간 셈이다. 가의대부는 문관으로 6조의 참판, 홍문관이나 규장각의 제학, 8도의 관찰사와 같은 등급이다. 허준이 신성군의 두창을 고쳐준 일은 광해 임금과 인연의 고리를 만들게 된다.

임진왜란과 허준의 활동
선조를 따라 파천길에 오르다

임진왜란이 일어나자 허준은 몽진하는 어가를 따라 시의(侍醫)로서 호종하며 의주까지 간다. 당시 조선 최고 의원인 양예수는 노쇠하여 허준이 시의로서 그 소임을 대행했다. 그때 허준의 나이는 47세였다.

어가가 궁궐을 떠나 북쪽으로 몽진할 때 시간이 지남에 따라 어가를 따르던 문무백관의 수가 줄어들었다. 선조를 모시고 의주까지 고난을 함께한 문무백관은 소수에 불과했고, 의원도 허준을 포함해 두 명에 불과했다. 평소 의(義)를 부르짖고 충성을 맹세하던 사람들은 모두 사라지고, 대접받지 못하고 업신여김을 당한 내시와 노비만 어가를 지켰다. 그때 선조는 호종하는 그들을 보며 이렇게 한탄했다고 한다.

"사대부가 너희만 못하구나."

임진왜란이 일어난 1592년은 태조 이성계가 조선을 개국(1392년)한 지 200년이 되는 해이다. 당시 한양에서 의주까지 함께 고난을 겪으면서 임금을 따르던 문관과 무관은 겨우 17명에 불과했고, 환관 수십 명과 허준, 액정원(掖庭員) 4~5명, 사복원(司僕員) 3명이 전부였다. 내시 일부와 종, 허준 같은 의관의 충성심이 돋보였고, 그들은 선조로부터 확고한 신임을 얻게 되었다.

임진왜란이 끝나고 환궁한 후에는 공을 세운 인물에 대해 대대적인 공신 책봉이 있었다.

첫째, 한양에서 의주까지 임금이 탄 가마를 모신 사람은 호성공신(扈聖功臣)에 봉했고, 둘째, 전투에서 공을 세운 장수와 군량 확보를 위해 활약한 사람은 선무공신(宣武功臣)으로 봉했다. 셋째, 민심을 선동하여 반란을 일으킨 이몽학의 난(1596년)을 토벌한 사람은 정난공신(靖難功臣)으로 봉했다. 이때 허준은 호성공신 3등급에 책정되었으며, 충근정량(忠勤貞亮. 충성스럽고 근실하며 바르고 성실하다)이라는 봉호(封號)를 받았다. 또 허준의 본관인 양천(楊川)의 읍호(邑號)를 따서 양평군(楊平郡)이란 직위를 내렸다.

한편, 봉호와 직위 외에 품계(品階)도 정2품의 정헌대부(正憲大夫)에서 1등급 오른 종1품 숭록대부에 봉해졌다. 품계로만 따지면 좌찬성(右贊成), 우찬성(右贊成)과 같은 지위에 오른 셈이다. 이런 일련의 승진이 허준에게는 더없이 좋은 경사였으나 문관들에게는 시기와 질투심을 유발하는 좋은 재료가 되었다. 사료에는 다음과 같이 서술되고 있다.

"허준은 성은을 믿고 교만을 부리므로 그를 시기하는 사람이 많았다."

허준이 61세 되던 해인 선조 33년(1600년)에 수의였던 양예수가 사망한다. 양예수의 뒤를 이어 허준이 수의로서 활동하게 된다. 이에 선조는 허준에게 정1품 보국숭록대부의 직위를 내린다. 하지만 사헌부, 사간원의 반대 상소가 빗발치는 바람에 철회하기도 했다.

선조는 어렸을 때부터 잔병치레가 많았고, 성년이 되어서도 건강하지 못했다. 갑작스런 국난을 맞아 몽진을 했을 때 정신적인 충격으로 건강이 악화되었다. 허준은 어의로서 좋은 약재를 구하여 탕약과 침, 뜸 등의 치료를 병행하며 헌신적인 노력으로 선조의 건강을 지켰다.

귀양살이를 하다

선조는 허준의 노력에도 불구하고 1608년 2월 1일 승하했다. 이에 사대부들은 선조의 승하가 어의로서 책임을 제대로 수행하지 못하여 발생한 불행한 일이므로 허준에게 책임을 물어야 한다고 상소했다.

한편, 선조의 병세가 악화된 것은 임진왜란 때 받은 충격도 있지만 다른 원인도 생각해 볼 수 있다. 선조는 환궁 후 새로운 중전 인목대비를 맞이하게 되는데, 그때 선조의 나이는 50대 중반이었다. 이때 인목대비에게서 영창대군이 탄생하게 되니 궁궐 내외에는 미묘한 기운이 생겨났다. 당시 신하들 가운데서는 적통인 어린 영창대군을 세자로 책봉하여 선조의 뒤를 잇게 하자는 소북파와 광해군에게 보위를 잇게 해야 한다는 대북파 사이에 암투가 벌어진 것이다. 이런 소북파와 대북파의 갈등에서 오는 심리적 압박 또한 선조의 병세 악화에 하나의 원인으로 작용했을 것이라는 게 역사학자들의 주장이다.

소북파의 주장에 힘을 실어주던 선조가 세자 책봉을 하지 못한 채 갑자기 승하하자 광해군이 보위에 오르게 된다. 이에 소북파는 힘을 잃고 영수였던 유경영은 사약을 받게 된다. 또 그동안 서얼 출신의 한낱 기술관인 허준이 문관들이 차지하는 품계까지 오른 것을 시기하던 대북파와 일부 사대부는 선조 승하의 책임을 물어 삭탈관직 후 유배를 보내야 한다고 주장한다.

하지만 광해군은 자신이 어렸을 때 병으로 사경을 헤맬 때 치료해준 허준에 대해 좋은 감정을 갖고 있었다. 그래서 처음에는 내의원 어의에서 사직시키는 선에서 매듭 지으려 했으나 사헌부 사간원에서는 한양으로부터 멀리 떨어진 험지로 유배시켜야 한다고 상소했다. 광해군은 사헌부 사간원의 간관(諫官)들의 거센 항의에 허준을 의주로 유배를 보내게 된다. 그곳에서 2년여의 세월을 보내는 사이 궐내 상황이 안정을 되찾자 광해군은 허준을 다시 불러들여 어의로 임명한다.

아, 동의보감!

<동의보감>은 이렇게 만들어졌다

<동의보감>은 의술에 대한 많은 관심을 갖고 있던 선조의 의지에 따라 저술이 시작되었다. 1596년 허준은 선조의 명에 따라 어의 양예수, 김응탁, 이명원, 정예남 등과 함께 의서 편찬에 착수했다. 이듬해인 1597년 정유재란으로 인해 잠시 중단되기는 했지만, 선조는 허준에게 단독으로라도 의서 편찬에 매진하라는 강력한 지시를 내리기도 했다.

그런 선조가 1608년에 갑자기 승하했다.

하지만 다행스럽게도 선조를 이어 왕이 된 광해군은 어린 시절 자신의 병(두창)을 고쳐 준 허준을 잊지 않고 있었다. 광해군은 궐내 상황이 안정되자 1609년 말에 허준을 다시 불러들여 어의로 앉히고 중단되었던 〈동의보감〉을 완성하도록 명한다. 편찬 사업에 필요한 아낌없는 지원을 베푼 것은 말할 나위도 없다.

1610년에 완성한 〈동의보감〉의 원고는 임진왜란과 정유재란 등 두 난리 통에 피폐해진 궐내 상황과 보수작업 등으로 출간이 미뤄지다가 1613년 11월에야 이루어졌다. 이때 허준의 나이 73세였다.

〈동의보감〉을 저술하는 데 참고한 의서는 모두 86종이다. 그중에서 국내 서적이 3종, 나머지는 고대 중국으로부터 명초(明初)에 이르는 서적들이다. 중국 서적 가운데 금원(金元) 시대의 의서가 16종이고, 명나라(明代) 때 의서가 20종이었다.

〈동의보감〉은 중국과 일본에서도 발간되었는데, 한의학의 본고장이라고 할 수 있는 중국 쪽에서는 '천하의 보물'이라는 찬사를 아끼지 않

동의보감

았다. 이로써 한의학이 중국보다 조선이 앞서는 계기가 되었다.

〈동의보감〉이 완성된 후 허준은 '서문'과 '집례'를 통해 조선 의학의 전통성을 강조했다. 그는 〈동의보감〉 권1의 '집례'에서 중국과 조선을 포함한 동북아시아의 의학적 권역을 다음과 같이 분류했다. 동원(東垣)의 북의(北醫)와 단계(丹溪)의 남의(南醫) 그리고 조선의 동의(東醫). 또한 허준은 당대의 조선 의학이 중국에 못지않았다는 일종의 자부심을 표현했다. 이미 고려 말 조선 초에 신유학과 함께 중국의 한의학의 대가인 유원소(劉元素), 장종정(張宗正), 이고(李杲), 주진형(朱震亨) 등을 일컫는 금원 사대가(金元四大家)의 의술이 전해졌다. 그 바탕 위에서 허준은 명대의 신의학을 나름의 기준을 가지고 분류 정리할 수 있는 단계에까지 도달해 있었기 때문이다. 따라서 〈동의보감〉은 조선 전기의 〈의방유취(醫方類聚)〉나 향약집성방(鄕藥集成方)〉 이후의 가장 큰 업적이라 할 수 있다.

허준의 일생은 의학 연구에 바쳤지만, 그 저간에는 애민사상이 깔려 있다. 신분의 벽을 넘어 큰일을 해냈고, 향약 자료를 활용한 의학 서적 저술에 힘을 기울여 백성을 질병으로부터 구제하기 위한 삶을 살았다. 그는 〈동의보감〉을 완성하고 5년 뒤인 광해군 5년(1615년) 11월에 타계했다.

다른 의서를 편찬하다

〈동의보감〉 이외에도 허준은 43세 때 〈찬도방론맥결집성(簒圖方論脈訣集成)〉을 시작으로 〈언해태산집요(諺解胎産集要)〉, 〈언해구급방(諺解救急方)〉, 〈언해두창집요(諺解痘瘡集要)〉, 〈신찬벽온방(新撰辟

瘟方)〉, 〈벽역신방(辟疫神方)〉 등을 저술했다. 그중에도 〈언해태산집요〉, 〈언해구급방〉, 〈언해두창집요〉는 한글로 번역하여 백성들의 활용도를 높였다. 이 의서들은 임진왜란 중 망실된 의학 서적을 대체하기 위한 것으로 선조의 하교에 의한 것이다.

선조는 의술에 관심도 많았고 간단한 처방전 정도는 쓸 수 있는 실력을 갖춘 것으로 알려져 있다. 그런 선조였기에 전란으로 망실된 의서 복원을 명한 것은 어쩌면 당연한 일이었을 터이다. 그리고 새롭게 편찬된 대체 의서들은 기존의 의서들보다 더 체계적이고 합리적인 내용이었다고 한다.

〈언해태산집요〉는 산부인과 관련 의서로 임신, 출산 등에 대해 자세하게 기술되어 있다. 〈언해구급방〉은 위급한 상황이 발생했을 때 신속하게 대응하는 방법 등을 기술한 의서이다. 〈언해두창집요〉는 두창이 발병했을 때 약을 사용하는 방법 및 예방법 관련 내용이다. 특히 이 책에는 두창이 발병했을 때 생기는 합병증에 대해서도 그 치료법을 망라해 놓았다. 또 이 책의 내용은 〈동의보감〉 편찬에도 많이 인용했다.

가장 먼저 출간된 책은 〈언해구급방〉으로 선조 40년(1607년) 6월이다. 이어서 〈언해태산집요〉와 〈언해두창집요〉가 선조 41년(1608년) 정월에 출간됐고, 4년 뒤인 1612년에 〈천도방동맥결집성〉이 출간되었으며, 1613년 11월에는 〈신찬벽온방〉이, 12월에는 〈벽역신방〉이 출간되었다.

〈동의보감〉이 출간된 1613년에는 북쪽 지방에서 '온역(瘟疫)'이 발생했다. 온역은 지금으로 치면 급성 장티푸스와 같은 병이다. 〈신찬벽온방〉은 온역의 원인과 치료법이 담긴 책이다. 기존의 의학 서적인 〈의

학정전(醫學正傳)〉, 〈의학입문(醫學入門)〉과 비교하면 예방과 치료법에 대한 이론이 많이 정리되어 있었다.

허준은 병의 발생에 대한 의학적 대응은 물론, 처방법에 대해서도 서술해 놓았다. 그리고 온역병을 일으키는 주요 원인과 온역이 생겼을 때 맥의 상태, 계절에 따른 온역의 제반 증상과 각각에 대한 치료법 및 유사 질환에 대해서도 언급했다. 그리고 〈벽역신방〉은 1613년 겨울 북쪽 지방에 유행한 온역과 관련한 치료법에 대해 서술했는데 병의 원인과 증상에 대해서도 서술해 놓았다.

〈동의보감〉의 구성

〈동의보감〉은 내경편(內景篇) 6권, 외형편(外形篇) 4권, 잡병편(雜病篇) 11권, 탕액편(湯液篇) 3권, 침구편(鍼灸篇) 1권으로 구성되어 있다.

내경편(內景篇)은 〈동의보감〉 전면의 의학을 정리한 부분으로 허준의 의학론과 철학을 한눈에 볼 수 있다. 이런 내용은 기존의 의학서들이 다루지 못한 것으로 〈동의보감〉만의 장점이라고 할 수 있는데, 즉 양생론으로 통칭되는 수양법이다. 한편, 내경편에서는 주로 내과 질환과 관련된 병증(病症)을 수록했다.

외형편(外形篇)은 몸 외부에 생기는 질병과 이비인후과, 안과, 피부과, 비뇨기과 등의 질환을 기술했다.

잡병편(雜病篇)은 내경편과 외형편에서 언급하지 않은 여러 내과적 질병들의 병론(病論)과 그 병증에 대한 처방 등을 수록했다. 이른바 병리진단학에서부터 구급, 부인, 소아, 전염병 등 광범위하게 기록했다.

잡병편에 별도로 기술된 구급, 부인, 소아의 질병 관련 내용은 훗날 〈동의보감〉이 허준의 인간애를 잘 보여주는 의서로도 평가받게 했다.

탕액편(湯液篇)은 당시 우리나라에서 흔히 쓰던 약물 1천여 종에 대한 효능, 적용 증세, 채취법, 가공법, 산지 등을 밝히고, 약품 이름 밑에 민간에서 부르고 있는 향명(鄕名)을 한글로 덧붙여 놓기까지 했다. 조선 전기 향약론으로 총칭되는 임상약물학 또는 본초학의 집대성이라 할 만한 탕액편은 내경편과 함께 〈동의보감〉의 가치가 잘 드러난 부분이다.

침구편(鍼灸篇)은 침과 뜸을 놓는 방법과 장소, 즉 혈(穴)의 위치와 적용 증상 등에 대해 기술했다.

의성(醫聖) 허준

서얼 출신이라는 어려운 환경을 뛰어넘어 의원이라는 한 길을 관통해 종1품까지 오른 인간 허준. 그리고 그가 이루어낸 당대 최고의 의서 〈동의보감〉. 후대 사람들은 그를 의성(醫聖)이라 부른다.

허준은 서자라고는 해도 집안에서의 차별 없이 어린 시절을 보내며 학문에 정진할 수 있었다. 당시의 학문은 유학이 주류였는데, 허준은 부지런히 공부하여 과거 시험에 합격하여 아버지처럼 입신양명의 뜻을 펴려 했다. 그러나 서자에게 문관으로 나아가는 길이 막혀 있던 당시 시대적 환경은 그에게 좌절을 안기고 방황에 빠지게 했다.

그래도 기술직이나 의원이라는 다른 길을 통해 벼슬을 할 수 있다는 사실을 받아들이고 의학 공부의 길로 방향을 잡는다. 허준의 의학 공부에 도움이 된 것은 어린 시절부터 꾸준히 공부해 온 유학이라는 학문이었을 것으로 추측된다.

　예나 지금이나 의원이 되는 길은 의서만 열심히 읽는다고 되는 것은 아니다. 그런데 아이러니하게도 허준이 어떤 형태로 의학을 공부했는지, 누구에게 사사했는지를 알려 주는 사료는 없다. 그저 앞에서 언급한 대로 인척 관계나 친분 관계를 통해 의학을 접하고 배울 기회는 그가 마음만 먹으면 가질 수 있었으리라는 짐작만 할 뿐이다.

　결과적으로 허준은 내의원에 입사하지만, 그가 과거 시험을 치렀다거나 전의감이나 혜민서에서 일정한 과정을 밟았다는 기록도 없다. 따라서 허준이 내의원에 입사할 수 있었던 것은 유력자 유희춘의 천거 덕분이었다. 물론 유희춘이 아무 능력도 없는 허준을 억지로 추천한 것이 아니라, 그 무렵의 허준은 이미 의원으로서의 상당한 실력을 갖추고 있었기에 가능한 일이었다.

　내의원에 입사한 이후의 행보는 무난했던 듯하고, 선조와 광해군 두 임금의 두터운 신뢰를 얻은 것은 허준이 가진 의술 능력과 충정을 다하는 인성 양면에 기인한 것임은 그의 언행에서 충분히 짐작할 수 있다. 임진왜란 당시 의주까지 따라가 선조의 곁을 떠나지 않은 사실과 광해군 시절 귀양살이에도 놓지 않은 의학에의 집념이 그 증거이다.

　허준은 또한 의원이 가져야 할 의무에도 충실한 사람이었다. 길을 가다가도 병에 걸린 사람을 보면 처방을 내려 주고, 임진왜란 당시 피난길에서 만난 처참한 백성을 보며 가슴 아파했다는 기록들은 의원으로서의 허준이라는 인간을 판단하기에 모자람이 없다.

　의술이 발달하지 않은 당시 백성들은 질병에 대해 운명론적으로 받아들이는 측면이 강했다. 때문에 허준은 그런 백성들을 위해 어떻게 하면 그들에게 맞는 의술을 펼 수 있을지를 고민했다. 그랬기에 그가 저술한 의서에는 그 지방에서 쉽게 얻을 수 있는 약재에 주목하고, 의원의 도움 없이도 병을 치료할 수 있는 방법을 기록한 사례가 많다. 또한 한글 번역판 의서를 출간하여 의술의 다변화는 물론 대중화에도 크게 기여했다. 그의 가슴속에 인본주의 사상이 자리 잡고 있었다는 증거이다.

위로는 임금에서 아래로는 일반 백성들까지 두루 혜택이 주어지도록 최선을 다했으며, 조선의 한의학을 발전시켜 중국, 일본 등 외국에도 그 우수성을 알렸다.

허준에게 의성(醫聖)이라는 칭호가 주어진 것은 너무나도 당연하다 하지 않을 수 없다.

03

과거(科擧)에 얽힌 사람과 사연들

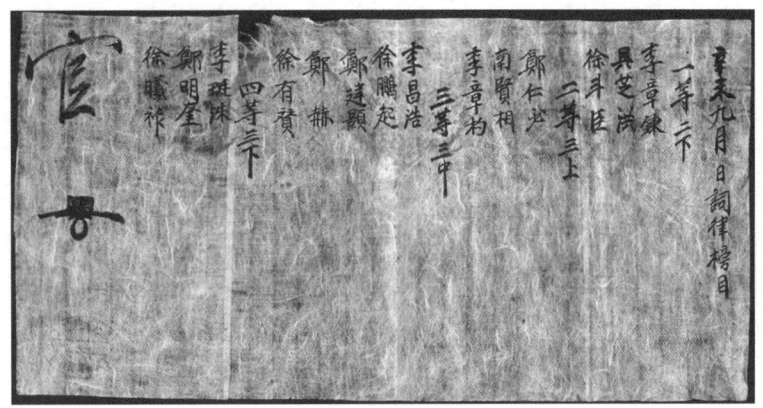

과거의 합격자 명단

과거(科擧)의 등장

관리가 되는 길

학문에 매진하여 과거에 급제하는 일은 이무기가 용(龍)이 되어 등천하는 것과 같다. 고려 초기만 해도 국가 차원의 시험을 시행해 우수한 인재를 관리로 등용하는 제도는 없었다. 삼국시대는 말할 나위도 없다.

과거제도가 없던 시기에는 부모의 후광이나 수학한 스승의 추천에 의해 관리가 되었다. 일반 백성의 자제는 혹여 능력이 월등하다 해도 신분의 벽을 넘지 못했다. 관리가 되는 사람의 대부분은 공신이나 관리의 자제, 지방 호족의 후손이었다.

일반 백성의 자식들은 생업에 종사하느라 글을 배울 시간이나 재력이 부족했다. 그러나 가끔 시골에서도 부모의 열정과 뛰어난 능력에 의해 서당 등에서 수학하는 사람도 있었다. 그러나 신분이 높은 집안의 자녀들은 생업에 허덕이지 않았기에 훈장의 지도하에 학문에 정진할 수 있었다.

일반 백성의 자손과 공신, 호족의 후손 사이에는 출발점부터 차이가 존재했다. 부모나 조상 덕에 맡게 되는 벼슬이나 벼슬아치를 '음보(蔭補)', '음직(蔭職)', '남행(南行)'이라고 한다. 문제는 이렇게 해서 관리가 된 사람 가운데는 능력 있고 민초를 위하는 청빈한 관리보다 능력 없고 민초를 보살피는 가치관이 부족한 이가 많았다는 점이다.

개혁의 길을 찾아서

이 땅에 과거제도가 실시된 시기는 고려 광종 9년(958년)으로, 당시 고려로 귀화한 중국 후주(後周) 사람 쌍기(雙冀)의 건의로 시작되었다. 광종은 능력 있고 선량한 인재를 관리로 선발해 지금까지 문벌에 의해 관리가 되는 관행을 개혁하고자 과거제도를 실시했다.

과거제도 도입 이전에는 공신이나 호족의 후손이 관리가 되었는데, 이들은 변하지 않는 권력을 이용해 자신들의 이익에만 몰두했고 횡포 또한 심했다. 그러니 이와 같은 작태를 없애고 참신하고 능력 있는 사람을 관리가 되도록 해야겠다는 마음이 강하게 작용했다.

공신이나 호족의 후손들은 부모의 권력만 믿고 사리사욕에 집착하여 백성들의 생활을 어렵게 만들었다. 즉 조상의 음덕에 의해 관리가 되었으니 세상 물정도 모르고 민초의 아픔을 치유하려는 생각조차 하지 않은 셈이다. 물론 과거제도가 도입되었다고 해서 신분에 의해 관리가 되는 관행이 완전히 없어진 것은 아니었다.

누구나 용(龍)이 될 수 있다

과거제도를 통해 참신하고 능력 있고 애민정신이 뚜렷한 인재를 선발하여 관리가 되는 길을 열어 놓은 것은 커다란 사회변혁이었다. 이런 변혁은 일반 백성들로 하여금 가세의 어려움을 극복하고 자식이 서당을 거쳐 향교, 서원, 사학(四學) 등에서 수학한 후 용이 되는 길을 모색하게 만들었다. 또 양반이라도 삼대에 걸쳐 과거에 입격(급제)한 후손이 없으면 그 집안은 자연스레 쇠락의 길로 들어서게 되었다. 과거제도는 이처럼 쇠락한 양반에게도 다시금 일어설 수 있는 계기가 되었다.

일반 백성에게 관리가 된다는 것은 곧 권력을 갖게 된다는 뜻이므로 선망의 대상이 되었다. 과거 합격이란 곧 신분 상승과 부귀영화를 거머쥔다는 뜻이므로 많은 인걸이 목숨을 걸고 노력했다.

양반 집안에서는 체면을 유지해야겠고, 평민 집안에서는 신분상승의 길이니, 온 집안의 능력과 정성을 기울였다. 그래서 별 재산도 없고 능력도 없는 집안에서 과거에 급제한 인물이 나오면 대중이 모두 입을 모아 하는 말이 있다.

"개천에서 용이 났다!"

문인은 문인대로, 무인은 무인대로, 의술을 공부한 사람은 의술로써 영광을 얻기 위해 본인의 노력, 부모의 정성, 조상의 음덕 등 모든 수단이 동원되었다. 그러나 평생을 공부해도 그 뜻을 이루지 못하는 사람도 있었고 또 환갑이 되어서야 그 뜻을 이루어 온 가족과 친척, 이웃으로부터 축하를 받는 사람도 있었다. 후손에게 좋은 교훈을 보여 준 예라 하겠다.

모든 일이 다 그러하겠지만 과거에도 운이 따른다고들 말한다. 모든 유생으로부터 실력을 인정받아 오던 이가 몇 번이나 낙방을 하는 사연이 있는가 하면, 평소에는 두각을 나타내지 않던 이가 합격의 영광을 누리는 사연도 있다.

"이무기가 여의주를 얻어 용이 되어 승천하는 일이 쉽기만 하겠는가?"

본인은 물론 부모, 조상의 음덕 등 정성이 어우러져야 가능할 것 같다는 생각을 해 본다. 개천에서 용이 태어날 수 있을까? 조선시대 때만 해도 신분의 벽을 넘지 못하는 안타까운 사연도 많았고, 재력이 없는 집안이라면 서당에 가서 천자문을 깨우칠 기회도 적었을 텐데 어떻게 과거 공부를 할 수 있었겠는가?

흔히 말하기를 3대의 정성이 모여야 인물이 난다고 하는데, 이 말도 한 번 새겨 볼 만하다. 모든 것이 다 인연이겠지.

교육제도와 과거제도
교육기관(1)_서당

조선의 통치이념이 유학이었기에 교육도 유학의 사상을 그 이념으로 삼았다. 당시 한양을 비롯한 도시나 시골에서 학생을 교육하는 훈장은 유학자였다.

서당(書堂)은 요즈음으로 말하면 초등학교와 같은 수준이다. 서당은 국가에서 설립한 것이 아니고 개인인 훈장이 설립했으니 오늘날로 치면 사립학교에 해당한다. 서당은 학생과 훈장의 능력에 따라 반을 편성했다. 천자문 같은 기초를 가르치는 반이 있는가 하면 논어, 맹자, 자치통감 등 유학의 심오한 이념을 가르치는 반도 있었다. 반이 몇 개라고 해서 각각의 교실이 따로 있었던 것은 아니고, 한 공간에서 각각의 수준에 맞게 목표를 정하고 훈장이 개별적으로 지도했다.

보통 서당의 훈장은 관리 생활을 하다가 낙향한 사람도 있었고, 벼슬은 하지 않았지만 학문에만 전념하던 유학자도 있었다. 그래서 서당을 자기 집에 개설하고 수강생으로부터 일정액의 수업료를 받았다. 시골에서는 가을에 추수가 끝나면 쌀섬이나 주어야 하므로 일반 백성들의 자식이 서당에 다니기란 쉬운 일이 아니었다.

교육기관(2)_향교

지방행정기관이 있는 고을(郡)에는 부사, 군수, 현감 등이 있었다. 그런 곳에는 명륜당(明倫堂)이 있었고 향교(鄕校)도 있었다. 이곳에는 공자의 위패를 모시고 봄, 가을로 제사를 지내면서 공자의 가르침을 배우도록 했다. 명륜당이 있는 향교는 국가에서 설립한 학교였다. 서당이나 서원(書院)은 사립학교에 해당되고 향교나 한성의 사학(四學), 성균관(成均館)은 공립학교에 해당한다.

그래서 향교의 시설은 국가(지방 수령)가 관리했다. 향교는 요즈음으로 말하면 중등학교에 해당한다. 그곳에 입학하여 수학하는 이는 대부분이 양반이나 토호의 자제였다. 일반 백성들의 자식은 서당에서 천자문을 떼기도 어려운 형편인데, 향교의 문턱을 넘기란 여간 어려운 일이 아니었을 것이다.

교육기관(3)_한양의 사학(四學)

조선 때는 인재 양성을 위해 지방 고을(郡)에 지금의 중등학교에 해당하는 향교를 설립하여 서당 등에서 천자문, 동몽선습 등을 수학한 학동을 선발해 교육했다. 한성(서울)에서는 동쪽에 동부 학당, 서쪽에 서부 학당, 남쪽에 남부 학당, 중앙에 중부 학당을 세워 청소년들을 교육해 국가 발전에 이바지할 수 있는 인재를 육성했다. 이것이 곧 사부학당(四部學堂)이다.

사부학당, 이른바 사학(四學)은 고려 때의 오부학당(五部學堂) 체제를 본떠서 만들었다. 이곳의 수준은 오늘날의 대학에 해당하는 성균관(成均館)의 예비학교 정도라고 생각하면 된다. 학당 시설을 운영하는 경비는 대체로 국가가 부담했지만, 학생들 또한 일정 수준의 경제적 부담은 있었다. 입학 자격은 양반 자제는 물론 평민의 자제에게도 주어졌다. 하지만 대개는 양반 자제가 대다수를 차지했고 지방 토호의 자제가 소수 곁들여지는 정도였다.

이곳의 교육 목표는 조선의 통치 이념인 유학을 근본으로 삼았다. 교육 내용을 보면 이미 서당 수준의 기초 한자를 뗀 것으로 간주하여 소학(小學)을 기초 교재로 사용했다. 소학은 인간의 기본적인 행동 규범을 명시한 내용으로, 성균관에 진학하기 위한 시험의 기초이자 승보시(陞補試)에서도 중요한 과목이었기에 중요하게 여겼다. 소학을 학습한 후에 효경(孝經), 제사(諸史), 문선(文選) 등을 학습하게 된다. 지방의 향교나 한성의 사부학당에서 가르치는 교육 정도를 학습하면, 진사나 생원시에 응시하여 합격할 수 있는 능력을 습득했다고 할 수 있다. 즉 사학(四學)의 목표는 성균관 입학 또는 생원시, 진사시를 치러 합격하기 위한 발판이었던 셈이다.

교육기관(4)_서원(書院)

한양까지 상경하여 교육을 받을 수 없는 사람들을 위해 각 지방에서는 서원을 설립하여 인재를 양성했다. 서원에서는 지금으로 치면 중등학교나 대학교 정도의 내용을 교육했다.

서원은 16세기 중종(中宗) 대를 전후로 처음 세워졌다. 최초의 서원은 소수서원(紹修書院)이다. 주세붕(周世鵬)이 풍기군수(豊基郡守)로 재직 시, 고려시대 때 유학을 최초로 받아들였던 문성공(文成公) 안유(安裕)가 살았던 터에 소수서원을 건립했다. 그 뒤 퇴계(退溪) 이황(李滉)이 주세붕의 뒤를 이어 풍기군수가 되었을 때 송(宋)나라의 고사를 들어 국가에서 편액(현판), 책, 전답 등을 하사하여 주기를 청했다. 이에 명종이 허락하고 편액(현판)을 내렸다.

서원의 교육 내용은 유학이었다. 서원에서 학문을 익히고 과거에 급제하여 관직에 나아가 그 지방과 가문을 드높였다. 후에 양반이나 토호들의 후원으로 각지에 서원이 난립하는 등의 문제가 발생하기도 했다. 서원을 설립하는 사람들은 당시 유명한 유학자이거나 관직에 있었던 관리들이었다.

서원은 스승의 학통을 이어받아 더욱더 발전시키면서 준재들을 양성했다. 서원에서 공부한 인재들이 과거에 합격하여 관리로 생활하거나 퇴임한 후에도 자신이 학문을 닦았던 서원과 인연을 유지했다. 그들은 스승의 학통을 이어받아 더욱더 발전시키게 되었는데, 일면에서는 서원 간의 갈등이 정치적인 갈등으로 비화하기도 했다. 서원과 서원 사이에 유학의 이념, 접근 방법 등에서 의견을 달리했기 때문이다. 또 사림(士林)들이 자기 세력의 기반을 견고하게 하기 위해 향촌에서의 활동을 활발하게 전개했는데, 그 활동의 근거지 역할을 하기도 했다.

교육기관(5)_성균관(成均館)

서원이 오늘날의 지방사립대학이라면 성균관은 국립대학에 해당한다. 사학(四學)을 소학지도(小學之道)라 했고, 성균관(成均館)은 대학지도(大學之道)라 했다. 성균관은 문과 시험을 준비하는 조선 왕조의 최고 국립교육기관이었다. 성균관은 관학의 최고 학부였기에 유생들의 학습 도구도 국가에서 지급했다.

성균관의 기능을 살펴보면, 첫째는 조선의 통치 이념인 주자학의 사

성균관 명륜당

상을 보급하는 근거지의 기능이 있었고, 둘째로는 국가의 관료를 양성하는 관리 양성소의 기능이 있었다. 정원은 경국대전(經國大典)에 명시되어 있듯이 200명이다. 그러나 흉년 등으로 국가 장학재단인 양현고(養賢庫)의 재원이 어려울 때는 유생 수를 줄였다. 75명까지 줄어든 적도 있다. 명종(明宗) 대에 이르러서는 100여 명까지 줄어들었다.

성균관의 유생 자격은 원래 생원시나 진사시에 합격한 상재생(上齋生)이었다. 유생의 수가 모자랄 때는 보충을 했는데, 이를 기재생(寄齋生)이라 했다. 즉 사학(四學)에서 승보시(陞補試)를 거쳐 올라온 승보생과 기재생 두 가지로 구분했다. 한편, 높은 관직을 지낸 자제들을 따로 구분하여 문음승보생(門蔭陞補生)이라고 불렀다. 세월이 지남에 따라 생원시나 진사시에 합격하여 입학하는 정규생보다 기재생 수가 많아지는 문제가 발생해 문음승보생의 수를 30인 이하로 제한하기도 했다.

또 나중에는 성균관의 입학 요건을 완화하기도 했는데, 문과의 향시, 한성시에 한 번 합격한 사람과 생원시, 진사시, 향시, 한성시에 2회 입격한 사람 또는 현직 관료 중에서 학구열이 왕성한 사람을 선발하기도 했다. 그리고 왕세자는 성균관 내에 원자학궁(元子學宮)을 지어 유생들과 함께 성균관에서 학문의 경지에 대해 논하게 했다.

성균관 유생의 재학 기간은 제한되어 있지는 않았다. 다만, 유생들은 원점 300점을 획득하면 문과 초시에 응시할 수 있는 자격을 취득하게 된다. 대부분 유생에게는 이것이 목표였다. 원점 한 개(1점)를 취득하려면 매일 아침과 저녁으로 식당에 가서 함께 식사할 때 원점 1점을 받는다.

과목은 사서오경(四書五經), 근사록(近思錄), 성리대전(性理大典), 통감(通鑑), 좌전(左傳), 송원절요(宋元節要), 경국대전(經國大典), 동국통감(東國通鑑) 및 과거 시험 과목을 학습했다. 경서(經書)를 학습하는 시간은 대학(大學)은 한 달, 중용(中庸)은 두 달, 논어(論語)와 맹자(孟子)는 각 넉 달, 시경(詩經)·춘추(春秋)는 각각 여섯 달, 주역(周易)·예기(禮記)는 각각 일곱 달 정도였다. 그리고 각종 시험에서 우수한 성적을 얻은 유생에게는 문과 초시(初試), 회시(會試), 전시(殿試)에 합격한 것으로 간주하는 특전을 주었다.

조선의 과거제도

조선시대 때도 고려시대와 같이 과거를 통해 유능한 인재를 선발하고 관리로 임명해 국가 업무를 수행하도록 했다. 먼저 과거의 종류를 살펴보면 문과(文科), 무과(武科), 잡과(雜科) 시험이 있었다.

문과 시험

문과에는 소과(小科)와 대과(大科)가 있었다. 소과 시험의 첫 관문이 소과 초시(初試)였다. 소과 초시에 합격하면 두 번째 관문인 소과 복시(覆試)를 본다. 과거 시험의 내용은 조선의 통치 이념이 유교(유학)였기에 과거도 유학에 대한 내용을 주제로 정했다. 고려의 경우는 불교의 내용이었다.

첫 단계는 소과(생원, 진사과) 초시를 보게 되는데, 초시에는 1,500명을 합격시킨다. 소과 초시를 합격하고 나서 소과 복시를 본다. 소과 복시에서는 난해한 문제를 출제하여 합격자 수를 생원 100명, 진사

100명으로 모두 200명을 합격시킨다.

문과는 초시, 복시, 전시의 3단계 시험이 있다. 문과 초시는 첫째로 성균관 유생을 선발하는 관시(館試)가 있었고, 둘째로는 서울의 일반 유생과 성균관 진학을 포기한 생원과 진사를 대상으로 한 한성시(漢城試)가 있었다. 셋째로는 지방 8도에 거주하는 일반 유생과 성균관 진학을 포기한 생원 및 진사를 대상으로 하는 향시(鄕試)가 있었다. 합격자 수는 관시 50명, 한성시 60명, 향시 140명이었다. 즉 문과 초시에서만 250명을 합격시킨 셈이다.

한편, 향시에서 합격시킨 140명을 8도 별로 살펴보면 다음과 같다. 경기도, 황해도, 함경도에서 각각 10명씩 30명을 선발하고, 강원도와 평안도에서 각각 15명씩 30명을 뽑았다. 충청도와 전라도에서는 각각 25명씩 50명을 뽑고, 경상도에서 30명을 뽑는다. 향시에서의 도별 배분은 상주인구에 비례하여 정한 듯하다. 이렇게 하여 문과 초시에 합격한 250명이 문과 복시 시험을 본다.

복시는 조흘강(照訖講)이라고 하는 구두시험을 보는 아주 복잡하고 난해한 과정이다. 이 시험 과정을 거쳐 문과 초시에 합격한 250명에서 33명을 추려낸다. 문과 복시에 합격한 33명은 녹명(錄名)이라는 등록 절차를 마치고 나서 3단계의 시험을 치른다. 이 시험은 합격, 불합격과는 관계가 없다. 요즘으로 치면 '신상명세서' 같은 것을 작성하는 과정으로 보면 되겠다. 그러고 나서 최종 시험인 문과 전시(殿試)를 보게 된다.

전시 또한 합격, 불합격을 가르는 것이 아니라 합격자 33명에게 갑과, 을과, 병과 등으로 품계를 매기기 위한 시험이다. 갑과 3명, 을과 7

명, 병과 23명이다. 이 중에서 갑과 3명에게만은 직책도 함께 준다. 3명 중에 1등은 종6품, 2등과 3등은 정7품을 준다.

무과 시험

문과가 관리를 선발하는 시험이라면, 무과는 국토방위에 필요한 무예의 능력이나 병법에 대한 이론, 가치관 등을 알아보아 군대를 지휘하고 관리하여 유사시 국가 보위에 헌신할 수 있는 지도자를 선발하는 시험이다.

무과도 문과처럼 초시, 복시, 전시의 3단계로 되어 있다. 초시는 훈련원에서 원시(院試)를 치러 70명을 선발하고, 지방 8도에서 치르는 향시(鄕試)에서 120명을 뽑아 도합 190명을 선발한 다음 복시를 치르게 된다. 복시에서는 28명을 선발한다. 다음에 전시를 보게 되는데, 전시는 문과처럼 합격, 불합격을 가르는 시험이 아니다. 문과처럼 갑, 을, 병과의 등급을 정한다. 복시에 합격한 28명 중 갑과 3명, 을과 5명, 병과 20명으로 등급을 매긴다.

유사시에는 만여 명 정도까지 무인을 선발했다. 그래서 만과(萬科)라고도 했다. 국가의 위난을 맞아 무인이 필요할 때는 천민도 면천하여 주어 멸사봉공(滅私奉公) 정신으로 국가를 위해 초개와 같이 목숨을 버릴 기회를 주었다.

잡과

중인 계급을 대상으로 하는 기술 관료의 등용문인 잡과(雜科)는 초시, 복시 두 단계로 되어 있다.

잡과는 역과(譯科), 의과(醫科), 음양과(陰陽科), 율과(律科) 등이 있다. 이 중에서 역과는 왜학(倭學), 여진학(女眞學), 한학(漢學), 몽학(蒙學) 등이 있다.

잡과는 정기 시험인 식년시(式年試)와 부정기 시험인 증광시(增廣試)가 있었는데, 증광시는 나라에 경사가 있을 때 임시로 시행된 시험이다. 시험 과목은 각과의 전공 서적과 경서, 그리고 경국대전이 필수 과목이다. 합격자에게는 종7품에서 종9품을 주어 해당 관청의 시보(試補)로 임명했다.

과거라고 하면 문과와 무과만 생각하는 경향이 있는데, 신분이 낮은 자손이나 천민도 잡과에 급제하면 관복을 입을 수 있어 신분의 굴레에서 벗어나는 기회가 되었기에 평민 이하의 사람들에게 선망의 대상이 되었다. '개천에서 용 났다'는 말은 잡과에서도 예외가 아니다.

별시재(別試才)

무과 시험인데 조선 후기에 무예를 권장하고 국방을 튼튼하게 하기 위해 함경도, 평안도, 강화도, 제주도 지역에서 실시했다. 병기 다루는 능력이 뛰어난 사람을 선발했다. '목전, 철전, 유엽전, 편전, 기추, 관혁, 격구, 기창, 조총, 편추, 강서 등 11기(技) 중에서 왕의 낙점을 받아 2기만을 테스트하여 무인을 선발한 시험이다. 시험 평가의 한 예를 들면, 철전에서 4발 중 3발이 높은 점수가 나왔다 해도 1발이 등외(무효)가 되면 3발 모두 무효 처리했다고 한다.

특출하게 병기를 다루는 재능으로 관복을 입게 되었으니, 이 또한 개천에서 여의주를 얻었다고 할 수 있었다.

과거의 시행 시기

과거는 3년마다 정기적으로 실시했는데, 이를 식년시(式年試)라 하고 10월에 실시했다. 그 사이에 국가에 경사스러운 날이 있을 때 부정기적으로 시행하는 시험인 별시가 있었다. 식년시가 시행되는 해는 간지 가운데 자(子), 묘(卯), 오(午), 유(酉)에 해당하는 해에 실시했다.

식년시에는 문과, 무과, 생원진사시, 잡과 등 모든 시험을 실시했는데 별시에는 문과, 무과만 실시했기에 문과별시, 무과별시라고 했다. 문과별시에서는 300명~600명까지 선발했다. 이는 국가의 경사스러운 일을 기억하게 하고 유생에게 혜택을 주기 위함인 듯하다.

한 예를 들면, 세조가 강원도 평창 상원사에서 피부병을 고치고 그 기쁨을 백성과 나누고자 그곳에서 별시를 실시하며 인근 지역의 유생들이 등과하는 행운을 얻었다는 기록이 있다.

용(龍)이 된 사람들
여섯 번이나 이름을 고친 하명상

영·정조 시절 경남 진주 땅에 하명상(河命祥)이라는 선비가 있었다. 그는 여러 대에 걸쳐 벼슬한 이가 없는 양반가의 자식으로, 이른바 향반(鄕班)이었다. 이렇듯 여러 대에 걸쳐 벼슬한 이가 없는 데다 본인마저 여러 번 낙방만 하고 있으니 가세가 기우는 것은 당연했고 그 체면 또한 말이 아니었다.

그는 소년 시절부터 과거에 합격해 기울어진 가세를 일으켜 세우겠다는 강한 집념으로 학업에 열중했지만 50살이 넘도록 그 뜻을 이루지 못했다. 집안의 기름기는 다 빠져 버리고 앙상한 뼈대만 남은 형국이었다. 50이 넘었으니 다른 사람 같으면 정열의 불꽃도 시들어 단념할 만도 하건만, 더욱 열정을 피워 올렸다.

그는 과거에 합격하지 못한 것이 이름을 잘못 지은 탓이라 믿고 여섯 번이나 개명하며 과거에 응시했다. 주위 사람들은 그가 과거 공부를 하다가 정신병이 났다고 수군거렸다. 개명한 순서를 살펴보면, 처음 이름인 하자륜에서 하세륜, 하대륜, 하즙, 하인즙, 하정상(46세) 등 다섯 번이나 개명했고, 그럼에도 불구하고 매번 낙방만 하니 낙방거사라는 별명이 붙을 지경이었다. 하지만 그는 이름이 안 좋아 과거에 합격하지 못한다고 믿고는 좋은 이름으로 고치면 합격할 수 있다는 생각을 떨쳐낼 수 없었다.

그러던 중 1751년에 하정상은 진주 목사에게 진정서를 제출하게 되는데, 그 사연인즉 집에서는 하정상에서 하명상으로 개명했지만 호적에는 아직도 하정상으로 되어 있다는 것이다. 당시의 개명 신고는 식년 단위로 민원을 받아서 처리하게 되어 있었다. 즉 국가에서 개명 인준을 해 줘야 효력이 발생하게 되는 것이다. 개명을 인정받으려면 3년을 더 기다려야 하는데, 과거는 인정받는 시기보다 먼저 치러진다. 그러니 새로운 이름인 하명상으로 과거를 볼 수 있게 해 달라고 호소한 셈이다. 만약에 개명한 하명상으로 과거에 응시했다가는 인적 사항의 불일치로 시험을 잘 보았다 할지라도 불합격을 당할지 모르는 상황이었다.

눈앞에 다가온 과거에는 개명한 하명상으로 임해야겠다는 강한 집념에 '개명 신청서'를 접수했다는 증명이라도 해 달라는 진정을 낸 것이다. 진주 목사는 그의 애절한 사연에 감동해 '개명 확인서'를 발급해 주었다. 지금까지 없던 사례였다. 결국 그해 가을, 그는 하명상으로 과거에 응시하여 합격의 영광을 얻었다. 이무기에서 용이 된 것이다. 하명상은 50이 넘는 나이에 그의 간절한 뜻을 이루었다. 그는 과거에 합격한 것이 여섯 번이나 개명하면서 노력한 결과로 얻어진 열매라고 믿고 있었다.

작명가에 따르면 이름이 좋아야 출세도 하고 부귀영화도 누릴 수 있다고 한다. 하명상의 과거 합격이 개명 덕이었는지는 모르지만, 합격에 대한 간절한 소망과 열정을 바친 그의 노력에 하늘이 응답해 준 것은 아닐까?

사실 이런 예는 하명상만의 것은 아니다. 예나 지금이나 자기의 일에 열정을 다하고 그 정성을 지극히 하면 이루지 못할 일이 어디 있겠는가?

중석몰족(中石沒鏃)이란 말을 떠올려 본다. 한나라 때 이광이라는 장군이 어두운 밤중에 초원의 바위를 호랑이로 오인하고 활을 당겼더니, 살촉이 푹 파일 정도로 돌에 박혔다. 나중에 돌이라는 것을 알고 다시 쏘았더니 꽂히지 않았다는 내용의 고사에서 나온 말이다.

의협심이 강한 박문수

'암행어사 박문수(朴文秀)'라고 하면 웬만해선 모르는 이가 없다. 그는 숙종 때 과거에 합격해 홍문관 교리로 출발하여 암행어사로 명성을 많이 남겼다. 이 이야기는 박문수의 과거 급제에 얽힌 사연이다.

박문수는 6세의 어린 나이에 어머니가 돌아가시고 아버지도 이른 나이에 유명을 달리한다. 결국은 외가에서 자라게 되는데, 그의 외가는 영의정과 좌의정 등을 지낸 쟁쟁한 인물들이 포진해 있어서 나름 알찬 교육을 받으며 자랄 수 있었다. 그는 비교적 늦은 나이인 33세에 과거에 합격한다. 박문수가 과거를 치르러 가다가 겪은 일과 과거 시험에 얽힌 일화는 사뭇 신비로운 면이 있다.

박문수

박문수의 외가는 경남 진주에 있어서 한양까지 가려면 많은 시일이 소요되는 일정이었다. 중간의 변수들을 고려하여 조금 일찍 출발한 박문수가 충청도 지역을 지날 무렵의 일이다. 하루는 날이 저물었는데, 숙소를 찾지 못해 어느 민가에 들러 하룻밤 신세 지기를 청했다. 그런데 문을 열어 준 노인은 이제 막 장가든 어린 아들이 갑자기 죽는 변고가 생겨 재워줄 수 없다는 사정 이야기를 했다. 어린 나이에 장가를 든 아들은 과거 시험을 치르기 위해 얼마 전에 절에 들어갔는데, 그만 그 절에서 의문의 죽임을 당했다는 것이다.

이야기 도중에 소복을 입은 젊은 부인이 마침 부엌에서 나와 방으로 걸어갔다. 그 짧은 순간 박문수는 며느리의 얼굴 표정을 보고 이상한 느낌을 받았다. 아들의 갑작스러운 죽음에 세상을 모두 잃은 듯한 노인의 얼굴과는 대조적으로 도저히 남편을 잃은 아낙의 얼굴이라고 생각되지 않을 정도의 모습이었기 때문이다.

뭔가 석연치 않다는 느낌을 받은 박문수는 과거를 보러 간다는 사실도 잊은 채 며칠 동안 그 집의 동태를 살폈다. 그러던 어느 날 깊은 밤,

젊은 중과 며느리가 몰래 만나는 모습을 보게 된 박문수는 그 사실을 관가에 고발하고 다시 한양을 향해 발길을 옮겼다.

며칠 여유를 두고 출발하기는 했지만 마음이 급한 박문수는 한양을 향해 부지런히 걸음을 재촉했다. 그리하여 지금의 경기도 과천 땅 고갯길을 힘들게 올라 잠시 쉬고 있었는데, 한양 쪽에서 초립둥이가 소를 타고 피리를 불며 올라오더니, 문득 박문수를 보고는 이렇게 물어 온다.

"선비님, 과거 보러 가십니까?"

"그렇습니다만, 무슨 일이오?"

"왜 그렇게 과거 본다는 사람이 늦게 오시오. 과거는 며칠 전에 끝났어요."

"끝나다니요? 아직 상달(음력 시월))이 되려면 이틀이나 남았는데요."

"올해는 나라에 급한 사연이 있어서 과거를 앞당겨 실시했다고 합니다."

이 말을 들은 박문수는 그만 주저앉아 넋을 놓고 말았다. 그 모습을 본 초립둥이가 박문수에게 이렇게 말했다.

"선비님, 제가 장원급제한 사람의 시문을 기억하고 있어요. 그거라도 들어 보세요."

그리고는 글귀를 줄줄 읊더니 맨 마지막 글귀는 생각나지 않는다며 소를 몰며 언덕을 내려가기 시작했다. 막 모퉁이를 돌기 전에 이렇게 말을 하며 사라졌다.

"마지막 구절을 알아보시려거든 한양이 머지않으니 가 보시든지요."

박문수는 황망한 중에도 장원급제한 사람의 글귀를 되새겨보고는 잠시 생각에 잠겼다.

'여기까지 와서 과거를 보지 못했다고 그냥 돌아가느니 한양에 계신 친지 어른들께 인사나 드리고 가야겠다. 그 일만 아니었어도 늦지 않았을 것을……. 어쩌겠는가!'

박문수가 느긋하게 한양에 들어서서 친지 어른을 찾아뵙고, 오는 길에 사정이 생겨 과거 날짜에 늦고 말았다고 변명을 하자 친지 어른이 눈을 끔뻑이며 이렇게 말하는 것이었다.

"무슨 말을 하는 게냐? 시험은 아직 며칠이나 남았는데, 과거는 아직 시작도 하지 않았다."

깜짝 놀란 박문수는 재차 삼차 확인하여 묻고는 참 이상한 일이라고 생각했다. 그 초립동이가 장난질을 친 모양이구나 하고 생각한 박문수는 놀란 가슴을 쓸어내리며 과거 날이 되어 시험장으로 향했다. 시험장에 도착하여 자리를 잡고 기다리자 드디어 시제가 발표되었다. 발표된 시제를 본 박문수는 또 한 번 놀라지 않을 수 없었다. 시제는 며칠 전 고갯마루에서 초립동이가 일러준 시제와 정확하게 일치했기 때문이다.

박문수는 시제를 앞에 두고 아무리 생각을 해 보아도 초립동이가 일러준 것보다 좋은 시상이 떠오르지 않았다. 어쩔 수 없다는 심정으로 초립동이가 알려준 글을 그대로 쓰고는, 기억나지 않는다던 마지막 구절만 자신의 생각대로 써서 답안을 제출했다. 그리고 그 과거에서 박문수는 급제하기에 이른다.

과거와 관련된 모든 일이 마무리되자 박문수는 그동안의 일을 되새겨보았다. 고갯길에서 만난 초립둥이는 누구였을까? 혹시 의문의 죽음을 맞이했다는 그 나이 어린 신랑의 혼령이 나타나 은혜 갚음이라도 했단 말인가?

어쩌면 박문수는 이때부터 암행어사로서의 기개와 지혜를 발휘한 것은 아닐까? 대부분은 자신의 입신양명만을 위하지 주위의 문제에는 크게 개의치 않고 가던 길을 재촉했을 터이다. 하지만 박문수는 그렇게 하지 않았다. 그는 의협심이 강했다고밖에 말할 수 없다. 오지랖 또한 넓은 사람이기도 했으리라. 청운의 꿈을 이루려고 과거 길을 떠난 사람이 그렇게 시간을 보내면서 사건에 관해 파헤치고 싶었을까? 정말 보통 사람은 아니었는가 보다. 박문수의 인간애와 의협심을 느낄 수 있는 일화이다.

이 일화를 통해 結草報恩(결초보은)이란 말을 떠올려 본다. 이 말은 죽어서 혼령이 되어서도 은혜를 갚는다는 뜻인데, 그 유래를 보면 다음과 같다.

중국 춘추전국시대 때 위무자(魏武子)란 장수가 있었다. 그는 전쟁터에 나갈 때마다 두 아들에게 부탁하는 말이 있었다. 내가 전사하면 작은 부인(첩)을 자기 본가로 보내 시집을 보내도록 하라. 그런데 위무자가 병이 들어 치매에 걸리고 임종이 가까워지자, 평소 하던 말과 다르게 작은 부인을 순장해 달라고 했다.

두 아들은 고민 끝에 평소 전쟁터에 나갈 때 하신 말씀을 따르기로 했다. 정신이 온전할 때 하신 말씀이 진심이라고 믿었기 때문이다. 그래서 아들 위과(魏顆)는 당나귀에 금은보화와 피륙을 실어서 친가에 모셔다 드렸다. 집안이 가난해 팔아먹은 딸이 살아서, 그것도 금은보화를 가지고 돌아온 모습을 본 친정아버지의 마음은 어떠했을까?

세월이 흘러 위무자의 아들 위과도 전쟁터에 나갔다. 위과는 적장인 진나라 장수 두회(杜回)라는 사람에게 쫓기는 몸이 되었다. 그런데 쫓아오던 적장의 말이 갑자기 고꾸라지는 바람에 위과는 죽음의 문턱에서 벗어날 수 있었다. 그날 밤 위과는 꿈속에서 적장의 말이 고꾸라지던 장소에 한 노인이 풀로 매듭을 맺는 것을 보게 되었다. 너무 이상한 꿈이었기에 며칠 뒤 그곳을 찾아가 보았더니 실제로 풀들이 매듭지어져 있는 것이 아닌가? 누가 이랬을까? 위과는 아버지의 작은 부인 친정아버지의 혼령이 딸을 살려 보내 준 은혜를 갚아 준 것이라고 생각했다. 그뒤 위과와 그 후손들은 제후(왕)의 반열에 올랐다고 한다. 풀(草)을 묶어(結) 은혜(恩)를 갚았다(報)고 하여 결초보은(結草報恩)이다.

십 수 년 전 필자가 중국 관광길에 천안문(天安門)에 들렀을 때의 일이다. 천안문을 지나 고궁(古宮) 깊숙이 들어가다 보면 물이 없는 우물이 있다. 황제가 승하하면, 평상시 시중 들던 사람들을 이 우물에 떨어뜨려 죽게 한 뒤 황제의 무덤에 순장하게 했다고 한다. 관광 안내자로부터 이 말을 들은 필자는 눈물을 흘리지 않을 수 없었다. 어찌하여 인간으로 태어나 죽어서도 자유로운 몸이 되지 못한단 말인가?

모든 것이 인연인가?

불사(佛事)의 공덕(功德)인가?

조선 영조 때 일이다. 강원도 강릉 고을에 성씨(成氏) 성을 가진 선비가 있었다. 그는 부지런히 학문을 닦아 과거를 보기 위해 한양으로 떠났다. 그러던 어느 날 경기도 가평 고을의 현등사라는 절에 이르렀다. 그 절은 오랜 세월 스님이 기거하지 않아 풍우상설(風雨霜雪)에 쇠락해져 가고 있었다. 그래도 대웅전의 부처님은 먼지 가득한 속에서도 빙긋이 미소 지으며 정좌하고 있었다.

선비 성씨는 법당 앞마당에 솥을 걸고 마른 나무를 주워 밥을 지었다. 밥이 다 되자, 먹기 전에 밥 한 그릇을 부처님께 올려놓았다. 당시는 유교를 통치이념으로 하던 시대였기에 유학에 심취한 그 선비에게 딱히 불교에 대한 호감이 있었던 것은 아니다. 그래도 부처의 영험함이나 받을 수 있을까 하는 마음에 밥을 올리고는 속으로 이렇게 중얼거렸다.

"어이, 부처. 내 밥 먹고 과거에 합격이나 시켜 줘."

그렇게 절에서 하룻밤을 보낸 선비 성씨는 다시 한양을 향해 길을 떠났다.

선비 성씨는 과거에 응시했으나 결국은 낙방을 하고 말았다. 힘없이 고향으로 돌아가던 길에 다시 현등사에서 하룻밤을 지내게 되었다. 그는 대웅전의 부처님을 보고는 원망 섞인 말투로 이렇게 말했다.

"뭐, 부처님이 영험하다더니 모두 거짓말이구먼. 몸뚱이는 누렇게 (개금불사) 치장하곤 사람들을 속이고 있는 건가? 그래, 내 밥 한 그릇 먹고 허기는 면했나 보네, 그렇게 웃고 있는 걸 보니 말일세. 나는 이 모양 이 꼴인데……."

밥 한 그릇으로 과거에 합격시켜 달라고 했으니, 그 또한 과한 욕심이 아니었던가?

그날 밤 절 구석에서 잠을 자고 있는데, 한밤중에 금빛 갑옷을 입은 신장이 나타나 선비 성씨를 발로 짓밟으며 꾸짖었다.

"이놈아, 누가 네 밥을 먹었다더냐. 실력이 없어 과거에 합격하지 못한 게 아니냐! 혹시나 하는 요행을 바라 밥을 올려놓은 주제에 왜 자신의 허물을 부처님께 돌려? 이제부터 정신 차리고 진실한 마음으로 살거라. 네놈이 평상시 지나가는 사람에게 물 한 사발, 밥 한 그릇 준 적이 있더냐? 남한테 지은 공덕이라고는 눈곱만큼도 없는 놈이 누구한테 원망이야!"

선비 성씨는 가위에 눌려 잠에서 깨어났다. 그리고는 자신이 지나온 길을 되돌아보았다. 역시나 신장의 말이 조금도 틀리지 않았다.

낙방거사가 되어 고향집에 돌아온 선비 성씨는 아버지께 현등사에서 있었던 일을 고했다. 한참 생각에 잠겨 있던 아버지는 뜻밖에도 반응을 보였다.

"그 절의 부처님과 너는 인연이 있는가 보구나. 네가 장가갈 때 사용하려고 모아 둔 돈이 있다. 이 돈을 가지고 가서 절을 중수하여라. 다른 사람한테는 권선문(勸善文)을 요구하지 말거라."

권선문이란 불사를 이룰 때 보시에 참여해 달라는 뜻의 글이다. 그래서 선비 성씨는 절을 다 중수하고 나서 스님을 모셔다 놓고 함께 생활하며 아침저녁으로 예불을 올리며 3년 동안 공부에 매진했다. 그리고 3년이 지나 그는 대과에 급제하게 되었고, 국가에서는 그 사연을 듣고 대선급제사(大選及第寺)란 편액을 하사했다.

무슨 일이든 일구월심(日久月深)으로 기도하고 공덕을 쌓으면 좋은 일이 생기는 것 같다. 요행을 바라지 말고 정성으로 기도하고 선행을 하면 무언가는 얻을 수 있다는 사실을 알려 주는 일화가 아닐까.

사슴을 구해 준 사연으로 합격한 이야기

고려시대 개경 근처 오관산(五冠山) 아랫마을에 김구빈(金求彬)이라는 선비가 살고 있었다. 그는 지난 가을에 과거 시험이 있었다는 사실도 모른 채 친구들과 어울려 사냥을 즐겼다. 그는 사슴 한 마리를 발견하고 화살을 날려 사슴 엉덩이에 보기 좋게 명중시켰다. 그 사슴은 외마디 비명을 지르더니 마침 화전에서 깨를 털고 있던 처녀에게 구원을 청했다. 그 처녀는 화살을 뽑고 자신의 무명 치마를 찢어 엉덩이를 감싸 피가 나지 않게 했다. 그러는 사이에 구빈 일행이 달려와 처녀 옆에 있는 사슴을 보고는 이렇게 말했다.

"그 사슴은 내가 화살로 쏘아 맞힌 것이니 당장 내놓으시오."

그러자 처녀는 사슴 앞을 막아서며 대답했다.

"선비님, 예부터 아무리 사냥꾼이라도 품 안에 들어온 짐승은 잡지 않는다고 했어요. 그런데 저에게 와서 살려 달라고 하는데 어떻게 내어 줄 수 있겠습니까? 집으로 데려가 상처를 치료하고 살려 보내겠어요."

"그러나 그 전에 내가 쏜 화살에 맞았으니 내 것이오."

"정 그러시면 한 가지 약속을 해 주세요. 죽이지 않고 살려 보낸다고요. 이 사슴 값으로 여기 털어놓은 깨를 가져가셔도 좋아요."

그러고는 이런 말도 해 주었다.

"선비님께서는 지난 가을 과거 시험이 치러진 사실을 알고 계시는지요? 그것은 양반과 일반 평민의 자제도 시험을 볼 수 있는 과거였지요. 귀족이나 지방 호족들의 자제를 대상으로 한 과거가 아니었답니다."

그 순간 김구빈은 자신이 아녀자보다 세상 돌아가는 물정을 모르고 세월만 축내고 있었다는 사실에 얼굴이 붉어졌다.
"과거…… 과거! 그것도 평민 자녀가……?"
"선비님은 앞뒤가 꽉 막힌 분은 아닌 듯하군요. 세상 돌아가는 것도 모르고 산골에 박혀 산목숨이나 해치며 살아가실 분은 아닌 듯해요."
그 말에 김구빈은 그 처녀를 호감 어린 눈빛으로 한동안 바라보다가 사슴을 그대로 두고 되돌아갔다.
그로부터 몇 달이 지나 그 해 가을 한 매파가 김구빈의 부모를 찾아와서는, 오관산 기슭 작은 마을에 과년한 처녀가 있는데 댁의 아들과 혼인하고 싶어 한다는 말을 전해 왔다. 김구빈의 부모는 의아한 표정을 지으며 어떻게 우리 아들을 알고 청혼하러 왔느냐고 물었다. 그랬더니 그 매파는 지난 가을 사냥 갔을 때 있었던 사슴에 관한 이야기를 하면 댁의 아들이 그 처녀를 알 것이라고 했다.
그날 저녁에 부모는 아들에게 물으니, 자기가 쏜 화살을 맞은 사슴을 치료해 주면서 살려 달라고 애원하기에 그 처녀에게 주었다는 이야기를 했다. 며칠 후, 김구빈의 부모는 매파를 만나 인륜지대사인 혼례를 아무 준비나 절차도 없이 치르기 어렵다며 청혼을 받아들이기 어렵겠다고 했다. 그랬더니 그 매파는 우선 약혼만 하고 혼례는 아드님이 과거에 합격 후에 하면 어떻겠냐고 하면서, 마침 처녀의 집이 과거 공부하기에 좋은 곳이니 처녀의 집에 와서 생활하며 공부를 하면 된다고 했다. 그래서 김구빈의 부모는 처녀의 집에 가서 공부하여 과거에 급제하라면서 허락했다.
김구빈이 처녀의 집에 가서 공부하고 있던 이듬해 봄에 과거를 치른다는 방문(榜文)이 붙었다. 과거를 석 달 정도 앞둔 어느 날, 사슴 한 마리가 글자가 빼곡히 적힌 종잇조각을 물고 와서 아내가 될 처녀에게 주고 갔고, 그것은 김구빈에게 전해졌다. 김구빈은 며칠 동안 종이에 쓰인 내용으로 공부했는데, 그 내용이 너무나 좋은 글이라고 생각하게 되었다.

드디어 과거 날이 되었다. 김구빈은 과장에 앉아 눈을 감고 마음을 가라앉혔다. 그리고 시험관이 시제를 제시했을 때 김구빈은 깜짝 놀라고 말았다. 시제는 사슴이 물어다 준 종이에 적힌 글과 같은 내용이었기 때문이다. 김구빈은 정신을 가다듬고 침착하게 답안을 작성해 시험 감독관에게 제출했다.

발표 날이 되어 합격자 이름이 나붙었다. 합격자 명단을 본 김구빈은 감격의 눈물을 흘리지 않을 수 없었다. 장원급제를 한 때문이다. 그 길로 김구빈은 기쁜 소식을 부모님에게 알리고 처가를 향해 한걸음에 달려갔다. 그런데 어찌 된 일인가? 공부하던 처가는 온데간데없고 사슴의 배설물만 어지럽게 널려 있는 것이 아닌가? 김구빈은 정신을 잃고 집터만 남아 있는 처가에서 밤을 새웠다. 그날 밤 꿈에 처녀가 나타나 말을 했다.

"낭군님, 정말 죄송합니다. 저는 원래 암사슴이었고, 낭군님께서 쏜 화살을 맞은 사슴은 수사슴으로 저의 짝이랍니다. 낭군님의 은혜에 보답하고자 잠시 제가 처녀로 환생한 것입니다. 사슴처럼 착하고 순한 백성을 위해 일하시는 목민관이 되시기를 바라옵니다."

처녀는 정성들여 절을 한 후 사슴으로 변해 사라졌다.

김구빈은 그 후 백성을 정성으로 보살피는 훌륭한 관리가 되었다. 살생하지 않은 공덕이 그를 과거에 합격하게 해 준 것이리라. 과거에 합격하는 것만큼 가문에 큰 영광을 가져다주는 일이 또 있을까? 물론 그 영광을 얻으려면 학문에 매진해야 함은 당연지사이다. 그러나 또 한편으로는 이웃이나 사회를 위해 악한 일을 누르고 선한 일을 장려하며 생명을 중히 여기는 삶이 더욱 중요하지 않을까?

진보 이씨 부인

진보 이씨 부인은 동계(桐溪) 정온(鄭蘊) 선생의 9세손인 정기필(鄭夔弼)의 부인이다. 부인에게는 네 명의 아들이 있었는데, 그 중에서 세 명이 과거에 급제하는 영광을 누렸다. 보통이라면 한 명만 과거에 급제해도 온 집안과 고을이 떠들썩하게 축하를 받고 자랑스러워할 일인데, 아들 넷에 그 중 세 아들이 과거에 급제를 하였으니 얼마나 큰 기쁨이었겠는가?

하지만 아들 셋이 모두 순조롭게 과거에 급제한 것은 아니었다. 특히 둘째 아들 정현상은 47세가 되어서야 대과(문과)에 급제하는 영광을 누렸다. 이씨 부인의 영광은 이것으로 끝나지 않는다. 그의 손자 두 명이 과거에 급제하여 가문의 영광을 빛냈기 때문이다. 이 가문에서는 20년 동안 소과와 대과를 합쳐 무려 여덟 번이나 과거에 합격하는 영광을 누렸으니 가히 기록적이라 할 만하다.

어머니이자 할머니인 이씨 부인에게는 그 세월이 기다림과 인고의 시간이었을 것이다. 이씨 부인이 이때의 감정을 편지글로 남겼다는 기록은 있으나 그 편지글 자체는 찾을 길이 없다. 다만, 이씨 부인의 마음속에 지난 세월을 돌이켜보면 자식에 대한 기다림이 반이요 눈물이 반이었다는 말과 합격을 전해오는 한양의 소식이 꿈결처럼 느껴졌고,

오래 살아서 아들 손주의 합격을 축하해 줄 수 있어서 감사했다는 말을 했다고 한다.

그러나 진보 이씨 부인에게도 아쉬움은 있었다. 후손들의 영광을 함께 누리지 못하고 먼저 세상을 하직한 남편에 대한 안타까운 마음이 가슴에 남아 있었다. 이씨 부인에 대한 평을 보면, 팔순이 되도록 장수하면서 모든 영광의 순간들을 맞이했다. 전하는 말에 따르면 팔순 노령임에도 불구하고 절제의 미덕과 현모로서의 품위가 자연스럽게 몸에 배인 교양 있는 여인이었다고 한다.

이처럼 조상의 음덕을 가슴 속 깊이 느끼고 성장한 이씨 부인의 후손들은 동계(桐溪) 가문의 든든한 버팀목이 되었다. 어진 부모 아래 훌륭한 자식이 난다는 말을 그 누가 부정하리오.

이장하고 복을 받았는가?

조선 정조 때 승지(承旨) 벼슬을 지낸 홍국영(洪國榮)이라는 사람이 있었다. 등과(登科) 전에는 홍덕로(洪德老)라 부르기도 했다. 승지는 지금으로 치면 대통령 비서실장 정도 되는 지위이다.

그런 그도 젊은 시절에는 부모가 세상을 떠난 후에 유산도 변변치 못해 누이와 함께 힘든 날을 보내고 있었다. 이 집은 가난하여 보물 같은 귀중한 물건은 고사하고 식량마저 부족했다. 그런데 도적들이 밤중에 난입하여 집 뜨락이나 장독대를 파고 벽을 부수고 무엇인가 찾으려고 혈안이 되어 있었다. 어느 해는 도적들이 홍국영을 심하게 구타해 죽었다고 믿고 청계천에 버렸는데, 거지들의 도움으로 목숨을 건지기도 했다. 그런데 도적들은 왜 재산도 보물도 없는 집안에 들이닥쳐 이런 만행을 저질렀을까?

  집안의 친척이나 선친의 지인들이 어떤 정치적 견해를 죽간(竹簡)에 적고 자필 서명을 한 후 같은 내용을 하나씩 보관했다고 한다. 그런데 정치적 의견를 같이하던 사람 중 한 사람들이 다른 노선을 타는 바람에 각자 가지고 있던 죽간(竹簡)을 소각하게 된다. 그런데 죽간 한 개의 행방이 묘연해졌다. 만약 이 죽간이 밝혀지거나 누가 밀고라도 하게 되면 그와 관련된 사람들이 멸문지화를 당하게 될 것임은 불 보듯 뻔하다. 사라진 하나의 죽간이 홍국영의 집에 있는 줄 알고, 집안(큰집) 사람과 지인들이 작당을 하여 도적 떼를 가장해 이런 난리를 부리게 된 것이다. 홍국영 입장에서는 선친으로부터 이와 관련한 내용을 들은 적이 없고 본 적도 없다.

  이런 상황에서 풍수지리에 일가견이 있는 한 스님이 지나는 길에 홍국영 선친의 묘를 보게 된다. 그 스님이 묫자리를 보는 순간, 산줄기는 명당인데 너무 위쪽으로 올려 써서 풍우상설(風雨霜雪)로 영혼(시신)이 안정을 취하지 못해 집안에 풍파가 일고 있다는 감정을 내린다. 이에 스님은 묘의 임자를 수소문해 홍국영의 집에 찾아가 보니 도적들의 행패로 집이 폐허가 되고 있는 상황을 목격하게 된다. 그래서 스님은 홍국영과 누이를 만나 묘를 조금 아래로 이장하라고 권한다. 홍국영은 스님의 말대로 조금 아래쪽에 자리를 다시 잡아 이장하게 되었고 그 뒤 과거에 급제했다고 한다.

기도, 악연도 녹이다

조선 중기 때 서울 남산 아래 백극재(白克齋)라는 선비가 살고 있었다. 그는 부모로부터 물려받은 재산도 없어 살림이 어려웠다. 그는 가난 속에서도 학문에 정진했다. 어려운 가계를 일으키고 입신양명을 위해 과거 시험에 응시했으나 낙방거사가 되어 가세마저 점점 기울어져 갔다. 그렇다고 과거에 대한 정열을 버릴 수는 없었다.

생계는 부인 강씨가 어렵게 꾸려가고 있었다. 여러 번 낙방하다 보니 마을 사람들은 붙지도 못하는 과거 시험일랑 포기하고 일이나 하는 것이 나을 텐데 하며 수군거렸다. 그러나 강씨 부인은 조금도 불평하지 않고 친정을 오가며 생활을 꾸려나갔다. 남편에게도 과거에 대한 뜻을 접고 생계나 신경 쓰라는 식의 말은 입에 담지도 않았다. 그러기는커녕 장독대에 정한수를 받아 놓고 천지신명께 기도하며 남편이 꿈을 이룰 수 있게 해 달라고 지극정성으로 빌었다.

출가 전에는 어머니를 따라 절에 가서 공양미도 바쳐가며 기도했지만, 지금은 너무 가난해 공양미조차 마련할 길이 막막하여 절에는 못 가고 집에서나마 정성껏 기도했다. 부인 강씨는 천지신명과 부처님께 빌고 또 빌었다.

남편이 과거에 합격해 벼슬길에 나가면 공양미도 바치고 스님들의 옷감과 몇 마지기나마 논도 바치겠다고 약속하며 기도했다. 이와 같은 강씨 부인의 덕이었는지 이듬해 가을에 백 선비는 과거에 합격하여 경북 울진 현감으로 임용되어 벼슬길에 올랐다. 그래서 남편을 따라 울진 관아에서 생활하게 되었다.

그런데 부임한 지 얼마 안 돼서 남편이 갑자기 쓰러져 의식을 잃고 숨을 몰아쉬고 있었다. 숨소리는 들릴락 말락 했다. 그러나 체온은 있었다. 이 얼마나 청천벽력 같은 일인가. 그래서 강씨 부인은 울진에서 태백산맥이 뻗어내려 가는 산중에 있는 불영사(佛影寺)로 남편을 옮겨 놓고 기도를 했다.

"부처님, 남편을 살려 주십시오. 이렇게 남편이 죽으면 부처님과 약속한 일은 지킬 수 없지 않습니까? 부임하여 한 달은 지나야 녹봉이라도 받아 그 약속을 지킬 수 있지 않습니까?"

이렇게 애원하며 기도를 했다. 7일째 되는 날, 비몽사몽간에 강씨 부인의 눈에 소복을 하고 머리를 풀어헤친 여인이 두 손으로 남편의 목을 누르고 있는 것을 보게 된다. 그때 강씨 부인은 "안돼, 안돼!" 하며 소리를 지르다 눈을 뜨게 된다. 그때 불전에서 탁! 하는 소리가 나더니 "지독하구나, 지독하구나." 하면서 소복한 여인이 촛불 연기 속으로 사라지는 것이 보였다. 그 뒤 남편을 바라보니, 눈을 비스듬히 뜨고 있었다. 살아난 것이다.

강씨 부인의 간절한 기도에 부처님이 탄복하여 전생에 백 현감과 여인 사이에 쌓였던 원한을 풀도록 했다고 한다. 그 후로 부부는 불영사에 환생전(還生殿)이라는 전각을 지어 부처님의 은혜에 보답했다는 말이 전해지고 있다. 필자가 실제로 가보니, 지금은 명부전(冥府殿)이라는 현판이 걸려 있었다.

개천에서 용 났다

이무기가 여의주를 얻고 용이 되어 승천하는 일이 어찌 쉬운 일이겠는가? 어쩌면 과거(科擧)는 이무기가 여의주를 얻는 일 만큼이나 어려운 일이었을 것이다. 수많은 준걸들이 도전하였고, 개중에는 영광을 얻기도 하고 그렇지 못하기도 했다.

고려나 조선시대의 신분사회 속에서 과거 합격은 숨 한 번 제대로 못 쉬고 살던 평민에게 신분 상승의 길이 되었고, 양반에게는 본인이나 후손의 품위 유지에도 필요한 것이었다. 번번이 과거에 낙방하면 향반으로 밀려나는 고통을 맛보게 되기도 했다. 그래서 목숨을 건 시험이라는 말도 있었다. 한편, 천민들에게는 무과나 잡과를 통해 관복을 입을 수 있다는 강렬한 계기가 되었기에 크나큰 자극제가 되었다.

어떤 사람은 단 한 번에 합격하는 사람이 있는가 하면 또 어떤 사람은 여러 차례의 도전 끝에 간신히 합격하는 사람도 있었다. 최악의 경우는 여러 차례 도전했지만 끝내 합격하지 못한 사람이리라.

어떤 사람은 자신의 대에서는 이루지 못했지만, 후대에 이루어져 자식 덕에 인사를 받은 예도 있었다. 그렇지 못한 사례가 허다하니 그 기쁨이야 말해 무엇할까? 며칠 동안 잔치를 베풀어도 전혀 아깝지 않았을 터이다.

오늘날에도 각종 시험에 도전하여 성공한 사람도 있고, 유보 상태인 사람도 있으며, 재도전을 위해 충전의 시간을 갖는 사람도 있다. 지금은 옛날처럼 신분의 차별이 없다. 모든 사람이 평등하다. 그래도 보이지 않은 차별이 존재한다는 것은 누구나 아는 사실이다. 그런데 신분의 벽이 높았던 그 옛날에는 오죽했을까?

"개천에서 용 났다!"

모든 차별을 딛고 일어나 과거에 합격하여 벼슬을 하게 된 사람에게 흔히들 이런 말을 썼다. 물론 이 말을 비아냥거리는 뜻으로 사용하는 경우도 있지만, 여기에서는 논외로 한다.

옛날에는 이처럼 큰 영광을 얻으면 으레 집안 내력이나 조상의 음덕 덕분이라는 말을 많이 했다. 즉 그런 영광이 어찌 혼자만의 노력으로 이루어지겠느냐는 논리이다. 또 한편으로 집안이나 조상의 음덕이 아닌 경우라면 평소의 행실이나 지극한 효행 또는 덕을 베푼 행위에 대한 신의 보답이라는 말들을 많이 했다.

　모두 맞는 말일 것이로되, 결국에는 모든 정황을 참작한 하늘이 내린 선물이 아닐런지.

제2부
중국 편

내 삶의 나침반
한·중·일 인물 열전

01 사마천(司馬遷)
02 사기(史記) 인물 열전
03 오자서(伍子胥)
04 범려(范蠡)
05 칭기즈칸(Chingiz Khan)

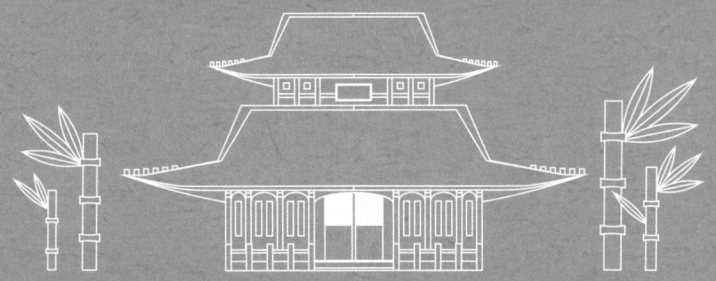

01
사마천
(司馬遷)

〈사기(史記)〉와 사마천(司馬遷)

〈사기(史記)〉는 중국의 역사서 가운데에서 가장 으뜸으로 친다. 저자 사마천(司馬遷)은 한나라 무제(武帝) 때 사람으로 태사령(太史令)을 지냈다. 태사령이란 역사를 관장하는 직책이다.

〈사기〉는 기전체(紀傳體)를 사용했는데, 기전체란 역사 서술을 인물 중심으로 구성한 것이다. 사실 이전까지는 이런 형식의 역사서가 없었으며, 대개는 사건 발생 연도의 순서에 따라 기록하는 편년체(編年體)였다. 따라서 사마천이 기전체의 효시이며 그를 역사학의 아버지라고 부르는 계기가 되었다. 너무나 뛰어난 〈사기〉로 인해 이후의 중국 역사서는 모두 기전체 형식을 따르게 되었다. 또한 〈사기〉는 중국 최고의 역사서이자 빼어난 문학서로도 평가 받는다.

〈사기〉를 저술하기 이전의 사마천은 태사령(太史令)으로 황제를 보필하는 일을 했다. 태사령 재직 시절 흉노와의 전쟁이 있었는데, 그 전쟁에서 패한 이릉 장군을 변호하는 발언을 하게 된다. 이릉이라는 장수는 군사 5,000명을 이끌고 흉노족과의 초기 전투에서 많은 전과를 올렸지만, 나중에는 패하여 항복함으로써 흉노족의 포로가 되는 비운을 맞이한다. 이에 대해 조정 대신들은 항복은 있을 수 없는 일이라며 그를 지탄했다. 이런 궁중의 분위기 속에서 사마천은 군사들의 헛된 죽음을 방지하고자 어쩔 수 없이 항복을 택한 것이고, 함께 전쟁을 치른 다른 장수의 과오가 더 크다며 이릉을 변호했다. 이에 무제(武帝)의 진노를 사는 바람에 궁형(宮刑)이라는 벌을 받게 된다.

궁형이란 고자로 만드는 가혹한 형벌이었다. 궁형을 받을 무렵에 사마천은 이미 〈사기〉를 저술하기 위해 자료를 수집하고 있었다. 사마천은 궁형을 받는 치욕을 당하고도 〈사기〉에 대한 집필 의욕을 잃지 않았다. 엄청난 시련과 고난을 극복하고 〈사기〉 집필에 열정을 쏟은 셈이다.

사마천이 지은 〈사기〉에는 중국 상고시대의 황제로부터 요·순(堯舜), 하(夏), 상(商), 주(周), 진(秦), 전한(前漢) 초기, 즉 기원전 2세기 말인 무제 때까지의 역사가 담겨 있다.

사마천의 가계와 출생 및 성장

사마천의 가계(家系)와 가학(家學)

사마천의 자는 자장(子長)이다. 한나라 경제(景帝) 중원(中元) 5년(기원전 145년)에 태어났다.

사마씨 집안은 뿌리가 깊다. 그의 선대는 전욱(顓頊) 때 천지를 관장하던 중려씨(重黎氏)의 후손이다. 주(周) 선왕(宣王) 때 정(程)의 백작에 봉해진 휴보(休甫)라는 선조가 있었는데, 그는 천지(天地)를 관장해 오던 관직을 대신하여 새롭게 마련된 직책인 사마(司馬)라는 관직을 얻게 된다. 그때부터 성(姓)이 사마씨로 바뀌었다. 사마씨 집안은 대대로 주나라의 역사와 관련된 일을 담당했다.

그 뒤, 사마씨 집안은 혜왕(惠王), 양왕(襄王) 때에 주나라를 떠나면서 일족들이 흩어져 진(秦)나라, 위(魏)나라, 조(趙)나라 등으로 이주하게 되었다. 그때 사마씨의 직계 조상은 진나라에 가서 살게 되었다.

진나라에 온 사마천의 윗대 조상 가운데 혜문왕(惠文王. 기원전 356~311) 때, 사마조(司馬錯)와 그의 손자인 사마근(司馬靳)이라는 조상이 있었다. '사마근'은 진나라의 무안군(武安君) 백기(白起)를 섬겼다. 그는 진나라 소양왕(昭襄王) 7년에 백기와 함께 장평(長平) 전투에서 조나라 군사 40만을 격파하고 갱살(坑殺)시켰다. 그런데 무슨 연유인지 포상을 받기는커녕 오히려 누명을 쓰고 백기와 함께 함양(咸陽) 두우(杜郵)라는 곳에서 죽임을 당한다. 그 뒤 사마근의 손자인 사마창(昌)은 진시황 때 철기를 제조하는 관직에서 일하게 된다.

사마창의 아들 사마무택(無澤)은 영리했을 뿐 아니라 지도력을 인정받아 한나라 초기의 경성, 장안의 상업 지역의 시장을 관리하는 우두머리로 일하게 된다. 그리고 사마무택의 아들 사마희(喜)는 오대부(五大夫)에 오른다. 사마희는 사마담(談)을 낳았는데 사마담은 역사에 관한 일을 하는 태사공이 된다. 이 사마담이 바로 사마천의 부친이고, 조부 사마희와 더불어 사마천의 삶에 가장 큰 영향을 끼친 인물이다.

조부 사마희는 한나라 문제(文帝) 때 실시한 법령인 매작령(賣爵令)에 의해 오대부(五大夫)라는 벼슬에 올랐다. 매작령이란 법률은 평민 가운데 어느 정도의 학문을 익히고 국가에 양곡을 헌납한 사람에게 관직을 내리는 제도다. 조부 사마희가 양곡 4천 석을 헌납하고 받은 오대부라는 벼슬은 당시 20등급의 벼슬에서 9번째에 해당된다. 그리고 사마희가 헌납한 양곡 4천 석은 당시 한 가구 당 식구를 5명으로 잡고 계산해보면, 40만 가구가 1년 동안 먹고 살 수 있는 양이다. 그때 사마희의 재력은 우리나라 기준으로 볼 때 만석꾼에 해당하는 부자이다. 따라서 사마천의 조상은 부유한 삶을 살았다고 추측해 본다.

부친 사마담은 무제 때 태사령을 지냈는데 연봉이 60석 정도 되는 하대부(下大夫)의 반열에 속한다. 급이 낮은 직책이었지만 사마담은 태사령이란 직업을 가업으로 여겼고 자긍심도 높았다. 사마담이 사관(史官)이 되었을 때 태사령이라 칭했는데, 많은 사람들은 존경하는 뜻에서 '태사공'이라고 호칭했다. 태사령은 천문과 역법을 관장하는 직업으로 세속적으로 볼 때 낮은 직업이었다. 사관의 주된 업무는 역사에 관한 기록을 하는 일과 전적을 수집하고 보관하는 일이 주된 업무였다.

그렇다면 사마천은 왜 이 일에 만족했고 계승하여 열심히 일했을까? 그것은 자신의 집안에서 주나라의 역사를 기록하는 영광스러운 가문이라는 것을 밝히고 떨치기 위함이었다. 즉 집안의 가업을 계승, 발전시키고자 했기 때문이다.

용문에서 태어나다

사마천은 하양(夏陽)이라는 곳에서 출생했다. 대개는 용문(龍門)에서 태어났다고 기록했는데, 용문은 하양의 경계 지역으로 상서(尙書) 우공편(禹貢篇)에 기록되어 있는 고대의 명산이다. 따라서 사마천이 태어난 곳을 쉽게 알리기 위해서 하양보다는 용문이라고 기록한 듯하다.

사마천은 한나라 경제 때인 중원 5년에 태어났다. 용문산은 고대부터 명산으로 황하 양 기슭에 걸쳐 있다. 동쪽으로는 지금의 산서성(山西省) 하진(河津)에 있고 서쪽으로는 지금의 산서성 한청(韓城)에 있다. 황하는 산서성(山西省) 하곡(河曲)에서 남쪽으로 내려오다 용문산이 양쪽으로 나뉘어 있는 협곡을 지나게 되는데, 강폭이 너무 좁아서 물살이 매우 빠르게 흐른다. 용문 협곡을 빠져 나오면 넓은 평원을 만나게 되어 물살은 다시금 느려진다. 그래서 하류로부터 상류를 향해 거슬러 올라온 물고기들은 용문산 협곡의 빠른 물결 때문에 협곡을 빠져 상류로 올라가기 힘들다. 음력 3월이면 수천 마리의 잉어가 용문산 아래에 모여 용문으로 뛰어오르려고 온 힘을 쏟지만, 소수만 성공하고 대부분 실패한다. 그래서 신룡(神龍)만이 이곳을 뛰어넘을 수 있었다는 말이 전해지고 있다.

시마천이 태어났을 때 부친 사마담은 벼슬길에 오르지 못하고 고향에서 농사를 짓고 살았다. 사마담은 용문산의 남쪽 지역에서 농사를 짓고 가축을 길러 부를 축적했는데, 문제 때 국가에 많은 양곡을 헌납하여 벼슬을 얻은 것 같다. 사마담은 매우 박학다식한 인물로, 무제 초기에 천문, 달력을 관장하는 부서인 '태사령'으로 재직했다. 그때 사마담은 아들 사마천의 총명함을 알고 고대 문헌을 구해서 읽게 했다. 이미 10세 때에 국어(國語), 세본(世本) 등 고문(古文)을 익히고 외울 수 있었다고 한다.

사마천의 어린 시절

아버지 사마담은 농사만 짓던 농사꾼이 아니라 문학적인 소양과 전문지식을 갖춘 선비였다. 그래서 어린 시절의 사마천도 농사일을 돕고 가축을 기르는 단순한 목동이 아니라 글공부를 할 수 있는 환경에서 자란 셈이다.

한나라 무제 건원 연간(기원전 140~135)에 사마담은 장안으로 가서 태사령이란 벼슬을 하게 된다. 이에 사마천은 아버지를 따라 장안에 가서 좋은 환경 속에서 글공부를 하게 된다. 사마천은 열 살 때 고문(古文)을 소리 내어 읽고 암기했다. 여기서 고문이란, 고대 문자로 쓴 글자를 말한다. 사마천은 당시 유명 인사 가운데 한 사람인 동중서(董仲舒)에게서는 〈춘추(春秋)〉를 배웠고, 공안국(孔安國)에게서 〈고문상서(古文尙書)〉를 배웠다. 이들을 통해 학문을 연마한 것은 사마천의 사상 형성에 깊은 영향을 주었다.

사마천이 청소년 시절에 가르침을 받은 동중서는 젊은 시절에 〈춘추〉를 연구하여 박사가 된 사람이다. 한나라 무제는 동중서의 건의를 받아들여 백가사상보다 유가의 학문을 중요하게 여겨 관리를 뽑을 때도 유생 출신을 많이 등용했다.

동중서를 스승으로 섬기고 학문을 익힌 사마천 또한 자연스럽게 유가사상이 그의 사상 형성에 밑거름이 되었다. 또 한 사람의 스승인 공안국으로부터도 가르침을 받게 된다. 공안국은 박사관(博士官)이라는 벼슬을 했다. 공안국이 공부를 가르친 대상은 18세 이상 된 이들에 한정했는데, 학문을 하는 자세가 단정하고 학문을 경외하는 이들만 선발하여 가르쳤다고 한다. 이런 사람의 제자가 된다는 사실에서 사마천은 총명했고 학문 자체를 좋아했으며 부지런했다고 할 수 있겠다.

한서(漢書) 유림전(儒林傳)에 실린 사마천 관련 내용은 다음과 같다.

"공안국이 간대부(諫大夫)가 되고 도위조(徒尉朝)에 임명되었으며, 사마천 또한 공안국을 따라 문고(問故)했다."

문고(問故)란, 다년 간 학습을 축적하면서 미비한 점은 질문을 통해 완전히 이해해 가는 과정을 이른다. 이미 밝힌 바와 같이 사마천은 10세 전후에 고문을 외우기 시작했고 문고 이후에도 학문에 정진했다.

한나라 초기의 관료 제도를 보면 17세 이상이 되어 관료가 되려면, 법률 조문의 암송은 물론, 9,000자에 달하는 한자를 읽고 쓰고 응용할 줄 알아야 했다. 만약 현이나 군의 행정 관료가 글자를 하나라도 잘못 사용하게 되면 엄한 문책을 당했다고 한다.

무릉으로 이사 가다

한(漢) 무제(武帝) 유철(劉徹)은 16세에 황제에 즉위한다. 어린 나이에 황제가 된 무제는 독특하게도 즉위한 다음 해부터 자신의 사후 천년 고택인 능원(陵園)을 조성한다. 능(陵)을 조성하는 장소는 어머니의 고향인 괴리현(槐里縣) 무향(茂鄕)이었다. 그리고 무향을 현으로 승격시키고 무릉(茂陵)이라 불렀다. 무릉은 고조(高祖)의 장릉(長陵), 혜제(惠帝)의 안릉(安陵), 문제(文帝)의 패릉(覇陵), 경제(景皇)의 양릉(陽陵) 다음으로 이어지는 황제의 능이 된다.

진시황릉이 36년에 걸쳐 축조된 데에 비해 무릉은 53년 동안에 걸쳐 축조됐다. 무제의 재위 기간인 53년 동안 계속하여 능원을 조성한 셈이다. 무릉에 능(陵)을 조성하면서 한편으로 능이 있는 주위에 백성들이 와서 살게 했다. 능원을 조성하는 주위에 백성들이 자연발생적으로 모여들어 살게 된 것이 아니라 강제 이주시켜서 살게 했다는 뜻이다. 강제 이주에는 그 시대를 풍미한 영웅호걸이나 재산이 3백만 전 이상인 자를 대상으로 삼았다. 한편, 일반 백성이 무릉으로 이주해 오면 가구당 20만 전의 돈과 농사를 지을 수 있는 땅 2경(頃)을 하사했다.

강제로 이주시킨 사람들 중에는 무제가 봉건 왕조 통치를 강화하기 위해 정치적으로 장애가 된다고 생각하는 무리들이 포함되어 있었다. 무제가 지방의 호족들을 무릉으로 강제 이주시킬 때 사마천의 집안도 장안에서 무릉으로 이주하게 되었다고 볼 수 있다. 그때 사마천 일족은 무릉의 현무리(顯武里)라는 곳으로 이주했다. 무릉을 조성할 무렵에 아버지 사마담은 벼슬아치였기에 정치적인 압력을 받고 무릉으로 옮겨가 살게 되었다고 본다. 그때 사마천이 무릉에 이주하여 살게 되면서 느낀 점이 있었다.

첫째, 무릉 조성을 위해 전국 백성들로부터 수탈에 가까운 방법으로 거액의 재산을 거두어들였다.

둘째, 무릉 조성을 위해 정치적으로 압박을 자행하는 황제의 독재적인 수단을 사용했다.

사마천은 당시 삶의 다양한 면모를 확인하고, 훌륭한 선비인 곽해(郭解)가 억울하게 죽임을 당하는 상황을 보면서 크게 깨달은 바가 있었을 것이라고 생각된다.

천하를 유람하다

사마천은 약관 20세가 되었을 때, 아버지 사마담이 맡고 있던 사관의 직책을 이어받기 위해 고문경전(古文經典)을 공부하고 있었다. 그때 아버지 사마담은 고문경전의 공부를 잠시 미뤄 두고 중국 산하를 유람하라고 권유한다. 사마천은 당시의 유람을 통해 조국 각지의 산하를 살펴보고 백성들의 다양한 삶도 살펴보게 된다. 또 역사적인 현장을 방문하면서 고대, 중세, 근대의 역사를 살펴보게 된다.

사마천의 천하 유람 계획은 이미 80년이란 세월이 지나버린 기원전 219~210년 진시황이 남쪽으로 순행하던 그 길을 따라서 전설 속의 순 임금, 우 임금에 대해 조사하는 것이었다. 이제 젊은 사마천은 패기와 희망을 갖고 길고 긴 여정의 발길을 옮겼다.

사마천의 천하 유람은 수도 장안을 출발하여 무관(武關. 지금의 산서성)을 벗어나 남양(南陽. 지금의 하남성)을 거쳐서 남군(南郡. 지금의 호북성 강릉)에 도착한 뒤에 장강(長江)을 건너간 것으로 보인다.

처음으로 본 것은 장사국(長沙國)의 나현(羅縣)에 도착해 비극적인 삶을 살다 간 시인 굴원(屈原)의 발자취이다. 그때 사마천은 굴원의 죽음과 관련한 사연을 알게 되고 마음속 깊이 감동을 받은 것 같다.

다음은 구의산(九疑山)을 보게 된다. 구의산은 순 임금이 남쪽으로 순행하던 도중 죽음을 맞이하게 되자 장사를 지낸 곳으로, 영릉군(零陵郡) 영도현(營道縣) 경내에 있다.

다음으로 장강을 타고 내려가 여산(廬山)을 돌아보고 나서 장강 동남쪽에 있는 회계산(會稽山)의 이모저모를 살펴보았다. 전설에 의하면 당시 우 임금이 이곳에서 제후들을 불러모아 그동안의 공(功)을 계산해 보았다고 하여 '회계산'이라고 명명했다는 사실도 알게 된다. 그리고 회계군의 오현(吳縣)에 있는 명산인 고소산(姑蘇山)에 올라가서 많은 호수들이 서로 연결되어 있는 태호(太湖)의 장관을 바라보고 대자연의 신비로움을 만끽한다. 이어서 오현에서는 춘신군(春申君) 황헐(黃歇)의 고성과 방대한 규모의 궁실을 보고는 감탄해 마지않는다.

사마천은 강남을 유람한 뒤 장강을 넘어가서 북쪽으로 발길을 재촉하여 회음(淮陰) 땅에 도착한다. 회음 땅은 한신(韓信)의 고향이다. 때문에 한신과 관련한 일화가 많이 남아 있는 곳이다. 이곳에서 촌로로부터 한신에 대한 많은 이야기를 듣게 된다. 그리고 회수(淮水)를 건너서 사수(泗水) 상류에 있는 공자묘(孔墓)에 들렀는데, 엄청나게 큰 규모를 보고 크게 감탄했다. 그곳에서 유생들을 만나 많은 대화를 했고 그들의 가르침을 감명 깊게 받았다. 공자묘를 보게 된 것은 사마천으로 하여금 공자에 대한 무한한 경외심을 갖게 되는 계기가 되었다.

이어서 기원전 291년 진시황이 동쪽으로 순행하다가 추역산(鄒嶧山)에 올라가 진나라의 공덕비(功德碑)을 세워 놓은 것을 살펴보았다. 그곳에서 다시 남쪽으로 이동하여 맹상군(孟嘗君) 전문(田文)의 봉읍이었던 설(薛)의 고성에도 들렀다. 맹상군은 설 땅에 들어온 많은 빈객을 접대하는 것을 영광으로 생각한 호걸이었다고 한다.

다시 남쪽으로 내려가 초한전쟁(楚漢戰爭)의 격전지와 한때 천하를 호령하던 항우(項羽)의 도성인 팽성(彭城)도 둘러보고 진나라 말기 농민 반란군의 지도자였던 조참(曹參), 소하(蕭何)의 고향인 패현(沛縣)에도 들러 자세하게 살펴보았다. 이들은 진나라 말기 패현의 옥리(獄吏)였고, 한고조인 유방(劉邦)은 패현 동쪽 사수(泗水)의 정장(亭長)이었다. 정장은 지금으로 말하면 마을 이장이나 동장 격이다.

패현은 진나라 말기에 농민 반란군이 제일 먼저 일어난 곳이다. 이곳은 백성들이 현령(縣令)을 살해하는 사건이 발생한 곳이기도 하다. 당시 조참과 소하는 유방을 농민 반란군의 우두머리로 추대했고 유방을 패공이라 불렀다는 사실도 알게 된다. 그때 사마천은 역사 현장에서 많은 것을 보았고 또 많은 것을 생각했으며 깨달은 바가 컸다.

이처럼 사마천은 천하 유람을 통해 많은 것을 보고 느꼈다. 백문이 불여일견(百聞不如一見)이란 이런 때 적용하는 언어일까? 그는 중국 천하의 넓은 산천 산하를 두루 살펴보는 동안 수많은 백성들과 접촉했고 그들의 말을 들었다. 또 여러 역사 유적지를 답사하게 되어 많은 역사적 사실과 수많은 인물들의 일화를 접하게 되었다.

그는 수많은 지역의 유람을 통해 각기 다른 생활풍속과 경제생활을 알게 되어 안목도 넓어졌고 포부도 크게 키웠다. 특히 팽성 일대를 유람하면서 얻은 큰 수확은 진나라 말기의 초한전쟁의 양상과 유방을 중심으로 한 왕조가 탄생한 과정에 대한 진면목을 〈사기(史記)〉 속에 묘사하는 데 많은 영향을 끼쳤다고 볼 수 있다.

사마천이 천하를 답사하는 데 걸린 시간은 대략 2년 이상의 시간이 걸린 것으로 추정된다.

새로운 세상의 길
낭중이 되다

사마천이 20세 때 천하 유람을 끝내고 귀가한 시기는 대략 기원전 125년~124년으로 추정된다. 사마천은 천하 유람이라는 장도를 끝내고 귀가한 몇 년 후에 낭중(郎仲)이라는 벼슬길에 나섰다. 낭중으로 출사할 때 연령은 25세~30세 정도로 추정된다. 한 왕조의 관료 조직인 낭관(郎官)을 보면 의랑(議郎), 중랑(中郎), 시랑(侍郎), 낭중(郎仲) 4등급으로 되어 있는데 낭중은 낭관 조직의 가장 낮은 직급이다.

그러면 낭중의 임무는 무엇인가? 황제가 궁궐에 머물러 있을 때는 무장을 한 채 궁궐을 지키는 시위가 되고, 황제가 행차할 때는 어가를 수행하는 시종이 된다. 당시 낭중의 급여는 1년에 삼백 석 정도 되었다. 낭중은 궁궐에서 황제를 모시고 생활하기 때문에 보수는 적지만 벼슬길의 지름길로 생각하여 양반집 자제들이 선호했다. 그리고 외지로 발령을 받으면 장리(長吏)의 길에 나가기도 했다. 장리란 현(縣)의 우두머리를 말한다.

사마천이 낭중이란 벼슬로 무제를 지근에서 모셨다는 것은 영광스러운 일이기도 했지만 훗날 화를 당하는 빌미가 되기도 했다. 사마천이 어떻게 해서 낭중이 되었는지에 대한 기록은 없다. 다만, 사마천의 가학(家學)이 역사, 역법, 천문 분야였고, 실제로 그 분야에 조예가 깊은 것으로 정평이 나 있었기 때문에 낭중으로 등용되지 않았나 싶다.

당시 무제는 백성 교화, 봉선(封禪) 의식, 영토 확장에 대해 깊은 관심을 가졌다. 국가 발전을 위해서는 백성을 교화시켜야 하기 때문에 향리로 하여금 교화를 위해서 의무를 다하도록 명했다. 그래서 당시 승상인 공손홍(公孫弘)은 박사관(博士官), 제자원(弟子院)을 설치하도록 했고, 박사로 하여금 18세 이상의 청소년 중 학구열이 높고 외모가 단정한 50명을 선발하여 교육시키게 했다.

　당시 사마천은 고문(古文)을 줄줄 외웠고 동중서와 공안국을 스승으로 삼아 학문에 열중하여 문학의 기초가 뛰어났다. 하지만 무슨 연유인지 제자원의 유생으로 선발되지 못하고 낭중이란 벼슬길에 나아가게 되었고, 이 이유를 알려 주는 사료는 없다.

　무제는 다른 황제보다 제사(祭祀)를 지내는 일에 깊은 관심을 보였다. 종묘에서 제사 지내는 것은 물론 지방 곳곳을 순행하면서도 교사(郊祀)를 지냈다. 교사란 명산을 찾아가 제사 지내는 것을 말한다. 무제는 선황은 물론 귀신을 달래는 제사를 여러 곳에서 지냈다는 기록이 있다. 사마천은 무제 곁에서 제사를 주관했다.

　무제는 기원전 122년 원수(元狩) 원년 10월 겨울에 옹(雍) 땅의 오치(五時)에서 제사를 지냈다. 순행 도중 제사 지내기를 좋아한 무제는 수시로 예정된 순행지가 아니라 갑자기 방향을 바꾸는 일도 있었는데, 그 때문에 제사에 대한 준비를 제대로 못 한 하동 태수(河東太守)나 농서군(隴西郡) 태수가 자살하는 일도 있었다.

　무제는 옹, 형양(榮陽), 하양 등 지역을 순행하면서 민정 시찰과 봉선 의식을 행하고 환궁한 이듬해인 기원전 111년 원정(元鼎) 6년에 사마천에게 소수민족이 사는 곳을 찾아가서 민정도 살피고 그들(오랑캐)을 위무하고 오라고 명한다. 여기에서 말하는 지역은 사천성(泗川

省)의 서남쪽과 운남성(雲南省), 귀주성(贵州省) 일대를 지칭한다.

한족은 황하와 양자강 유역 중원 지역에서 생활하는 민족으로, 문화 민족이라는 우월감을 갖고 있었다. 반면 변방에서 활동하는 민족을 '오랑캐'라고 했다. 동쪽에 사는 민족을 동이(東夷), 서쪽에 사는 민족은 서융(西戎), 남쪽에 사는 민족은 남만(南蠻), 북쪽에 사는 민족은 북적(北狄)이라 칭하고 멸시했으며 자신들의 휘하에 복속시키려 했다. 중국과 서남이(西南夷), 즉 서쪽과 남쪽에 사는 오랑캐와의 관계를 살펴보면 무제 이전에도 파(巴), 촉(蜀), 남월(南越)에 파병해 응징과 위무를 했다.

기원전 130년 원광(元光) 5년에 무제는 서남이로 가는 길을 만들기 위해 파·촉의 백성 수만 명을 보내 도로를 개설하려 했으나 2년이 지나도 개통하지 못했다. 한나라가 서남이를 평정하기까지는 건원 6년부터 원정 6년까지 25년간에 걸쳐 지속됐다. 그만큼 무제의 영토 확장과 주변 부족을 복속시키고자 하는 야욕은 오랜 세월 동안 계속되었고 어려움 또한 많았다.

무제는 서남이(西南夷)를 평정한 후 그 지역의 건위(健爲), 무도(武都), 월수(越嶲), 심려(沈黎), 문산(汶山) 등에 7개 군을 설치했다. 한갓 낭중이란 낮은 직급의 사마천을 서남이 지역으로 순찰하는 막중한 임무를 부여한 것은 무제가 사마천을 그만큼 신뢰했기 때문이다. 무제가 사마천을 특사 또는 감군(監軍. 군대의 활동 사항을 감찰하는 일)에 임명하여 서남이 지역을 순찰하게 한 것은 그곳에 새로운 행정군(行政郡)을 설치하고 관리를 두어 그 지역을 통솔하려는 의도 때문이었다.

무제의 의도야 어떻든지 사마천에게 주어진 서남이 지역 순찰은 그에게 서남이의 험하고 광활한 지역을 살펴볼 수 있는 기회가 되었고, 그곳의 산물, 민정, 풍속 등과 관련된 대량의 정보를 얻을 수 있는 계기가 되었다. 이런 일련의 일들은 사마천에게 사고의 바탕을 풍부하고 폭넓게 형성할 수 있는 영양분이 되었고, 이는 〈사기(史記)〉 집필에 많은 자료가 되었다고 볼 수 있다.

태사령이 되다

사마천은 서남이(西南夷) 순찰을 마치고 돌아왔지만, 봉선 의식을 준비하고 있는 황제 무제를 배알하지 못하고 바로 낙양으로 갔다. 병마와 싸워 오던 아버지 사마담의 임종이 가까워진 것 같다는 소식이 날아들었기 때문이다. 낙양의 집으로 돌아온 사마천은 아버지로부터 봉선 의식과 가학(家學)으로 이어받아야 할 역사, 천문 등에 관한 유언을 듣게 된다.

유언 내용은 자신의 선조는 대대로 주 황실의 '태사'를 맡아서 수행해 왔는데, 병이 든 자신은 태산(泰山)에서 봉선 의식을 준비 중인 황제를 모시지 못해 한탄스러울 따름이라는 내용이었다. 또 자신이 죽은 뒤에 사마천으로 하여금 '태사'직을 이어받아서 자기가 논하여 기록하고자 했던 것들을 잊지 말고 이행해 달라고 했다. 그러자 사마천은 아버지께서 소중하게 정리하시던 역사 문헌을 정리하겠다고 약속한다.

한편, 봉선 의식은 제왕이 하늘과 땅에 제사 지내는 것을 말한다. 이는 황제는 하늘로부터 부름을 받은 천자(天子)이고 하늘을 대신하는 유일한 대변자로서 완전한 자격 요건을 갖추어 인간 세계를 통치하게 되었음을 알리는 의식이다. 무제는 봉선 의식을 자주 수행한 것으로 유명한 황제이다. 그는 수행하기 전에 계획을 세워 유생들에게 자문을 받고자 했지만, 유생들은 오랫동안 답을 주지 않았다. 또 봉선제 때 사용할 제기를 정해 유생들로 하여금 살펴보도록 했지만, 고대의 것과 다르다는 이유로 반대하기만 했다. 이에 무제는 봉선 의식에 대한 기록은 경서(經書)에도 없으니 이의를 제기하지 말라고 했다.

아버지 사마담이 죽은 후 3년 되는 해인 기원전 108년 원봉(元封) 3년에 사마천은 아버지의 유언대로 태사령(太史令)이 되었다. 사마천이 만약 태사령이 되어 고금 문서를 관리하는 직책을 맡지 않았다면 〈사기〉 집필에 많은 어려움을 겪었을 것이다. 태사령은 부지사, 헌령 등과 같은 등급이었다. 그래서 행차할 때는 왼쪽에 붉은색 보호벽이 있는 수레를 탈 수 있었다. 낭중에 비하면 격이 높은 자리였다고 볼 수 있다.

사마천이 맡은 태사령이란 직위는 천문, 역사, 역법에 관한 전문 지식이 있는 사람만이 맡을 수 있었다. 사마천이 이와 같은 능력을 가질 수 있게 된 것은 집안의 가학(家學)을 전수 받았기 때문이다. 만약 가학을 통해 이와 같은 능력을 갖추지 않았다면 그 자리에 앉지 못했을 것이고, 고문서를 접할 기회가 주어지지 않았다면 〈사기〉 집필도 불가능했을 것이다.

사마천은 태사령이 된 뒤, 〈사기〉 집필에 대한 강한 집념과 열정을 갖고 직무 외에는 외부와의 왕래를 끊고 가정일도 등한시한 채 자신의 모든 재능과 지혜를 모아 〈사기〉 집필에 몰두했다. 사마천은 태사령이 되어서도 낭중 때와 마찬가지로 한 무제를 따라 순행을 했으며 하늘과 땅, 산천에 제사 지내는 일을 주관했다.

봉선 행사에 참여하다

봉선(封禪)이란 태산(泰山) 정상에 제단을 쌓고 하늘에 제사를 지내는 것이 봉(封)이고, 태산 아래 작은 동산에서 토지신께 제사를 지내는 것이 선(禪)이다. 이런 의식은 전국시대부터 행해졌는데, 진시황은 황제가 된 지 3년 되던 해에 동쪽으로 순행하면서 태산에 올라 봉(封) 의식을 거행했고 또 아래에 있는 작은 양부산(梁父山)에서 선(禪) 의식을 거행했다.

한나라 때는 고조 유방, 문제(文帝), 경제(景帝) 때는 개국 후 산적한 문제와 개국 초의 기반이 튼튼치 못해 봉선 의식을 행하지 못했는데, 무제 때부터 국가의 기반도 안정화되면서 자신은 하늘이 보낸 아들(天子)이라는 점을 만백성에게 알려 중앙집권 체제를 강화시키기 위해 시작하게 되었다. 무제는 사마상여(司馬相如)의 주청을 받고 자신도 무엇인가 하여야겠다는 마음에 전국을 순행하면서 봉선제를 실시했다.

한나라는 개국 후 100년이 지난 무제 때는 전성기에 해당하는 시기로 남월(南越), 민월(閩越) 정권을 복속시켰고, 동남아 연해의 반대 세력도 평정했다. 그러나 북쪽 고비사막에 근거지를 두고 활동하는 흉노족은 그 세력이 막강하여 골칫거리였다. 그래서 기원전 127~120년경에 세 차례의 토벌 작전을 벌여 그들을 북쪽으로 멀리 몰아냈다.

무제는 기원전 110년 원봉 4년 10월에 10만의 대군을 거느리고 북쪽 삭방군(朔方郡)을 순행하며 만리장성 바깥까지 가서 무력을 과시했다. 동남쪽 바닷가 쪽으로도 순행했는데, 그때 숭산(嵩山)에 올라 산신께 제사를 지냈고 동쪽의 태산에 올라서 봉선 의식을 거행했다.

사마천의 부친 사마담은 이즈음 자신의 생애에 한 번 있을까 말까

하는 봉선 의식에 부푼 희망을 갖고 무제를 수행하다가 낙양까지 와서 병을 얻어 수행하지 못하고 낙양에서 병마와 사투를 벌이고 있었다. 이때 사마천은 西南夷(서남이)를 순찰한 내용을 무제에게 복명하고 낭중으로서의 일을 수행하기 위해 무제가 순행하고 있는 곳으로 가야 했지만, 아버지의 위급 소식을 듣고 낙양으로 달려가서 아버지의 임종을 맞는다. 아버지의 장례를 마친 사마천은 무제가 순행하는 고장인 산동을 향해 급히 말을 달린다.

사마천이 무제를 배알한 곳은 산동(山東)에서였다. 무제는 봉선 의식을 행하지 않고 있었다. 그것은 봉선 의식에 대해 유생과 방사(方士) 사이에 의견이 맞지 않았기 때문이다.

무제는 결국 태산 남쪽 작은 산인 양부산(梁父山)에서 선(禪) 의식을 행하게 된다. 그리고는 동쪽 산기슭에서 상제에게 제사를 올리는 의식으로 봉(封) 의식을 한 차례 거행했다. 그리고 두 번째 봉선은 태산의 정상에서 봉(封) 의식을 거행했고 산을 내려와서는 다시 태산 동북 방향의 작은 산인 숙연산(肅然山)에서 두 번째 선(禪) 의식을 실행했다.

무제는 봉선을 마치고 군신들로부터 만수무강의 축수를 받았다. 무제의 이번 순행과 봉선은 중원 지역과는 거리가 먼 곳으로 돌아오면서 봉선 의식을 행한 셈이다. 그 노정은 1만8천 리에 달했다. 해당 지역에 하사한 비단만도 100여 필이 넘었다. 사마천은 무제의 시중을 들면서 만리장성의 안쪽과 바깥쪽을 참관하게 되었고 북쪽의 경계에 대해서도 알게 되었다.

역법을 새로이 하다

당시 역법을 담당하는 기관은 태사령(太史令)이었다. 역법에 관한 일을 주관하는 일은 매우 중요한 업무였다. 역법을 고친다는 것은 하나의 왕조가 건국된 뒤 구제도를 고쳐 현 왕조에 맞게 모든 제도와 법령을 고친다는 뜻이 담겨 있다. 문제(文帝) 즉위 초에 낙양 출신의 태중대부(太中大夫) 가의(賈誼)는 한나라가 건국된 지 20년이란 세월이 지났으니 제도를 개혁해야 한다며 개혁 방안을 내놓았으나 원로들은 일제히 반발하며 그를 좌천시켜 버린다.

한나라는 그때까지도 진나라의 전욱력(顓頊曆)을 사용해 왔다. 하지만 전욱력에는 초하루나 그믐에 달이 보이고 초승에 달이 차고 보름이 되면 달이 이지러지는 현상이 일어나는 등의 오류가 있었다. 따라서 일찍부터 역법을 개정해야 한다는 의견이 있어 왔다. 그래서 사마천을 위시한 역법 전문가인 등평(鄧平)과 사마가(司馬可) 및 민간의 역법 전문가 20여 명은 역법을 개정했다.

사마천의 책임하에 역법을 개정했는데 이것이 태초력(太初曆)이다. 태초력은 건인(建寅)의 달을 정월, 즉 동짓달(11월)을 포함한 두 달 후를 정월(1월)로 삼았다.

무제는 역법을 개정한 후에 제도 개혁마저 명했다. 한나라는 토덕(土德)에 의해 건국되었다는 사상에 입각해 누런색(黃)을 숭상하게 되었고, 숫자 또한 중앙을 상징하는 5를 선호하여 사용하는 등의 제도 개혁을 단행했다. 토덕(土德), 즉 흙의 덕이란 무엇인가?

당시 중국은 전국시대부터 제(齊)나라 사람 추연(騶衍)이 주장한 오덕종시설(五德終始說)이라는 사상이 유행하고 있었다. 이 학설에 의

하면 왕조의 교체가 반복적으로 일어나는 현상은 우주의 객관적인 존재인 木, 火, 土, 金, 水의 다섯 가지 물질이 일정한 힘과 규칙을 가졌으며 순차적으로 순환하며 대체하기 때문에 그의 기운에 의해 왕조가 성립하기도 하고 영멸하기도 한다는 것이다.

이 다섯 가지 물질의 힘을 오덕(五德)이라 불렀고, 이것들이 끊임없이 교체되기를 반복한다고 하여 오덕종지설(五德終始說)이라고 했다. 그리고 이 오덕 중 한 가지 덕을 받은 사람이 한 왕조의 통치자가 된다는 학설이다. 유방이 건국한 한나라는 오덕 중에 토덕(土德)을 입어 건국되었기 때문에 흙색에 가까운 누런색(黃)을 숭상하여야 한다는 논리이다.

〈사기(史記)〉 집필

〈사기(史記)〉 집필의 동기

사마천은 한 무제를 지근에서 모시며 봉선 의식에도 참여했고 역법 개정 작업에도 주도적 역할을 했다. 또 개제(改劑)를 선포하는 일에도 참여했다. '개제(改劑)'란 천명을 받은 황제가 전 왕조와 다른 제도를 마련해 선정을 펼친다는 뜻이다. 봉선이나 개제 같은 일을 지켜볼 수 있는 것만으로도 대단한 일인데, 직접 참여하고 중요한 역할까지 맡았다는 것은 이만저만 영광스러운 일이 아니었다.

아버지 사마담은 그런 영광을 누리지 못하고 세상을 떠났지만, 사마천에게 다음과 같은 유언을 남겼다.

"주공(周公)이 세상을 떠난 지 500년이 지나서 공자(孔子)가 나타났고, 공자가 죽고 나서 500년이 지났으므로 누군가 나타나 공자를 이어

받아 옛 문헌을 정리하고 저술하는 사업을 해야 한다. 이제 한나라는 흥하여 해내(海內. 나라 안)가 하나로 통일되고 명주, 현군, 충신과 의로운 선비들이 있다. 그러나 태사가 되어 그것을 논하여 기록하지 못하고 천하의 역사적 기록들이 황폐해졌다. 내 이를 매우 두려워하니 너는 명심할지어다."

이처럼 사마천이 〈사기〉를 집필하는 데에는 부친의 영향이 컸다. 사마천이 〈사기〉 집필을 시작할 즈음 당시 상대부(上大夫)였던 호수(壺遂)와 다음과 같은 말을 주고받는다.

호수가 물었다.

"공자는 왜 〈춘추(春秋)〉를 저술했는가?"

"당시 공자는 천하가 혼란하고 자기의 주장이 준용되지 못함을 알고 242년 동안의 일에 대해서 옳고 그름을 따져 천하의 본보기로 삼았고, 의미 없는 말을 기록하기보다는 구체적인 사실을 기록하여 드러내는 것이 더 낫다고 생각하여 〈춘추〉를 저술했습니다"

즉 사마천은 공자가 지은 〈춘추〉가 옳고 그름을 잘 구분하였기에 사람을 다스리는 일에 뛰어나고 난세를 다스려서 올바른 세상이 되게 하는 데에 제격이었다고 생각한 셈이다. 한편, 공자가 〈춘추〉를 저술할 때의 시대 상황과 사마천이 〈사기〉를 저술하려는 지금의 시대 상황에 대한 대화 내용도 있다.

호수가 물었다.

"당시 공자는 현명한 군주를 만나지 못해 가는 곳마다 거절당하고 등용되지 못하여 〈춘추〉를 지어 새로운 왕의 법도를 후세에 남겼지만, 지금은 현명한 천자가 계셔서 매사가 질서정연하게 흘러가고 있는데,

〈춘추〉를 계승할 저서는 왜 쓰려 하는가?"

"지금은 밝은 천자의 치덕으로 상서로운 징조가 여러 곳에서 나타나고 있습니다. 게다가 봉선 의식을 행하고 역법을 개정했으며 제도와 문물이 개혁되어 그 은혜와 덕이 끝이 없습니다. 이처럼 현명한 군주의 성덕이 전개되고 있는데도 그 공덕을 천하에 알리지 못한다면 이것은 관리의 잘못입니다. 더욱이 내 자신은 사관의 직무를 담당하고 있는바, 현명한 군주의 성덕을 기록하지 않고, 공신, 세가, 어진 대부의 업적을 방치하며, 또한 선친의 유언을 망각한다면 그 이상 큰 죄가 없다 하겠습니다. 때문에 저는 정리되지 않은 일들을 제대로 정리하고 싶습니다. 너무 난해하여 보기 힘든 〈춘추〉와는 비교되지 않을 정도의 결과물을 만들어낼 것입니다."

위 문답에서 보듯이 사마천은 향후 자신이 완성할 〈사기〉에 대해 〈춘추〉와는 비교할 수 없는 정도로 좋은 작품이 되게 할 것임을 분명히 했다.

이릉 장군, 전투에 패하다

중국의 역사에서 중원의 왕조는 북쪽 고비사막을 근거지로 발흥하는 흉노족에게 강경책을 쓰기도 하고 유화책을 쓰기도 하며 다스렸다. 한나라 무제 때 흉노족 선우(單于. 우두머리)는 한나라 국경을 괴롭혔다. 이때 이릉(李陵)이라는 젊은 장수가 보병 5,000명을 이끌고 흉노족을 섬멸하기 위해 출전한다.

이릉은 흉노와 70여 차례 싸운 이광(李廣) 장군의 손자로 젊어서는 건장궁감(建章宮監)을 지냈는데, 됨됨이가 겸손했고 기마술과 궁술에

능했다. 출전한 이릉은 준계산(浚稽山)에 이르러 진지를 구축하고 흉노족의 침범에 대비했다. 그러자 흉노족은 4만 명의 기병을 이끌고 공격해 왔다. 이릉은 결사대를 이끌고 쇠뇌를 발사하는 등 신형 무기로 대응하자 흉노족은 이에 견디지 못하고 물러났다. 다음에는 8만의 기병을 동원해서 다시 쳐들어왔다. 이릉의 부대는 차분하게 대응하여 흉노족 3~4천 명을 사살하는 전과를 올렸다. 그러자 흉노족은 다시 8만 병력을 이끌고 이릉 군대를 포위 공격하기 시작했다. 이릉은 부대를 재편성하여 포위망을 뚫으면서 동남쪽 용성(龍城) 땅으로 퇴각하면서 적 수천 명을 죽였다. 흉노족이 퇴각하는 이릉 부대를 관찰해 보니 대오가 정연했다. 그래서 흉노족 선우는 어쩌면 복병이 있을지도 모르겠다는 판단 하에 추격을 멈추었다고 한다.

그러던 중 이릉 부대에서 불상사가 발생했다. 병졸 중 한 명이 직속 상관으로부터 모욕을 당한 화풀이로 흉노 진영에 가서 이릉 부대의 허점 및 기밀을 누설한 것이다. 당시 이릉 부대는 희생자는 많은데 지원군을 기대할 수 없는 형편이었고, 식량도 얼마 남지 않은 상황이었으며, 화살도 거의 바닥나 전의를 상실한 상태였다.

흉노족은 이릉 군의 허점을 파악하자마자 기병으로 포위망을 구축해 공격했다. 퇴로를 차단당한 이릉 군 3~4천 명은 협곡을 통해 후퇴하고자 했으나 흉노족은 빠른 기병을 동원해 계곡 입구를 막아 버리고는 나머지 인원을 협곡 양편으로 오르게 해 바위를 굴렸다. 희생자는 늘어가고 퇴로도 막히자 이릉은 자결을 결심했다. 그러자 옆에 있던 군관이 일단은 투항하여 목숨을 보전한 뒤 훗날을 도모하자고 간곡하게 권유하자 투항하기에 이른다. 무제는 이릉의 투항 소식을 듣고 크게 노했다.

한편, 조정의 대신들은 이릉이 흉노와 싸워 승리했을 때는 축수의 잔을 들고 이릉을 침이 마르도록 칭찬하더니, 이릉의 패전과 투항 소식을 듣고는 언제 그랬냐는 듯 이구동성으로 벌을 내려야 한다고 아우성쳤다. 속된 인간의 마음은 편한 대로 변하는 것인가?

이릉을 변호하다

사마천은 평소 이릉의 아버지인 이광과 이릉에 대해 깊은 호감을 가지고 있었다. 두 부자는 나라가 위급할 때는 항상 국가를 위해 몸 바칠 각오가 단단한 무장이면서도 훌륭한 선비의 기품을 갖춘 인물이라는 생각을 가지고 있었다. 이에 사마천은 황제께 이릉을 변호해야겠다고 결심한다. 사마천이 이릉을 변호한 내용은 다음과 같다.

"이릉은 항상 국가를 위해 최선을 다해 온 장수입니다. 그는 보병 5,000명을 이끌고 흉노의 심장부까지 진격하여 용감하게 싸워 많은 전과를 올렸습니다. 이번 이릉의 투항은 형세가 급박해 어쩔 수 없는 거짓 항복일 수도 있습니다. 우선 생명을 건진 다음 훗날 기회를 봐서 충성하리라 믿습니다. 다시 한 번 그를 믿고 충성할 기회를 주는 것이 좋은 듯합니다."

하지만 무제의 생각은 달랐다. 이릉이 흉노를 격퇴하는 데 공이 있다고 주장한다면 이사장군(貳師將軍) 이광리(李廣利)는 어떻게 되는가? 이광리는 무제가 총애하는 이부인의 오빠이다. 원래 이 전투는 이광리에게 3만의 기병을 주어 흉노족을 물리친다는 작전이었다. 그리고 후속 조치로 이릉으로 하여금 후방에서 이사장군의 군대에 필요한 보급품을 차질 없이 지원하라고 명한 바 있다. 이렇게 해서 이광리가 전과를 세우면 그의 품계를 올려 주는 식으로 이부인의 체면을 살려 주려는 의도도 있었다.

그런데 이릉은 자기에게 보병 5,000명만 주면 흉노족을 물리치겠다고 호언장담하며 패기만만하게 출정한 것이다. 하지만 결과적으로는 대국의 장수가 전쟁터에서 전사하지도 못하고 항복하는 굴욕을 안긴 셈이다. 이에 무제는 상당한 불쾌감을 느끼며 불같이 화를 냈다. 여기에 더해 신료들의 비판까지 가세하니 사마천 입장에서는 견딜 도리가 없었다.

신료들의 태도에는 문제가 있었다. 이릉 장군이 전과를 올릴 때는 입에 침이 마르도록 칭찬하더니 정작 이런 상황이 되자 손바닥 뒤집듯 태도를 바꾸는 것은 무슨 경우란 말인가?

사실 이릉에게 주어진 병력과 병기의 상태는 충분하지 않았다. 병력은 겨우 5,000명이었고 기병이나 신식 무기도 갖추지 못했다. 애초부터 역부족이었던 셈이다. 하지만 이릉에게도 흉노족의 전력을 과소평가한 잘못은 있었다. 정보 부족과 병장기의 열세에 대해 올바른 판단을 못한 셈이다. 거기에 더해 사마천은 이릉의 투항이 얼마나 심각한 문제였는지를 냉정하게 판단하지 못한 실수를 저질렀다고 생각한다. 당시의 무제는 장수가 전사할지언정 투항은 있을 수 없고, 이는 무제의 입장에서 크나큰 수치심을 떠안는 결과일 따름이었다.

무제는 사마천의 말이 채 끝나기도 전에 격노하며 사마천을 당장 투옥시키고 사형에 처하라고 명했다. 그후 사마천은 법정에서 가혹한 형벌과 신문을 받았고 '황제를 기만했다'는 죄명을 받을 수밖에 없었다.

당시 '황제 기만죄'는 사형이었다. 그리고 사형을 면하려면 속죄금을 지불하거나 궁형을 받아야 했다.

사마천, 궁형을 받다

사마천은 이릉을 변호하다가 무제의 진노를 사는 바람에 사형을 명받는다. 이때가 사마천이 〈사기〉를 집필하기 시작한 7년째 되는 해였다. 아직도 갈 길이 먼데, 〈사기〉는 이대로 역사의 뒤안길로 사라지는가?

당시에는 사형을 명받더라도 죽음을 면할 수 있는 방법이 두 가지 있었다. 그것은 속죄금을 내거나 궁형으로 대체하여 받는 방법이다. 그럼 속죄금은 얼마 정도의 금액이었을까? 학자들마다 조금씩 의견 차이는 있지만 현대의 시세로 치면 20억 원 정도였을 것으로 추측된다.

그만한 거금이 없었던 사마천은 죽음을 받아들일 것인가, 아니면 궁형을 받고라도 살아남아야 할 것인가를 놓고 고민한다. 그가 고민하는 진짜 이유는 생존과 죽음의 문제보다는 가치의 문제였다. 즉 죽음에는 어떤 가치가 있는가? 살아남는다는 것은 무슨 의미를 갖는가? 결국에 사마천이 내린 결론은 죽음에서는 가치를 찾을 수 없다는 것이었다. 만약 지금 죽음을 받아들인다면 아버지의 유언을 지키지 못하는 불효자가 되어 선조를 욕되게 하고, 또 〈사기〉를 완성하지 못한다면 자신마저 욕되게 하는 일이 아닌가?

사마천은 생각했다. 아무런 가치가 없는 죽음은 의미가 없다. 치욕스런 궁형을 받고라도 살아남아 아버지와 자신이 이루고자 한 〈사기〉

저술의 목표를 성취하는 것이야말로 가치 있는 일이다. 역사 속 영웅들도 예기치 못한 재앙이 닥쳤을 때 죽음보다는 고난의 길을 택함으로써 결국에는 역사에 길이 남는 인물이 되지 않았던가?

서백(西佰)은 유리에 갇힌 몸으로 〈주역(周易)〉을 풀이했고, 공자(孔子)는 진(陳)나라와 채나라에서 고난을 겪었기에 〈춘추(春秋)〉를 지을 수 있었고, 굴원(屈原)은 쫓겨가서 〈이소(離騷)〉를 지었고, 좌구(左丘)는 눈이 멀어서 〈국어(國語)〉를 지었고, 손자(孫子)는 다리가 잘리고 나서 〈손자병법(孫子兵法)〉을 짓지 않았던가? 이들은 불행한 일을 당하고도 보람 있는 일을 하지 않았는가?

사마천은 궁형을 받고라도 살아남아 〈사기〉를 집필하자는 결론에 이르게 되었다.

〈사기(史記)〉 고찰
〈사기〉의 구성

〈사기〉라는 명칭은 한나라 후기에 붙여진 이름이고, 사마천 자신이 붙인 이름은 〈태사공서(太史公書)〉이다. 〈사기〉는 아버지 사마담에서 시작하여 사마천이 완성했다. 그들의 직책인 태사령은 사관(史官)이 아니다. 그래서 그들이 지은 책을 〈史記〉라고 말할 수 없었다. 史란 사관이 임금의 언행을 기록하는 것이기 때문이다. 좌사(左史)는 일(事)을 기록했고 우사(右史)는 말(言)을 기록했다.

태사령은 문사(文史)와 성력(星曆)을 맡아 하는 관직이니, 복축(卜祝)이 주된 업무로서 일면에서는 무술(巫術) 같은 일을 했다. 그렇다고 무속인 같은 천한 직업은 아니었다. 그들이 하는 일은 학문을 많이 연마한 사람이 아니면 불가했다.

〈사기〉의 구성을 보면, 12본기(本紀), 10표(表), 8서(書), 30세가(世家), 70열전(列傳)으로 모두 130편이며 6,266,500자이다. 〈사기〉에 서 가장 중요한 세 부분을 꼽으라면 '12본기', '30세가', '70열전'이다. 이것이 〈사기〉 전체의 중심이다.

'12본기(本紀)'는 총 12권으로 진본기(秦本記)와 항우본기(項羽本記)를 빼고는 제왕과 관련된 이야기이다. 즉 제왕의 정치적 업적을 서술한 것인데, 황제(黃帝) 이래로 한무제까지의 역대 왕조와 통일을 이룬 최고 통치자의 정치적 공적을 서술했다.

'10표(表)'는 시사(時事)와 관련된 것이다. 본기의 보충 자료로서 복잡하게 얽혀 있는 사실을 몇 개의 단계로 나누어 설명한 것인데, 서로 독립되면서도 연관되어 있다. 즉 역사상 큰 사건을 요약해서 기록했는데, 역사의 흐름을 사건 중심으로 일목요연하게 정리하여 이해하기 쉽게 했다.

'8서(書)'는 제도를 밝힌 것이다. 전장 제도, 천문, 정치, 지리, 사회, 환경 등 각 분야를 체계적으로 정리한 전사(專史) 형식을 취했다.

'30세가(世家)'는 춘추전국시대부터 한나라에 이르기까지 제후 가문의 역사를 기록했다. 단, 공자(孔子)는 제후가 아니었는데도 제후 가문과 같이 격상시켜 기록했다. 사마천이 생각할 때 공자가 끼친 영향은 일반 세가보다 영향력이 컸다고 판단했기 때문이다. 즉 사마천의 가치관과 신념이 공자를 경외시한 마음의 발로라고 생각할 수 있다.

'70열전'은 흉노열전, 대원열전, 서남이열전, 남월열전, 동원열전, 조선열전을 빼고는 귀족, 공자, 각종 크고 작은 관료 정치가, 군사 전문가, 사상가, 문학가, 박사, 책사, 은사, 세객, 자객, 의사, 무속인, 상인, 배우 등 여러 사회 계층과 다양한 유형의 인물들이 활동한 역사를 서술했다.

제후국 진(秦)의 역사를 본기(本記)에 넣었고 진나라 말 농민 봉기의 영웅 진섭(陳涉)과 항우를 각각 세기와 본기에 두었다. 사상가이면서 교육자로서 활동한 공자를 '세가'에 두었고 진한 이래로 중국 남동 연해안은 지역에 새로이 등장한 제후국인 남월과 동월의 역사를 '열전'에 포함했으며, 중국 내 소수민족과 국외 각 민족 및 그들의 통치에 대해서도 열전에 포함해 각각 흉노열전, 대원열전, 서남이열전, 조선열전을 만들었다. 이것은 사마천의 주관적인 가치관에 기인한 것이다.

사마천은 상고 시대의 황제(黃帝)로부터 시작해서 요임금, 순임금, 하, 상, 주, 진, 전한 초기의 기원전 2세기 말 한나라 무제 때까지의 3000년 역사를 시간의 순서가 아닌 인물 중심으로 엮은 최초

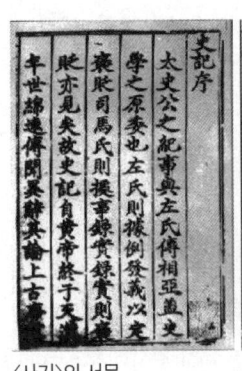
〈사기〉의 서문

〈사기〉 2권 첫머리

의 '인물전기' 작가다. 그는 개인 전기로 역사를 기술하는 '기전체'라는 획기적인 서술 방법을 창조한 것이다. 이후부터 중국 역사학자들은 정사(正史)를 기록할 때 사마천이 창안한 서술 방법을 택했다.

〈사기〉가 활용한 자료

사마천은 기원전 108년(원봉 8년)에 〈사기〉 저술을 위해 역사 자료를 수집하고 열람하면서 집필 계획을 수립했다. 집필 계획을 수립하는 데에만 16년이란 세월을 들였다. 사마천이 살던 시대에는 다행히도 협서율(挾書律)이 해제됐다. 그렇다고 해서 책을 구하는 일이 용이했다는 뜻은 아니다. '협서율'이란, 진나라 시황제가 기원전 213년에 제정한 것으로 개인이 사사로이 서적을 소유하는 행위를 금하는 법인데, 한나라 초기 혜제(惠帝) 4년인 기원전 191년에 해제되었다.

사마천이 〈사기〉를 저술하는 데 근거로 사용한 자료는 크게 두 종류로 나눌 수 있다.

첫째는 중국 역대 봉건 왕조의 장서로서 금궤 석실(金櫃石室) 속에 보관된 서적이다. 이런 장서를 수집하고 보존하고 열람할 수 있는 좋은 조건은 '태사공'이라는 직함을 가진 사람이 유리했다. 이와 같은 관점에서 볼 때, 사마담과 사마천은 장서를 활용할 수 있는 좋은 여건에 있었다.

다음은 금궤 석실 속에 소장된 해묵은 자료가 아니라 광대한 지역과 광범위한 계층의 사람들에 의해 전해오거나 구전되어온 살아 있는 생생한 자료였다.

아버지의 권유로 중국 산하를 둘러보고 명산대천을 유람하며 보고 듣고 느낀 것, 한 무제를 가까이에서 수행하며 보고 들은 것, '봉선 의식'에 참여하며 알게 된 것, 또 태사령이 되어서 역법을 바꾸기 위해 노력했던 일, 이릉을 변호하다 궁형을 받은 일 등은 단순한 시간 낭비라고 하기보다는 사마천의 〈사기〉 저술에 긍정적인 역할을 했다고 볼 수 있다. 구전되어온 자료 중 일부는 실제로 현장을 방문하여 조사하고 확인한 것도 많았다. 한편, 다른 사람이 직접 경험한 것도 사마천에게 알려 주어 얻은 것도 많았다. 이처럼 사마천이 원시 자료를 확보하여 활용할 수 있었던 것은 사마천으로 하여금 진나라, 초나라 교체기에, 또 한나라 건국 이래 근 100년간의 사회상과 역사를 생생하게 기록할 수 있게 해 주었다.

〈사기〉는 고대 황제에서 시작해 한 무제 연간(기원전 104 ~ 101년)까지 3000년 동안 발전해 온 한족과 주변 민족의 역사 기록을 담고 있다.

〈사기〉는 일반 역사서와 어떻게 다른가?

역사를 수찬하는 방법 가운데, 사건이 발생한 순서대로 기술하는 것이 편년체(編年體)이다. 편년체의 대표격으로는 〈춘추(春秋)〉와 〈좌전(左傳)〉이 있다.

한편, 중국이 오랜 세월 동안 소국으로 분할되어 이전투구하던 시대의 역사를 국가별로 기록했는데, 이것을 국별체(國別體)라고 한다. 대표적인 것으로 〈국어(國語)〉와 〈전국책(戰國策)〉이 있다. 그런데 사마천이 쓴 〈사기〉는 편년체나 국별체와는 전혀 다른 기전체(記傳體)이다. 기전체는 인물을 중심으로 역사를 기록하는 방식인데, 〈사기〉는 중국 최초의 '기전체 통사'이다. 〈사기〉 이후 중국 역대 왕조의 전사인 〈24사(二十四史)〉도 기전체로 만들어졌다. 이것과 비교해 모든 왕조의 역사서는 각 왕조의 역사를 독립적으로 기술했기에 '기전체 단대사(記傳體斷代史)'라고 할 수 있다.

그럼 일반 역사서와 〈사기〉의 다른 점을 내용과 사상 측면에서 비교해 보자.

애증(愛憎)의 감정 표현이 풍부하다

역사를 기록하는 사람은 감정에 치우치지 말고 객관적으로 공정하게 표현하는 자세를 가져야 한다. 그런데 사마천은 〈사기〉 속에서 호불호(好不好)의 감정을 솔직하게 표현했다. 특히 비극적인 삶을 살다 간 사람을 서술할 때는 궁형을 받고 고통스러운 삶을 살고 있는 자신의 처지를 생각해서인지 애증의 감정을 강하게 표현했다.

예를 들어 '항우 본기'에서는 항우를 아주 좋게 표현했다. 사마천이 항우를 '본기'에 넣어 수찬했다는 것은 '유방'보다 '항우'에게 더 좋은 감정을 가졌음을 알 수 있다. 또 '이장군 열전'에서 이광 장군을 기술할 때는 비분강개하는 표현을 사용했다. 이광 장군은 이릉의 할아버지로 흉노와 70여 차례 싸워 전공을 세운 용장이었다. 그의 손자인 이릉은 보병 5,000명을 이끌고 흉노와 싸웠는데, 초전에는 많은 전공을 세웠으나 나중에 중과부적으로 패하게 된다. 이때 사마천은 이릉을 변호하다 무제의 분노를 사서 궁형을 당하게 된 연유에서인지는 몰라도 이광 장군을 좋게 표현했다. 반대로 '평진후주부열전(平津侯主父列傳)'에서는 공손홍(公孫弘)에 대해 좋은 평을 하지 않았다. 그리고 한 고조 유방에 대해서는 수많은 인재들의 도움으로 대업을 이루었다는 표현으로 유방 개인의 능력에 대해서는 그리 좋은 평을 내놓지 않았다. 한신을 토사구팽시킨 것은 속이 좁은 행위였다고까지 표현했다. 아울러 무제에 대해서도 결코 좋은 이미지로 묘사하지는 않았다.

문장 표현력이 섬세하고 뛰어나다

한나라가 일어서기 전, 진나라의 폭정에 항거해 여러 곳에서 군웅이 할거했다. 항우와 유방은 서로 힘을 합쳐 진나라를 멸망시킨 후 서로 패권을 잡겠다고 적이 되었다. 그때 항우의 모사였던 범증의 계획하에 유방을 제거하기 위해 베푼 연회가 '홍문연(鴻門宴)'이다. 그러나 유방을 제거하지 못하게 된다.

이 홍문연을 표현한 사마천의 문장은 너무나 섬세하고 화려해 마치 표현들이 살아 움직이는 듯하다. 인물에 대한 평가는 물론, 당시 현장의 상황 묘사, 사건의 추이를 다루는 기법까지 매우 탁월한 문장이라고 평가되어 중국 고등학교 교과서에까지 실릴 정도이다.

〈사기〉에는 홍문연뿐만 아니라 전체를 관통하여 유려한 문장들로 넘쳐난다. 그래서 사서이면서도 문학 작품이라는 평이 계속 따라붙고 있는 것은 아닐까?

일반인의 시각에서 역사를 보다

당시의 일반 백성은 지금처럼 인간의 존엄성을 온전히 누리며 살지 못했다. 때문에 역사서에서도 그 기록의 주인공이 될 수는 없었다. 하지만 어느 시대를 막론하고 일반인이나 천민이라도 특별한 능력을 가진 사람이 있었고, 그 능력으로 인해 빼어난 활약을 펼친 사람은 존재했다.

사마천은 이런 사람들에게도 역사의 주인공으로서 기록에 남을 영광을 주었다. 황제나 장군, 귀족이 아니어도 특수한 분야에서 누구도 이루지 못한 일을 행한 사람들을 발굴하여 기록으로 남겼다. 그런 전기가 바로 '자객열전(刺客列傳)', '유협열전(遊俠列傳)', '골계열전(滑稽列傳)', '화식열전(貨殖列傳)' 같은 열전들이다.

사마천은 이런 사람들의 재주, 충성심, 지혜 등을 다양하고 기묘한 방법으로 표현했다. 그래서 사마천을 일컬어 중국 통속 문학의 비조(鼻祖)라고 부르는 이도 있다. 뿐만 아니라 사마천은 일반인들이 알고 싶어 하는 민간 속 숨겨진 인물들의 행적을 찾아내기 위해 많이 노력했고, 실제로 〈사기〉에 구현해냈다.

〈사기〉에 등장하는 인물들에 대한 기술 방식은 철저하게 사마천 자신만의 스타일을 고집했다. 즉 위대한 인물이라도 꼭 위대한 면모만을 드러내는 것이 아니라, 처절하게 어려웠던 시절의 모습까지 담아냄으로써 좀 더 인간다운 면모를 표현하려고 노력했다.

일례로 공자와 관련된 내용을 들 수 있다. 사마천은 공자의 위대했던 순간들과 공자의 최고 걸작인 〈논어(論語)〉만 가지고는 그의 사상을 정확하게 표현할 수 없다고 생각했다. 왜냐하면 실제로 공자가 〈논어〉를 설파할 때는 매우 불우한 시절이었기 때문이다. 스스로 만들어 낸 이상 국가를 실현하기 위해 제자들과 더불어 여러 나라를 찾아다니며 어려운 생활을 어렵사리 이어가던 시절이 있었기 때문이다.

사마천은 공자의 사상을 올바르게 음미하기 위해서는 공자의 일생에 대해 가능한 한 모든 사실을 알려 주어야 한다고 생각했다. 그래야 공자가 살던 시대 상황을 알 수 있고, 〈논어〉를 올바르게 이해할 수 있다고 판단했기 때문이다.

〈춘추(春秋)〉의 정신을 원용하다

〈사기〉는 사마천이 아버지 사마담의 유언을 받들어 일생동안 피땀 흘려 쓴 책이다. 사마천의 아버지 사마담은 임종에 이르러 사마천에게 자신이 미처 완성하지 못한 역사서를 써 달라는 유언을 남겼다. 즉 〈사기〉는 사마천의 아버지 사마담의 유지이기도 했다.

사마천은 아버지의 유언에 대해 이렇게 말했다.

"소자가 비록 불민하오나 선인께서 편차(編次)한 옛 전적을 논하여 감히 빠뜨리지 않겠습니다."

사마담은 자신을 대신해서 역사서를 수찬해 달라고 당부하면서, 사서를 수찬하는 데에 중요한 사항으로 다음 세 가지를 들었다.

1. 주공을 본받아 문왕과 무왕의 덕을 기록하라.
2. 공자를 모범 삼아 〈춘추(春秋)〉의 이상을 이어서 옛것을 닦고 스러져 없어진 것을 일으켜 세워라.
3. 한나라가 흥하여 천하를 통일하게 되었으니, 명주(明主)와 현군(賢君), 충신(忠臣)과 의인(義人)을 책 속에서 찬송하라.

실제로 사마천은 이 세 가지 사항을 〈사서〉 수찬에 적극 반영하게 된다. 이는 비단 아버지의 유언이기 때문이라기보다 사마천 또한 아버지와 같은 깨달음을 얻었기 때문이다. 사마천의 삶이란 어찌 보면 〈사기〉를 쓰기 위한 준비와 저술을 위해 일생을 바친 과정이라고 하겠다.

〈사기〉는 공자가 지은 〈춘추〉의 이상을 이어받고 변화하는 고금의 모습을 예리하게 간파하여 기록한 역작이자, 사마가(家)의 학문 체계를 완성시킨 〈태사공서(太史公書)〉라고 할 수 있다. 공자가 불우했던 시절에 〈춘추〉를 지었듯이 사마천의 〈사기〉 또한 그의 불행한 삶과 함께 탄생했다.

〈사기〉는 본기(本記), 표(表), 서(書), 세가(世家), 열전(列傳) 등의 다섯 부분이 서로 다른 체제를 원용하여 저술되었지만, 각 체제들이 상호작용과 보충을 통해 완벽한 조화를 이루었다. 건축물이 각기 다른 성분의 물질이 조합되어 완성되듯, 〈사기〉 또한 과학과 예술이 조합된 예술품이라고 하겠다.

〈사기〉가 역사적 사실을 기록한 역사서인 것은 분명하지만, 단순히 사실만을 다룬 역사서는 아니다. 거기에는 사마천의 사상이 깊이 배어 있어서, 그 어떤 역사서에서도 볼 수 없는 독창성을 지닌 작품이다.

인물을 통해 '사(史)'를 표현하다

〈사기〉에서 중요한 부분을 세 개만 꼽으라면 단연 '본기(本記), 세가(世家), 열전(列傳)'일 것이다. 〈사기〉 속에는 실로 다양한 인물들이 등장하는데, 그 인물들의 삶을 조명하면서 역사적 사실을 기록했다. 또한 그 수많은 인물들만큼이나 각각의 인물을 표현하는 방식도 다양해서 역사서이면서도 전기 작품이고, 또한 문학 작품이기도 하다.

〈사기〉 속에는 제왕, 장상, 귀족, 사대부 등 상위 계급의 인물들을 다루어졌지만, 유협, 자객, 의사, 무속인, 상인, 배우 등 이전의 역사서에서는 다루지 않은 사회 각계각층의 인물 전기나 심지어 중국 변방의 지도자들의 활약상도 기록했다. 이를테면 기개가 뛰어난 충신들의 전기는 물론 세상의 밑바닥에서 활동한 인간들의 모습도 기록해 놓은 셈이다.

여장을 하고 군주의 노리개 역할을 한 신하의 삶을 기록한 기사는 그 좋은 예이다. 이처럼 민중들이 사랑한 착한 사람들의 전기는 물론 민중의 질타를 받은 군상들의 전기도 실었다. 이런 인물들을 묘사한 표현은 단순한 기록의 단계를 넘어서 그 속에 사마천의 가치관, 신념 등이 용해되어 있다고 하겠다.

한편, 하나의 인물에 대해 호평과 악평을 동시에 부여한 예도 있다. 예를 들면 '항우 본기'에서는 항우를 폭력 정치를 무너뜨린 영웅으로 표현하면서도, 다른 한편에서는 살인을 일삼고 흉포한 행동을 일삼았으며 자만심에 빠져 대사를 망친 인물로 표현하기를 서슴지 않았다. 또 '고조 본기'에서는 유방을 항우보다 우월하다고 표현하는가 하면, 반대로 유방은 항우보다 저속하고 신의 없고 추악한 인물로 표현하는 것 또한 주저하지 않았다.

이처럼 다양한 인물에 대한 평가와 그 평가를 적절하게 묘사한 표현은 〈사기〉만이 가진 독특한 세계관이라고 하겠다.

백성의 애환을 기록하다

사마천은 시골에서 태어나 농사 짓는 일이나 가축 기르는 일을 유년 시절부터 경험했다. 커서는 전국 유람을 통해 고대로부터 전해 내려오는 수많은 일화를 수집하는 한편, 책 속에 실려 있는 수많은 역사적 사실을 현장에서 검증하기까지 했다. 각계각층의 인간 군상과 접촉하면서 민심과 풍속을 알게 되었고 무지렁이처럼 힘들게 살아가는 백성들의 고충을 몸과 마음으로 느꼈다.

사마천은 평생을 하급 관리로 일했다. 권력도 없었고 녹봉도 미미했다. 그러나 낭중, 태사령이란 직책으로 관리 생활을 한 그는 궁궐 안에서 일어나는 내정은 물론 외정(外政)까지도 속속들이 알게 되었고, 내정에 휘말리는 경험을 직접 겪기도 했다. 그래서 당시 힘들게 살아가는 관리들의 생활도 알게 되었고, 추한 관리들의 행태도 목격하게 되었다.

이런 경험은 사마천으로 하여금 민중적 사상을 품게 하는 원동력이 되었다. 어쩌면 '유협열전(遊俠列傳)'은 사마천의 위와 같이 다양한 경험을 통해 우러나온 사상이 만들어낸 필연적인 결과물이 아닐까? 유협열전은 당시 하층 사회에서 생활한 백성들에 관한 전기이다. 그들의 행동은 당시 사회의 규범으로 볼 때 완전한 파격이라고 하겠다.

그들은 황제와 관리들의 횡포에 죽음을 무릅쓰고 항거한 인물들이었다. 그들은 당시 권력자들로 하여금 사익 추구의 함몰 상태에서 벗어나 민초들의 고통을 덜어 달라고 외친 사람들이다. 사마천은 그들이 사회 규범에서는 벗어났을지라도 인의를 중시하며 삶을 살아온 도덕적인 사람으로 표현했다.

당시 유협은 난폭한 무리도 아니고 민간 속에 기생한 도적도 아니었다. 그들은 자신도 어렵지만 넉넉하지 못한 사람들을 구휼하며 생활하는 무리였다. 그들은 당시의 사회 통념으로 볼 때 위험한 활동을 하는 무리라고 볼 수 있지만 정의로운 무리들이라고도 볼 수 있다. 사마천은 이처럼 하층민이 생활하는 모습을 '70열전'이라는 장르 속에 '유협열전(遊俠列傳)', '자객열전(刺客列傳)', '혹리열전(酷吏列傳)', '순리열전(循吏列傳)'을 통해 표현했다. 이와 같은 저술을 통해 사마천의 민중성이 작품 속에 용해되었다고 볼 수 있다.

사마천과 〈사기〉를 되돌아보니

사마천은 한나라 무제 때 '태사령'을 지낸 사마담의 아들로 태어났다. 아버지의 유언을 받아 중국 전기 역사에 해당하는 황제부터 무제까지 3000년의 역사를 집대성한 〈사기(史記)〉를 오랜 각고 끝에 완성했다. 〈사기〉 집필을 시작했을 때 그의 나이는 42세였고, 사마담이 죽은 지는 여섯 번째 되는 해였다. 또 〈사기〉를 집필하는 도중에 흉노와의 전쟁에서 패한 이릉 장군을 변호하다 무제의 노여움을 사 중형을 받게 되는데, 사마천이 〈사기〉를 쓰기 시작한 지 일곱 번째 되는 해였다.

궁형! 그것은 남자로서의 존재 가치를 없애는 형벌이다. 사마천은 남자로서 죽었고 사대부로서도 죽었다. 그러나 수많은 각고와 고민 끝에 그는 필봉을 휘날리는 태사공으로 다시 태어났다. 새로운 삶을 가져야겠다는 열망으로 다시 태어났다. 그는 사회의 저변에서 생활하는 무지렁이 같은 인생의 모습과 역사에 대해 새로운 인식을 하고 있었기에 인간으로서의 삶 또한 오늘날까지 전해지고 있는 것 같다. 궁형이라는 참혹한 형벌에도 그의 예리한 붓끝은 꺾이지 않고 움직여 결국에는 희대의 역작인 〈사기〉를 완성하게 된 것이리라.

인간의 삶은 고난의 연속이다. 강한 신념과 집념으로 고난을 극복한 사마천의 족적을 살펴보면 참으로 비범하다 하지 않을 수 없다.

02
〈사기(史記)〉
인물 열전

사기(史記) 속 인물들

어떤 인물들이 등장할까?

사마천의 〈사기(史記)〉는 중국 고대의 황제로부터 한나라 무제까지의 내용을 담고 있다. 〈사기〉 속에 등장하는 인물들의 이야기는 너무나도 방대하다. 따라서 필자는 특기할 만한 몇몇 인물을 선정하여 소개하고자 한다.

사마천은 역사적 사건과 관련하여 사건 중심이 아닌 인물 중심으로 기록했다. 즉 당시에 활동한 인물들의 삶을 조명함으로써 역사의 진행 상황을 알아볼 수 있게 한 셈이다. 역사의 한 장을 장악한 〈사기〉 속 인물들은 황후장상이나 귀족에만 국한되지 않는다. 사회 밑바닥에서 활동한 협객, 무당, 점쟁이 등이라 할지라도 역사의 전개와 발전에 영향을 끼쳤다고 인정되면 열전이라는 장르를 통해 역사의 주역으로 엮어 넣었다. 역사를 인식하고 인간을 대하는 사마천의 태도를 강력하게 느낄 수 있는 대목이라 하지 않을 수 없다.

무제와 다섯 명의 여자 - 무제(武帝)

예로부터 중국의 황위 계승은 적장자로 세우는 것이 전통이었지만, 이는 지켜지기도 하고 그렇지 않기도 했다. 그리고 이 전통이 지켜지지 않을 때는 거의 모든 경우에서 문제가 발생했다.

한 무제

경제(景帝)가 즉위하던 해(기원전 156년)에 경제의 11번째 아들인 유체(劉彘)가 후궁 왕아후(王兒姁)에게서 태어난다. 경제는 자손이 많은 황제였다. 아들만 14명이었다. 정비에게서는 아들을 낳지 못하고 여섯 명의 후궁에게서 아들을 얻었다. 유체는 경제의 아들 14명 가운데 11번째로 태어났기에 출생 당시 큰 축복을 받지 못했고 존재감 또한 별로 없었다. 그런데 후궁의 몸에서 11번째 아들로 태어난 유체는 후에 유철(劉徹)로 개명했으며, 경제의 뒤를 이어 16세에 황제에 즉위하여 70세까지 집권했다. 그 유명한 한 무제(漢武帝)이다.

그럼, 후궁의 몸에서 태어난 그가 어떻게 황제 자리를 잇게 되었을까?

경제의 비빈(妃嬪) 가운데 유체에게 이모(왕부인의 언니)가 되는 효경황후 왕지(孝景皇后 王娡)가 있었다. 즉 자매가 경제의 후궁이 된 경우이다. 왕지(王娡), 왕아후(王兒姁) 자매는 미모가 출중했다고 한다. 유체는 황자로서 11번째이니 항렬도 높지 않았다. 궁궐의 대소사 행사에도 보이면 왔나 보다, 없으면 안 왔나 보다 할 정도의 존재였다. 그런 그가 황제의 자리에 오른 것은 다섯 명의 후궁 사이에서 벌어진 치열한 암투의 결과이다. 구중궁궐의 치맛자락에서 일으켜진 바람은 광풍이 되었고, 그들 사이에서 암투와 연합 활동은 그야말로 장관이라 하지 않을 수 없었다.

다섯 명의 후궁은 누구인가?

무제와 다섯 명의 여자 - 박태후(薄太后)

한나라 고조 유방의 후궁 가운데, 박희(薄姬)라는 여인이 있었다. 박희(훗날 박태후)는 문제(文帝)를 낳았고, 경제는 그의 손자이다. 그가 유방의 후궁이 된 내력을 살펴보면, 이 또한 하늘만 알고 있는 인연이다.

유방이 초·한 전쟁으로 동분서주하며 사선을 넘나들 때였다. 박희는 원래 위나라의 왕 위표(魏豹)의 비빈이었는데, 위표가 형양전투(滎陽戰鬪)에서 패하여 죽음을 맞자, 전리품으로 유방의 진영에 끌려왔다. 패망한 나라의 여인이니 노비로서 생활하게 된다. 그는 주로 베틀에 앉아 하루 종일 말없이 천을 짜는 여공 노릇을 하고 있었다. 패망한 나라 패장의 부인으로 유방 진영에 끌려왔으니 모든 것이 생소하고 무섭고 어려워서 말수가 적었고 오로지 베만 짜며 세월을 보냈다.

그러던 어느 날, 유방의 눈에 닿아 유방과 한 번의 동침을 하게 된다. 유방은 두 번 다시 그의 처소를 찾지 않았다. 자색이 등급 외였기 때문이었을까? 패장의 부인이라고 하여 안중에 없었기 때문일까? 그런데 박희는 단 한 번의 동침만으로 큰 행운을 얻게 된다. 즉 임신을 하게 된 것이다. 하늘이 큰 인연을 그 여인에게 준 셈이다. 그리고 황자인 유항(劉恒)을 낳게 된다. 임신 사실을 알게 된 박희는 유방을 찾아가 이렇게 말했다.

"어젯밤에 푸른 용이 저의 배(온몸)를 감싸는 꿈을 꾸었습니다."

이 말에 유방은 아무런 대꾸도 하지 않았다. 이 꿈을 역사적 사실에 비추어 풀어 보면, 유방은 앞으로 많은 제후국을 거느리는 천자가 되고, 자신은 그 천자의 뒤를 이을 황자를 임신했다는 뜻이 된다. 실제로 박희는 유방의 사랑을 얻지는 못했지만, 단 한 번의 동침으로 훗날 황제가 되는 문제(文帝)의 어머니가 된다.

세월이 흘러 유항이 장성하게 되고 박희에게 정말 큰 행운이 찾아온다. 유방은 한나라를 개국하고 국가 체제가 안정되자 박희는 물론 죽음의 사선을 넘나들며 고생하던 조강지처 여황후(呂皇后)조차 찾지 않고 척부인(戚夫人)을 비롯한 후궁들의 처소만 드나든다. 이에 여황후는 '저 요사스런 척부인을 비롯한 후궁들이 자신의 청춘을 빼앗아 갔다'며 원한을 품고 복수의 칼을 갈았다.

세월이 흘러 유방이 사망하자 권력을 장악한 여황후는 자신의 청춘을 빼앗아간 척황후를 비롯한 후궁들의 소생을 비참하게 도륙한다. 이때까지 박희는 유방과 단 한 번의 정만 나누었을 뿐 외진 방에서 괄시 받고 업신여김을 당했다 하여 여황후가 휘두르는 시퍼런 칼날을 피해 갔다. 이것이야말로 큰 행운이 아닐 수 없다.

여황후가 후궁들의 자식들을 제거한 방법은 교활하고도 잔인했다. 우선 척황후의 아들은 제후국의 왕으로 삼아 제후국으로 보낸 뒤, 몰래 독살했다. 다른 후궁들의 아들들 또한 같은 방식으로 독살하거나 주변 인물들을 동원해 괴롭힘으로써 자살하게 하는 방식을 취했다. 한편 여후는 박희의 소생인 유항을 조(趙)나라 왕으로 봉하여 살해하려 하자, 유항은 여황후 앞에 엎드려 다음과 같이 읍소한다.

"소자는 어머니(여황후)를 위해 환경이 조악한 대(代)나라(지금의 하북성과 산서성 일부)로 가서 그곳을 철저히 지키겠습니다. 소자를 그곳으로 가게 해 주시옵소서."

그래서 여황후는 유항을 대나라 왕으로 봉하고 어머니 박희도 함께 그곳으로 가게 했다. 이로써 박희는 죽음을 면하게 된다. 사마천은 박희에 대해 '수졸(守拙)'하다는 표현을 사용했는데, 이 말은 어리석고 우직하다는 뜻이다. 하지만 여황후가 유방 사후에 권력을 잡고 무차별한 학살을 이어갈 때, 박희의 이런 모습이 그녀를 죽음에서 벗어나게 했는지도 모르겠다. 그런데 이번에 박희에게 정말 큰 행운이 찾아왔다.

'열흘 동안 붉음을 간직하는 꽃이 없고, 10년 버금가는 세도가 없다'는 말이 있듯, 고후(高后) 8년에 여씨 일족의 공포 정치를 타도하기 위해 제나라 왕 유양(劉襄)과 동생 유장(劉襄劉章)이 주발(周勃), 진평(陳平) 등 무장 세력의 도움을 얻어 정변을 일으켜 성공한다. 그래서 여후와 여씨 일족들은 죽임을 당한다. 정변을 일으켜 여씨 일족을 제거하는 데 공을 세운 사람은 제나라 왕인 유양과 그의 동생 유장이었다. 이제 새로운 황제를 옹립한다면 이 두 사람 가운데서 한 사람이 될 터였다. 그런데 무장 세력이 새로운 황제를 옹립하는 문제에 대해 논의하면서 제나라 왕 유양과 동생 유장은 불가하다는 결론을 내고 만다.

사연인즉 유양과 유장은 매우 영리하고 유능하지만 믿음이 부족해 그들이 황제가 되면 정작 일을 도운 자신들은 토사구팽(兎死狗烹)당할 위험이 있다고 생각했다. 그래서 다른 유씨 성을 가진 남자를 물색했는데, 그가 바로 박희가 낳은 유항이었다. 그들이 보기에 유항은 우둔하다고 생각해 그를 황제로 앉혀도 자기들의 뜻대로 정권을 휘두르고 신분도 보장받을 수 있다고 판단했기 때문이다. 그리고 유항의 어머니 박희는 겸손하고 예의 바르고 과묵한 여인으로 알려졌다. 이렇게 하여 큰 행운이 박희에게 날아들었다. 정말 하늘만이 아는 행운이며, 아무도 그 인연의 고리를 알지 못했다.

그들 모자는 황제가 되기 위해 칼을 쓰지도 않았고 작당을 하거나 요사스런 말도 하지 않았다. 다만 대나라 왕으로 있는 아들한테 와서 숨죽이고 조용히 살았을 뿐이다. 하루아침에 박태후가 되었다. 귀한 몸이 되었다. 만인의 하례를 받았다. 지난날 전리품으로 유방의 궁궐에 이끌려 와서 하루 종일 말없이 베틀에 앉아 베를 짜는 여공 노릇을 하다가 유방과 단 하룻밤 정을 나누었을 뿐이다. 그러나 하늘은 그 여인에게 유항이라는 아들을 주었고, 그 아들이 천자(天子)가 되었다. 남몰래 울었다. 기다림과 역경의 세월이 그 여인의 눈가에 이슬을 맺히게 했다. 박희는 태후가 된 후에 내명부의 권한을 쥘 수 있었다.

한편, 박씨의 친정 집안 후손들한테 지난 세월의 어려웠던 발자취를 생각해 보게 하고 자신의 존재 가치를 알고 잊지 않게 하고 싶은 마음이 간절했다. 그래서 박희(박태후)가 친정 집안에서 황후를 간택한다. 그러나 박황후(경제의 정비)는 자식을 얻지 못한다. 경제는 6명의 후궁한테서 16명이나 되는 아들(황자)을 얻는다. 박황후는 죽는 날까지 황후로서의 위상과 위엄을 지켰다.

무제와 다섯 명의 여자 - 두태후(竇太后)

두태후는 한나라 문제(文帝)의 부인이자 경제(景帝)와 양효왕(梁孝王)의 어머니이다. 두태후는 후궁으로 입궁한 것이 아니라 고조 유방의 정비인 여태후의 시녀로 입궁했다. 본명은 두의방(竇猗房)이다.

진나라 멸망 후 여러 곳에서 군웅들이 할거하여 전쟁에 휩싸일 때, 여황후는 유방과 함께 피비린내 나는 전장에서 죽음의 고비를 수없이 넘겼다. 여황후는 항우 진영에 인질로 끌려가 역경의 세월을 보내기도 했다. 그후 유방이 천하 통일을 이루고 한나라를 세웠지만, 조강지처인 여황후의 침소에 발길을 끊고 척부인을 비롯한 후궁들과 운우의 정을 나누었다.

여황후는 독수공방의 세월을 보내며 "저 요사스런 것들이 내 청춘을 빼앗아갔다."고 한탄했다. 후일 유방이 세상을 떠나자 여황후는 권력을 장악하고 유방의 사랑을 받던 척부인을 비롯한 후궁들과 그들이 낳은 황자들을 척살하는 공포 정치를 자행했다. 한편, 궁녀들을 선발해 유씨 성을 가진 제후국의 왕에게 보냈다. 그때 두의방도 선발되어 출궁할 운명에 놓이게 되었다.

두의방은 원래 조(趙)나라 청하(淸河) 출신이었다. 그래서 두의방은 정해진 제후국이 아니라 가능하면 자기 고향인 조나라로 보내달라며 환관에게 부탁을 넣었다. 하지만 그녀의 뜻은 이루어지지 못하고 결국은 조나라보다 더 험악한 변방인 대(代)나라로 5명의 궁녀와 함께 가게 되었다. 그런데 두의방이 대나라로 가게 된 것은 그녀에게 아주 큰 행운을 가져다주었다.

두의방은 어쩔 수 없이 대나라로 와서 궁중 생활을 하게 되는데, 당시 대나라 왕인 유항은 두의방을 총애했다. 그리고 두의방은 먼저 딸 한 명을 낳은 후에 아들 두 명을 낳았다. 딸은 장공주였고, 첫째 아들 유계(劉啓)는 후에 경제(景帝)가 되었으며, 둘째 아들 유무(劉武)는 양효왕(梁孝王)이 되었다.

여황후는 권력을 남용하여 공포 정치를 8년 동안이나 펼치다가 제나라 왕 유양과 그의 동생 유장이 주발, 진평 등 무장세력의 후원을 받아 정변을 일으키는 바람에 권력을 잃고 만다. 그 후 무장 세력이 새 황제를 옹립하는 문제에 대해 협의를 했는데, 이번 정변에서 가장 많은 공을 세운 유양과 그의 동생 유장은 황제로 추대하지 않았다. 그리고는 아무런 공도 없는 대(代)나라 왕 유항을 새 황제로 추대했다. 유항은 하루아침에 황제가 되는 복을 받았다. 그가 한나라 황제인 문제(文帝)이다. 언감생심(焉敢生心)이라, 꿈에도 생각할 수 없는 큰 복을 받은 셈이다. 두의방은 유항의 총애를 받고 자식을 낳았지만 후궁에 불과했다. 유항에게는 정비가 있었고 아들도 네 명이나 있었다. 그런데 그 정비는 유항이 황제로 등극하기 전에 세상을 떠났다. 그 뒤 유항이 황제로 등극하기 바로 전에 아들 네 명도 죽게 된다. 적실의 아들

네 명이 죽은 사유에 대한 기록은 남아 있지 않다.

　결과적으로 두의방은 한나라 황제인 문제의 황후가 되었다. 운명이란 이렇게나 묘한 것일까? 여황후의 시녀로 입궁해 일하다가 여황후에 의해 황제국을 떠나 제후국인 대나라의 궁녀로 생활했다. 그러다가 유항의 총애를 받아 자식을 낳았고, 또 유항의 적실과 그 사이에서 태어난 네 명의 아들도 의문을 죽음을 맞이한다. 이로써 만인의 인사를 받는 황후가 되었다. 이 또한 하늘만 아는 인간의 운명인가?

　두의방은 황후가 되었고 문제가 세상을 떠나자 장남 유계(劉啓)가 대통을 이어 황제가 되었다. 이제 두의방은 황후가 아니라 태후가 된 셈이다. 그 유명한 두태후의 탄생이다. 태후가 된 두의방은 아들에 대한 사랑이 지극했는데, 여기에서 그녀의 불행이 시작된다.

　경제 등극 후 4년이 되었을 때 태자 책봉 문제가 대두되었다. 그런데 경제의 정비인 박황후는 소생이 없었고, 율희(栗姬)를 비롯한 6명의 후궁 소생으로 14명의 아들이 있었다. 그래서 경제는 대신들과 의논해 율희의 소생으로 장남인 유영(劉榮)을 태자로 책봉하기로 했다. 그런데 이때 두태후가 자신의 둘째 아들이자 경제의 동생인 양효왕을 태자로 책봉하자는 의견을 내놓는다. 하지만 경제의 생각은 달랐다. 어머니 두태후의 생각을 따르지 않고 예정대로 유영을 태자로 삼고자 어머니를 설득했다. 이에 두태후는 후궁 율희를 미워하며 구박하기에 이른다.

　한편 율희는 자기가 낳은 아들이 태자로 책봉되자 두태후의 구박에도 불구하고 반발하는 행동을 보인다. 뿐만 아니라 다른 비빈들과도 거리를 두기 시작했다. 특히 오빠인 경제의 위세를 등에 업고 궁중 내

암투에 여념이 없던 장공주와는 자식들의 혼사 문제로 앙금이 져 있었기에 관계가 원만치 못했다.

그러던 중 후궁 율희의 소생이 태자가 되었으니 율희를 하루속히 황후로 책봉하는 것이 궁중의 법도라는 상소가 올라온다. 이에 경제는 매우 격노하며 유영을 태자에서 폐위시키고 임강왕에 봉해버린다. 뜻하지 않게 봉변을 당한 율희는 화병으로 세상을 뜨게 되고, 그녀의 집안 또한 풍비박산난다.

이제 다시금 태자 책봉 문제가 대두되었다. 그러자 두태후는 다시금 작은 아들 양효왕을 태자로 책봉시키기 위해 광적인 야욕을 드러낸다. 두태후는 선대부터 지켜왔던 부자 승계의 제도를 폐지하는 것이 어떻겠느냐는 의견을 제시한다. 이런 일련의 과정을 보면 두태후는 우둔했다고밖에 볼 수 없다. 자식에 대한 지나친 사랑이 총명을 흐리게 했던가?

두태후가 둘째 아들 양효왕을 태자로 책봉하라는 입장을 두 번이나 천명했을 때, 원앙(袁盎)이란 대신이 두태후에게 이렇게 물었다.

"양효왕이 태자로 책봉되어 경제의 뒤를 이어 황제가 되었다가 세상을 떠나면 그다음 황제는 누구에게 물려주어야 한다고 생각하십니까?"

이에 두태후는 이렇게 답한다.

"그때는 형(경제)의 아들에게 물려주면 되지 않겠느냐."

그러자 원앙은 춘추시대 때 송나라에 있었던 다음의 일화를 들려 준다.

"송선공(宋宣公)이 죽음에 이르렀을 때 보위를 그의 동생에게 물려

주었습니다. 그러자 동생이 왕위를 이어 재위하다가 죽게 되었을 때, 형의 은혜에 보답하고자 자신의 보위를 형의 아들에게 물려준다는 유지를 내렸습니다. 그리고 자신의 아들은 정나라로 가서 살게 했습니다. 그러나 그의 사망 후에 문제는 야기되었습니다. 왕위를 계승할 사람이 형의 계열과 동생의 계열이 있으니 권신들도 이해관계 속에 두 파로 분리되었고, 급기야는 쌍방이 격돌하는 양상이 되는 바람에 왕위 계승 문제는 어려움에 봉착하고 맙니다. 이 일은 결과적으로 여러 대에 걸쳐 피비린내 나는 사태를 일으켰습니다."

대신 원앙은 두태후의 생각이 실현 불가능하니 과욕을 부리지 말라고 조언한 셈이다. 이 말을 전해들은 양효왕은 원앙을 처치하기로 결심하고 결국에는 자객을 시켜 원앙을 살해한다.

한편, 원앙을 비롯한 덕망 있는 대신 10여 명의 횡액 사실을 전해들은 경제는 분노했고 이 범죄의 중심에 양효왕이 있다는 사실을 알게 되었다. 자객들은 궁지에 몰리자 양효왕의 왕궁으로 숨어들었으나 결국에는 체포당하고 만다. 이에 양효왕은 봉국(제후국)인 양(梁)나라로 돌아가서 앙앙불락하다가 세상을 떠난다.

과욕이 화를 가져왔다. 세상사 인연인데, 어찌 욕망대로 실현되겠는가?

무제와 다섯 명의 여자 - 장공주(長公主)

장공주(長公主) 유표(劉嫖)는 두태후의 딸로 관도공주(館陶公主)라고도 불렸다. 장공주는 황제인 경제의 누나였으니 궁중에서의 신분도 높았다. 두태후의 사랑도 많이 받았고 두태후가 죽을 때 보화 등 많은 유산도 상속받았다. 한편, 장공주에게는 아교(阿嬌)라는 딸이 있었다. 딸을 좋은 집안에 시집보내 부귀영화를 누리게 하고 싶은 마음을 갖고 있었다.

마침 황실에서 경제의 첫 황후(중전) 박씨가 자식이 없기 때문에 경제의 후궁 소생인 장남을 태자로 책봉하기로 결심한다. 후궁 율희는 이른 나이에 입궁했는데, 지금의 산동 반도의 제나라 출신으로 신분도 좋은 집안의 여식이었다. 그래서 경제 4년(기원전 154년), 율희가 낳은 유영을 태자로 책봉하게 된다.

장공주는 어떤 여인인가. 부족한 것, 무서운 것 없이 성장하여 부귀영화를 누리며 살아온 장공주와 친가에서 올바른 예절을 익혀 원칙대로 살아온 율희. 시누이와 올케인 두 사람 사이에는 미묘한 일들이 발생한다.

유영이 태자로 책봉되자 장공주는 율희한테 자신의 딸 아교를 태자 유영과 결혼시키자고 제안한다. 어찌 보면 가능하고 어찌 보면 불가능할 것 같다. 일반 속가로 말하면, 사돈 관계인데 이제 겹사돈을 맺자는 것과 같은 이치이다. 율희는 당황했다. 화도 났다. 생각해 보겠다는 여운도 남기지 않고 일언지하에 거절을 했다.

태후나 황제와 의논해 보겠다는 말도 하지 않고 단번에 거절한 율희의 이런 반응은 사실 큰 실수였다. 그 후로 장공주와 율희의 관계는 서먹서먹해졌다. 천하에 부족한 것 없고 안 되는 일 없이 살아온 장공주의 마음은 어떠했을까? 장공주는 무안을 당했다고 생각했을 것이고, 율희를 궁중 일에 겁 없이 나댄다고 생각했을 것이다. 장공주는 동생이 황제라고 생각했을 것이고 율희는 남편이 황제라고 생각했을 것이다. 그러나 순간의 감정을 이기지 못한 율희는 그 후부터 많은 고난을 겪게 된다.

한편, 장공주가 저기압일 때, 경제의 후궁 여섯 명 가운데 한 사람인 왕미인이 장공주 앞에 나타나 온갖 교언영색을 부리니, 그들 관계는 가까워졌고 경개여구(傾蓋如舊)의 사이가 되었다. 왕지(왕미인)에 대해서는 다음 장에서 자세히 다루겠지만, 그 여인은 속가에서 결혼하여 자식도 있는데 과거를 속이고 궁에 들어온 후궁이다. 가히 경국지색(傾國之色)이라 해도 좋을 것이다.

그 후 장공주의 딸 아교와 왕미인의 아들 유체가 부부의 인연을 맺게 된다. 왕미인 입장에서는 장공주의 딸을 며느리로 맞이함으로써 폭넓은 인간관계를 형성하게 되어 더 높은 신분상승을 꾀할 수 있을 것으로 생각했다. 장공주는 황자와 인연을 맺어 둠으로써 딸의 부귀영화는 따 놓은 당상이라고 생각했을 것이다. 그들은 연합해 공동의 이익을 위해 협조하게 되는데, 흉측한 음모 또한 마다하지 않았다.

이 두 사람의 연합은 유영을 태자의 위치에서 끌어내리기 위해 우선 율희를 공격했다. 장공주에게는 율희로부터 당한 모욕을 되갚을 수 있는 계기를 만들려는 강렬한 욕망이 있었다. 율희는 자신의 소생인 유영이 태자로 책봉되었으니, 그 어미인 자신은 당연히 황후로 책봉되어야 하는데 그 결정이 차일피일 미루어지니 불만을 갖게 된다. 경제로서는 중전 박황후가 그 자리에서 물러나지 않고 있으니 이런저런 상황을 살피고 있었다. 박황후는 할머니 박태후가 선택하여 자기와 맺게 해주었으니 눈치를 보지 않을 수 없었다.

십벌지목(十伐之木)이라는 말이 있듯이 장공주가 율희의 조그마한 잘못도 침소봉대하여 헐뜯는 일을 계속하자, 경제의 마음도 차츰 기울어져 갔다. 장공주는 매일매일 미색의 여인을 찾아 경제와 인연을 맺게 해주니 경제는 누나인 장공주의 말을 신뢰하게 되는 한편, 율희에 대해서는 못마땅한 마음이 싹트게 됐다. 이에 대해 억울함을 호소해도 율희의 얼굴을 덮어가는 주름살에 경제의 마음은 멀어져만 갈 뿐이다. 시누이와 올케 사이의 미묘한 감정은 세월과 함께 쌓이기만 하니 경제의 마음도 변해갔다.

한편, 경제는 6명의 후궁에게서 아들을 14명이나 얻었으므로 태자를 다른 황자로 교체해도 황통을 잇는 데는 문제가 없다고 생각하게 된다. 이에 반해 율희는 태자의 위치도 변할 수 있다는 개연성을 인지하지 못하고 있었다.

무제와 다섯 명의 여자 - 왕지(王娡. 왕미인)

한나라 황제인 경제에게는 왕지(왕미인)라는 후궁이 있었다. 왕미인의 이야기를 하려면 왕지의 어머니 장아(臧兒)라는 여인부터 알아보아야 한다.

진나라의 폭정에 항거해 여러 곳에서 많은 사람이 궐기하여 폭동을 일으킨다. 이때 가장 큰 세력인 항우는 진나라를 멸망시키고 진나라 멸망에 노력한 공신들을 18로(路) 제후왕으로 봉하여 통치하려 한다. 그러나 전국은 안정을 이루지 못하고 수많은 군웅이 할거한다. 그때 연왕(燕王)에 오른 사람이 장도(臧荼)였다. 그리고 장아는 장도의 손녀딸이다.

당시 중국은 진나라 멸망 후 무주공산이 되어 안정되지 못하고 전쟁은 계속된다. 그때 장아의 조부 장도는 유방의 세력이 강성할 때 유방에게 항복한 후에 세상의 판도를 관망하다가 유방을 배신하고 반란을 일으킨다. 그러나 유방은 장도의 반란을 진압하고 장씨 일족을 몰살시킨다. 장도 입장에서는 멸문지화를 당한 셈인데, 장아는 운이 좋게도 살아남았다. 장아의 미모가 출중했기 때문인지 왕중(王中)이라는 사람과 결혼하여 아들 왕신(王信)과 딸 왕지(王娡)를 낳았다. 그런데 남편 왕중이 그만 세상을 떠나고 만다.

이에 장아는 살길을 찾아 장릉(長陵)이라는 곳의 전(田)씨 집안에 재가한다. 그리고 전분(田蚡), 전승(田勝) 형제를 낳는다. 그는 절색에 다산하는 체질이었다. 장아는 두 번의 결혼을 통해 5명의 자녀를 두게 된다. 당시 한나라의 관습은 남편이 죽게 되면 재가가 자유로웠다. 장아는 친정의 멸문지화, 두 번의 결혼을 통해서 요조숙녀의 단계에서 벗어나 활동적이고 평범한 생활보다는 부귀영화에 집착한다.

장아는 미모의 두 딸을 통해 호화롭게 사는 방법을 모색한다. 그래서 큰 딸 왕지(왕미인)를 당시의 토호 세력인 김왕손(金王孫)에게 출가시킨다. 왕지는 그곳에서 딸 하나를 낳는다. 그러던 어느 날 한 점술가를 만나 두 딸이 고귀한 지위에 오를 사주팔자를 타고났다는 말을 듣는다. 그래서 장아는 어떻게 하면 두 딸을 통해 권력을 잡고 부귀영화를 누릴 수 있을까 고민한다.

그러는 사이에 김왕손의 살림이 기울어져 망하게 되자, 장아는 딸 왕지를 김왕손의 집에서 데려와 좋은 곳으로 시집보낼 생각을 한다. 장아는 좌고우면하여 물색한 끝에 한나라 태자가 기거하는 태자궁의 궁녀로 왕지를 보내게 된다. 그때 태자궁의 주인은 유계, 즉 훗날의 경제이다.

장아는 결혼하여 자식까지 낳은 딸의 과거를 숨기고 태자궁으로 보냈으니, 수단과 욕망이 대단한 여인이라 하지 않을 수 없다.

장아는 딸 왕지가 태자와 인연이 되어 황제의 후궁이 되는 데 인생을 걸었다. 정말로 후궁이 될지 안 될지 모르는 막연한 것에 인생을 건 셈이다. 왕지는 거짓과 교태로 자신을 포장하며 생활했다. 그리고 결국에는 경제와 인연이 닿아 열 번째 황자 체(彘)를 낳는다. 전하는 말에 따르면 경제와 인연을 맺었던 여인이 수를 헤아릴 수 없이 많았다는데, 그중에서 깊게 인연 맺은 후궁 6인에 들었다는 것은 기적에 가까운 일이었다.

당시는 입적입장(立嫡立長) 원칙이 지배하던 시대였기 때문에 황자 유체는 권력의 중심에서 수십만 리 떨어진 존재. 그런 10번째 황자가 무제가 되었으니 그 전말이 궁금하기 그지없다.

왕지가 딸 셋을 낳고 아들을 임신했을 때 태양이 왕지의 뱃속으로 들어오는 태몽을 꾸었다는 말도 있고, 또 선녀가 왕지의 입에 태양을 넣어 주는 태몽을 꾸었다는 이야기도 있다. 사실 여부를 떠나 황자를 낳아 권력을 잡고 부귀영화를 누려 지난 세월의 고통을 치유하려는 강인한 마음이 발동된 것으로 생각하고 싶다.

왕지는 임신한 지 14개월 만에 유체를 낳는다. 유체가 4살 되던 해에 교동왕(膠東王)으로 봉해지고 후궁 율희가 낳은 장자인 유영은 황태자로 봉해진다. 정비인 박황후마저 자식을 낳지 못해 폐위되고 마는 매정하고 음흉한 황궁 속에서 왕지는 어떻게 시기, 모함, 암투를 극복하고 아들 유체를 황제(무제)의 자리에 앉게 했을까?

율희의 소생 유영이 태자로 책봉된 후, 경제의 누나인 장공주는 자신의 딸 아교와 태자 유영을 맺어 주자고 율희에게 말했다가 매몰차게 거절당한다. 이에 장공주는 자존심이 매우 상했고 율희에게 좋지 않은 감정을 갖게 되었다. 한편, 후궁 왕지(왕미인)은 교언영색으로 자신의 몸을 낮추고 장공주에 접근했고 자신의 아들 유체와 장공주의 딸 아교를 혼인시키기에 이른다. 그 후 그들은 합심하여 율희에 대한 험담을 하여 경제의 마음이 율희를 떠나게 한다.

한편, 왕지는 시어머니인 두태후에게도 효성이 지극한 착한 며느리로 보이도록 한다. 장공주, 왕지, 두태후가 합심하여 율희와 경제의 사이를 갈라놓으려 애를 쓰자, 경제는 태자 유영을 폐위시키기에 이른다.

무제와 다섯 명의 여자 - 율희(栗姬)

후궁 율희는 제나라 출신으로 유학을 존중하는 평판 좋은 집에서 태어났다. 이른 나이에 입궁하여 경제가 태자일 때 태자빈이 되었다.

율희는 아들 셋과 딸 하나를 낳았다. 경제가 황제에 등극해 태자를 책봉하려고 할 때, 정비인 박황후가 소생이 없어서 후궁 율희의 장자인 유영을 태자로 책봉하게 된다. 그러나 유영이 태자로 책봉되는 과정은 순탄치 않았다. 경제의 정비인 박황후는 원래 경제의 할머니인 박태후가 자기 친정의 집안에서 간택하여 경제와 인연을 맺게 했다. 그런데 불행하게도 박황후는 자식을 낳지 못했다. 황제에 등극한 지 4년 만에 경제는 율희를 비롯한 6명의 후궁이 낳은 14명의 황자 가운데 율희의 소생이자 장자인 유영을 태자로 책봉한다.

태자 책봉이 있기 전에 사실은 큰 이슈가 하나 있었다. 경제가 태자를 선택하려 할 때, 경제의 어머니 두황후(훗날 두태후 : 두의방)는 적자 적통의 논리를 내세워 후궁의 소생에서 태자를 책봉하는 것보다 동생인 양효왕을 태자로 책봉하자는 형제승계를 제안한다. 그러나 경제의 입장에서 볼 때 적자는 없다 할지라도 후궁이라도 이미 14명의 아들이 있기 때문에 형제승계의 논리보다 부자승계가 황실의 관습이라고 어머니 두태후를 설득시킨다. 그리고 경제 4년에 율희의 소생 유영을 태자로 책봉하고 왕미인의 소생 유체(훗날 유철)는 교동왕으로 봉한다.

당시의 중국에서는 태자로 책봉한 뒤라고 하더라도 다른 황자로 태자를 변경하는 일도 있었다. 그 연유를 살펴보면, 태자 자신의 일거수일투족은 물론 태자 모후의 심성이나 인간관계, 그 집안(외가) 사람들의 처신 등에서 문제가 야기되는 일이 있기 때문이다.

율희는 자신의 아들 유영이 태자로 책봉된 것에 대해 궁중 내 다른 세력의 시기나 질투에 개의치 않았으며 지나친 자부심을 가졌다. 또한 그녀 자신이 깊은 사고력을 갖고 있지 않았다는 평가도 있다. 때문에 궁중 내의 시기, 암투, 모함, 합동 연횡 등에 적절히 대처하지 못했고, 태자가 교체될 수 있다는 개연성에 대해서도 민감하지 못했다.

그런데 아들 유영은 태자로 책봉되었는데, 정작 율희 자신은 황후 책봉이 지연되고 있었다. 그래서 율희는 태자 책봉과 관련된 사람들에게 불만과 의구심을 갖게 되었다. 한편, 경제 입장에서는 태자의 모후인 율희를 황후로 봉하려면 먼저 박황후가 물러나야 하는데, 박황후에게는 전혀 그럴 마음이 없었다. 즉 박황후는 자신의 소생이 없어 후궁 소생에서 태자를 책봉했다 해도 황후 자리만큼은 양보할 수 없다며 버티고 있는 셈이다. 그러면 박황후는 어떤 여인인가?

박황후는 경제의 할머니 박태후(박희)의 집안사람이다. 즉 박태후는 자신의 손자인 경제의 배필을 자기 집안에서 간택하게 한 셈이다. 때문에 경제 입장에서는 박황후를 쉽게 폐위시키지 못하고 있었다. 게다가 경제의 누나인 장공주가 왕미인의 편에 서서 율희를 압박하는 형세였기 때문에 율희가 황후에 오르기란 쉬운 일이 아니었다.

사실 율희는 명망 있는 집안에서 태어나 유학의 기본 법도를 익혔고 마음도 착했다. 그러나 세상 풍파를 경험하지 못해 대처가 미흡했다. 바로 이런 상황에서 율희를 조속히 황후로 책봉하는 것이 궁중의 관례라며 한 대신이 상소를 올렸다. 하지만 이는 도리어 경제의 분노를 유발하는 계기가 되었고, 결국 유영은 태자에서 폐위되기에 이른다. 더불어 율희의 집안 또한 참화를 입게 됐고 율희는 그 충격으로 병을 얻어 죽게 된다.

한편, 임강왕에 봉해진 율희의 아들 유영은 임강왕이 된 2년 만에 자결하고 만다. 그 사정은 이렇다. 한나라 때는 각 제후국과 각 군의 수도에는 고조 유방의 사당과 문제의 사당이 있었다. 사당 주변은 나지막하게 담장을 만들어 위엄을 지켰고, 그 주위의 땅을 조묘에 속하게 했다. 그런데 임강왕이 궁궐을 지으며 조묘의 땅 일부를 침범했다. 이에 경제는 그 죄를 물어 유영을 수도로 소환한다. 수도에 이른 유영은 중위부에서 심문을 받은 뒤 경제에게 올리는 글을 남기고 자결한다.

그런데 조금만 더 깊게 생각해 보면, 과연 사당의 땅 일부를 유용한 일이 과연 수도로까지 소환할 정도의 일이었을까? 이는 경제가 자신의 사후에 벌어질지도 모를 태자 유철(무제)과 폐위된 유영 사이의 분쟁을 미연에 방지하고자 한 심모원려였을 것으로 생각된다.

경제가 유영을 폐위시키려 할 때, 승상 주아부(周亞夫)라는 이가 경제에게 간언을 고한다.

"태자 유영에게는 잘못이 없는데, 너무 가혹한 처사가 아니온지요?"

그러나 경제는 승상의 간언에도 불구하고 자신의 생각을 강행한다. 이미 정해진 흐름을 바꾸기에는 너무 늦은 후였다고 하겠다.

주아부와 위관
주아부의 부친

주아부(周亞夫)의 아버지는 주발(周勃)이다. 그는 한나라 고조인 유방과 같은 패현(沛縣) 사람이자 죽마고우였다. 주발은 고향에서 누에를 키워 생계를 유지했다. 그는 음악에 재능이 있어 피리를 잘 불었다. 그래서 그는 장례식 날에는 피리를 서글프게 잘 불어서 많은 사람이 그를 알고 존경했다.

당시 중국은 진나라 멸망 후 여러 곳에서 군웅이 할거하여 천하가 전쟁에 휩싸였다. 그때 그는 전쟁터에서 유방을 후원하고 협조해 주는 등 혁혁한 공을 세워 강후(絳侯)라는 작위를 받는다. 주발은 제나라 왕 한신(韓信)과 함께 진희(陳豨)의 반란을 평정했고, 연나라 왕 장도(臧荼)와 노관(盧綰)의 반란도 평정했다. 주발은 마음이 후덕하면서도 성실했기에 유방은 그에게 중대한 일을 맡겼다.

세월이 흘러 유방이 죽자 정권을 잡은 사람은 유방의 조강지처인 여황후다. 정권을 잡은 후 여황후는 유방의 사랑을 받던 후궁들과 그들이 낳은 황자들도 죽이는 공포정치를 자행했다. 그러나 제나라 왕인 유왕과 동생 유장이 주발, 진평 등 무장 세력의 도움을 받아 정변을 일으켜 여씨 일족을 몰아냈다. 그리고 주발, 진평 등 무장 세력은 대나라 왕으로 있던 유항을 한나라 황제로 옹립하니, 그가 문제(文帝)다.

문제는 주발을 우재상에 임명했다. 주발은 국정 운영에 최선을 다했다. 그러던 어느 날 복술을 하는 어떤 사람이 주발의 사주팔자를 보고 예언한다. 지금은 재상으로 위세를 떨치고 황제의 총애를 받아 지위도 높지만, 머지않아 큰 재난을 당하게 된다. 그래서 주발은 문제에게 칭병하고 사의를 표했다. 그러나 1년이 지나자 주발을 대신하던 진평이 죽게 된다. 그래서 문제는 다시 주발을 불러 재상으로 임명한다. 그러나 주발은 얼마 지나지 않아 다시 관직을 내려놓고 자신의 땅이 있는 강현(絳縣)으로 낙향하여 생활하게 된다.

주발은 불량배나 자객의 공격을 받을 때 몸을 보호하기 위해 갑옷을 입고 생활했다. 또 가솔들도 태수와 같은 관리를 만날 때도 무기를 소지하고 다녀 불의의 위난에 대비하라고 했다. 이렇듯 자신의 안전을 위한 조치는 뜻하지 않게 주발이 반란을 일으키기 위해 무장을 하고 다닌다는 오해를 사서 옥에 갇히게 된다. 옥에 갇힌 주발은 옥리들에게 고난과 모욕을 당한다.

이에 주발은 집안의 모든 재물을 털어 문제의 어머니인 박태후(박희)의 동생 박소(薄昭)에게 줄을 넣어 구제를 호소한다. 이를 전해들은 박태후는 주발이 반란을 일으킬 사람이라고는 생각할 수 없다고 판단해 아들인 문제를 만나서 다음과 같이 주발을 변호한다.

"지난 날, 주발이 폐하의 옥새를 몸에 지닌 채 군대를 지휘했는데, 반란을 일으킬 생각이 있으면 그때 했지, 어찌 강현 땅에 낙향하여 반란을 획책하려 했겠는가?"

어머니 박태후의 말을 들은 문제는 일리가 있다고 판단하여 강현의 옥리들이 조사한 내용을 가져오라 일러 살펴보았다. 그리고는 역시나 혐의가 없다는 것을 알고는 주발을 풀어 주게 한다.

주아부는 어떤 사람인가?

주아부는 한나라의 문제와 경제 때 활약한 무인이었으며, 승상까지 오른 인물이다. 그의 아버지는 유방과 생사고락을 함께한 주발이다. 그에게는 형 주승지(周勝之)가 있었는데, 공주를 부인으로 맞은 부마의 신분이었으나 부부 사이의 금실이 좋지 않았다. 급기야는 살인 누명을 쓰고 문중에서 제명을 당한 불우한 사람이었다. 반면 주아부(周亞夫)는 풍모가 고매했고 말은 원칙을 거스르지 않았으며, 업무를 강직하게 처리하는 융통성이 없는 사람이기도 했다. 주아부가 하내(河內) 고을의 태수로 있을 때, 허부(許負)라는 관상가가 찾아와 주아부를 보고 다음과 같이 말했다.

"당신은 3년 후에 제후로 봉해지고 또 8년 후에는 장군 및 재상이 되어 큰 권력을 행사하게 될 겁니다. 주변에 당신만큼 존귀한 몸으로 승진한 사람도 없을 정도로 존경을 받게 됩니다. 그러나 9년부터 운이 쇠하여 나중에는 억울한 누명을 쓰고 굶어 죽을 팔자입니다. 그러니 마음을 너그러이 갖고 노후를 보내십시오."

이 말을 들은 주아부는 곰곰이 생각하더니 이렇게 물었다.

"장군이나 재상이 된다는 말은 사실 여부를 떠나 그렇다 치더라도,

오랜 관직 생활을 하고 재상까지 지낸 사람이 굶어 죽는다는 말은 납득이 가지 않는구려. 어찌하여 그런 괘가 나왔는지 설명해 줄 수 있겠소?"

그러자 관상가 허부는 주아부에게 다음과 같이 설명해 주었다.

"여기 세로로 생긴 주름이 입 안쪽으로 뻗어 내린 모양이 당신을 굶어 죽게 만드는 관상입니다."

모든 일에는 좋은 것만 따르지도, 또 나쁜 것만 따르지도 않음을 이르는 말일까?

이런 일이 있은 뒤에 형 주승지가 살인죄로 옥에 갇히고 관직마저 잃게 되었다. 이에 주아부가 아버지의 작위를 이어받게 되었다. 그리고 관상가 허부와의 만남 이후 3년 만에 황제 문제는 주 씨 집안에서 현명하고 덕망 있는 사람을 찾아 추천해 주면, 그에게 제후의 작위를 주겠다는 칙령을 내렸다. 그러자 주 씨 집안에서는 주아부를 추천했고, 문제는 그를 제후로 봉했다.

문제와 주아부

문제가 황제에 오른 지 6년쯤 지난 때에 북방의 흉노가 패상(覇上), 극문(棘門), 세류(細柳) 등 세 곳을 통해 한나라로 쳐들어왔다. 이에 조정에서는 이 세 곳에 군영을 설치하여 흉노족의 침입을 막게 했다. 요즈음으로 말하면 사단 급의 병력을 주둔하게 한 셈이다. 주아부는 이 세 곳 중에서 세류의 군영을 지키게 되었다.

흉노와의 대치가 한창인 어느 날 문제는 세 곳 군영의 순시에 나섰다. 먼저 패상과 극문 군영을 순시하고 마지막으로 세류 군영을 찾았다. 그때 어가를 호위하던 병력의 선발대가 먼저 세류 군영에 도착하여 어가가 뒤에 오니 성문을 열라고 했다. 그러나 성문을 지키던 병사들이 당신들을 믿을 수 없고 장군의 명령 없이는 성문을 열어 줄 수 없다고 응수했다. 그러자 선발대는 황제를 상징하는 신물(信物)인 절신(節信)을 보여 주었고, 그제야 군영 안으로 들어갈 수 있었다.

그런데 이번에는 어가가 군영 안으로 들어가려 하자 또 제지를 당했다. 군영 안으로는 말을 타고 들어올 수 없다는 이유에서였다. 이에 문제는 하는 수 없이 말에서 내려 수행원과 함께 걸어서 들어갔다. 이때 문제를 마중 나온 주아부는 전쟁 복장의 일종인 융장(戎裝) 차림을 하고 있었다. 공교롭게도 융장은 몸을 구부려 엎드리기가 불편한 옷이었다. 그래서 주아부는 융장 차림으로는 엎드려 예를 갖출 수 없다는 이유로, 무기를 손에 쥔 채 군대식 경례를 올렸다. 문제는 주아부의 행동에 화를 내기는커녕 크게 감동했다. 문제는 군대식 예의를 받고는 수행원들에게 경의를 표하게 했다.

문제가 궁에 돌아올 즈음에는 주아부의 군례 이야기가 이미 쫙 퍼진 상황이었다. 문제를 맞이한 신하들은 주아부의 행동이 너무 오만방자하다며 탄원을 제기했다. 그런 신하들에게 문제는 이렇게 말했다.

"주아부는 정말 진정한 군인이다. 앞서 순시한 패상과 극문의 군영은 어린애 장난이나 다름없었다. 그 장군들은 적이 속임수를 쓰거나 기습을 가해 오면 십중팔구 우왕좌왕하다가 피해를 보고 말 것이다. 그에 비해 주아부의 군영은 그렇게나 경계가 삼엄하니 어느 누가 침입하겠는가?"

그리고 문제는 임종이 다가오자 비밀리에 다음의 황제 자리를 이어

갈 경제에게 다음과 같이 말했다.

"국가가 위급한 사태가 되면 주아부를 기용하라. 군신 간에 서로 믿음이 있으면 무슨 일이든지 잘 해결될 터이다."

경제가 황제에 오른 지 3년이 되는 해에 '오초칠국(吳楚七國)의 난'이 일어난다. 이에 경제는 선친 문제의 말을 떠올리고는 주아부를 기용함으로써 반란을 평정하는 데 큰 공을 세우게 한다. 경제 7년에 주아부는 승상의 자리에 오른다. 무인으로서 정말 오르기 힘든 자리다.

주아부와 경제

주아부가 승상이 된 해에 큰 비극이 발생한다. 후궁 율희의 소생이자 경제의 큰 아들 유영이 태자로 책봉된 지 4년 만에 폐위된 불상사가 그것이다. 잘못한 일이라고는 전혀 없는 유영 입장에서는 억울하기 그지없는 일이 아닐 수 없다.

이에 주아부는 경제에게 유영은 아무런 잘못도 없는데 가혹한 처사가 아니냐며 간언을 올린다. 즉 태자 유영에게 어떤 결격사유가 있었던 것이 아니라, 율희, 장공주, 왕지(왕미인) 간 알력 싸움의 희생자일 뿐이라는 주장이다. 그러나 경제는 주아부의 간언을 물리치고 폐위를 강행했을 뿐 아니라 2년 후에는 유영을 수도로 소환하는 과정에서 자결하게 만들기도 했다. 이는 새롭게 태자로 책봉한 유철의 앞날에 있을지도 모를 장애물 제거의 일환이었다.

주아부는 오랜 세월 전쟁터를 넘나들던 무골답게 자신의 생각을 숨기지 않고 소신껏 말하는 성격이다. 반면 경제는 자신의 생각을 쉽게 드러내지 않는 음험한 성격이었다. 주아부는 승상이 되어 국사를 처리하는 과정에서 경제와 대립하는 경우가 종종 있었다. 주아부와 경제가 대립한 문제로는 다음 세 가지를 들 수 있다.

첫째는 경제가 유영을 태자에서 폐하려 할 때 주아부는 완강히 반대했다. 그렇다고 주아부가 태자 유영의 공부 스승도 아니었으며 인과관계가 거의 없는 사이였다. 다만 주아부는 원칙에 따라 문제가 처리하기를 바랐을 뿐이다. 경제는 주아부의 간언에도 불구하고 자신의 뜻대로 처리했다. 이 일이 일어난 후부터 두 사람의 관계는 소원해진다.

두 번째는 왕신(王信)을 후(侯)로 봉하는 문제였다. 왕신이라는 사람은 왕지의 오빠였으니, 새로 태자가 된 유철에게는 외삼촌이 되는 셈이다. 왕지는 시어머니 두태후를 지극정성으로 모셔 예의 바르고 귀여운 며느리로 인정받고 있었다. 이에 두태후 또한 황후인 왕지(왕미인)의 오빠 왕신을 후(侯)로 봉하자고 했다. 이 문제에 대해 주아부는 적극적으로 반대에 나섰다. 반대의 근거로 주아부는 선제 유방의 다음과 같은 유훈을 들었다. "유씨가 아니면 왕이 될 수 없고, 공(功)이 없으면 후(侯)가 될 수 없다." 주아부의 근거 있는 주장에 경제는 반론을 제기하지도 못하고 두태후의 제안을 거절할 수밖에 없었다.

세 번째는 투항해 온 5명의 흉노 장군을 후(侯)로 봉하는 건에 대해 반대 의견을 낸 일이다. 경제로서는 이번 일을 통해 군주로서의 대범성과 포용력을 과시하려는 조치였는데, 뜻하지 않은 주아부의 반대에 부딪힌 꼴이었다. 주아부 입장에서는 자신의 주군을 배신한 무리들에게 그런 영광을 안겨 준다면 군신의 관계에 흠집이 생기고, 반대의 상황이 발생한다면 국가의 안위에도 문제가 있다는 입장이었다.

이처럼 주아부는 국사를 운영할 때 일정한 기준을 가지고 임했는데,

이는 인간의 행동 뒤에 깔린 미묘한 의미를 고려하지 않고 지나치게 도덕과 명분에만 집착하는 모습이었다. 그런저런 이유로 경제의 마음은 주아부로부터 멀어져만 갔고, 주아부 또한 경제를 존경하는 마음이 옅어져 갈 수밖에 없었다.

경제는 결국 주아부의 의견을 무시하고 투항해 온 흉노족 장수 다섯 명을 열후(列侯)로 봉했다. 일이 이 지경에 이르자 주아부는 몸이 아프다는 핑계를 대고 등청하지 않았다. 이에 경제는 주아부를 파직시키는 것으로 대응했다.

주아부는 한나라 초기 문제, 경제 황제를 위해 헌신한 장수였다. 특히, 경제 3년에 오나라, 초나라 등 일곱 국가가 연합하여 반란을 일으켰을 때 주아부는 중위(中尉)의 신분으로 태위(太尉)의 직무를 대행하여 반란을 석 달 만에 평정했다. 즉 그는 오초칠국의 난을 평정한 공신인 셈이다. 이에 경제는 주아부를 승상으로 임명했는데, 이런 사연으로 파직을 당하게 되다니……. 평생을 전쟁터를 누비며 천군만마를 호령하던 일세의 명장이 하루아침에 방안에 칩거하는 초라한 신세로 전락하고 말았다.

고깃덩어리 미스터리

주아부의 파직 이후 얼마 지나지 않아 경제는 무슨 연유에서인지 황궁에서 연회를 열고는 주아부를 초대했다. 주아부는 그동안 쌓인 오해도 풀고 자신을 위로해 주기 위해 부른다고 생각해 기쁜 마음으로 연회에 참석했다.

그런데 주아부가 연회장에 가서 자리에 앉고 보니, 자신의 상 위에는 커다란 고깃덩어리만 덩그마니 놓여 있고 그것을 집어먹을 젓가락이 없었다. 이에 화가 난 주아부는 젓가락을 가져올 것을 요구했다. 그러자 황제는 이렇게 말했다.

"그 큰 고깃덩어리로도 모자란단 말인가?"

이 말을 듣고서야 주아부는 심상치 않은 분위기를 눈치채고 마지못해 황제에게 사과했다. 그리고는 씩씩거리며 연회장을 나섰다. 그 모습을 본 황제는 모두가 들으라는 듯 이렇게 말했다.

"저 씩씩거리는 모습이라니! 내가 죽고 나면 어린 황제를 얼마나 잘 보필할까?"

덩그마니 고깃덩어리 한 개를 상위에 올려놓은 경제의 마음은 무엇이었을까? 주아부로 하여금 불충한 죄를 저지른 것에 대해 석고대죄하라는 신호였을까? 지금 상 위의 고깃덩어리도 칼, 수저 같은 도구가 없으면 먹을 수 없듯이 당신이 아무리 뛰어난 능력을 갖고 있다 할지라도 황제인 내가 기용하지 않으면 능력을 발휘할 기회조차 없지 않겠는가? 임금은 임금이고 신하는 신하가 아닌가? 그대가 아무리 공신일지라도 황제의 뜻에 반대만 하기보다는 나의 깊은 뜻을 복합적으로 생각해 보라는 메시지가 담겨 있는 것일까? 매사를 복합적으로 생각하지 못하는 고집쟁이라고 경제는 생각했을까?

만약 이때 주아부가 이 상황을 빨리 파악하고 한 걸음 물러나서 그동안의 잘못을 용서해 달라고 석고대죄했다면 어떻게 되었을까? 주아부는 훌륭한 무골이었지만, 사태 변화에 대해 복합적으로 생각하지 못하는 단순함이 없지 않았다. 주아부는 백전노장으로 적을 무찌르는 능력은 있었지만, 어떤 사안의 발생 뒤편에 숨어 있는 속뜻은 간파하지 못하는 사람이었는지 모른다.

어느 시대에나 세상 돌아가는 정보는 잘 얻으면서도 상대의 속마음을 제대로 읽어내지 못하는 사람은 늘 있어 왔다. 주아부가 바로 이런 부류의 사람은 아니었을까? 주아부에게 그런 능력이 조금이라도 있었고, 못마땅하지만 경제의 결정을 이해하려고 노력했다면 두 사람 관계는 원만했을 것도 같다.

결국 '고깃덩어리 미스터리'는 두 사람의 사이를 완전히 갈라놓는 계기가 되었음은 말할 나위도 없다.

재앙을 부른 부장품

주아부의 불행은 여기에서 그치지 않았다.

독자들도 알다시피 당시에는 사람이 죽으면 망자가 살아생전 애용하던 물건을 시신과 함께 묻는 풍습이 있었다. 그리고 그런 물건을 부장품이라고 한다.

주아부가 황제의 연회에서 고깃덩어리 사건으로 황망히 집으로 돌아온 일이 있은 지 얼마 지나지 않아, 주아부의 아들은 부친의 사후 부장품으로 사용하려고 부친이 평생 동안 무인으로 살아오면서 사용하던 방패, 갑옷, 칼 등의 병장기를 사 모았다. 그 수가 무려 500여 점에 달했다고 한다. 그런데 당시에는 개인이 병장기를 사적으로 수집하거나 소유하는 것은 국법으로 금지되어 있었다. 하지만 그 목적이 부장품이었으니, 국법으로 금지한 원칙과는 차이가 있었으므로 주아부 아들의 행위에 불순한 의도가 있었다고는 할 수 없었다.

주아부의 아들은 병장기를 구입하고 운반하는 일을 아랫사람들에게 의뢰하여 진행했다. 그런데 아들은 일을 맡긴 사람들에게 적정 수준의 노임을 주지 않았다고 한다. 그들 사이에서 불평불만이 늘어났고, 그 중 한 사람이 관청에 고발하기에 이른다. 그리고 고발과 함께 주아부와 그 아들이 반란을 꾀할 목적으로 병장기를 사 모으고 있다는 소문이 나돌았다.

결국 이 일은 황제인 경제에게 보고되었고 주아부와 아들은 관청의 조사를 받으라는 황제의 지시가 떨어졌다. 당시 이 사건을 담당한 부서는 전국의 형사 사건을 전담하는 기관인 정위부(廷尉府)였다. 오늘날로 말하면 법무부에 해당한다. 정위부 관리는 황제의 지시와 법 조항을 가지고 주아부를 소환한다. 한나라를 튼튼한 반석 위에 올려놓은 명장이며 승상인데 아들의 잘못을 가지고 조사받으러 오라 하니, 주아부는 분한 마음에 자진하려 했지만 부인의 만류로 무산됐다. 이후 주아부는 조사관에게 어떤 변명도 하지 않았고 관대한 처분을 바라지도 않았으며, 웬만한 질문에는 묵비권을 행사했다. 단지 아들이 자신의 부장품으로 사용하기 위해 사 모은 것이라는 대답만 했을 뿐이다. 이에 조사관은 이렇게 물었다고 한다.

"조후께서는 땅 위에서 반란을 일으키지 않더라도 지하에서 반란을 일으킬 목적으로 사들인 게 아니요?"

의미심장한 물음이 아닐 수 없다. 경제는 나름 패도의 길을 잘 걸어왔다. 자신과 율희 사이에서 태어난 태자 유영을 폐위시켰고, 그에 그치지 않고 죽음에까지 이르게 했다. 부모 자식으로 맺어진 인연조차도 이럴진대, 하물며 군신의 관계로 맺어진 사람에게야 어떤 일인들 못할까? 주아부는 결국 옥에 갇히는 시세가 됐고, 옥중에서 5일 동안 단식하다 피를 토하고 절명했다.

경제는 어린 유철이 자신을 이어 황제위에 오르면 주아부와 같은 인물은 필시 황제의 장애물이 될 것으로 여겨 국가에 충성한 그를 죽음으로 몬 것일까? 태자인 유영을 폐위시킬 때 극구 반대했던 그 원한이 쌓인 것일까? 경제는 지나친 패도에 매몰된 잔인한 독재자일지도 모른다. 사마천은 그의 〈사기〉에서 주아부를 이렇게 평가했다.

"주아부는 용병에 엄격하고 무게가 있으며 견실했지만, 애석하게도 자신의 재능에 만족하고 더 이상 배우지 않았다. 비록 절조는 굳세었으나 공손하지 못하여 마침내 곤궁한 결과를 맞았다."

세상사 너무 곧기만 하고 융통성이 없으면 이러한 결과를 맞이하기 십상이지 않을까?

위관은 누구인가?

주아부와 대조되는 인물로 위관(衛綰)을 꼽고 싶다. 주아부와 동시대를 살았고 승상까지 오른 인물이다. 위관은 원래 황제가 타는 어가를 관리하고 황제 행차 시 말고삐를 잡는 임무를 맡은 시종이었다. 요즘으로 치면 대통령 전용차의 운전기사요, 정비사라고 볼 수 있다.

위관이 나고 자란 환경은 자랑할 것이라곤 하나 없었다. 다만 그는 상대의 눈치를 잘 살폈고, 상대의 비위를 거스르는 언행은 되도록 삼갔다. 가정 형편상 '남아수독오거서(男兒須讀五車書)'의 경지에 이르지는 못했지만, 시간 나는 대로 자기 주도적으로 학문에 매진했다. 성품이 겸손하고 과묵했으며, 자신의 마음을 남에게 쉬 드러내지 않는 인물이었다.

수레를 잘 몰았던 위관은 문제의 신임을 얻어 어가를 관리하는 낭관(郎官)이 되었다. 신중하고 진중한 성격에 능력은 조금 모자라는 편이었다. 하지만 문제의 깊은 신임을 얻어 낭중의 자리만큼은 굳게 지켰다.

어느 날 태자 유계(후에 경제)가 아버지 문제의 주위에서 일하는 신료들을 태자궁으로 불러 연회를 베풀었다. 연회에 초대된 인물에는 위관도 포함되어 있었다. 다음 대통을 이을 태자가 초청한 만큼 눈도장이라도 찍어 두려는 심산으로 많은 신료들이 참석했다. 그런데 유독 위관만은 병을 핑계 삼아 참석하지 않았다. 현재 자신은 문제의 신하인데 장래 주군이 될 태자가 마련한 연회에 참석하여 술을 마시며 흥겨운 시간을 보내는 것은 도리가 아니라고 생각한 때문이다. 훗날 경제가 되는 태자는 연회가 끝난 뒤에 연회에 참석하지 않은 사람들을 주의 깊게 살펴보았다.

위관은 장래에 태자가 황제로 등극하면 자신을 어떻게 대할까 하는 마음에 모든 언행에 신중을 기했다. 위관은 지금까지 살아온 살얼음판 같은 생활을 뒤돌아보며 태자를 비롯한 많은 궁중 인물들의 마음을 헤아려 살피려고 노력했다. 부자간에도 권력은 나눌 수 없다는 속담이 있는 데다, 역사상 태자가 베푼 연회에 별 생각 없이 참석했다가 화를 당하는 일들이 있었다는 사실을 위관은 알고 있었다.

세월이 지나 태자였던 유체는 황제에 즉위했다. 경제의 치세인 셈이다. 위관은 문제 때 하던 임무를 이어받아 경제를 보필하게 되었다. 하는 일은 같았으나, 위관은 더욱 열심히 보필했고 행실에도 더욱 신중함을 기했다. 그런데 어쩐 일인지 경제는 그런 위관을 탐탁지 않게 여졌고, 대하는 태도 또한 악의는 없으나 냉담했다. 그럴수록 위관은 경제의 보필에 더 힘을 쏟았고 얼굴에 싫은 기색을 전혀 드러내지 않았다. 사실 경제는 태자 시절에 자신이 베푼 연회에 참석하지 않은 위관을 기억하고 있었다.

그러던 어느 날, 군신들과 함께 사냥을 나가는 경제를 따르게 되었다. 위관은 사냥터로 향하는 어가를 조심스럽게 운행했다. 그런데 경제는 무슨 마음에서인지 위관에게 어가 위의 의자에 와서 앉으라고 했다. 정말 불안하고 숨 막히는 가시방석 같은 자리였다. 위관을 어가에 태우고 얼마쯤 가다가 문득 경제가 물었다.

"짐이 오늘 그대를 수레에 왜 앉으라고 했는지 아는가?"

그러자 위관은 이렇게 대답했다.

"잘 모르겠습니다. 차부(車夫)에 지나지 않은 천한 몸을 황상께서 타라고 하시니 어명을 따랐을 뿐입니다."

경제는 위관의 대답에 의미심장한 미소를 짓더니 다음과 같이 말했다.

"짐은 지난날 태자 시절, 연회를 열어 그대를 초청했는데 왜 오지 않았소? 다른 사람은 다 왔는데 왜 그랬소? 선황제께 충성한 것처럼 나에게는 그럴 마음이 없었던 것이오?"

그러자 위관은 어가 바닥에 꿇어앉으며 급히 대답했다.

"용서해 주십시오, 폐하. 신은 그때 정말 몸이 아팠습니다."

마침 어가가 사냥터에 도착했다. 어가에서 내린 경제는 위관을 돌아보며 이렇게 말했다.

"짐은 그대에게 보검 한 자루를 하사하고자 하노라."

그러자 위관은 다음과 같이 말을 했다.

"보검은 정말 귀중한 선물입니다. 소신에게는 선황께서 하사하신 보검이 이미 여섯 자루나 있습니다. 어떻게 그것을 쓰겠습니까? 사용하지 않고 집에 소중하게 걸어 놓고 있습니다."

이에 경제는 위관이 거짓으로 고한다고 생각해 다음과 같이 물었다.

"보통은 황제로부터 보검을 하사받으면 차고 다니거나 선물로 주기도 하는데 어떻게 집에다 걸어 놓고 있단 말이오?"

그러자 위관은 아무 대답도 못 하고 고개만 떨구었다.

그 일이 있은 뒤 경제는 위관의 말이 사실인지 아닌지를 알아보기 위해 그의 집을 살펴보라고 지시했다. 어명을 받은 신하는 위관의 집을 방문하고 돌아와서는 이렇게 고했다.

"위관의 집에는 선황께서 하사하신 보검 여섯 자루가 찬란한 빛을 발하며 걸려 있었사옵니다."

이에 경제는 위관을 완전히 믿게 되었고 중용하기에 이르렀다. 그리고 후에 유철을 태자로 책봉하면서, 태자의 교육을 담당하는 자리에 위관을 임명하며 태자태부(太子太傅)라는 직책을 주었다.

주아부가 자기의 주장을 강하게 내세우는 독불장군식 성품이었다면, 위관은 주위의 환경에 순응하면서 굽힐 때는 굽힐 줄도 아는 유연한 성품이었다고 하겠다.

위관과 주아부

주아부는 문제 시절 승상 주발의 아들로 태어나 문제와 경제 때 무인으로 활약한 사람이다. 주아부의 아버지 주발 또한 한고조 유방과 같은 고향인 패현 사람으로 한나라 건국에 지대한 공을 세웠다.

주아부의 성격을 살펴보면, 전장의 사선을 넘으며 살아온 그였기에 일사불란한 명령 체계 속에서 움직이는 습관이 몸에 뺐다. 그래서 백전노장이 볼 때 궁중에서 일어나고 있는 문제에 대해 의문을 제기하기도 했다. 즉 세상 물정 모르고 풍우상설의 경험이 부족한 황제를 둘러싼 신료들의 정책과 의견에 대해 좋지 않은 평가를 내리고 있었다.

주아부는 무인 시절 몸에 밴 가치관이 승상이 되어서도 변하지 않았다. 옳지 않은 일이라도 상황에 따라 융통성 있게 변화하는 태도가 승상에게는 필요하다는 사실을 깨닫지 못했다. 그래서 융통성 없는 독불장군식 스타일의 주아부와 속마음을 잘 표현하지 않는 음흉한 성격의 경제 사이에 균열이 생긴다.

주아부는 최종 결정권은 승상이 아니고 황제에게 있다는 사실을 경시한 듯하다. 결국 주아부는 경제로부터 말도 안 되는 반란죄의 누명을 쓰고 토사구팽 당한다. 반란죄의 누명이란, 주아부의 아들이 아버지가 세상을 떠났을 때 무덤 속에 넣을 부장품으로 방패, 칼 등을 사서 모았는데 반란을 획책하려는 의도라는 이유로 반란죄를 적용한 것이다. 참으로 안타까운 일이다.

그러면 위관은 어떤 사람인가? 그는 자랑할 것이 없는 가정에서 성장하여 청년 시절 풍부한 학문의 길을 체험하지 못했지만, 부단히 학문에 정진하여 만인으로부터 실력을 인정받았다. 그는 재주가 탁월하여 어가를 운행하는 시종으로 문제와 경제 때 활동한 충신이다. 위관은 경제의 눈에 들어 시종에서 3등급 승차하여 '태자태부'의 위치에 오르게 된다. '태자태부'는 승상과 버금가는 위치로, 태자를 교육하는 막중한 자리이다. 정말 불우한 환경에서 갖은 고난을 겪고 자아 확립을 한 고난의 승자이자 충신이다.

그리고 경제는 전 황제인 문제께서 하사하신 여섯 자루의 보검을 한 번도 사용하지 않고 소중하게 간직한 위관의 충성심에 감탄한다. 보통 사람은 보검이나 물건 등의 하사품을 자랑삼아 가지고 다니거나 선물로 주고받기도 하지만, 위관은 정성껏 보관하고 있었기에 경제는 위관의 의리와 충성심을 믿게 된다.

주아부 같이 독불장군식의 태도를 고집하는 신하보다는 순종하는 위관 같은 신하를 더 가까이 두고 싶어 했을 것이다. 그렇다고 해서 경제가 자신의 의견에 대해 항상 "황상, 지당한 말씀입니다." 하는 식의 예스맨을 좋아했던 것은 아니다. 경제 입장에서는 아무리 공신이라도 지나치게 고집이 세고 몸이 무거워 다루기가 힘든 주아부 같은 신하는 거추장스러웠을 터이다. 반면에 위관은 몸을 낮출 줄 알고 신하로서 의견은 개진하지만, 황제의 결정에 순종하는 성격이었기에 황제는 위관을 가까이했을 것이다.

인간사 주어진 삶 속에서 자신의 임무를 성실하게 수행하고 거짓 없는 진실한 삶을 살아가면서도 경우에 따라서는 머리를 숙일 줄도 알아야 하고, 아는 사실도 모르는 것처럼 말하지 않을 때도 있어야 한다. 매사에 완벽한 모습도 중요하지만, 모자라는 듯한 모습을 보여 주는 것도 필요하다는 생각이 든다.

'오초칠국의 난'을 평정한 공적을 인정받아 승상이 된 주아부에게 반란을 획책하고 있다는 누명을 씌워 비참한 최후를 맞게 한 것은 지나친 면이 없지 않지만, 융통성 없이 굽힐 줄 모르는 고집은 화근의 원인이 됐다고 본다. 인간사 경우에 따라 굽어 갈 줄도 알아야 하고 앉았다 쉬어갈 줄도 알아야 하고 돌아서 갈 줄도 알아야 하며 머리를 숙여야 할 때는 숙이면서 사는 지혜가 필요하지 않을까.

03
오자서
(悟子胥)

춘추전국시대(春秋戰國時代)

기원전 770년 무렵 주나라(周)의 세력이 점점 약해져 가자 전국 제후들의 다툼이 빈번해지면서 강한 자가 약한 자를 잡아먹는 약육강식의 시대가 찾아왔다. 이른바 춘추전국시대의 개막이다. 고대의 전통적 노예제도가 무너지고 봉건사회가 확립되는 시기인 셈이다.

봉건제후들은 수많은 약소국으로 독립하였고 주(周)나라 초기에 일천여의 소국가가 난립했는데, 그중 강국이 주위의 약소국을 병탄함으로써 결국 120여 개 국가로 줄어들었다. 그리고 시간이 더 흐르자 제

(齊), 노(魯), 정(鄭), 송(宋), 조(趙), 진(晉), 초(楚), 채(蔡), 연(燕), 위(衛) 등 10개 국가로 체계가 정리되었고, 또 그 밑에 소국인 제후국이 있었다. 그중 가장 강한 나라를 춘추오패(春秋五覇)라 하는데, 당시 춘추오패는 제(齊)의 환공(桓公), 진(晉)의 문공(文公), 초(楚)의 장왕(莊王), 오왕 합려(吳王闔閭), 월왕 구천(越王句踐) 등이었다.

패자가 되면 천자(天子)를 칭해 주위 약소국가의 내정을 간섭하는 권한을 가졌는데, 웬만한 일은 천자의 위엄이나 그에 준하는 권위로 처리했다. 그래서 당시에는 영웅호걸을 자처하며 전쟁을 일으켜 영역을 확대하려는 사람이 많았고, 그로 인해 세상은 편할 날이 없었다. 심한 경우는 가족이나 친족 사이의 골육상쟁은 물론 부자지간에도 서로 죽고 죽이는 일이 빈번해 한치 앞도 예측 못 하는 일상이 되풀이되었다.

한편, 주나라는 서주시대(西周時代)와 동주시대(東周時代)로 나뉘는데, 낙양(洛陽)으로 도읍을 옮긴 후 제 37대 난왕(赧王)이 秦(진)나라에 나라를 빼앗길 때까지 514년간을 동주시대라고 한다. 동주시대는 다시 춘추시대(春秋時代)와 전국시대(戰國時代)로 나뉘는데, 춘추시대란 평왕(平王)이 낙양으로 수도를 옮기던 기원전 770년부터 위사(魏斯), 조적(趙籍), 한건(韓虔)이 그들의 정적인 지백(智佰)을 제거하고 그 땅을 3등분 하여 제후로 봉한 시대를 말한다. 또 전국시대란, 춘추시대 이후 진(秦)나라의 시황(始皇)이 중국 천하를 통일한 기원전 221년까지를 말한다.

미색(美色)이 경국(傾國)하다
명분마저 미색에 지다

초나라의 평왕(平王) 웅거(熊渠)는 오사(伍奢)를 태자 건(建)의 태부(太傅), 즉 학문을 가르치는 책임자로 삼고 비무기(費无忌)를 소부(少傅), 즉 부책임자로 임명했다. 그런데 오사와 비무기의 사이가 좋지 못했다.

어느 날 비누기가 평왕에게 태자 건으로 하여금 처를 맞이하도록 권유했다. 이에 평왕은 당시 북쪽의 강국인 진(秦)나라에서 태자비를 맞이하기로 하고 비무기를 책임자로 임명해 진나라에 다녀오라고 명했다. 비무기가 진나라에 가서 태자의 비가 될 여인을 보니 절세의 미인인지라, 평소 오사에게 눌려 지내던 그는 딴 마음을 갖게 되었다.

초나라로 돌아온 비무기는 평왕에게 다음과 같이 고했다.

"폐하, 태자의 비로 맞이할 진나라 여인을 만나 보니 절세의 미인이었습니다. 하오니 폐하께서 그 여인을 후궁으로 맞이하고 태자의 처는 달리 구해 보시는 것이 어떠시겠는지요?"

이는 비무기가 평왕의 신임을 얻기 위해 아부할 심산으로 한 하나의 계책이었다. 그래서 평왕이 그 여인을 만나 보니 실제로 절세미인인지라 며느리로 맞이하겠다는 생각을 바꾸어 후궁으로 맞이하기로 하고 절차를 밟게 했다. 일이 예정에 없던 곳으로 흘러가자 여기저기에서 숙덕거리게 되고, 이런 숙덕거림은 결국 궁의 담을 넘고 말았다. 미색에 빠지면 명분도 체면도 내팽개쳐지는 것인지, 평왕은 결국 그 여인을 후궁으로 맞아 진(晋)이라는 아들을 얻게 된다. 이 일로 인해서 비무기는 평왕의 신임을 받고 태자의 교육을 담당하는 업무에서 벗어나 평왕을 지근거리에서 섬기게 되었다.

한편, 태자 건은 어떻게 태어났을까?

평왕이 초나라의 왕이 되기 전 채나라를 멸하고 채공(蔡公)으로 있을 때 지방관의 딸과 관계하여 낳은 아들이 태자 건(建)이었다. 태자 건의 어머니는 지방관의 딸이었기에 신분이 낮았다. 그러나 평왕은 초나라의 왕이 된 후에, 그녀의 신분에도 아랑곳하지 않고 왕비로 삼았고, 둘 사이의 소생인 건(建)을 태자로 삼았다.

그런데 절세미인인 진나라 여인이 후궁으로 들어와 아들을 낳게 된다. 이에 평왕은 조강지처인 왕비를 폐하게 된다. 이 일을 발단으로 초나라는 부자 사이의 갈등을 가져오게 되고, 훗날 나라가 망하는 일로까지 커지게 된다. 미색이 경국하게 된 셈이다.

계속되는 비무기의 음모

훗날의 일이야 어쨌거나 애초에 태자 건의 아내로 삼으려던 진나라 여인을 평왕으로 하여금 후궁으로 들일 것을 제안한 비무기의 이야기로 되돌아가 보자. 비무기는 만약에 평왕이 죽고 태자 건이 즉위한다면 자신의 신변이 위험질 것이라고 생각해 태자를 제거하기로 마음먹는다.

비무기는 무슨 일이 있을 때마다 태자의 조그마한 단점을 들추어 침소봉대하여 평왕에게 고했다. 그러니 자연스럽게 평왕도 태자를 차츰차츰 미워하게 되었다. 그러던 어느 날 비무기는 다음과 같이 평왕께 아뢰었다.

"진나라가 스스로를 패자라고 칭할 수 있는 것은 여러 제후국과 가까이 있기 때문입니다. 그러나 초나라는 중원에서 멀리 떨어져 있기 때문에 진나라와 패권을 다툴 수는 없지만, 북쪽 성보(城堡)를 잘 수축하고 그곳을 태자에게 가서 다스리게 하면 폐하께서는 남방을 쉽게 다스릴 수 있게 되니, 능히 천하를 호령할 수 있을 것입니다."

평왕은 비무기의 말에 솔깃하여 태자를 북쪽으로 가서 근무하게 했다. 태자를 변방으로 내쫓는 것에 성공한 비무기는 어느 정도의 시기가 지나자 이번에는 다음과 같이 평왕에게 고했다.

"폐하, 태자는 진나라 여인 문제에 대해 겉으로는 대왕을 원망하는 마음이 없는 듯하나 그렇지 않습니다. 태자가 변방에 있는 군대의 책임자로 있으면 제후들과 사귀다가 장차 반란을 일으킬 수도 있사오니, 미리 대비하시는 것이 어떻겠습니까."

비무기의 말에 동요된 평왕은 오사로 하여금 현지에 가서 진위를 파악하게 했다. 이에 오사는 현지에 가서 태자의 동태를 살폈다. 하지만 태자에게서는 의심할 만한 것이라고는 털끝만큼도 찾지 못했다. 환궁한 오사는 자신이 조사한 결과를 그대로 평왕에게 고했다. 하지만 평왕은 오사의 말을 전적으로 믿으려 하지 않았다. 궁내의 이런 분위기는 결국 태자의 귀에 들어가게 되어 태자는 송나라로 달아났다.

불운에 휩싸인 오사의 집안

평왕과 태자 사이에 심각한 문제가 생기자 참다못한 오사는 평왕께 아뢰었다.

"군주께서는 태자비 문제만 해도 책임이 막중한데, 어찌하여 헛된 참소만 믿고 부자간의 정을 끊으려 하십니까? 부자간의 정이 두터워야 백성이 사직을 지키는 데 목숨을 바칠 것입니다."

하지만 이미 미색에 빠져 눈이 멀고 귀가 멀어버린 평왕은 이렇게 말하며 대노했다.

"그대는 어찌하여 하는 말마다 나를 못마땅하다고만 하는가? 그 잘난 태자를 변호하는 연유는 무엇이요?"

그러면서 오사를 감옥에 가두게 했다. 한편, 비무기는 이 기회에 오 씨 일족을 멸문시키고자 또 음모를 꾸민다.

잠깐 여기서 오 씨 집안에 대해서 알아보자.

오사의 조부 오삼(伍參)은 초 장왕(莊王)의 시중을 드는 소신(小臣 : 하급 관리)이었다. 그런데 기원전 597년 6월에 초나라와 진나라가 정나라를 두고 필(邲)이라는 곳에서 마주쳤을 때, 오삼은 치밀한 전황 분석을 통해 정면충돌이라는 작전으로 대승을 거두게 된다. 그래서 초 장왕은 그의 계책을 높이 평가해 그를 대부로 임명했다. 오삼의 아들, 즉 오사의 아버지 오거(伍擧)는 초나라를 춘추시대의 강국으로 만든 명장으로, 왕자인 모(牟)의 딸을 아내로 맞이했다. 오사에게는 아들 둘이 있었는데, 첫째가 오상(伍尚), 둘째가 오자서(伍子胥)였다.

비무기는 오사뿐만 아니라 후환이 될지도 모를 두 아들까지 없앨 것을 평왕에게 권했다. 이에 평왕은 오사를 궁에 잡아두고, 큰아들 오상과 작은아들 오자서에게 입궁하여 사죄하면 아버지를 방면하겠다는 거짓 편지를 써서 전하게 한다. 이때 오사는 다음과 같이 말했다고 한다.

"큰 아이 상(尚)은 어질어서 내가 부르면 올 것이나, 작은아들 원(員 : 오자서의 자)은 모질고 판단력이 기민하여 올 것 같지 않구나."

오사의 예상처럼 형인 오상은 입궐하자고 했고, 오자서 입궐에 반대하며 이렇게 말했다.

"형님, 평왕이 우리도 아버지와 같이 처형하려는 속임수를 쓰고 있습니다."

그러자 오상이 오자서에게 이렇게 말했다.

"원아, 내가 가더라도 아버지의 목숨을 안전하게 구할 수 없다는 것을 안다. 그러나 아버지가 우리를 불러 살기를 원하는데 가지 않는다면 어찌 자식 된 도리를 다했다고 하겠느냐?"

이에 오자서는 자신의 생각을 밝힌다.

"형님, 그것은 거짓말입니다. 차라리 우리가 다른 나라로 망명하여 힘을 길러 원수를 갚는 것이 자식 된 도리라고 생각합니다."

이에 오상은 동생을 데려가기를 포기하며 이렇게 말했다.

"자식 된 도리도 못하고 아버지의 원수도 갚지 못한다면, 그 이상 불효가 어디 있겠느냐. 그러니 너는 살아서 아버지의 원수를 갚는다고 믿고 나는 아버지를 모시러 입궁하겠다."

이렇게 해서 오상은 궁궐로 들어가고 오자서는 몸을 피하기 위해 급히 집으로 달려가 부인과 상의했다.

"당신은 아버지께서 태자마마의 태부로서 교육을 담당하고 있는 사실을 알고 있지요?"

"네, 알다마다요."

"지금 태자마마의 비를 간택하는 문제로 군주와 아버지 사이에 갈등이 생겨 우리 집안이 멸문지화를 입을지 모르겠소. 아버지는 감옥에 갇혀 있고 형님은 아버지를 보러 입궁했으니 죽음을 면치 못할 것이

오. 나는 형님과 헤어져 도망쳐 왔으니, 나를 잡으려고 군졸을 풀어 곳곳마다 지킬 것이오. 조금 있으면 병졸들이 들이닥칠 거요. 당신도 피하세요."

"요새 뒤숭숭한 궁궐 내외의 사정을 듣고 간단한 짐을 싸 놓았으니, 어서 피하세요."

이렇게 하여 오자서는 도망을 쳤고 아버지와 형은 저자에서 처형당했다.

쫓기는 오자서
소관(昭關)을 통과하다

오자서 일가에 이런 불행이 닥치는 동안 태자 건은 송나라로 피신해 있었다. 이에 오자서는 태자 건을 찾아 송나라로 갔다가 후에 다시 정나라로 몸을 의탁하게 된다. 그런데 태자가 진(晉)나라와 손을 잡고 정나라를 도모하려는 음모를 꾸미다 들통나는 바람에 죽임을 당하자 오자서는 태자 건의 아들 승(勝)을 데리고 남쪽의 오나라로의 도피를 시도했다. 정나라에서 오나라로 가기 위해서는 초나라를 거쳐 가야 하는데, 초나라에 밀입국하려다 국경 수비대에 잡히고 만다.

그런데 마침 국경 수비대의 수장이 오자서와 친한 신포서(申包胥)였고, 다행히도 신포서의 배려로 남쪽으로의 도피행을 계속할 수 있었다. 당시 오자서와 신포서의 대화가 기록에 다음과 같이 남아 있다.

"나는 반드시 초나라를 멸망시킬 것이네."

"오자서 자네는 분명 그 뜻을 이룰 것이네, 하지만 내가 다시 일으켜 세우겠네."

오자서가 초나라를 관통하여 남쪽의 오나라 국경 부근에 당도해 소관(昭關)이라는 관문을 지날 때의 이야기이다. 오자서가 소관(昭關) 앞에 이르러 살펴보니 번을 서는 병사는 한 명뿐이고 나머지 한 명은 자고 있었다. 소관에는 오자서 관련 방이 붙어 있었다. 오자서는 몸집이 일반인의 두 배 가까이 됐고, 얼굴은 쟁반 같이 생겨서 쉽게 알아볼 수 있었다고 한다. 소관을 지키던 병사가 오자서를 보더니 창을 들이대었다. 꼼짝없이 붙잡힐 위기에 놓인 오자서는 기지를 발휘해 이렇게 말했다.

"나를 잡으려고 방을 붙인 것은 나에게 '아름다운 보석(美珠)'이 있기 때문이다. 그런데 지금은 잃어버려 없다. 그러나 네가 나를 잡아들이면 네놈이 목구멍으로 삼켜버렸다고 할 것이다. 완전히 믿지는 않겠지만, 너의 윗사람들은 그것이 사실인지 아닌지를 알아보기 위해 너의 배를 가를 것이다. 그렇게 되면 너의 결백은 증명되겠지만, 과연 너는 살아남겠느냐?"

그리고는 돈을 손에 쥐여 주었다. 그러자 소관을 지키던 병사는 오자서 일행을 통과시켜 주었다. 하지만 얼마 지나지 않아 오자서가 소관을 통해 도피한 사실을 알게 된 추격대가 일행의 뒤를 바짝 따라붙었다.

장강(長江)을 건너다

오자서는 소관(昭關)을 통과한 뒤에도 추격을 피해 바삐 움직였다. 그러나 갈 길이 바쁜 그의 앞에 장강이 나타났다. 점점 가까워지는 추격대와 장강 사이에서 진퇴양란의 순간 한 어부가 나타나 장강을 건너게 해 주었다. 오자서는 도강시켜준 어부의 은혜에 보답하고자 차고 있던 보검을 풀어 주었다. 그러자 어부는 보검 받기를 사양하며 이렇게 말했다고 한다.

"오자서를 잡는 사람에게는 곡식 5만 석과 상대부 벼슬을 내린다는 방을 보았습니다. 이제 어느 누구도 도강시키지 말라는 국법을 어긴 작은 도둑놈이 큰 도둑놈과 의기투합했는데, 이게 무슨 소용이 있겠습니까? 집에 가서 먹을 것을 가져올 테니, 저 나무 밑에 가서 기다리세요."

그리고는 집으로 갔다. 오자서는 믿을 수 없다는 생각이 들었지만, 달리 방법이 없는지라 갈대밭에 몸을 숨겼다. 먹을 것을 가지고 온 어부는 오자서가 보이지 않자, 갈대밭에 숨어 있을 것이라고 생각해 나룻배를 타고 강을 오르내리면서 노래를 불렀다.

"갈대밭에 숨은 사람아, 갈대밭에 숨은 사람아. 그대 집안의 충정을 아노라. 그대의 마음을 아노라. 굶은 기색이 있어 먹을 것을 가져왔으니 의심치 마시오."

어부의 노래를 들은 오자서는 그제서야 자신을 구해 주겠다는 뜻이 담겨 있다고 생각해 옷을 흔들어 어부의 배를 타고 뭍으로 나왔다. 그리고는 어부가 가져온 보리밥과 소금에 절인 생선을 맛있게 먹고 기운을 차렸다. 어느 정도 기운을 차린 오자서는 훗날에라도 은혜를 갚기 위해 어부에게 이름을 알려 달라고 했다. 그러자 어부는 이렇게 말하며 자신의 배를 타고 오자서를 떠나갔다.

"훗날 이름이 존귀해지면 잊지나 마시오."

그러자 오자서는 어부를 향해 외쳤다.

"고맙소. 그 밥주발을 잘 숨겨두시오. 그로 인해 나의 종적이 탄로 나면 안 됩니다."

그 말을 들은 어부는 오자서를 향해 "부디 큰 뜻을 이루시오"라고 말하며 일부러 배를 좌우로 흔들더니 배를 뒤집히게 하여 장강에 빠져서는 다시 떠오르지 않았다. 어부는 스스로 자결한 택한 셈이다. 국법을 어긴 죄로 온 가족이 몰살당하는 비운을 막기 위해 혼자 죽음의 길을 택한 것이다. 이로써 증거는 없어졌으나, 오자서의 눈에서는 눈물이 한없이 흘러내렸다.

샛강의 여인도 죽음을 택하다

오자서는 걸식에 걸식을 거듭하며 오나라로 가다가 장강의 샛강인 뇌수(瀨水) 강변에서 빨래하는 여인을 보게 되었다. 여인의 옆에는 광주리에 싸가지고 온 밥이 보였다. 너무나 배가 고픈 오자서는 그 여인에게 먹을 것을 줄 수 없느냐고 물었다. 그랬더니 여인이 자기는 아직 혼인 전이라 외간 남자에게 밥을 줄 수 없다고 말했다. 그러자 오자서는 이렇게 말했다.

"굶어 죽어가는 사람에게 밥을 주는 것은 예의를 손상시키는 일이 아닙니다."

이 말에 수긍했는지 여인은 광주리의 밥을 내주었고, 허겁지겁 먹어 치운 오자서는 기운을 차리고는 이렇게 말했다.

"한 가지 부탁이 있습니다. 군인이나 나졸들이 지나가는 사람을 못 보았느냐고 물으면, 보지 못했다고 대답해 주세요. 그리고 광주리의 밥그릇을 감추어 주세요."

그러자 여인이 대답했다.

"네, 그렇게 할게요. 그런데 손님의 모습이 나라에서 체포하려고 방에 그려놓은 사람과 너무 비슷하네요."

뜨끔한 오자서는 그만 이렇게 말하고 말았다.

"이런 곳까지 방이 붙었어요? 죄송하지만 정말 아무도 지나가지 않았다고 말해 주세요."

이 말은 들은 여인은 자기가 먹을 것을 준 사람이 나라에서 체포하려는 사람이라는 확신을 갖게 되었고, 그 사실을 알아차리자 벌떡 일어서더니 치마에 큰 돌을 싸고 물속으로 뛰어들었다. 그리고 영영 떠오르지 않았다.

오자서는 쓸데없는 말을 해서 여인을 죽게 했다는 생각에 눈물을 흘리며 길을 재촉했다. 그러면서 생각했다.

'꼭 보답하리다! 그대의 영혼을 위해…….'

훗날 오자서는 그 강변에 여인을 기리는 정자각을 짓고 제사를 지냈다는 말이 전해 내려온다.

오나라와 오자서
광(光)의 식객이 되다

천신만고 끝에 오나라에 도착한 오자서는 걸식을 하며 피리를 불고 돌아다녔다. 오나라에는 당시 왕족으로 광(光)이라는 사람이 있었는데, 그 사람에게 발견되어 그의 식객이 되었다.

학문이 두터우니 서로 마음을 터놓고 술잔을 기울이는 가운데, 광의 불만과 야망을 알게 된다. 광은 사촌 동생인 요(僚)에게 왕위를 빼앗긴 것에 분한 마음을 품고 있었다. 오자서는 만약 광을 왕위에 오르게 한다면, 오나라 군대의 힘을 이용해 부형의 원수인 초나라 평왕을 죽일 수 있겠다고 생각한다. 이런 이유로 오나라의 왕족 광과 오자서는 서로 마음이 통하게 된다.

당시 오나라 왕은 요(僚)였는데, 즉위 과정이 분란의 소지가 있었다. 요의 할아버지 수몽(壽夢) 왕에게는 아들이 네 명 있었다. 첫째가 제번(諸樊), 둘째가 여제(餘祭), 셋째가 여매(餘昧), 넷째가 계찰(季札)이었는데, 수몽은 왕위를 형제 상속으로 하려 했다.

즉 처음에는 첫째인 제번이 일정 기간 통치하고, 이어서 둘째, 셋째, 넷째가 하는 방식이다. 그런데 셋째 여매의 통치 후에 넷째 계찰에게 물려주려고 하자, 계찰은 왕이 되기 싫다며 잠적해버렸다. 그래서 현재 왕인 여매가 자기의 장남인 요에게 왕위를 넘긴 상태였다. 문제는 여기에서 비롯되었다.

사실 광은 첫째 제번의 아들이었던 것이다. 따라서 光(광)은 이런 불만을 갖고 있었다. 그동안 형제 상속이 끝났으니 이제는 부자 상속을 하여야 하는데, 그 순서로 치자면 첫째 제번의 아들인 광 자신이 왕위를 물려받는 것이 순리라고 생각한 것이다. 그런데 실상은 그런 것이 무시된 채 사촌 동생이 보위에 오른 셈이니 불만을 가지는 것은 당연하다고 할 수 있다. 이에 오자서는 광을 왕위에 앉힐 방법을 강구하게 된다. 그중 하나가 전제(專諸)라는 자객이었다. 오자서는 오래전부터 자객으로 활용하기 위해 전제라는 사나이를 구해 빈객으로 잘 대해 주고 있었다. 전제는 노모와 처자식만 보장해 준다면 주인을 위해 충성을 다하겠다고 했다.

오나라 망명 생활 9년 되던 해에 드디어 기회가 왔다. 요왕 9년에 오자서의 부형을 죽인 초나라 평왕이 죽었다. 오의 요왕은 초나라의 국상을 틈타 초나라 정복을 위해 군사를 움직였다. 아무리 수단 방법을 가리지 않는 패권의 시대라고 해도 인륜 도덕에 어긋난 행위였다.

갑작스레 오나라의 공격을 받은 초나라는 부랴부랴 대응에 나섰다. 급하게 나선 대응이었지만, 초나라의 군사력은 만만치 않아 한동안 대치가 이어졌다. 그런데 이때 요왕의 심복들이 모두 전장에 나가 있는 바람에 수도에는 요왕을 보호해 줄 인재가 사실상 없다시피 한 상황이 만들어졌다.

오자서와 광은 이때를 놓치지 않았다. 우선 광은 요왕을 자신의 집으로 초대해 주연을 베풀었다. 그리고는 지하에 자신의 병사들을 숨겨 놓고 기회를 엿보았다. 물론 요왕도 호위들을 곳곳에 배치하여 대비하였기에 쉽게 요왕에게 접근하기는 어려운 상황이었다.

이때 요리사로 둔갑한 전제가 큰 접시에 맛있는 생선 한 마리를 담아 왕의 식탁 위에 올려놓았다. 그리고는 순식간에 생선 뱃속에 숨겨 온 칼을 꺼내서 요왕을 세 번 찌르니, 요왕은 피를 토하며 숨을 거두었다. 전제 또한 호위의 칼에 맞아 죽음을 면치 못했다. 그러나 사방에 숨겨 놓은 광의 군사들이 호위들을 제거해버렸다.

광은 곧바로 요를 대신해 오나라의 왕위에 오른다. 그가 바로 춘추오패 중 한 사람인 합려(闔閭)이다. 오왕 합려는 전제의 아들 전의(專毅)를 상경(上卿)으로 삼았고, 오자서는 객경(客卿)으로 삼아 국사를 논의했다. 하루는 합려가 오자서에게 오나라를 강성하게 하여 패업을 도모하려면 어떻게 해야 하느냐고 물었다. 이에 오자서는 "먼저 성곽을 쌓고 수리 시설을 완벽하게 한 후, 곡식 창고를 채우게 하고 무기를 잘 정비해야 한다"고 말했다.

오나라, 초나라를 치다

기원전 512년 여름, 오나라의 압력에 의해 서(徐)나라와 종오(鍾吾)나라가 죽은 오왕 요의 동생인 공자 염여(燭庸)와 촉용(燭庸)을 잡아들이려 하자, 염여와 촉용이 초나라로 도망쳤다. 그러자 초나라 소왕(昭王)은 도망쳐 온 공자 염여와 촉용을 오나라와 가까운 곳에 식읍을 내리고 성곽을 쌓게 했다. 이 문제로 오왕 합려는 크게 노하여 염여와 촉용을 도주하게 만든 서나라와 종오나라를 쳐서 멸망시킨다.

한편, 초나라는 도주한 서나라 군주에게 '이(夷)'라는 땅에 성을 쌓아 머무르게 하니, 오나라 합려는 초나라를 칠 계획을 세운다. 합려는 오자서의 의견을 따라 기원전 500년 손무(孫武)를 대장, 오자서를 부장으로 삼아 초나라를 공격하여 도성인 영도(郢都)를 함락시켰다. 오자서의 복수가 이루어진 셈이다.

그러나 오자서의 진정한 원수인 평왕과 비무기는 이미 죽고 없었다. 이에 오자서는 평왕의 아들 소왕을 찾아 원수를 갚으려 했으나 소왕은 이미 수(隨) 땅으로 도망치고 없었다. 이제 남은 일은 굴묘편시(掘墓鞭屍)뿐이다.

오자서는 평왕의 무덤을 찾았으나 찾을 수가 없어 애를 태우고 있었는데, 이는 평왕 무덤 조성 당시에 동원된 사람들을 모두 죽였기 때문이다. 그런데 유일하게 살아난 한 사람에 의해 호수의 물속에 돌관을 만들어 매장한 것을 찾게 되었다. 오자서는 관을 열고 평왕의 시신을 꺼내 부관참시하고, 왼쪽 발로 시신의 복부를 밟고 오른손으로 시신의 눈을 파내면서 꾸짖고 나서 구리 채찍으로 300여 번을 때려 가루로 만들어 놓고 복수의 눈물을 흘렸다.

이 소식을 들은 옛 친구 신포서가 편지를 써서 보냈다.

"오자서 그대는 예전에 초나라의 평왕을 모시지 않았는가? 아버지, 형님의 원수를 갚는다고 한 행동으로는 너무 가혹하지 않은가? 하늘도 정도(程度)가 지나치면, 편을 들어주지 않는다 했네."

이에 대해 오자서는 신포서에게 다음과 같은 편지를 써서 보냈다.

"나의 해는 저물고(살날이 얼마 남지 않았다는 뜻) 갈 길은 멀어 천리(天理)에 따르지 않고 역(逆)으로 시행하다 보니 이렇게밖에 할 수가 없었다네."

이로 인해 일모도원(日暮途遠)이라는 말이 생겼다고 한다.

오자서는 초나라를 멸망시키기를 원했지만 뜻을 이루지 못하게 된다. 호사다마라고나 할까. 생각지 못한 일이 일어났다. 오왕 합려에게는 부개(夫概)라는 동생이 있었다. 그는 이상하게 합려와 여러 문제에서 의견을 달리하며 충돌을 빚었다.

그는 합려가 부재중인 때를 틈타 반란을 일으켰다. 한편, 오자서의 친우이자 초나라의 신하인 신포서는 진(秦)나라를 찾아가 초나라의 위급한 상황을 알리고 구원을 요청한다. 그러나 진나라 애공(哀公)은 과거의 태자비 문제 등 초나라의 무도함을 알고 있었기에 들어주지 않았다. 이에 신포서가 궁전 뜰에서 이레 동안을 밤낮으로 통곡하니, 애공은 그의 충성심에 감복해 군대를 지원해 주었다.

이렇게 하여 초나라와 진나라는 연합군을 편성하여 오나라와 맞서 싸웠고, 전쟁에서 승리한다. 오나라는 이윽고 초나라에서 군대를 철수하니, 오자서는 끝내 초나라를 멸망시키지 못한 셈이 되었다.

초(楚)에 계속되는 불길한 일

초나라 성왕(成王)은 처음에는 상신(商臣)을 태자로 삼아 보위를 물려주려 했는데, 젊고 아리따운 후궁에게서 얻은 아들 자직(子職)에게 보위를 물려주기로 마음을 바꿨다. 미색에 빠져 국사를 그르친 결정이 아닐 수 없다. 아니나 다를까 이를 알아차린 상신은 아버지를 잡아들여 자결하게 한 후, 자신이 왕위에 올랐다.

한편, 초나라 소왕(昭王) 때 영윤(令尹)으로 낭와(囊瓦)라는 자가 있었다. 채(蔡)나라의 소공(昭公)이 초나라를 방문하는데, 그는 패옥 두 개와 갖옷(모피로 안을 댄 옷) 두 벌을 가지고 왔다. 그는 패옥 한 개와 갖옷 한 벌을 초나라 소왕에게 선물로 바쳤다. 그리고 소왕이 베푼 만찬회에 소왕과 소공이 나란히 패옥과 갖옷을 갖춰 입고 참석했다. 이를 눈여겨 본 낭와는 패옥과 갖옷이 갖고 싶은 나머지 소공에게 얼토당토않은 죄와 구실을 붙여 3년 동안이나 초나라에 억류하는 황당한 일을 벌였다. 이 일은 채나라와 초나라의 관계를 악화시키는 빌미가 되고 말았다.

위와 같은 일련의 일들은 군주는 미색에 빠지고 신하는 패물에 빠져 국력을 약화시키는 역할을 하게 된다.

이야기를 다시 왕위로 돌리면, 상신이 궁궐을 장악하고 즉위하니 그가 초나라 목왕(穆王)이다. 당시의 초나라는 왕위 계승 문제로 국내 사정이 시끄러웠고, 백성을 제재하는 형벌이 너무 가혹했다. 그러다보니 훌륭한 지혜를 가진 태부(太傅)급 인사를 비롯한 많은 인재들이 화를 면하기 위해 다른 나라로 망명하는 일이 발생했다. 망명하는 그들은 초나라의 국력 상황과 각종 극비 문제를 가지고 망명했기 때문에 망명국에서는 과거의 일을 일체 따지지 않고 직위를 주고 모사로 대우해서 활용하니, 망명국은 힘이 차차 강성해지고 초나라의 힘은 상대적으로 약해져갔다.

그래서 '초재진용(楚材晉用)'이라는 말이 생겼다. 이 말은 초나라가 낳은 훌륭한 인물들이 초나라를 등지고 진(晉)나라 등 다른 나라에 망명하여 요직에 앉아 일하고 있다는 말에서 유래됐다. 처음에는 망명객들이 진나라에 많이 갔는데 나중에는 오나라, 월나라에도 많이 갔다. 즉 초나라에서 망명한 이들이 고국을 떠나 타국에서 웅지를 펴니 초나라의 힘은 약해졌다고 볼 수 있다.

'인재를 얻으면 흥하고 잃으면 망한다'는 말이 이렇게 나온 듯하다.

오(吳)·월(越)의 성장과 대결

오(吳)·월(越)시대의 개막

오(吳)·월(越)시대의 개막은 남방의 패자라고 자부하던 초나라가 중원만 신경 쓰고 장강 하류 동남방에서 성장하고 있는 오나라와 월나라를 경시한 데서 찾아볼 수 있다. 또 오와 월 두 나라는 초나라에서 망명한 오나라의 오자서와 월나라의 범려(范蠡)가 없었다면 패업을 이루기가 쉽지는 않았을 것이다.

먼저, 오나라에 대해 알아보면 오나라의 백성은 주(周)나라에서 갈라져 북방 중원에서 남방으로 이주해 왔다고 한다. 오와 월은 언어가

같았다.

두 나라는 장강을 경계로 북쪽에는 오나라가, 남쪽에는 월나라가 자리 잡고 있었다. 때문에 오나라 입장에서는 훗날의 근심을 없애려면 월나라를 없애야 하고, 월나라의 입장에서는 장차 중원을 넘보려면 장강 북쪽에 있는 오나라를 쳐 없애야 하는 숙명에 놓여 있었다.

월나라는 오나라에 비하면 산악지대가 많고 평야 지대가 적었다. 지금의 절강성(浙江省)을 중심으로 흥기한 작은 나라였고, 미색이 뛰어난 여인이 많았다고 한다. 월왕 구천(句踐)의 조상은 우(禹) 씨의 후손이라고 한다. 하(夏)나라 소강(少康)왕의 서자인 무여(無餘)가 회계(會稽) 땅에 제후로 봉해지게 되는데, 이 무여가 월나라의 초대 왕이다. 이후 33대까지 이렇다 할 기록이 없고 윤상(允常) 때부터 기록이 남아 있다. 윤상은 현명한 군주였으며, 월나라는 이때에 이르러 많은 발전을 이루게 된다. 그는 같은 계통의 부족들을 규합하여 눈부신 발전을 이룩했는데, 장강 이남에서 세력을 형성하여 국가로서의 기반을 만들게 된다.

윤상이 죽자 그 뒤를 이은 사람이 구천(勾踐)이다. 사마천의 〈사기(史記)〉에 등장하는 걸출한 두 인물 오왕 부차(夫差)와 월왕 구천(勾踐)의 패권 다툼이 한 판 벌어진다.

제1차 접전

기원전 496년 오나라는 월나라를 치게 된다. 월나라 왕인 윤상이 죽고 구천이 즉위하면서 생긴 빈틈을 이용한 전술이었다. 이에 호랑이 상을 타고나 걸출한 인물로 알려진 월왕 구천 또한 과감하게 오나라의 공격에 반격하며 취리(橋李. 지금의 절강성)에서 오나라 군대와 대치한다.

이때 월왕 구천의 휘하에는 책사 범려가 있었다. 범려는 미리 준비해 놓은 군대를 선발대로 내세웠는데, 사실 이 선발대는 죄수로 구성된 자살 부대였다. 그들은 활도 없고 창도 없으며 오직 칼만 들고 오나라 진영 앞에 가서 이렇게 외쳤다.

"우리는 죄를 지어 병사가 될 수 없다. 그래서 죽음으로 속죄하고자 한다."

그리고는 물불을 안 가리고 적진으로 돌격해 갔다. 이에 오나라 병사들은 순간적으로 기세가 주춤할 수밖에 없었다. 이렇게 해서 자살 부대의 투입은 월나라 군사의 충성심과 사기를 높이는 결과로 나타났다. 곧 월나라의 돌격부대는 오나라 깊숙이 쳐들어가 오나라 군사를 베고 찌르니 오나라는 대패하고 말았다. 이때 월나라의 영고부(靈姑浮)가 오왕 합려를 공격하여 엄지발가락에 부상을 입혔다.

오왕 합려는 도망치다가 오나라 형(陘) 땅에서 숨을 거둔다. 합려의 뒤를 이어 왕위에 오른 사람이 오왕 부차(夫差)이다. 이렇게 하여 오·월 간의 제1차 접전은 오나라의 패배로 끝났다.

그 뒤 부차는 아버지의 원수를 갚고자 누에 위에서 불편한 잠을 자며 군사조련도 강화했고 무기고 정리, 군량미 저축, 성곽 축성 및 보수 등을 하면서 아버지의 원수를 갚기 위해 전쟁 준비에 노력한다.

제2차 접전

오왕 부차는 아버지의 원수를 갚기 위해 3년 동안 누에 섶 위에서 불편한 잠을 자며 전쟁 준비를 하고 있었다. 이 정보를 입수한 월왕 구천은 범려의 극구반대에도 불구하고 오나라를 선제공격한다. 하지만 결국 오나라의 부초(夫椒)라는 곳에서 대패하고 회계산(會稽山)으로 쫓겨 들어갔으나, 월왕 구천은 생포되어 오나라로 끌려가는 포로의 신세가 되었다.

이때 오자서는 월왕 구천이 음흉한 얼굴상을 가졌으니 그를 죽여 후환을 없애자고 했다. 하늘이 지금 오나라에게 준 기회이니, 월나라 백성들의 어떠한 말도 듣지 말고 구천을 죽여야 한다고 간곡하게 권유한다.

한편, 월나라 재상 범려는 구천이 생포되어 영어의 몸이 된 것을 구출해 내려고 오나라의 신하들에게 뇌물을 안기면서 양국 사이에 강화를 맺자며 공작에 들어간다. 구천의 목숨이 아직은 죽지 않을 신세인지 월나라로부터 많은 뇌물을 받은 태제(太宰) 백비(伯嚭)를 중심으로 한 간신 일당의 간교한 말에 오왕 부차는 강화를 맺어 월왕 구천의 목숨을 살려 둔다. 하지만 월왕 구천은 계속 오나라에 머물며 포로 신세가 되어야 했다.

포로가 된 월왕 구천은 쇠고랑을 차고 합려의 무덤에 가서 수백 번 절하고 풀도 뽑으며 굴욕적인 생활을 한다. 한때는 오왕 부차가 몸살로 자리에 눕게 되었다. 이때 구천은 부차의 변을 살펴보고 맛까지 봐가며 변의 상태로 봐서는 병이 아니라 과로로 인해 생긴 것이니 2~3일이 지나면 완쾌될 것이라며 아양을 떨기까지 했다.

이처럼 살아남기 위해 갖은 수모를 견디며 위장 생활을 하는 구천의 눈빛을 오자서는 꿰뚫어보고 있었다. 그런 와중에도 월나라의 범려는 구천을 살리기 위해 오나라 관리들에게 진귀한 뇌물 공세를 계속해 나갔다. 오나라 관리들은 점점 뇌물에 눈이 멀어갔다. 이에 오나라 왕실은 월나라 사람들의 조종에 의해 움직이는 부패한 나라로 변질되어 가고 있었다.

월나라 미인 서시(西施)

한편, 월나라의 재상 범려는 하루라도 빨리 구천을 돌아오게 하는 데 온 생각을 집중했다. 그러던 중에 오왕 부차가 호색한이라는 정보를 접한다. 이에 범려는 월나라 전국 관리들에게 미색이 특출한 여인을 찾으라는 명령을 하달한다. 그래서 선발된 여인이 서시(西施)이다. 오늘날의 사가들은 그를 중국의 4대 미인 중 하나로 꼽는다.

서시는 범려로부터 다양한 기예와 남성을 유혹하는 비법, 정보 수집법 등을 배웠다. 범려는 서시를 교육시키는 동안 정이 두터워졌지만, 조속히 구천을 오나라로부터 구출해야겠다는 마음이 온몸에 사무쳐 오나라 왕 부차에게 보내게 된다. 범려는 서시를 오나라로 보내면서 다음과 같이 말했다.

"내가 말한 것을 등한시하거나 어길 때는 여기 남아 있는 가족은 몰살당할 것이다. 그러니 내가 말한 것을 유념하고 오나라의 동정과 비밀을 알아서 내가 보낸 사람에게 자세히 알려주어야 한다."

호색한인 오왕 부차는 서시를 보자 온통 정신을 빼앗기고는 적국에서 보내온 이 여인에게 후궁의 자리를 마련한다. 오왕 부차는 오나라와 월나라가 원수의 관계로 싸우고 있다는 상황을 잊고 서시의 치마폭에 빠져들고 말았다. 서시에게 흠뻑 빠져버린 부차는 점차 국정을 소홀히 하게 된다. 무기고는 녹슬고 군사들과 관리들의 기강은 점점 엉망이 되었으며 백성은 도탄에 빠지고 만다.

이에 오자서의 근심은 하루가 다르게 늘어만 갔다. 부차가 점점 사치와 향락에 빠지고 있었으니 머지않아 오나라는 월나라에 잡아먹히게 생겼구나 하고 오자서는 한탄했다. 태재, 백비의 주위에 모여든 관리들 또한 끝 간 데를 모르고 점점 부패에 잠식되어 갔다. 초나라에서 오나라로 망명한 이후 오직 복수에만 전념해 온 오자서는 죽음을 각오하고 오 왕 구천에게 간언한다.

"대왕이시여, 지금 월나라에서 각종 진귀한 예물을 보내고 궁궐을 짓도록 좋은 물건도 보내며 아름다운 미인을 보내는 것은 거짓으로 충성하는 척하여 오나라가 경계심을 갖지 않도록 하기 위함입니다. 그러하오니, 국력을 키워 월나라를 경계하도록 해야 합니다. 대왕이시여, 지금 북쪽의 제나라를 공격하여 승리한다고 하여도 그곳은 돌밭과 같아 쓸모없는 땅입니다. 지금 장강(양자강) 이남에 웅크리고 있는 월나라가 힘을 길러 언제 쳐들어올지 모릅니다. 지금도 늦지 않았으니 구천을 죽여 후환을 없애도록 하여 주시기 바랍니다."

그러나 부차는 더 이상 오자서의 말을 들으려 하지 않고 싸늘한 눈빛으로 이렇게 말했다.

"경은 어찌하여 내가 하는 일에 반대만 하는 것입니까? 다시는 짐 앞에 나타나지 마시오!"

오자서는 머지않아 오나라가 월나라에 의해 망하겠다는 생각을 떨칠 수가 없었다.

오자서의 죽음

구천이 오나라에 붙잡혀 언제 죽음을 당할지 모르게 되자, 범려를 포함한 월나라 관리들은 구천을 살리기 위해 오나라 관리들에게 뇌물 공세에 열을 올렸고, 오왕 부차에게도 진귀한 물건을 바치며 호감을 사려고 애쓰고 있었다. 한편, 오왕 부차는 천하 미인 서시에게 마음을 빼앗겨 위태로운 상황을 연출하고 있었다. 이런 상황에서 월나라는 앞으로 오나라의 신하 국가가 되겠다는 충성 맹세를 하겠다는 뜻을 전해 왔다.

"신하 국으로서의 충성 맹세라니……!"

오자서는 알고 있었다. 당장은 살아서 돌아가기 위해 저런 모습을 보이지만, 훗날 반드시 감추어둔 비수를 뽑아 들 것이라는 사실을. 하지만 한 번 돌아선 상황을 혼자서 뒤집기는 어려웠고, 구천은 결국 영어의 몸에서 풀려나 월나라로 돌아가게 되었다. 이 모습을 본 오자서는 혼자서 이렇게 되뇌었다.

"집에 잡아두었던 호랑이를 들로 살려 보내는 형국이니, 오나라는 월나라에 의해 머지않아 망하겠구나."

구천이 월나라로 돌아가고 얼마 뒤 오자서는 제나라에 사신으로 가게 되었다. 이때 오자서는 자기 아들에게 다음과 같이 말한다.

"내가 오왕 부차에게 지금도 늦지 않았으니 향락의 생활에서 벗어나 월나라의 동정을 살피고 국방을 튼튼히 하여야 한다고 간청을 했으나, 내 말을 듣지 않고 간신들의 말만 들으니 오나라는 월나라에 의해 망하게 될 것이다. 네가 여기 남아 있다가는 훗날 아마도 무사치 못할 것이다. 그러니 이번에 제나라로 갈 때 너도 함께 가자꾸나."

아들을 데리고 제나라에 온 오자서는 평소 안면이 있는 포 씨라는 사람한테 아들을 맡기고 사신의 임무를 마친 후 혼자서 귀국했다. 이 사실을 알게 된 백비 일당은 이 일을 오자서를 참소하는 좋은 구실로 삼았다. 백비가 유독 오자서에게 적대감을 가진 데에는 사실 선대의 원한이 배경에 깔려 있었다.

오자서의 조부인 오거(伍擧)는 초나라 영왕(靈王) 때에 승지였다. 한편, 백비의 조부 백주리(伯州犂)는 오거와 반대파에 있었다. 그런데 오거에 의해 백주리는 죽임을 당하게 된다. 그래서 백비는 오 씨 집안에 의해 다시는 화를 입지 말아야겠다는 생각을 갖고 항상 복수심을 품고 있었다. 이런 후손들이 오나라에서 만나게 되었으니 오자서와는 사사건건 부딪힐 수밖에 없었다.

백비는 오씨 집안 후손들에게 원수를 갚겠다는 일념으로 오왕 부차에게 순종하고 아부했다. 이와 반대로 오자서는 순수한 충심으로 직언을 하니, 부차는 오자서를 멀리하고 백비를 더 신임하게 된다. 부차는 자신이 영원한 패자라는 자만심에 빠져 자신의 결정에 반대하며 진언하는 것을 싫어했다. 간신은 군왕이 만든다는 말처럼, 국정의 올바른 방향을 말하는 충신을 멀리하고 아양과 아부를 하는 무리들을 좋아하는 군왕이 존재하는 나라는 쇠약해지는 법이다.

백비는 오자서의 조그만 잘못도 침소봉대하여 부차에게 중상모략을 고했다. 오자서가 제나라에 사신으로 갈 때 아들을 데리고 갔다가 올 때는 혼자서 온 사실을 부차에게 고했다. 이에 부차는 깊은 의심을 품어 명검 촉루(屬鏤)를 내려 자결을 명했다. 기원전 485년 오자서는 부차와 백비를 원망하며 다음과 같은 유언을 남기고 스스로 목을 찔러

자결했다.

"내가 죽으면 내 무덤에 가래나무를 심어 왕(부차)이 죽거든 관을 만드는 데 쓰도록 하고 자신의 두 눈을 뽑아 동문에 매달아 월나라에 의해 오나라가 망하는 모습을 볼 수 있게 하라."

이 말을 전해들은 부차는 격노하며 오자서의 시신을 가죽으로 만든 자루에 담아 강물에 던지게 했다.

지난날 오자서를 수없이 찾아가서 아버지의 원수를 갚게 해 달라고 호소하던 일을 부차는 잊었는가? 필요에 따라 삼키고 뱉는다는 말이 이와 같은 경우인가!

오자서는 모국인 초나라의 평왕에 의해 부모형제를 잃고 간신히 탈출하여 이국인 오나라 땅에 와서 보위에 오르도록 애써 준 부차에게 죽임을 당하게 되었다. 이것은 인생의 어떤 연유에 의해 생기는 것일까?

오나라의 멸망

오자서가 없는 오나라는 빈집과 같았다. 월나라의 뇌물에 눈이 먼 백비 일당의 농간으로 오나라의 힘은 기울어져 갔다. 백성들의 마음은 어딘가 허전하고 국가를 위해 신명을 바치던 충성심도 사라졌다. 부차는 서시의 치마폭에서 헤어나지 못하고 궁궐에는 간신들만 우글거리니 당연한 결과였다.

한편, 구천은 고국산천을 밟는 그날부터 오나라를 멸망시키겠다는 일념으로 마음을 다잡는다. 구천은 출입문 위쪽에 짐승의 쓸개를 매달아 놓고 드나들 때마다 핥으며 지난날의 치욕을 잊지 않으려고 애썼다. 와신상담(臥薪嘗膽)이라는 말은 오·월의 관계 속에서 생긴 말이다.

오나라를 병탄할 계획은 극비리에 추진했다. 그리고 월나라에서 생산되는 귀한 물건은 물론 외국에서 구한 귀중한 물건을 오왕 부차는 물론 오나라의 신하들에게도 보내서 충성심을 보여 줌으로써 오나라가 경계심을 갖지 않도록 했다. 한편, 서시를 통해서도 오나라의 국정이 돌아가는 상황과 비밀을 소상히 알고 있었다.

구천이 오나라에서 풀려나 월나라로 돌아온 지 4년 만에 군대를 일으켜 오나라를 공격한다. 월나라 군대는 곳곳에서 오나라 군대를 격파하고 3년 만에 오나라 수도를 포위하니, 한때 천하의 맹주로서 호령하던 부차도 월왕 구천에게 항복한다. 오나라를 침략하다가 패하여 오나라에 붙잡혀 온갖 굴욕과 수모를 당했던 구천은 승리의 영광을 누리게 된다.

영원한 것은 없다. 주지육림과 미인의 치마폭에 빠져 국정을 소홀히 하고, 오자서 같은 충신을 죽였으며, 백비 같은 무능한 관료들이 오나라 궁궐에 득실거렸으니, 어찌 나라의 발전과 안위에 신경이나 쓸 수 있었을까?

사마천의 평가

오왕 부차는 스스로 자결하여 아침 이슬처럼 풍운의 일생을 마쳤다. 부차는 다음과 같이 말하며 숨을 거두었다.

"내가 죽어 저승에 가면 무슨 낯으로 오자서 볼까?"

오나라는 월나라에 의해 패망한 뒤 월나라 영토로 병탄된다. 그 후 서시는 두 남자(오자서, 부차)를 죽게 한 죄책감에 스스로 목을 매 죽었다고 한다.

서시는 간첩의 임무를 띠고 오나라에 왔지만 오자서를 숭배했다고 한다. 오자서가 처했던 그때의 상황을 생각해 본다면, 그는 지혜와 과단성이 있었고 앞을 내다보는 안목도 위대했다고 본다. 그러나 성격이 너무 과격했다. 과격한 성격은 모자람만 못하고 부드러움만 못하다. 자신이 옳다고 생각하는 문제도 군왕이 승낙하지 않으면 물러설 줄 알아야 하는 지혜와 인내심도 필요하다.

도저히 함께 지낼 수 없으면 헤어지는 방법을 찾는 사람이 현명하지 않을까 한다. 그런 용기마저 없으면 좋은 생각도 묵살되고 목숨마저 위태로워진다는 것을 인식하고 그 곁을 떠나는 용기도 필요하다. 그렇기에 현신이라도 암군을 만나면 뜻을 이루지 못하고 목숨마저 위태롭다. 현군도 아첨을 잘하는 신하에 의해 농간당하고 사익에 집착하는 신하를 만나면 그 또한 국가가 위태로워진다. 금전, 술, 미색 중 어느 하나에라도 집착하면 군왕도 신하도 모두 좋은 이름을 남기기 어렵다고 본다.

여기에 참고로 사마천이 〈사기〉의 '오자서열전(伍子胥列傳)' 마지막 부분에서 오자서와 관련해 기술한 내용을 소개한다.

"지난날 오자서가 부친인 오사를 따라 함께 죽었다면, 하찮은 땅강아지나 개미와 무슨 차이가 있었겠는가?

작은 의(義)를 버리고 치욕을 참아 후세에 이름을 남겼으니 그 뜻이 참으로 슬프구나. 오자서가 장강에서 곤경에 빠지고 길거리에서 걸식할 때 한시라도 초나라의 수도 '영(郢)'을 잊었겠는가? 그리하여 그는 고통을 참아내며 공명을 이루었으니, 강인한 대장부가 아니면 누가 이 일을 해낼 수 있었겠는가?"

한 사람의 일대기를 써 오다 마칠 때면 마음이 그저 무거울 따름이다.

〈논어(論語)〉에 나오는 다음 글을 생각해 본다.

齊景公, 問政於孔子. 孔子對曰, 君君, 臣臣, 父父, 子子라.

제나라 경공이 정치에 대해 공자에게 묻자, 공자께서 답하기를, 임금은 임금 노릇을 해야 하고, 신하는 신하 노릇을 해야 하며, 아버지는 아버지 노릇을 하고, 자식은 자식 노릇을 해야 한다고 하셨다.

04

범려
(范蠡)

초(楚)와 오월(吳越) 시대의 개막

춘추전국시대(春秋戰國時代)에는 강대국인 북쪽의 진(晉)나라와 남쪽의 초(楚)나라가 서로 견제하는 사이에 나머지 약소국들은 이들의 눈치를 보며 두 강대국과 좋은 관계를 유지하며 줄다리기를 하고 있었다. 이들 약소국 중에서 초나라의 남쪽에서는 오(吳)나라와 월(越)나라가 장강을 사이에 두고 첨예하게 대치하고 있었다.

북쪽의 강국 진나라는 초나라를 견제하기 위해 초나라의 남쪽과 국경을 맞대고 있는 오나라를 도왔고 그 덕분에 오나라의 국력은 급격하게 발전했다. 이에 초나라는 북쪽의 진나라와 남쪽의 오나라의 압박 때문에 북쪽으로 세력을 확장하려던 북진정책을 포기할 수밖에 없었다. 이처럼 진나라와 초나라가 국경선에서 빈번하게 충돌하는 가운데, 장강(長江) 건너에서는 산악 지대가 많고 넓은 평야가 없는 후진국 월나라가 급속한 발전을 이루게 되고 나름대로 야망도 가진다. 먼저 오자서 편에서 언급했지만 오나라의 오자서, 월나라의 범려도 부국강병책을 써서 후진국에서 탈피하게 되었다. 워낙 두 인물이 걸출하여 오·월의 패권 다툼에 등장하게 된다.

〈오월춘추(吳越春秋)〉에서는 오자서에게, 〈월절서(越絶書)〉에서는 범려에게 초점이 맞춰진 것이 다를 뿐 하나하나의 내용은 대동소이하다. 〈오자서〉 편에서 언급했지만, 오나라 백성의 주류는 주나라 왕실에서 갈라져 나와 중원(中原)에서 남방으로 이주해 왔다. 그렇기에 지정학적으로 장강 주변은 패권을 다투는 군웅들이 그렇게 탐내는 땅이 아니었다. 다만, 남방의 패자인 초나라가 오직 중원의 변화에 신경을 쓰는 형편이었다.

그런 가운데 오나라와 월나라는 급성장하고 있었는데, 장강 동남방의 신흥 강국으로 떠오른 두 나라 사이에는 신경전이 벌어질 수밖에 없는 지정학적 위치였다. 이 두 나라의 역학관계를 따져보면, 월나라가 장강을 건너 중원으로 세력을 펼치려 하면 오나라가 걸리고, 오나라가 중원으로 세력을 뻗치려면 장강의 동남쪽에 있는 월나라가 배후를 침략할까 염려되는 상황이었다.

범려와 문종의 조우

범려(范蠡)와 문종(文種)은 원래 초나라 사람이다. 두 사람은 고국도 아닌 월나라에서 구천의 참모 노릇을 하고 있었다.

범려는 초나라의 완지(宛地. 지금의 하남)에서 태어났다. 그의 집안은 가난했으며 내세울만한 것도 없었다. 장사를 하며 주경야독으로 열심히 학문을 닦았다는 기록만 있을 뿐이다. 그는 산을 넘고 강을 건너 국경을 넘나들며 장사를 했다. 많은 물량을 사고 파는 거상은 아니고 등짐장수 정도였다고 한다. 문종이 초나라 완현(宛縣) 땅의 대부(大夫)로 있을 때, 어떤 미친 녀석이 돌아다닌다는 말을 듣고 휘하의 관원을 시켜 범려의 됨됨이를 알아보라 했다. 휘하 관원이 조사를 마치고는 이렇게 고했다.

"범려라는 자는 미친 사람입니다. 태어날 때부터 미쳤는지 미친 짓을 하고 다닌답니다."

그러자 문종은 이렇게 말했다.

"그는 허허 웃지만 내가 보기에 일부러 미친 척하고 있다. 눈동자는 미치지 않았느니라. 나는 그를 뛰어난 인물로 본다. 일부러 미치광이 짓을 하고 있는 게 틀림없다. 가슴속에 뛰어난 지모를 품고 이를 드러내지 않기 위한 것이다. 일반 사람들이 알 수 있는 것은 아니다."

그때 문종은 다음과 같이 생각했을지도 모른다. 일본의 전국시대 때 무사들은 자기의 뜻과 부합되는 주군을 찾기 위해 떠돌이 무사, 즉 낭인과 같은 사람으로 보이려고 했다. 범려 또한 그런 부류의 사람이라고 생각하고 문종(文種)은 범려의 집을 찾아갔다. 범려는 문종이 올 줄 알고 몸을 피했다. 그 뒤 며칠 후, 범려는 문종이 또 자기를 찾아올 것을 알고 형수에게 부탁했다.

"오늘, 전에 왔던 사람이 찾아올 것입니다. 형수님! 의관을 잠시 빌려주십시오."

범려가 의관을 정제하고 기다리자 문종이 다시 찾아왔다. 두 사람은 반갑게 수인사를 나누고 지금의 천하 태세를 비롯해 부국강병 등의 이치 등에 관해 기탄없는 대화를 나누었다. 수행했던 사람들도 두 사람의 이야기를 들었다. 두 사람의 대화 도중에 범려가 문종에게 다음과 같은 말했다.

"그대가 만약 패업을 이루고자 한다면 초나라를 떠나 양자강 동남쪽에 위치한 오나라나 월나라로 가는 것이 좋을 듯합니다."

문종은 범려의 말을 듣고 뜻이 통했는지 흔쾌히 초나라를 떠나겠다고 했다. 당시에는 초나라의 유능한 인재가 다른 나라로 망명하거나 이주하여 그곳에서 기량을 발휘하는 사례가 많았다. 그래서 문종은 초나라에서 준 벼슬을 헌신짝처럼 버리고 월나라를 향해 떠났다. 가슴 속 웅지를 펼쳐 보기 위해 미지의 세계로 떠나가기로 결심한 셈이다.

그럼 문종은 초나라를 떠나 장강을 건너기 전에 오나라가 있는데 왜 굳이 강을 건너면서까지 월나라로 갔을까? 오나라에는 당시 병법의 대가인 손무가 있었고 훌륭한 재상인 오자서도 있었기 때문이 아닐까? 오나라에는 이런 우수한 인재들이 많아 자신 같은 사람이 입지를 세우기는 힘들다고 판단했던 듯하다. 그에 비해 월나라는 땅도 척박하고 장강 건너 동남쪽에 치우쳐 있으며 걸출한 인물도 없으니 미지의 세계인 월나라에 가서 마음껏 웅지와 기량을 발휘해 보고 싶다고 생각했기 때문이리라.

초나라 사람인 범려와 문종이 어떤 과정을 거쳐 월왕 구천의 휘하에 들어갔는지 자세한 자료는 발견되지 못했다. 다만 회자되는 일설에 의하면 문종이 먼저 구천을 만났고 범려는 문종이 구천에게 천거해서 만나게 되었다고 한다. 범려는 정치, 군사, 경제, 천문지리, 병법에 해박한 지식이 있었다고 한다. 어쨌거나 범려와 문종이 월왕 구천을 만나 은혜를 입은 것은 확실한 듯하다.

한편, 오나라에는 초나라에서 망명해 온 오자서가 오 씨 집안을 멸문시킨 초나라 평왕에게 한을 품고 복수의 날을 고대하며 오왕 합려를 도와 천하의 패권을 잡으려고 국력을 키우고 있었다.

장강에 배를 띄우다
오나라, 월나라를 치다(제1차 접전)

초나라의 동쪽에서 오나라가 점차 세력을 부풀리며 강국으로 부상하더니, 중원과 장강 사이에서는 월나라가 새로운 강자로 등장한다.

월왕 구천의 조상은 우(禹)의 후손으로 걸출한 인물로는 하우제(夏右帝) 같은 이가 있었다. 그의 조상은 회계 땅(절강성)의 책임자로 봉해져 20여 대를 거쳐 내려왔다. 윤상(允常)의 대에 이르러 큰 세력으로 거듭났다. 윤상이 죽자 그 아들이 대를 잇게 되었는데, 그가 바로 구천이다. 그때 오왕 합려는 윤상이 죽었으니 분위기가 어수선하고 국력도 약화되어 있을 거라고 생각해 월나라로 쳐들어간다.

새롭게 왕위에 오른 구천 또한 아버지 윤상 못지않게 걸출한 인물이었다. 그러나 방심하고 있는 사이에 오나라가 선제공격을 가해 오니 월나라는 밀리는 상황이 되었다. 그때 범려는 기상천외하게도 자살부대를 투입한다. 자살부대란 중죄를 짓고 사형에 처해질 상황에 놓인 사람들로 구성된 부대인데, 만약 전투에서 공을 세우면 감형해 준다는 말을 들은 터였다. 그들은 웃통을 벗고 칼을 들고 공을 세우기 위해 이판사판 오나라 군대를 향해 돌진했다.

이를 본 오나라 군대는 당황한 나머지 혼란에 빠지게 된다. 이에 월나라 군사들은 사기가 올라 죽기를 각오하고 공격을 더해갔다. 그중에서 월나라 대부 벼슬을 하고 있는 영고부(靈姑浮)가 창을 휘두르며 오왕 합려를 향해 달려들었다. 이 전투에서 오왕 합려는 영고부가 휘두르던 창끝에 엄지발가락 부상을 입는다.

합려는 엄지발가락에 입은 부상이 악화돼 취리(檇李)에서 70리 정도 도망가다가 오나라의 형(陘)이라는 땅에서 숨을 거둔다. 오·월의 1차 접전은 뜻하지 않게도 선제공격을 한 오나라 왕 합려가 전사하는 미묘한 상황으로 끝을 맺는다.

부차, 누에섶 위에서 잠을 자다(제2차 접전)

오나라 왕 합려는 월나라 왕 윤상이 죽어 국상을 치르는 어수선한 분위기를 악용하여 월나라를 쳐들어갔다. (제1차 접전) 그러나 월나라 왕 구천과 재상 범려의 전술에 의해 패배하고 후퇴하는 도중에 오나라 왕 합려가 전사하는 상황으로 변해갔다. 합려의 뒤를 이어 부차가 왕위에 오른다. 그는 아버지 합려의 어이없는 죽음에 원수를 갚고자 누에섶 위에서 잠을 자면서 절치부심하며 국력 강화에 총력을 기울였다.

이런 오나라의 상황이 월왕 구천에게 전해지자, 구천은 오나라가 무기를 만들고 군량미를 비축하며 군대를 양성해 국력이 강화되기 전에 오나라를 공격하여 멸망시키겠다는 야욕을 갖는다. 그래서 선제공격을 해야겠다는 마음을 굳히고 책사에게 물었다. 그랬더니 범려는 머뭇거리지도 않고 '불가하다'라는 답을 내놓는다. 그리고는 이렇게 말했다.

"오나라 백성은 선왕의 죽음을 애통해 하고 있고 백성이 합심하고 있습니다. 지금은 때가 좋지 않습니다. 우리가 공격하면 오나라 백성들은 모두 죽기를 각오하고 전사한 선왕 합려의 원수를 갚고자 목숨 바쳐 싸울 것입니다. 그러니 좀 더 시기를 기다리십시오."

이어서 병법에 나오는 말을 인용해 가며 더욱 설득해 나갔다.

"군사는 흉기이고 전쟁은 덕을 해치며 승부를 다루는 일이란 가장 안 좋은 것이라고 성현들이 말했습니다. 그러니 흉기를 휘둘러 덕을 해치는 행동은 하늘도 금하는 것입니다. 또한 선제공격을 가하는 것도 불리합니다, 먼저 공격하는 측이 많은 희생을 입게 됩니다. 먼저 공격하는 측은 방어하는 측보다 10배 이상의 군사력이 필요한 법입니다. 지금 우리의 국력은 오나라에 미치지 못합니다. 그러니 삼가 주시기 바랍니다."

이와 같은 범려의 간곡한 충언에도 불구하고 기원전 494년 월나라는 오나라를 침공해 들어갔다. 구천은 3만 명의 군사를 이끌고 오나라를 선제공격했다. 그러나 월나라는 부초(夫椒)라는 곳에서 대패하고 패잔병 5,000명을 이끌고 회계산(會稽山)으로 퇴각했다. 그러나 곧 포위되어 월왕 구천의 목숨은 경각에 달려 있었다. 5,000명으로 오나라 군사를 대적한다는 것도 역부족이었다. 군량미도 끊기고 많은 병사가 부상을 당해 사기가 가라앉아 있었다. 병사들은 머지않아 오나라에 의해 죽임을 당할 것이라고 의기소침해 있었다. 이에 월왕 구천은 크게 후회하며 범려에게 물었다.

"나는 그대의 의견을 받아들이지 않아 이 지경이 되었으니 앞으로 어찌하면 좋겠소?"

이에 범려는 이렇게 대답했다.

"폐하, 어찌하여 제가 한 말을 무시하셨습니까? 나라의 흥성을 위해서는 천도(天道)를 따르고 위기를 극복하기 위해서는 인도(人道)를 따르며, 政事(정사)를 절도 있게 돌보기 위해서는 지도(地道)를 따라야 합니다."

이 말에 월왕 구천은 미간을 찌푸리며 물었다.

"그러면 어떻게 해야 인도(人道)를 따를 수 있겠소?"

그러자 범려가 답했다.

"폐하, 이제는 다급해졌습니다. 화친을 구하십시오. 진귀한 보물, 가무와 여악에 능한 사람을 뽑아 오왕 부차에게 바치옵고, 그를 천왕(天王)으로 호칭하십시오. 그들을 높이십시오. 만일, 이 같은 일을 해도 오왕 부차가 솔깃해 하지 않으면 우리 월나라의 사인(士人). 귀족이나 양반)의 딸을 오나라 사인(士人)의 비첩으로 보낸다고 하십시오. 그리고 폐하께서는 천왕(天王)의 노복(奴僕)이 되어 죗값을 치르겠다고 하십시오."

구천이 크게 후회하고 범려에게 사과하자, 범려는 이어서 말했다.

"폐하, 지금은 지난 일을 후회할 때가 아닙니다. 앞으로 어떠한 수모를 당하더라도 살아서 돌아가는 방법을 찾으셔야 합니다. 지금 당장 강화 사절단을 보내셔야 합니다."

그래서 월왕 구천은 범려의 계책을 받아들여 문종을 대표로 하는 강화 사절단을 보내게 된다. 막중한 임무를 받은 문종은 오나라 진영으로 달려가 부차에게 이렇게 아뢰었다.

"천왕이시여, 우리는 월나라 국고의 열쇠를 모두 오나라에 건네고 모든 월나라 땅은 천왕께서 관리하시며 월왕은 오나라에 가서 천왕의 시중을 들겠습니다. 모든 것이 천왕의 통제 하에 있습니다."

이 말에 오왕 부차는 만족한 표정을 짓는다.

"짐은 구천이 잘못을 뉘우치고 짐의 신하가 되겠다고 하니 강화를 성립시키고자 한다."

이에 화들짝 놀란 오자서가 이렇게 참언하였다.

"폐하, 구천은 거짓으로 몸을 낮추고 폐하를 속이고 있습니다. 속지 마십시오. 구천을 죽인 다음 강화를 하십시오."

그러자 이번에는 오자서를 시기하고, 이미 월나라로부터 뇌물을 듬뿍 받은 백비가 나섰다.

"폐하, 구천이 지난 잘못을 뉘우치고 폐하께 몸을 의탁하고자 청하였사오니 이를 받아들여 대왕의 치세를 만대에 누리도록 하옵소서."

이렇게 하여 오나라 내부에서는 월왕 구천의 처리 문제를 놓고 오자서를 중심으로 하는 처단파와 백비를 중심으로 한 강화파가 극렬하게 대립한다. 오자서는 구천의 상을 보고 그는 의리가 없고 야심이 많으며 은혜를 모르는 사람으로 판단했다. 지금 그가 하는 행동은 진실성이 없는 거짓된 행동이라고 본 것이다. 그래서 지금 당장 죽이지 않으면 나중에 반드시 후환이 생길 것이라고 생각했다.

한편, 범려는 사자를 보내 백비를 중심으로 한 강화파 쪽에 뇌물 공세를 강화했다. 뇌물은 월나라에서 생산되는 진귀한 보물이었다. 보물 외에 미색의 여인도 있었다. 그렇게 구천의 구명 운동을 이어나갔다. 그 와중에 결국 월왕 구천은 회계산의 포위망을 벗어나지 못하고 오나라 군졸들에게 붙잡혀 오나라로 끌려와 영어의 신세가 되고 만다.

오자서를 중심으로 한 처단파는 부차에게 간언했지만, 부차는 우유부단했다. 반면 백비를 중심으로 한 뇌물에 눈이 뒤집힌 사람들은 눈앞의 이익에 매료되어 부차를 설득하여 구천의 목숨을 살려 두게 했다. 범려는 구천이 일단 사형되지 않고 목숨을 유지하게 되자 더더욱 백비를 중심으로 한 강화파 쪽에 뇌물 공세를 이어가며 몸을 낮췄다.

변을 먹는 구천

오나라를 선제공격한 월왕 구천은 회계산에서 패해 오나라에 끌려와 쇠고랑을 차고 석실에 갇힌 영어의 몸이 되었다. 언제 죽을지 모르는 신세였다. 월나라의 재상 범려를 중심으로 뭉친 신하들은 월왕 구천을 살리기 위해 오나라의 백비 일파에게 뇌물 공세를 이어갔다.

월왕 구천이 패군지장이 되어 오나라로 끌려갈 때 범려에게 이렇게 말했다.

"범려 책사께서는 오나라에 남아 나를 대신해서 나라를 지켜 주시기 바라오."

그 말에 범려는 다음과 같은 말했다.

"폐하, 소인은 백성을 다스리는 일에 관해서는 대부 문종보다 못합니다. 다만. 국경에서 적을 맞아 싸우는 일에는 대부 문종보다 낫다고 생각합니다. 그러니 저는 폐하와 함께 오나라에 가서 폐하를 모시고 다시 고국으로 돌아오겠습니다. 소인이 폐하를 모시겠습니다."

그래서 구천은 대부 문종에게 월나라를 지키게 하고, 범려에게는 자신과 함께 오나라에 머물게 했다. 구천과 함께 오나라에 남게 된 범려는 온갖 수모와 굴욕을 참고 구천을 위로하며 거짓으로 오왕 부차에 부복하고 월왕 구천을 구명할 수 있는 계책을 마련했다. 한편, 범려는 구천에게 오왕 부차의 마음에 드는 말과 행동을 하는 계책도 가르쳐 주었다. 또한 첩자를 통해 월나라의 소식을 듣고 문종과 연락하며 포로 생활을 이어갔다.

그러던 중 오왕 부차가 병에 걸려 오랫동안 병석에 누워 있게 되었다. 온갖 약을 써 보았지만 좀처럼 나아지지 않았다. 하지만 범려가 보기에 이는 병이 아니라 심신의 과로로 인한 피로 증세에 지나지 않았다. 최대한 안정을 취하면 쉽게 나을 병인 셈이다. 이에 범려는 구천에게 이렇게 말했다.

"폐하, 부차가 앓고 있으니 병문안을 가십시오. 그리고 매화통(오늘날의 변기통)에 담겨 있는 변을 맛보기도 하고 삼키기도 하면서 부차의 안색을 살펴보고 다음과 같은 아뢰십시오."

이에 구천이 뭐라고 말해야 하느냐고 묻자, 범려가 이렇게 답했다.

"폐하, 소인이 살펴볼 때 이는 큰 병이 아니옵니다. 다만 피로가 지나쳐 발병했다고 사료됩니다. 앞으로 3, 4일 정도 요양하시면 완쾌할 수 있습니다.'라고 아뢰십시오. 그 예언이 적중하면 좋을 것이고, 빗나가도 크게 해가 되는 일은 없을 겁니다. 폐하께서 분변을 맛보고 삼켜보기도 한다면, 부차는 폐하께서 자신의 병을 심히 걱정한다고 고마워할 것입니다. 하루속히 쾌유하기를 바라고 있는 폐하의 마음에 감복하여 부차는 감탄할 것입니다."

구천은 병문안을 하고 싶다는 말을 태재 백비에게 부탁했다. 그러자 태재 백비로부터 부차가 병문안을 허락했다는 전갈이 왔다. 백비가 얼마나 뇌물을 받아먹었으면 이처럼 신속하게 구천의 요청을 들어주는 것일까? 백비는 오나라 신하인지 월나라 신하인지 모를 일이었다.

병문안을 간 구천은 머리를 조아리고 부차에게 아양을 떨며 다음과 같은 말했다.

"소인이 대왕의 분변을 맛보면 병의 상황을 더 자세히 알 수 있을 것 같습니다. 허락하여 주십시오."

부차가 이를 허락하자, 구천은 부차의 대소변을 손가락으로 찍어 맛보기도 하고 삼켜보기도 하면서 병세를 감정하는 시늉을 했다.

그 얼마나 힘들고 치욕스러운 일이겠는가? 구천에게 이런 수모는 살아남기 위한 일이기에 참고 견뎌야 할 일이었을 터이다. 지금 당장은 살아서 월나라로 돌아가는 것이 가장 중요한 일이었기에 무슨 일이든 못 하겠느냐는 심정이었으리라 짐작한다.

모든 감정을 마친 구천은 부복한 자세로 이렇게 아뢰었다.

"죄인 구천! 대왕께 축하의 말씀을 올립니다. 대왕의 병은 너무 오랫동안 쌓인 피로와 근심이 화가 되어 발병한 것입니다. 아마 3~4일 정도 요양하시면 쾌차하실 겁니다. 중병은 아니옵니다."

그랬더니 부차가 물었다.

"그대는 그것을 어떻게 알 수 있소?"

구천이 답했다.

"죄인이 일찍이 변을 통해 병세를 알아맞히는 방법을 어느 도인한테서 배웠습니다. 지금 대왕의 변의 맛은 쓰고 맵고 신맛입니다, 이는 봄과 여름 사이에 원기를 잘 보존하지 못해 생긴 것이오니 곧 쾌차하실 것입니다."

부차가 이에 감격한 듯 말했다.

"정말 그대는 나의 진실한 신하로다."

이런 일이 있고 나서 정말 신기하게도 구천이 예측한 날짜에 부차의 병이 차츰 호전되었다. 부차는 기쁜 마음에 수고가 많았던 신하들의 노고에 보답하고자 잔치를 열었다. 부차는 그 잔치에 월왕 구천도 참석하게 했다. 그리고 이렇게 말했다.

"군신들은 들으라. 구천은 짐의 변을 맛보아 가며 짐의 병이 완쾌되도록 노력했다. 그 공을 치하하기 위해 오늘 주연에 참석도록 했으니, 군신들은 귀빈의 예우에 준하여 대하라."

이런 상황으로 보건대 오왕 부차는 생각이 단순한 인물이었던 것 같다. 깊이 생각하여 문제를 처리하는 것이 아니라 즉흥적으로 처리하는 단순하고 치밀함이 부족한 인물이었으리라.

암군! 충신을 배척하다

부왕 합려의 원수를 갚겠다고 누에섶 위에서 잠을 자며 보낸 시간을 어찌 이리 빨리도 잊어버리는지 이해할 수 없는 상황이었다. 모든 것을 까마득히 잊지 않고서야 어떻게 적국의 왕을 생포했으면서 죽이지도 않고 주연에 참석하게 하여 귀빈 대접까지 할 수 있을까? 오나라 사직의 문을 닫으라는 예고인 셈이었던가?

오자서는 큰 한숨을 내뱉으며 연회에 참석하지 않았다. 오자서는 통탄했다. 구천의 가식적인 행동에 속고 있는 부차를 원망했다. 이런 인물에게 몸을 의탁하고 오나라의 부국강병과 중원의 주인이 되어보겠다고 노력한 일들이 모두 바보 같았다는 생각에 스스로를 책망했다.

연회가 끝나고 부차는 오자서를 불러 힐난조로 말했다.

"상국(相國)께서는 어찌하여 과인이 석 달 동안 병마와 싸우는 동안 한 번도 문병을 오지 않았소. 그것은 마음속으로 과인의 병을 근심하지 않았다는 증거가 아니오? 구천은 한때의 잘못을 뉘우치고 짐의 분변까지 맛보며 나의 병을 근심했소. 큰 병이 아니기에 3~4일 정도만 요양하면 호전된다며 위안해 주었소. 이것이야말로 과인의 진실한 신하가 되겠다는 뜻이라고 생각하오. 내가 만약 상국의 말을 듣고 구천을 죽였다면 과인은 졸렬한 사람이 되었을 것이오. 그리고 상국 혼자서만 통쾌한 마음을 갖게 되었을 것이오."

이 말을 들은 오자서는 이렇게 답했다.

"어찌하여 저들이 먼저 우리를 공격해 왔다는 사실을 잊고 계시옵니까? 지금은 누가 중원의 패자(覇者)가 되는지가 중요합니다. 구천은 스스로 이 땅의 패자가 되겠다는 욕망으로 우리의 경계태세가 허술한 틈을 타서 쳐들어온 적인데 어찌하여 관용을 베풀려고 하십니까? 구천은 지금 가면을 쓰고 있습니다. 폐하께서 하루속히 패업을 이룩할 수 있도록 충언을 하는 것입니다. 아직도 늦지 않았습니다. 저 구천이 몸을 낮추면서 하는 행동은 모두 살기 위한 거짓 행동입니다. 무릇 호랑이가 먹이를 사냥하기 위해서는 먼저 몸을 낮추고 때를 기다렸다가 허점이 보이면 달려들어 물어뜯는 것과 같습니다. 지금 구천은 이와 같은 인간입니다. 우리의 영토를 먼저 쳐들어온 흉측한 적입니다. 폐하께서 구천을 살려 보낸다면 폐하는 장차 그의 포로가 될 수도 있고 오나라의 종묘와 사직은 끝날 수도 있습니다. 부디 제 말을 새겨들으시어 구천을 죽여 후환이 없도록 하시옵기 바랍니다."

그러자 부차는 화를 내며 언성을 높여 말했다.

"상국은 이 일에 대해 두 번 다시 거론하지 말도록 하시오. 과인도 두 번 다시 상국의 말을 들을 인내심이 없소."

오왕 부차는 점점 범려의 술책에서 벗어나지 못하는 상황에 빠지고 있었다.

늪 속으로 점점 빠지다
미색에 탐음하는 부차

부차의 마음을 얻기 시작한 구천은 범려에게 물었다.

"오왕 부차를 안일한 생활에 빠지게 하는 비책이 없겠습니까?"

이에 범려는 다음과 같이 답했다.

"부차는 지나칠 정도로 여자를 좋아합니다. 그러하오니 월나라에서 미녀를 찾아 오왕에게 바치면 자연히 정사는 등한시할 것이고, 더 나아가 폐하의 호의를 잊지 않을 것입니다."

범려는 미색을 좋아하는 부차에게 그 이상 좋은 선물이 없다고 말한 셈이다. 구천의 허락을 받은 범려는 월나라에서 미인을 선발하도록 했고, 마지막으로 범려의 선택을 받은 미인이 서시(西施)라는 여인이다. 서시의 본명은 시이광(施夷光)이며, 월나라의 산골에서 태어났다. 부친은 땔감을 해서 그날그날 먹고사는 나무꾼이었다.

범려는 금 100근을 주고 서시와 장단이라는 두 연인을 궁궐로 데리고 와서 남자를 매혹하는 방법을 교육했다. 즉 노래와 춤, 남자를 유혹하는 방법, 남자와의 잠자리 방법, 화장하는 법, 걸음걸이 등을 교육했다. 이렇게 교육시킨 후, 서시에게 비단 옷을 입혀 화장을 하여 놓으니 전무후무한 미인이었다. 범려는 그들을 데리고 오나라로 왔다. 구천은 범려가 데려온 두 여인을 부차에게 바치며 이렇게 말했다.

"구천이 대왕께 두 여인을 바치오니 부족한 점이 있으면 용서하여 주시옵기 바랍니다."

서시와 장단을 본 부차는 정신을 잃은 듯 한참이나 멍하니 바라보고 있었다. 그리고 다음과 같이 말했다.

"이렇게 진귀한 보물과 재색이 뛰어난 여인을 오나라 궁궐로 보내니 구천이야말로 짐의 충직한 신하로다."

그러자 곁에 있던 오자서가 간했다.

"대왕이시여, 여인을 받아서는 아니 되옵니다. 소신이 듣자온즉 현사(賢士)는 나라의 보물이지만 미녀는 나라의 재난이라 했습니다. 그러하오니 미인을 궁궐에 머물게 하여서는 아니 되옵니다."

하지만 부차는 이미 두 여인에 정신을 빼앗긴 터라 오자서의 말 따위는 귀에 들어오지 않았다. 오왕 부차는 두 여인이 기거할 거처를 짓게 했다. 그리고 이들의 거처를 짓는 데에 필요한 재목은 모두 월나라에서 가져오도록 했다. 이어서 부차는 이들을 후궁에 봉했다. 그 뒤부터 오왕 부차는 정사는 뒷전이고 사치와 향락에 빠져들었다. 풍악 소리는 궁궐 담을 넘어 백성들의 귀에까지 들렸다. 부차가 여인의 치맛자락에 휩싸여 향락에 빠지니, 정치는 백비를 중심으로 한 간신들이 농락했다.

이렇게 세월이 흘러가니 오나라 백성은 누구나 국가를 위해 목숨을 바치겠다는 생각은 점점 사라져갔고, 무기는 녹이 슬었으며, 기강은 무너져갔다. 일설에 따르면 범려가 백비에게 바친 미녀만 8명에 달했다고 한다. 백비를 중심으로 한 도당들은 월나라로부터 뇌물을 받아먹고, 월나라 측에서 하자는 대로 하는 격이 되어가고 있었다.

누구를 위한 신하인가? 동서고금을 막론하고 색에 눈과 귀가 멀고 뇌물에 탐닉하면 그 가정, 그 사회, 그 국가는 장래를 기약할 수 없다는 것은 역사가 증명하고 있다.

이즈음에서 월나라의 형편을 살펴보면, 〈오월춘추〉에 다음과 같이 기록되어 있다.

월왕 구천이 오왕 부차의 노비가 되기 위해 길을 떠날 때, 대부 문종과 범려는 다음과 같은 말을 나누었다.

"저는 장차 안으로는 국경을 지키는 병력을 정비하고, 밖으로는 농사를 지으며 전쟁 준비를 하겠습니다. 황무지를 개간하여 백성과 군주 사이를 가깝게 다가가도록 하겠습니다."

"저는 장차 위기에 처한 군주를 보좌하고, 망국 상황에 직면한 월나라를 구하겠습니다. 굴욕과 수모를 수치로 여기지 않고 모욕을 당할 때는 마음을 편하게 하여 견디고, 오나라에 볼모로 잡혀 간 그날부터 무사히 귀국할 수 있는 계책을 마련하고 군주와 함께 이 굴욕을 설욕하겠습니다."

잡은 맹수를 풀어주는 부차

월나라의 뇌물 공세에 오나라 관료들은 눈이 멀었고, 부차는 서시의 치맛자락에 파묻혀 비몽사몽의 생활을 이어가니 정사는 뒷전으로 밀려났다. 백비 일당과 서시는 부차에게 월왕 구천의 충성심은 이제는 의심할 여지가 없으니 더 큰 충성을 하도록 월나라로 방면하는 것이 좋지 않으냐고 아양을 떨며 말했다. 이 말에 마음이 동요된 부차는 결국 어리석은 판단을 내리고 만다.

"짐은 그대를 사면한다. 월나라로 돌아가서 더욱 더 충성을 다해 주기 바란다."

그 말에 구천은 머리를 조아리며 말했다.

"대왕이시여, 신을 불쌍히 여겨 깊고 넓은 은덕을 베풀어 주신 은혜에 목숨을 바쳐 충성하겠나이다."

결국 월왕 구천은 사지에서 벗어나 귀국길에 오른다. 범려의 계책이 구천을 구한 것이다. 똥 맛까지 보면서 온갖 수모를 견디어 온 지난 세월의 치욕에 두 눈에서는 눈물이 하염없이 흘러내렸다. 이때 생긴 말이 문질상분(問疾嘗糞)이다. 병을 알아본다는 핑계로 변을 맛보며 아첨을 떤다는 뜻이다.

잡은 맹수를 놓아주는 이 우매한 군주여! 그대 이름은 오나라의 부차일지어라. 오자서의 충언에도 불구하고 구천은 석방되어 귀국길에 오른 셈이다.

구천은 월(越)나라의 땅에 들어서자 오나라를 향해 이렇게 다짐하며 울분을 삭였다.

"우매한 부차여, 내가 그대의 목숨을 걷으리라!"

한편, 구천을 월나라로 돌려보낸 오왕 부차는 자신의 결정을 끝내 부정하던 오자서를 귀찮은 존재로 여기게 되었다. 이는 곧 오자서의 목숨이 경각에 달렸다는 뜻과도 통한다. 이런 상황을 생각할 때 공자가 한 다음 말은 참으로 이치에 맞는 바가 크다.

"군자 된 신하는 군주에게 간할 때 반드시 신뢰를 받은 이후에 간하여야 한다. 신뢰받지 못 한 채 간하면 군주는 자신을 비방한다고 생각한다."

온갖 보화와 미색에 찌든 몸이 되었거늘 그 누구의 바른 말이 통하겠는가.

당시의 오나라와 월나라를 비교해 보면, 월나라는 위기에 처한 국가와 구천의 석방을 위해 범려와 문종이 합심하여 대처함으로써 큰 성과를 거둔 반면, 오나라는 뇌물과 미색에 눈이 어두운 백비 일당과 우국충정에 불타는 오자서의 사이가 분열되어 암운이 드리워진 상태였다. 두 나라 중 최종 승자가 누가 될지는 명약관화한 일이었다.

아버지 합려의 죽음에 대한 원수를 갚겠다고 누에섶 위에서 잠을 자며 복수의 칼을 갈던 오왕 부차가 어떻게 이 지경까지 변해버린 것일까? 〈춘추좌전〉에는 오나라와 월나라의 앞날을 예측한 진(晉)나라 대부 사묵(史墨)의 예언이 실려 있는데, 그 내용을 소개하면 다음과 같다.

"앞으로 40년이 안 되어 월나라가 오나라를 차지하게 될 것이다. 세성(歲星)이 월나라 자리에 있게 되어 오나라가 월나라를 공격하면 세성이 내리는 재앙을 입게 될 것이다."

당시 세성이란 목성(木星)을 말한다. 목성이 머무는 나라가 복을 받는다고 했다. 오왕 부차의 마음이 처음에는 부왕의 죽음에 복수하겠다는 일념으로 꽉 차 있었는데 이렇게 변한 것도 모두 하늘의 뜻인가 하는 생각이 든다. 주지육림과 미색에 울린 풍악이 궁궐의 담을 넘어 온 백성의 가슴을 울렸으니, 하늘이 그 소리를 듣지 않을 리 있었겠는가.

월, 다시 오를 치다(제3차 접전)

죽음의 땅에서 온갖 수모와 치욕을 참고 견디어 낸 구천과 범려는 월나라로 돌아와 농토를 개간하여 군량미를 쌓고 인구를 늘리며 깊고 깊은 산 속에서 군대를 조련했다. 그리고 월나라에서 돌아온 지 4년 만에 군대를 일으켜 오나라를 공격했다.

오나라 군대는 도처에서 격파되었다. 역전의 기회를 얻고자 혈투를 펼쳤지만 기원전 478년, 월나라 군사가 입택(笠澤)이라는 곳에서 부차의 주력 부대를 궤멸시켰다. 기원전 475년, 월나라의 대군이 오나라를 점령하고 부차가 근거지로 삼고 있던 오성(吳城)을 포위했다. 그는 독 안에 든 쥐 신세가 되었다. 부차는 고소산(姑蘇山)으로 들어가 자신의 손자 낙(雒)을 보내 강화를 요청했다. 부차는 지난날 회계산(會稽山)에서 구천을 살려준 관용을 베풀어 달라고 요구했다. 범려는 사절단을 만나서 강화의 부당성을 말하며 반대했다.

"오나라의 강화를 받아들이면 언젠가는 대왕의 자손들이 전쟁으로 인한 고통과 치욕의 세월을 보낼 것입니다. 대왕은 회계산의 치욕을 잊어서는 안 됩니다. 온갖 수모와 문질상분(問疾嘗糞)의 치욕과 고통을 잊어서는 안 됩니다."

〈월절서(越絶書)〉에서는 범려가 사자로 온 왕손 낙(雒)에게 이렇게 말했다고 전한다.

"월왕은 월나라의 모든 대권을 나에게 맡겼다. 그러니 오나라의 사자는 급히 돌아가라. 떠나지 않으면 그 죄를 물을 것이다."

그리고 범려는 직접 진군의 북을 높이 울렸다. 왕손 낙은 자기 군진으로 쫓겨 갔고, 오나라 군진은 힘 한 번 제대로 못 써 보고 무너졌다. 오왕 부차를 사로잡았다. 끌고 와 구천 앞에 무릎을 꿇렸다. 그러자 부차는 지난날의 인연을 생각하여 살려달라고 애원했다. 월나라 왕 구천은 부차에게 말했다.

"용동(甬東) 땅에 가서 머물게 할 생각이다. 그리고 시봉할 사람으로 군(부차)에게 300여 호를 내리도록 하여 편히 살게 하고자 하는데 어찌 생각하시오."

그러자 부차는 "나는 이미 늙어 군왕(구천)의 신하가 될 수 없소." 하고 마침내 칼 위에 엎드려 죽었다. 일설에는 목을 매 죽었다고도 한다.

월왕 구천이 패망한 오나라 부차로 하여금 용동에서 살도록 하겠노라고 말한 것은 후대 사람들에게 자기가 관용을 베풀었다는 말을 남기기 위한 허언이라고 본다. 용동은 지금의 절강성 정혜현(定慧縣) 동쪽에 있는 작은 섬이라고 한다. 죽은 부차의 시신은 월나라 군사들이 말로 끌고 갔다고 한다. 이후의 소식은 전해지지 않는다. 춘추전국시대를 살펴볼 때, 장강을 사이에 두고 오나라와 월나라처럼 극렬하게 싸운 나라는 없다.

부차는 절세미인 서시와 그의 정보원의 치맛자락 안에서 방탕한 생활을 하여 오나라를 망하게 했다. 기원전 473년 11월 27일 월나라는 오나라를 멸망시켰다. 전쟁을 시작한 지 9년 만이다. 쓸개를 매달아 놓고 드나들며 빨면서 지난날의 치욕을 갚은 것인가?

제2부 중국 편 233

동정호의 배를 타다
범려! 떠나가다

범려는 오나라를 멸망시킨 후, 미련 없이 구천의 곁을 떠났다. 오나라를 멸망시킨 직후 월나라 군사가 오나라 도성에서 철수하자 곧바로 사의를 표명했다고 한다.

"폐하, 이제부터는 모든 것이 순조롭게 풀릴 것이오니 신 같은 사람의 역할은 끝났습니다. 그러하오니 대왕께서 국사를 주관하오시면 만사가 잘 될 것이옵니다. 신 같은 사람과 국정을 의논하실 필요는 없습니다. 신은 두 번 다시 월나라에 돌아가지 않을 것입니다."

이 말에 구천은 크게 놀라면서 그게 무슨 말이냐고 물었다. 이에 범려는 이렇게 답했다고 한다.

"신이 듣사온즉 신하된 자는 군왕이 위험에 처해 있으면 응당 몸을 바쳐 순국한다고 합니다. 군왕께서 회계산에서 치욕을 당하실 때 몸을 던져 순국하지 못한 죄를 이제 군왕을 도와 오나라를 멸망시켰으니 그 죗값을 치르고자 이 자리를 떠나려고 합니다."

그러자 구천이 이렇게 말했다.

"만일 그대를 시기하고 질투하는 자가 있다면 나는 그 누구를 막론하고 가만두지 않을 것입니다."

그러나 범려는 구천 곁을 떠나기로 마음먹었다. 그 뒤 범려는 오호(五湖)에서 조그만 배에 올라 종적을 감추었다고 한다.

구천이 범려에게 한 말은 의미심장하다. '내가 이렇게 말하는데도 떠나간다고 하면 그대는 물론 그대의 가솔까지도 처치하겠다'는 뜻으로 새겨볼 수도 있다. 범려는 생각했다. '오나라를 멸망시키기까지는 내가 필요한 신하였지만, 이제는 대업이 끝났으니 왕(자신)의 의지대로 매사를 처리하려 할 터인데, 내가 여기서 무엇을······.' 대업을 수행하기까지 서로(구천이나 범려) 불편한 점도 서운한 점도 있었을 터이니, 지금이 헤어지기에 알맞은 시기라고 범려는 판단했을 것이다.

전해오는 말에 의하면, '큰 공을 세운 자는 일이 종료되면 즉시 물러나야 무탈하다'는 말이 있다. 공이 크면 시기하는 무리도 많다. 시기하는 무리는 어디에든 늘 있는 법이다. 임진왜란 때 영의정을 지내면서 선조를 도와 국난을 극복하는 데 힘쓴 서애(西厓) 유성룡(柳成龍)은 환궁 후 그 직을 떠나서 안동 땅 하회마을로 낙향하여 두문불출하고 〈징비록(懲毖錄)〉 등의 저술에 힘썼다고 한다. 경상 감사의 내방 인사도 거절했고, 화공까지도 근접을 못하게 했다. 무심코 한 말이 화가 될 수도 있다는 것을 간파했기 때문일까?

오나라의 충신 오자서도 백비 일파의 간언에 희생됐다고 볼 수 있다.

여기서 서시의 행방이 궁금하다. 서시는 중국의 3대 미인이라고 한다. 미인박명(美人薄命)이라는 말이 있듯이 서시도 예외는 아니었다. 서시는 오나라가 망할 때 목을 매어 죽었다고 한다. 시신은 발견하지 못했다는 말도 있다.

〈월왕구천세가(越王句踐世家)〉에 따르면 범려는 구천의 곁을 떠나 동정호(洞庭湖)에서 배를 타고 간단한 짐만 싣고 제나라로 가족과 함께 떠났다고 한다. 다른 일설에 따르면 서시가 목을 매어 죽을 찰나에 구출되었다는 설도 있고, 경국지색은 나라나 가정의 재앙이 되니 사살했다는 이야기도 있다. 한편으로는 범려와 함께 오나라를 탈출하여 여

생을 함께 보냈다는 설도 있다. 그러나 두 남자의 가슴을 울렸다는 양심의 가책이 그를 자결하게 했다는 설이 유력하다.

월나라 저라산(苧蘿山) 나무꾼의 딸로 태어난 서시는 간첩 임무를 띠고 오나라에 가서 간첩의 임무도 수행하고 오왕이 국정을 제대로 수행 못하게도 했다. 그는 월나라에서 오나라로 보내질 때 다양한 기예, 이성을 유혹하는 방법, 방중술 등을 교육받는 동안 범려와 사랑에 빠졌다는 설도 있다.

서시가 얼마나 아름다웠던지. 그가 냇가에서 빨래할 때 물고기가 강물에 비친 서시의 미모에 정신을 잃고 헤엄을 안 치고 강물에 가라앉았다는 이야기도 있다. 이를 빗대어 침어(浸魚)라는 말이 생겼다는 말도 있다.

또 서시는 속병이 있어 통증이 올 때는 얼굴을 찌푸렸다고 한다. 어느 날 이 마을의 추녀인 동시(東施)가 서시처럼 이마를 찌푸리면 아름답게 보인다고 생각하고는 얼굴을 찌푸린 채 마을길을 걸어가니 마을 사람들이 그 추녀의 얼굴을 볼까 문을 잠그고 외출을 삼갔다는 이야기도 있다.

〈월왕구천세가(越王句踐世家)〉에 따르면 범려가 거부로 변신했다는 말도 있지만 범려의 부인에 대해서는 한 마디 언급도 없다. 호사가들은 서시가 틀림없다고 주장한다. 그런데 범려에게는 아들 3형제가 있었다고 한 걸 보면 또 근거 없는 말 같기도 하다.

범려가 떠나간 후 구천은 기술자로 하여금 범려의 상을 만들게 하고 정중히 모시며 대부들에게 예를 올리게 했다. 그리고 회계 땅을 중심으로 사방 300리를 떼어서 범려의 봉지로 삼는다고 발표했다. 그러면서 이렇게 말했다.

"하늘과 땅을 주관하는 모든 신령들이 이 맹세를 증명해 줄 것이오."

범려는 구천 곁을 떠날 때, 초나라에서 같이 망명 온 문종에게 구천의 곁을 떠날 것을 암시했다고 한다. 그러나 문종은 큰 공을 세우고 떠나기를 아쉬워했다. 대다수 인간은 공을 세우면 자만해지고 방자해진다고 한다. 그러면 큰 공을 세운 사람이 살아남을 수 있는 길은 무엇이겠는가?

주위에는 항상 시기하는 사람이 있다는 것을 꼭 알아야 한다. 때문에 겸손하여야 하고 적당한 시기에 헤어져야 한다. 윗사람과의 관계는 더욱 그렇다. 별 뜻 없이 하는 말도 침소봉대되고 오해를 살 수 있다는 사실 또한 유념해야 할 일이다.

범려, 이름도 바꾸다

범려는 월나라를 떠나 제나라로 갔다. 그리고는 이름을 치이자피(鴟夷子皮)로 바꾸었다. 농사를 짓고 황무지도 개간했으며 장사 수완도 부려 갑부가 되었다고 한다. 이에 제나라에서는 범려를 재상으로 삼으려 했다. 그러자 범려는 재산을 백성들에게 나누어 주고 도(陶) 땅으로 갔다. 이곳은 각지의 물건이 모이는 지역이었다. 범려는 그곳에서도 땅을 개간하고 농사도 지었으며 장사를 하여 여유로운 삶을 살았다고 한다.

춘추전국시대를 통틀어 세 번씩이나 근거지를 옮기면서 명성을 떨친 인물은 범려밖에 없다. 큰 공을 세운 대부분의 사람들은 자만해지고 방자해졌으며 그로 인해 화를 당했다. 그럼 큰 공을 세운 사람이 살아남는 방법은 무엇이겠는가?

여기에 대한 답이 바로 공성신퇴(功成身退)이다. '나아가고 물러나는 시기를 잘 선택해야 화를 면할 수 있다'는 뜻으로 새기면 되겠다.

역사상 대부분의 군왕은 어려웠던 일이 해결되면 공을 세운 사람을 경계했다고 한다. 범려는 월왕 구천 곁을 떠날 때 월나라로 함께 온 문종에게 구천의 얼굴상이 장경오훼(長頸烏喙) 상이라고 했다. 즉 '새 주둥이 상'이라는 뜻인데, 이런 상을 한 사람하고는 어려운 시절에는 함께 할 수 있어도 어려움을 극복하고 즐거운 시절에는 함께 할 수 없다고 한다.

새는 부리(주둥이)로 먹이를 쪼아 먹기도 하고 나무 구멍을 파서 먹이를 찾는 등 주둥이가 잠시도 가만있지를 못한다. 입이 뾰족한 사람이 장경오훼의 상에 가깝다고 한다. 이런 상(얼굴)을 한 사람은 주변 사람을 편안히 못 있게 한다. 쉴 새 없이 말을 하여 주위 사람을 불안하게 만든다고 한다.

자식을 잘 아는 사람은?

범려에게는 아들이 셋이 있었다. 장남은 범려가 경제적, 사회적으로 어려울 때 태어나서 어렵게 살아 가계를 잘 보살피며 절약하는 성품이었다. 막내는 범려가 경제적으로 여유가 있을 때 태어나서 돈의 소중함도 모르고 절약하지도 않는 성품이었다.

그런데 둘째 아들이 초나라에 갔다가 다툼 도중 사람을 죽여 옥에 갇히는 신세가 되었다. 사형 직전이었다. 범려는 돈을 써서 둘째 아들을 구하려고 초나라 궁궐에서 일하는 장 선생(莊先生)에게 부탁하기로 했다. 먼저 막내아들을 불러 황금 1000일(鎰)과 편지를 써 주며 장 선생에게 갖다 주라고 명했다. 그러면서 이르기를 편지와 돈을 주고 나서 혹여 언짢은 말을 하더라도 괘념치 말고 곧장 집으로 돌아오라고 당부했다.

그러자 이 사실을 알게 된 장남과 아내가 와서 울며불며 그런 중대한 일을 장남에게 맡기지 않고 철부지 막내에게 맡기느냐며 항의했다. 이에 범려는 한참을 생각하더니 결국 장남에게 다녀오라고 했다. 그리고는 혼잣말처럼 중얼거렸다.

"큰 놈은 돈의 소중함을 알지만, 막내는 돈의 소중함을 잘 모르는데……."

장남은 초나라로 가서 수소문 끝에 초라한 집에 살고 있는 장 선생을 만났다. 그리고 아버지가 준 편지와 돈을 건넸다. 편지를 읽은 장 선생은 지체하지 말고 곧장 집으로 돌아가라고 했다. 그런데 장남은 어쩐 일인지 장 선생이 미덥지 못했다. 그래서 자기가 따로 준비한 돈을 가지고 다른 벼슬아치를 찾아가 그에게도 부탁을 넣었다. 그리고는 아버지와 장 선생이 한 말을 무시하고 초나라에 머물렀다. 아버지가 시킨 일도 아닌데 왜 그랬는지 모를 일이다.

한편, 장 선생은 청렴결백한 사람이었다. 범려가 왔다면 당연히 불응했을 테지만, 아들이 왔으니 우선 받아 놓았다가 돌려줄 생각을 하고 있었다. 실제로 장 선생은 부인에게도 이렇게 말해 두었다.

"내가 그 사람을 만나면 돌려줄 돈이요, 혹여 내가 먼저 죽게 되면 그 돈은 꼭 범려에게 되돌려 주시오."

그런 후에 장 선생은 입궁하여 초왕과 대화를 나누었다.

"소신이 천기를 읽다가 별이 갑자기 움직이는 것을 보았습니다. 이는 초나라에게 불리한 조짐으로 사료됩니다."

"그러면 어떻게 대처해야 합니까?"

"폐하, 그것은 큰 덕을 베푸시면 충분히 극복될 수 있을 것으로 생각합니다."

"과인이 어떻게 큰 덕을 베풀 수 있습니까?"

"사형시킬 죄수들에게 사면해 주는 덕을 베푸는 일이 큰 덕이라고 생각됩니다."

이에 초왕은 죄수들을 사면하기로 결정하고 즉시 내관들을 시켜 금, 은, 동 등 보물이 쌓여 있는 3개의 큰 창고를 봉하도록 하고 군졸을 시켜 철저히 지키도록 했다. 이런 조치는 사면령이 내려지면 관리들이 그를 기회로 뇌물을 받는 사례가 있기에 초왕은 이번 사면이 뇌물을 받고 하는 것이 아님을 백성에게 확실하게 알려주기 위한 조치였다.

일이 이렇게 되자 범려의 아들한테서 뇌물을 받은 관리는 깜짝 놀라게 된다. 범려의 장남에게서 받은 돈 중 일부는 바치고 일부는 자기가 챙기려고 했는데, 사면령이 내려지면 자기가 뇌물만 받아 챙긴 꼴이 되어 곤란해진 까닭이다. 이 관리는 고민 끝에 범려의 장남이 돌아가지 않고 있다는 것을 알고 그를 불러서 이야기를 나누었다.

"대왕께서 곧 사면령을 내릴 것이오."

"그것을 대부께서 어떻게 알았습니까? 사실입니까?"

"대왕은 사면령을 내리기 전에 보물이 들어 있는 창고를 봉하고 일체의 물건이 창고로 들어오는 것을 막았습니다. 그러니 머지않아 사면령이 내릴 듯합니다."

이 말을 들은 장남은 사면령이 내려지면 동생이 풀려 날 터인데 장 선생한테 가져다 준 1000일이라는 돈을 낭비했다고 생각했다. 그래서 그 돈을 찾아오기로 마음먹었다. 아버지가 염려한 대로 대사를 그르치고 있는 셈이다. 그런 사정도 모르고 범려의 장남은 장 선생을 찾아갔다. 장남을 본 장 선생은 깜짝 놀라면서 물었다.

"자네 아직 초나라를 떠나지 않고 있었나?"

그러자 장남이 대답했다.

"사면령이 내린다 하기에 함께 집으로 가려고 기다리고 있었습니다. 그래서 하직 인사를 드리러 왔습니다."

이 말은 들은 장 선생이 그 사실을 누구에게 들었냐고 물었다. 그러자 장남은 차마 장 선생 이외의 관리에게도 부탁했다는 사실을 실토할 수 없어 우물쭈물했다. 이에 장 선생은 범려가 자기한테만 부탁한 것이 아니라 다른 사람한테도 부탁했다는 의심을 하게 되었다. 동시에 지금 장남이 자신을 찾아온 것은 순수하게 하직 인사를 하러 온 것이 아니라 자신에게 준 돈을 회수하러 온 것임을 알아차리고 그 돈을 돌려주었다. 애초부터 돌려주려고 한 돈이었기 때문에 일말의 망설임도 없었다. 하지만 자존심이 상하는 것은 어쩔 수 없었다.

이튿날이 되어 장 선생은 초왕을 뵙고 이렇게 아뢰었다.

"소신이 일전에 별의 움직임을 보고 대왕께 사면령을 내리시어 백성을 위무하시라고 말씀 드렸사온데, 지금 항간에는 초나라에서 월나라로 도망간 범려의 자식을 살리기 위한 조치라는 소문이 나돌고 있습니다. 그 아들은 지금 살인죄를 지고 옥에 갇혀 있습니다."

이 말을 들은 초왕은 크게 화를 내며 다음과 같이 말했다.

"내가 비록 부덕하다고 하나 범려의 아들에게 덕을 어찌 베풀겠소. 그러니 사면령은 범려의 아들을 사형에 처하고 그 이튿날부터 적용하도록 하시오."

결국 범려의 둘째 아들은 사형을 당했고, 범려의 장남은 시신을 수습하여 집으로 돌아왔다. 이것을 본 범려는 한숨을 지으며 이렇게 말했다고 한다.

"자기 아들을 가장 잘 알아보는 사람은 아버지다. 어머니는 정에 끌려 바른 판단을 내리기 힘들다. 돈은 바르게 쓸 줄 알아야 하는 법이다. 아깝다고 절약만 하는 것이 능사가 아니로다. 매사는 돈과 관련을 끊을 수 없는 법. 대사를 그르치고 말았구나. 쓸 때는 써야 하거늘……."

나라와 개인을 지키는 법

춘추전국시대를 통틀어 세 번씩이나 근거지를 옮기면서 명성을 떨친 인물은 범려밖에 없다. 범려는 오나라 멸망 후 초나라에서 같이 망명 온 문종에게 구천의 곁을 떠날 것을 암시했다고 한다. 그러나 문종은 큰 공을 세웠기에 떠나기를 꺼려했다. 대다수 인간은 큰 공을 세우면 자만하고 방자해진다고 한다. 그러면 큰 공을 세운 사람이 살아남을 수 있는 길은 공성신퇴(功成身退)에 있다.

나아가고 물러나는 시기를 잘 선택해야 화를 면할 수 있다. 군왕은 어려웠던 일이 안정되면 공을 많이 세운 신하에 대해 경계심을 갖는다고 한다. 주위 인간들 또한 시기심이 발동하여 조그만 꼬투리도 부풀려서 말하곤 한다. 그래서 토사구팽(兎死狗烹)을 당하게 된다. 그리고 구천처럼 장경오훼(새주둥이) 상을 한 사람은 어려울 때는 함께할 수 있어도 즐거움은 함께 나눌 수 없다고 한다. 문종도 이것을 터득했다면, 구천한테 토사구팽 당하지는 않았을 것이다.

새 왕조가 건국될 때, 공을 많이 세운 건국공신들이 토사구팽 당하는 이유가 여기에 있다. 범려처럼 공성신퇴(功成身退)의 결단을 내리지 못한 것이 화근이 된 셈이다, 자신이 세운 공이 차고 넘친다며 자부심을 갖게 되면 토사구팽 당하는 경우가 많다. 현명한 사람이라면 나아갈 때와 물러날 때를 알아야 그 화를 면할 수 있다.

모든 일에는 인과관계(因果關係)가 있다. 흥할 때와 망할 때도 반드시 원인이 있다. 남만의 소국인 월나라에 비하면 오나라는 물산도 풍부하고 국력도 우월했다. 망한 원인은 부차라는 혼군(昏君)이 절치부심했던 지난 세월의 고생을 까마득하게 잊고 밤낮 없이 주색에 빠져 국력을 소모시키고, 적의 동태 또한 주도면밀하게 살피지 못했으며, 당장 눈앞에 펼쳐진 주지육림과 교언영색을 탐닉했기 때문이다.

또 하나는 위장된 전술에 기만당한 우민함에 있다. 월나라는 진귀한 보물 등을 오나라에 보내 앞으로는 거짓된 충성을 보이면서 뒤로는 군대를 훈련시키고 군량미를 저축하여 전쟁에 대비했다. 반면에 오나라는 군왕과 간신들이 향락에 빠져 국력의 약화를 막지 못했다.

또 하나 생각할 수 있는 것은 이유 없는 친절과 뇌물에는 반드시 함정이 숨겨져 있다는 것을 생각지 못한 것이다. 춘추전국시대 때 서로 패자(覇者)가 되겠다고 경쟁하는 상황 속에서 살아남기 위해서는 오로지 강력한 군사력만이 필요했던 셈이다.

사직을 지키기란 참으로 힘든 일이다. 강력한 군사력을 갖추고 유지해야 평화도 함께한다는 사실을 잊어서는 안 된다. 신하 또한 공을 세웠다고 생각하면 그것에 만족하고 후대 사람들의 평가를 기다려야지 결코 자만에 빠져서는 안 된다. 공성신퇴(功成身退) 속에 담겨진 뜻을 되새길 때 토사구팽도 면할 수 있을 것이다. 명예롭게 퇴진하는 모습을 보이는 것도 삶의 좋은 방편이 되리라.

05
칭기즈칸
(Chingiz Khan)

중국 대륙의 상황

당(唐)나라 현종(玄宗) 때 발생한 '안사(安史)의 난'에 이어 '번진(藩鎭)의 할거', 이민족의 발흥 등으로 중국 대륙은 400여 년 동안 (755~1162) 대혼란에 빠진다.

한족(漢族)의 명맥을 유지한 남송(南宋)은 여진족(女眞族)이 세운 금(金), 탕구트족의 서하(西夏), 위구르족의 고창국(高昌國), 카를루크족의 카를루크, 거란의 서요(西遼) 등의 발흥으로 큰 혼란에 빠져 있었다.

송은 여진족이 세운 금나라에 쫓겨 남쪽으로 밀려나 남송으로 명맥이 유지된다. 남송은 문약했고 외세의 침략에 대처할 능력이 없었다. 남송의 고종(高宗) 때, 금나라와 소흥화의(紹興和議)를 체결하게 되는데, 그 내용인즉 남송은 금나라에 칭신(稱臣)하고 동쪽으로는 회수(淮水)를 시작으로 서쪽으로는 대산관(大散關)을 경계로 하고, 매년 금나라에 은 25만 냥, 비단 25만 필을 세공으로 바치도록 했다. 국방을 금원(金員)으로 때우는 셈이다.

이런 협약에도 불구하고 시간이 흐르자 금나라는 60만 대군으로 남송을 침략하여 대륙을 통일하려 했다. 그러나 금나라의 내부도 조용치 못했다. 무거운 병역과 노역에 시달린 북방의 거란족 등이 봉기하니 내부가 시끄러웠다. 이에 금나라는 봉기에 대한 대처와 내부의 안정 도모, 남송과의 관계 등으로 인해 고비 사막 북쪽 지역에서 일어나는 문제에 대해 충분한 영향력을 행사할 수 없었다.

그 지역에서는 몽골족, 타타르족, 나이만족, 케레이트족, 메르키트족이 초원의 목장, 소, 말, 노예 쟁탈 등을 위한 전쟁이 끊임없이 이어졌다. 이들은 이해관계에 얽혀 필요시에는 손을 잡기도 하고 또 적이 되기도 했다. 그 가운데에서도 타타르 부족(지금의 러시아 남동쪽)이 크게 성장하여 고비 사막 북쪽 초원, 후룬 호와 바이칼 호 부근의 풍요로운 초원을 장악하고 있었다. 당나라 이래로 최강 부족이었다.

차후에 서술되겠지만 몽골 부족이 성장하면서 타타르족과는 필연적으로 경쟁을 벌이게 된다. 그럼 몽골족의 상황은 어떠했는가?

몽골의 3대 칸이자 칭기즈칸의 아버지에게는 숙부가 되는 쿠툴라 칸이 죽은 후 몽골은 각 부족 간에 이해관계가 얽혀 새로운 칸을 선출하지 못했다. 그때 몽골족의 예수게이는 쿠툴라 칸의 조카이고 용감한 무사였다. 몽골족과 타타르족은 3대에 걸쳐 전쟁을 치렀다. 1162년에 예수게이는 몽골족의 수령으로 타타르족과 전쟁을 하게 된다. 이 무렵 예수게이의 부인 호엘룬이 출산하게 된다.

신부를 탈취하다

몽골 고원의 오논 강 절벽 위에서 젊은 용사 예수게이가 매사냥을 하고 있었다. 새로운 운명의 서막이 전개되는 순간이다. 저 멀리에 마차 한 대와 마차를 호위하는 남자 하나가 지나가고 있었다. 예수게이가 숨어서 보니, 마차 안에는 신부 복장을 한 어린 여인이 타고 있었다. 수레 앞쪽에 앉아 있었는데 미인이었다. 수레를 호위하는 남자는 남편 될 사람임에 틀림없었다.

당시에는 가난한 사람이 장가가기란 힘든 일이었다. 남자가 결혼을 하려면 신부 집에 선물도 주고 일정 기간 노역도 해 준 후에 신부 집에서 승낙하면 그곳에서 결혼하고 신부를 데리고 오게 되어 있었다. 예수게이 집안은 그럴 능력이 없었다. 그래서 초원에서 흔히 사용하는 방법을 쓰기로 했다. 이는 곧 신부를 강제로 데리고 오는 이른바 약탈혼이다.

예수게이는 집으로 달려가 형제들을 데리고 와서 마차를 덮쳤다. 젊은 용사 세 명이 달려들자, 신랑 칠레두는 겁이 나서 마차를 버리고 언덕 너머로 도망쳤다. 세 명이 뒤를 쫓았다. 칠레두는 언덕을 빙 돌아 신부가 있는 마차 쪽으로 달려왔다. 〈몽골비사〉에 따르면 신부는 신랑 칠레두를 보고 이렇게 말했다.

"저 세 사람은 인상들이 예사롭지 않아요. 당신의 목숨을 해칠 얼굴이에요. 수레의 방마다 처녀들이 가득하고 수레의 검은 방마다 귀부인들이 있어요. 당신이 살아 있다면, 다른 여자를 얻어 호엘룬이라고 이름 지어요. 우선 목숨을 돌보도록 하세요. 내 냄새를 맡으면서 어서 가요."

그리고는 자신의 저고리를 던져 주었다. 칠레두가 마상에서 허리를 굽혀 저고리를 집으려 할 때, 세 사람이 언덕을 돌아 쫓아오니 칠레두는 오논 강을 거슬러 달아났다. 셋이 그의 뒤를 쫓아 일곱 개의 언덕을 넘을 때까지 쫓아갔다. 그때 칠레두는 발 빠른 호색 말을 타고 있었기에 붙잡히지 않고 도망칠 수 있었던 듯하다. 결국 예수게이와 그 형제들은 마차를 끌고 집으로 돌아왔다.

〈몽골비사〉에는 신부 호엘룬이 눈물을 흘리며 이렇게 말했다고 전한다.

내 신랑 칠레두는
바람을 거슬러
머리카락을
흩트린 적도 없고
거친 들에서
배를 주린 적도 없는데
지금은 어찌하여
두 갈래의 머리채를
한 번은 앞으로

한 번은 가슴 앞으로 날리며
한 번은 등 뒤로
하며 가는가
오논 강이 물결치도록
숲이 울리도록 하는가

호엘룬은 예수게이에게 끌려와 생활하게 된다. 당시 예수게이는 사냥꾼 생활을 하면서 가축 몇 마리를 기르며 생활하고 있었다. 그날 이후 호엘룬은 길고 긴 다사다난한 인생을 살게 된다. 첫사랑은 두 번 다시 만날 수 없는 운명 속에서.

호엘룬을 탈취한 예수게이는 아주 가난하고 세력도 미미했다. 그런데 기막힌 사실이 있었다. 납치되어 와서 보니 그에게는 두 명의 부인이 더 있었다. 더없이 곤혹스러운 일이었다. 그들에게는 아들도 있었다. 호엘룬은 자라면서 하지 않던 일을 해야 했고, 먹을 것을 근심해야 하는 생활도 하게 된다. 호엘룬이 성장하던 환경은 사방이 광활하게 트여 있었고 여름이면 가축들이 무리 지어 몰려와 풀을 뜯고 살이 찌는 넓은 초원에서 자랐다.

그러나 예수게이가 속한 곳은 작은 부족이었으며 넓은 목초지에서는 벗어난 북쪽 산 가장자리에 살고 있었다. 이곳은 초원과 숲이 우거진 산악지대가 만나는 곳으로, 초원이 없어 큰 가축 떼가 모여들어 풀을 뜯어 먹을 수 없었다. 당시 몽골족은 초원의 여러 부족 가운데서도 세력이 약했다. 다른 부족에게 이렇다 할 자랑거리가 없는 부족이었다.

칭기즈칸의 탄생
몽골족의 삶

12세기 초, 고비사막 주변에는 이해관계가 얽히고설킨 수십 개의 씨족과 부족이 살고 있었다. 몽골족은 북쪽으로 멀리 떨어진 변두리, 즉 초원지대와 시베리아 북쪽 침엽수림이 만나는 지점에 살고 있었다. 개중에는 삼림 지역 내의 자그마한 목초지에서도 살았다. 그들은 가축을 기르고 또는 사냥을 하여 의식주를 해결했다. 초원에서는 가축을 사육하는 일 만큼이나 사냥 또한 중요한 일이었다.

몽골족과 가장 가까운 종족은 동쪽의 타타르족과 거란족, 그리고 더 동쪽으로 가서 만주족, 서쪽으로는 중앙아시아 부근의 투르크족이다. 몽골족은 타타르족과 투르크족 사이에 있어서 외부 부족들이 혼동하여 푸른 투르크족 또는 검은 타타르족이라고 부를 정도로 비슷한 점이 있었다. 다만, 투르크족이나 타타르족은 부족 연맹체가 결성되어 있었다.

그에 반해 몽골족은 작은 무리로 나뉘어 살았는데, 대체로 친족 관계에 바탕을 둔 칸(汗)이라고 하는 우두머리가 이끌어 갔다. 그런데 제2대 칸인 암바가이 칸이 죽은 후 후계자 선정 문제를 놓고 각 부족의 귀족들이 투쟁했다. 암바가이 칸은 아들이 열 명이나 되었으나 의견이 통일되지 못해서 그들 가운데 군주를 확정하지 못하고 암바가이 칸의 조카인 쿠툴라 칸이 지위를 계승했다. 세월이 흘러 쿠툴라 칸이 죽자 위와 같은 현상이 재현되었다.

쿠툴라 칸의 아들 주치는 명성과 인망이 높지 않았을 뿐 아니라, 부족들이 흩어져 생활했기 때문에 칸의 위치에 오를 자격이 없었다. 타우치우트 씨족도 내부적으로 많은 문제가 있어 유능하고 신망이 두터운 지도자를 선출할 수 없었다. 그러나 예수게이가 속한 보르지긴 씨족은 어느 정도 내적으로 통일되어 있는 모습을 보였다. 특히 예수게이는 능력도 있고 용감한 용사로 전쟁에서 뛰어난 능력을 발휘했고 지도력도 탁월해 몽골족을 그가 지도 관리하게 되었다.

예수게이는 정식으로 '칸'이라는 지위에 오른 것은 아니지만, 그의 역량과 덕망이 군주 아닌 군주로서의 지도력을 발휘하게 했다. 예수게이가 모든 부족의 책임자가 되게 되자, 타우치우트 씨족도 그의 아래로 들게 되었다. 그런 와중에 그의 덕망과 지도력을 시기하는 무리도 생겼다.

몽골 속담에 '친한 사람이 악독하기가 마치 사갈(무서운 독을 가진 파충류)과 같다.'는 말이 있다. 이 속담처럼 그의 덕망과 지도력은 주위로부터 시기를 받는다. 그러던 차에 예수게이가 죽게 되자 같은 부족 중에서도 그의 가족을 배반하는 무리마저 생겼다.

당시 몽골족의 생활은 목초지를 따라 가축을 이동시키며 생활했기에 목초지는 생명줄이나 마찬가지였는데, 이 목초지 문제로 많은 분쟁이 발생했다. 그리고 이런 분쟁은 대대로 부족 간의 원한 관계로 이어져 내려오는 경우도 있었다. 또 그들은 가축 사육과 사냥을 통해 취득하는 물량만으로 생활이 안 될 때는 외딴곳에 사는 사람이나 약한 부족을 습격하여 약탈하기도 했다. 약탈의 대상은 가축이나 물건만이 아니라 사람도 해당됐다. 노예로 쓰기 위해서다. 이런 모습은 칭기즈칸이 태어나 활약하기 전까지 몽골 초원의 자연스런 모습이었다.

칭기즈칸의 조상

〈몽골비사〉에 따르면 도분 바얀이 알란 코아와 결혼하여 벨구누트와 부그누드라는 두 아들을 낳았고, 몽골족은 바로 그들의 후손이라고 한다.

칭기즈칸의 아버지 예수게이는 몽골 내 여러 종족의 지도자였다. 그는 용맹하여 다른 부족과 싸울 때면 선두에 서서 승리로 이끌었다. 당시 몽골족은 누대에 걸쳐 타타르족과의 원한이 깊었고 싸움도 자주 했다. 키타이족과도 여러 차례 싸웠다. 그의 명성은 주변 부족에게 잘 알려져 있었다.

그의 아내, 즉 칭기즈칸의 어머니는 호엘룬이다. 호엘룬은 원래 올코노오드족 출신으로, 원래는 칠레두라는 청년과 결혼하고 칠레두의 집으로 가는 도중 칭기즈칸의 아버지 예수게이에게 납치당했다. 둘 사이에서 태어난 아들이 바로 칭기즈칸이다.

조금 더 거슬러 올라가서, 칭기즈칸의 할아버지는 바르탄 바하두르이다. 그의 큰 부인은 타타르족 출신으로 이름은 수니겔이다. 그에게는 아들이 넷 있었다.

첫째의 이름은 뭉게두 키얀이다. 그에게는 아들이 여러 명 있었는데, 그의 대를 이은 아들은 창슈트였다. 창슈트는 칭기즈칸이 활동하던 시대에 자신의 종족과 군대를 지휘했으며, 더 나아가 타우치우트족의 군대를 자신의 군대에 배속시켜 함께 지휘했다. 후에 칭기즈칸을 도와주었다.

둘째의 이름은 네쿤 타이시였고 호인 이르겐의 시조가 되었다. 그는 칭기즈칸을 배반하고 타우치우트족과 연합하여 삼림 속으로 들어가

버렸다. 그들에게는 일종의 멸시하는 뜻으로 '삼림에 사는 사람들'이라는 별명이 붙었다. 그의 뒤를 이은 이는 장남 쿠차르였는데, 활을 멀리 정확하게 쏘는 궁사로 유명했다. 칭기즈칸이 어려서 아버지를 여의고 아버지를 따르던 종족들이 타우치우트족에게 가버려 외로웠을 때 자기 군대를 데리고 칭기즈칸을 헌신적으로 도와주었다.

셋째 아들은 칭기즈칸의 아버지인 예수게이 바하두르이다. 키야트 보르지킨 지파가 그로부터 나왔다. 보르지킨은 '회색빛 눈'이라는 뜻이다. 예수게이 바하두르의 후손들은 회색빛 눈에 황색 피부를 지니고 있다. 9대 조모인 알란 코아가 일찍이 남편을 여의고 살았는데, 어느 날 사람의 모습을 한 빛이 밤에 나타났다가 사라졌고, 그 후 임신을 했다. 그때 사람의 모습을 한 빛은 피부는 황색이고 눈은 회색빛이었다고 한다. 알란 코아는 이를 군주의 징표라고 생각했다. 그리고 훗날 칭기즈칸이 태어났다.

넷째 아들은 다리타이 옷치킨이다. 그는 칭기즈칸과 심하게 대립했다. 결국 그의 일족은 예속민으로 전락하고 말았다. 그는 여러 차례 타우치우트족과 한편이 되었다가 칭기즈칸 쪽으로 돌아오기도 하기를 반복했다. 그는 적과 싸워 취득한 전리품에 대해 칭기즈칸이 공평하게 나누자는 의견에 반대했다. 그 뒤 두르벤족과 연합하여 여러 번 칭기즈칸과 전쟁을 벌였다. 그에게는 타이날 예배라는 아들이 한 명 있었는데, 칭기즈칸이 그에게 속해 있던 200명과 함께 다른 종족의 예속민으로 주었다.

참고로 몽골어로 부친은 '에치게', 조부는 '에부게', 증조부는 '엘린척', 고조부는 '부타투', 5대조는 '부다우쿠우'라고 한다. 그들은 핏줄을 존중했고 조상 숭배 사상이 강했다. 제사를 정성껏 지낸다.

핏덩어리를 손에 쥐다

몽골 오논 강가 헐벗고 외딴 언덕에 있는 작은 집에서 호엘룬은 산통을 견디고 있었다. 남편 예수게이는 타타르족과 치르는 전쟁터에 나가 있고, 집 바깥에서는 낯선 사람들이 웅성거리고 있었다. 산통을 거듭한 끝에 아기의 울음소리가 우렁차게 문을 박차고 들려왔다.

1162년 말(馬)의 해 봄에 태어난 이 아기가 후세 사람들이 칭기즈칸이라 부르는 사람이었다. 그가 태어난 곳은 오늘날로 치면 러시아(외몽골) 영토로서, 동경 115도 부근이다. 그런데 태어난 아기가 오른손을 꼭 쥐고 펴지 않았다. 그녀는 깜짝 놀라 손가락을 한 마디씩 펴 보았다. 그러자 손 안에는 손가락 한 마디만 한 검붉은 핏덩어리를 쥐고 있었다. 어머니 호엘룬은 깜짝 놀랐으나 누구에게도 이 사실을 알리지 않았다. 삶의 경험도 없고 글자도 모르며 몹시도 외롭게 생활했던 호엘룬이 이와 같은 이상한 징조에 대해 어떤 생각을 갖고 살았을까?

칭기즈칸이 쥐고 있던 핏덩어리의 생김새에 대해 〈몽골비사〉는 붉은 돌 또는 비석 또는 소로정 같았다고 전한다. 소로정은 당시 몽골에서 사용하는 긴 창이라고도 하고 몽골족의 전쟁의 신을 상징한다고도 한다. 호엘룬은 테무진 뒤에 아들 셋, 딸 하나를 더 낳았다. 테무진, 카사르, 카치온, 테무게는 아들이고 딸은 테물륜이었다.

덧붙이자면, 칭기즈칸이란 호칭은 1206년부터 사용되었고, 그 이전에는 테무진이라는 이름으로 불렸다.

테무진, 약혼하다

테무진의 나이 아홉 살 때 아버지 예수게이는 테무진의 신부를 구하기 위해 테무진을 데리고 길을 떠났다. 둘은 테무진의 외가가 있는 올코노오드 쪽으로 갔다. 부인 호엘룬이 자기 부족의 여자를 며느리로 삼고 싶어 했기 때문이다. 예수게이는 이 기회에 테무진이 외가 사람들과 알고 지내는 것이 좋다고 생각하기도 했다.

예수게이한테는 세 명의 부인이 있었고, 첫째 부인 소치겔이 낳은 아들 벡테르는 테무진보다 일곱 살 위였는데, 성격상 차이로 서로 다투는 갈등 속에 살았다. 차남인 테무진을 결혼시켜 멀리 떠나보내면 형제 사이의 경쟁을 일으키는 일을 사전에 예방할 수 있다는 생각에 호엘룬 소생인 테무진을 먼저 결혼시키려 했던 것 같다. 둘째 부인은 소생이 없었는지 자녀에 대한 기록이 없다.

〈몽골비사〉에 따르면, 예수게이와 테무진이 올코노오드로 가는 도중에 첵체르와 치코로쿠 사이에서 옹가리드 사람인 데이 세첸을 만났다. 어디로 가느냐는 질문에 예수게이는 아이의 외삼촌인 울쿠누트 씨를 만나 아이의 혼사를 정하기 위해 가는 길이라고 말했다. 그러자 데이 세첸은 위아래로 테무진을 살펴보고는 매우 기분이 좋은 상태로 다음과 같이 말했다.

"당신의 아들은 눈에는 불이 있고 얼굴에는 빛이 있는 아이로군요. 제가 지난밤에 꿈을 꾸었습니다. '흰 송골매(해동청)'가 해와 달을 움켜쥐고 날아와 내 손등에 앉았지요. 이 꿈을 해몽해 보려고 지금 이곳에서 해와 달을 바라보고 있습니다. 무슨 길조가 나타나나 했더니 예수게이 사돈을 만났군요. 이 꿈은 그대가 저 아이를 데리고 올 때 꾸었으니 아주 좋은 꿈을 꾼 것 같아요. 그대들 카야트 사람들의 수호신이 와서 전조를 보여준 것이겠지요."

이렇게 말하고는 예수게이에게 자기 집으로 가자고 했다. 이에 데이 세첸을 따라 그의 집에 가서 딸아이를 보니 얼굴은 빛이 나고 눈에는 불이 있었다. 데이 세첸의 딸은 부르테이고 테무진보다 한 살이 많았다. 예수게이는 테무진과 하룻밤을 묵고 이튿날 청혼을 넣었다. 데이 세첸이 청혼을 수락하자, 예수게이는 자신이 몰고 온 예비마를 예물로 주어 테무진을 사위로 맡기고는 집으로 돌아가기 위해 길을 떠났다.

참고로 당시 몽골의 결혼 풍습을 언급해 둔다. 약혼이 성사되면 남자는 여자의 집에서 얼마간 생활한 후에 여자를 데리고 남자의 집으로 와서 정식 결혼식을 올린다.

고난의 세월
예수게이 독살당하다

예수게이는 테무진을 데이 세첸 집에 머물게 하고 혼자서 집으로 향했다. 집으로 가는 길에 첵체르 시라 초원에서 잔치를 열고 있는 타타르족 사람들을 보게 되었다. 배도 고프고 목도 마르고 쉬기도 할 겸 말에서 내려 잔치를 벌이는 무리 속으로 들어갔다.

당시 몽골의 풍습에는 여행자를 융숭하게 대접하는 것이 관례로 되어 있었다. 일종의 관습법인데, 낯선 사람에게도 심지어는 적에게도 적용될 정도였다고 한다.

그런데 타타르족 사람들 중 하나가 전에 있었던 전쟁에서 예수게이가 타타르족을 해쳤던 사실을 기억하고 있었다. 그래서 음식에 독을 타서 예수게이에게 주었다. 예수게이는 배도 고프고 목도 마르던 참에 독이 뿌려진 음식을 맛있게 먹었다. 그리고는 집을 향해 말을 몰았다. 얼마쯤 가니 독이 몸에 퍼져 배가 아프기 시작했고 정신도 몽롱해졌다. 그는 말 등에 엎드리고 말았다. 다행히도 그의 말은 장장 사흘에 걸쳐 집까지 무사히 데려다 주었다.

간신히 집에 돌아온 예수게이는 그간의 사정을 이야기하고 차라카의 아들 뭉릭을 불러 올코노오드 마을에 가서 테무진을 데려오라고 했다. 뭉릭은 올코노오드 마을에 가서 데이 세첸에게 사정을 알리고 테무진을 데리고 집으로 왔다. 그러나 예수게이는 이미 숨을 거둔 후였다. 테무진은 이후 길을 떠날 때면 항상 비상식량은 갖고 다녔고, 모르는 사람이 주는 음식은 조심해서 먹었다.

예수게이는 세 명의 아내와 아직 열 살도 안 되는 자식 7명을 남기고 세상을 떠났다. 그가 죽고 나자 그의 가족은 고난의 길을 걷게 된다.

부족의 배반

예수게이가 죽자 몽골족은 유능한 지도자의 부재로 점점 무너져갔다. 예수게이 살아생전에 복속했던 친족과 군대가 하나둘씩 등을 돌렸고, 급기야는 과거 불편한 관계에 있던 타우치우트족과 연합하게 되었다. 이에 타우치우트족은 예수게이가 살아 있을 때 품었던 적개심을 테무진과 그 가족에게 드러내기 시작했다. 고난의 시작이었다.

예수게이가 죽은 해 가을 몽골족은 여느 때와 마찬가지로 조상에 제사를 지냈다. 그때 제물을 준비하고 관리하는 책임자는 암바가이 칸의 부인인 우르베이와 소카타였다. 그들은 테무진의 어머니 호엘룬에게 제사를 언제 지내는지, 무슨 일을 해야 하는지에 대해 알려 주지 않았다. 때문에 호엘룬은 제사 당일 늦은 시간이 되어서야 제사가 있다는 사실을 알고 부랴부랴 제사를 지내는 곳으로 달려갔다. 하지만 제사는 이미 끝난 후였다.

그들은 호엘룬과 그 가족을 없는 사람 취급하며 제사 음식을 나누어 주지도 않았다. 원래 제사 음식은 제사에 참여하지 않은 사람에게도 골고루 나누어 주는 것이 관습이었다. 제사를 지낸 후 제사 음식을 주지 않는다는 것은 같은 집안이 아니라는 사실을 간접적으로 표현하는 행위였다. 그렇다면 오늘의 이런 작태는 부족의 명단에서 호엘룬 가족을 제외한다는 뜻이 아닌가? 이에 호엘룬은 우르베이와 소카타에게 이렇게 항의했다.

"오늘 우리에게 제물도 나누어 주지 않고 차와 밥을 주지 않는다는 것은 훗날 숙영지를 옮길 때 우리를 버리고 가겠다는 뜻이 아닌가? 예수게이가 살아 있을 때 부족을 위해 일을 하지 않았단 말인가? 세월이 흘러가면 내 아들이 장성하여 어른이 될 터인데 어찌 그러는가? 내 아들은 어른이 되지 못한다는 말인가?"

이 말을 남기고 호엘룬은 눈물을 흘리며 돌아섰다. 그러자 두 여인은 악을 쓰듯 이렇게 말했다.

"우리는 숙영지를 옮길 때 당신 가족을 버릴 것이야."

이 말은 호엘룬의 가슴을 후벼팠다.

버리고 가다

가을이 되자 오논 강의 물이 줄고 초지는 생명을 잃어가니 짐승들의 먹이가 부족해졌다. 이에 부족은 오논 강 하류로 이동하게 되었다. 이때 그들은 테무진 가족을 버리고 자기들만 이동했다. 이에 대해 차라카 노인이 인정머리가 없다고 항의하자, 뒤에서 누군가가 창으로 내리쳐 깊은 상처를 입게 된다. 그 소식을 들은 테무진이 달려가 보니, 차라카 노인은 숨을 거두며 이렇게 말했다고 한다.

"훌륭한 너의 아버지가 흩어진 부족을 한데 모아 이 나라를 만들었다."

테무진은 아무것도 할 수 없는 이 상황에 분노하며 이를 갈 뿐이었다.

그렇게 떠나가는 부족을 본 호엘룬은 예수게이가 쓰던 말총으로 만든 영기(纛旗)를 움켜쥐고 말에 올라 떠나가는 사람들의 주위를 맴돌았다. 떠나가던 부족민들은 호엘룬의 행동에 수치심을 느꼈는지, 아니면 휘두르는 영기에 두려움을 느꼈는지 본래의 숙영지로 되돌아왔다. 그러나 밤이 되자 그들은 하나둘씩 테무진 가족을 뒤로하고 빠져나갔다. 그들은 숙영지를 떠나며 두 명의 과부와 일곱 명의 어린 자식들이 굶어 죽을 것이라고 생각했다. 그러나 이 가족은 죽지 않고 살아남는다.

어머니 호엘룬은 오논 강 주위의 작은 열매나 초근목피를 채취했다. 테무진은 뼈 조각을 날카롭게 갈아서 만든 화살촉을 화살대에 끼워 산토끼, 쥐 등을 잡았고 물고기도 낚았다. 그리고 온 가족이 합심하여 산짐승을 사냥하며 무사히 겨울을 넘겼다.

이듬해 봄이 오자 몽골 벌판에는 따스한 햇볕이 내리쬐었다. 파란 싹이 돋아났고 꽃도 아름답게 피어나기 시작할 무렵 토굴 속에서 짐승

같은 모습으로 테무진 가족이 모습을 드러냈다.

〈몽골비사〉에는 당시의 상황을 아래와 같은 시로 묘사하고 있다.

> 모자를 꾹 눌러쓰고 허리띠를 바싹 졸라매고
> 오논 강을 위아래로 뛰어다니며 산앵두, 머루를 따러
> 밤낮으로 허기를 달랬네.
> 담력을 갖고 태어난 어머니가 복 받은 아들들을 기를 때
> 잇개나무 꼬챙이를 잡고 오이풀, 수리취를 캐서 먹었다네.
> 어머니가 자총이, 달래로 기른 아들들이
> 임금이 될 만큼 자랐구나.
> 소신 있는 어머니가 산나리로 기른 아들들
> 절도 있는 현자들이 되었구나.
> 아름다운 부인이 부추, 달래로 키운 철부지들이
> 헌헌장부들이 되었구나.
> 호남아로 다 자라서 사내답고 자긍심을 갖췄네.
> "우리가 어머니를 모시자"며 오난 강기슭에 앉아
> 낚싯대와 바늘을 갖춰 작은 고기를 낚아 올리고
> 바늘을 구부려 낚시 바늘 삼아 구울무지, 사루기를 낚았네.
> 그물을 엮어 작은 고기를 건져 올려 어머니를 봉양했도다.

필자는 이 글을 쓰며 왠지 모르게 뺨을 흐르는 것이 눈물이었음을 후에 알았다. 아버지를 여읜 후 씨족한테 가축도 빼앗기고 부족과 공존하지 못하며 고립된 생활 속에서 테무진 가족은 추위와 기아를 견

디며 짐승처럼 살았다. 이들은 인간 이하의 삶을 살았다. 어린 시절 그에게 준 이 깊은 상처는 그의 성격이 형성되는 데 깊은 영향을 주었다. 다음과 같은 필자의 감상을 적어 둔다.

"고난은 사람을 강인하게도 하는 한편, 격정적이고 사납게 만들기도 한다. 고난은 사람에게 참고 견디는 힘을 주는 한편, 잔혹하고 무정하게 만들기도 한다."

스스로 의지를 키우다
의붓형과의 갈등

예수게이 사후 남은 가족은 세 명의 부인이 있었는데, 첫째 부인한테는 큰아들 벡테르와 작은아들 벨구테이가 있었다. 둘째 부인은 소생이 없었는지 전해지는 말이 없다. 셋째 부인은 칭기즈칸의 어머니 호엘룬이다. 호엘룬은 4명의 아들과 한 명의 딸을 낳았다. 장자 테무진은 9살, 차남 주치는 일곱 살, 삼남 카치운은 다섯 살, 사남 테무게는 세 살, 딸 테무룬은 요람 속에 있었다. 그리고 대대로 집에 있던 여자 하인이 한 명 있었다. 도합 식구가 10명이었다. 소와 말은 타우치우트족 등이 끌고 갔다. 남은 것은 타고 다니던 아홉 필의 말이 전 재산이었다.

몽골 유목민에게 가축은 생활의 기반이고, 씨족과 부족의 그늘에서 제외된다는 것은 보호 세력이 없는 위태로운 신세가 된다는 뜻이다. 몽골 부족 사이에서는 가축과 사냥이 삶의 기반이지만, 부족한 물자를 얻기 위해 약한 부족을 공격하여 물건을 약탈하는 행위가 빈번했다. 그래서 아이들은 부모의 말에 복종하고 유사시 잘 따르도록 하기 위해서는 가장의 권위가 절대적이었다. 가장이 잠깐이라도 집을 비울 때는 장남이 그 권한을 대행했다.

테무진의 이복형 벡테르는 테무진보다 일곱 살이 많았는데, 형으로서 베푸는 마음은 없고 억누르고 쥐어박고 큰소리로 꾸짖고 자기 멋대로 행동하여 테무진과 충돌하는 일이 많았다. 테무진은 벡테르의 행동에 무척 화를 내며 자주 싸웠다. 사춘기가 되면서부터 그들의 갈등은 더욱 심해졌다. 그들이 다툴 때마다 호엘룬은 이렇게 말했다.

"우리에게는 그림자 말고는 동무도 없고 말꼬리 말고는 채찍도 없다. 타우치우트족과의 원한을 언제 풀려 하느냐?"

호엘룬은 자신의 가족이 고립무원의 극빈한 상태라는 것을 강조했다. 어느 날 드디어 문제가 발생했다. 그들이 오논 강에서 낚시를 했는데, 테무진이 잡은 황금색 물고기를 벡테르와 벨구테이가 빼앗아갔다. 그러자 테무진과 주치는 집에 와서 어머니께 우리가 잡은 물고기를 벡테르가 빼앗아갔다고 울분을 토했다. 그러자 어머니는 이렇게 말했다.

"어차피 집에 가져오면 함께 먹을 터인데, 형제간에 왜 그렇게 다투기만 하느냐. 타우치우트족한테 당한 억울한 한을 어떻게 풀려 하느냐?"

그러자 테무진과 주치는 이렇게 불만을 토로했다.

"어제는 고두리살로 잡은 새를 빼앗아 갔습니다. 어떻게 함께 살겠습니까?"

그리고는 문을 박차고 나가버렸다. 문을 거칠게 닫고 나간다는 것은 부모의 말에 순종치 못하겠다는 뜻이다. 이처럼 불만이 쌓인 테무진과 주치는 이복형 벡테르를 죽일 마음으로 기회를 노렸다. 그리고 어느 날 벡테르가 언덕 위에서 거세한 사라카 말(털빛이 흰 듯하며 노르스름함) 아홉 마리를 지키고 있었다. 그래서 그들은 활을 가지고 살금살금 벡테르에 다가갔다. 가까이 가서 동시에 일어나 활을 조준했다. 그러자 벡테르는 다음과 같이 말했다.

"타우치우트족에게 맺힌 한도 풀지 못하고 있는데 누구를 해치고자 하느냐? 왜 나를 눈엣가시로만 여기느냐? 우리에게 채찍은 짐승 꼬리밖에 없는데 왜 그렇게 생각하느냐?"

하지만 테무진과 주치는 조준한 활을 물릴 마음이 없었다. 운명을 직감한 벡테르는 이렇게 말했다.

"가계를 이어야 하니 벨구테이는 죽이지 말아다오."

그리고는 피할 생각도 안 하고 다리를 틀고 앉았다. 테무진은 뒤에서 먼저 화살을 쏘고 주치는 앞에서 쏘았다. 그 후 그들은 어머니께 벌을 받았다. 이와 같은 형제간의 분란은 무엇을 가져왔을까?

산이 도와주다

형제가 형제를 죽였으니 그 집안은 어떻게 되었을까? 테무진이 늠름하게 자라나고 과감하게 행동하는 것을 눈엣가시처럼 생각하던 타우치우트족은 어떤 생각을 가지게 되었을까?

예수게이 사후 호엘룬 집안의 가축, 노예, 재물을 약탈해 간 타우치우트족은 호엘룬의 가족이 오논 강가에서 생존을 이어가며 테무진을 비롯한 형제들이 늠름하게 자라는 것을 보고 불안을 느끼고 있었다. 그런데 때마침 테무진이 형제 살해라는 금기를 어김으로써 그들에게는 테무진을 처벌할 명분이 생긴 셈이다.

지금까지 호엘룬은 재물을 빼앗기고 버림받아 인간 이하의 생활을 하고는 있었으나 금기를 어기지는 않아 오논 강가에서 살아갈 명분만큼은 확실하게 가지고 있는 실정이었다. 하지만 지금은 범죄자 집안이 되어 버렸다. 이에 닥쳐올 위험을 생각한 호엘룬은 지금의 삶터를 벗어나 달아나야 한다고 생각하고 숲속으로 거처를 옮겼다. 그들은 나무를 잘라 담장을 치고 울타리를 만들었다. 명궁인 주치는 활을 쏘아 그들의 공격을 막아냈다. 어린 동생들은 산 위의 절벽 틈새에 숨겨 놓았다.

몽골족은 쫓기는 사람이 산림으로 들어가면 산의 정령이 도와준다는 생각을 하고 있었다. 그래서 그들은 산도 험하고 골짜기도 깊어 산속으로 쳐들어오지 못했다. 그들은 테무진만 보내 주면 없던 일로 하겠다며 협박했다.

숲속에서 사흘을 버틴 테무진은 다른 부족들이 이제는 돌아갔겠거니 여기고 숲 밖으로 나가기 위해 말을 타려고 했다. 그런데 그 순간 말안장이 땅에 떨어졌다. 말의 뱃대끈은 분명 잘 조여져 있었는데 참 이상하다는 생각을 했다. 그리고 말의 목에 거는 가죽끈도 잘 채워져 있는데 왜 안장이 떨어졌을까? 나가지 말라는 하늘의 계시인가 하고 생각했다. 그래서 말안장을 정리한 다음 숨어 있던 숲속으로 다시 돌아가버렸다.

그리고 숲 속에서 사흘 밤낮을 보낸 후 다시 나오려고 집을 나서는데, 커다란 바윗덩어리가 굴러 와서 길을 막고 있었다. 테무진은 아직 위험이 지나가지 않았다는 하늘의 계시라고 생각해 다시 숲속으로 들어갔다. 다시 사흘이 지나자 숲으로 숨어든 지 9일이 지난 셈이 되었다. 이제는 먹을 양식도 떨어져 더 이상 참고 지낼 수가 없었다. 굶어 죽을 수는 없으니 할 수 없이 숲은 나섰다. 하지만 타우치우트족은 끈질기게도 그때까지 숨어서 지켜보고 있었다. 결국 테무진은 그들에게 잡히는 신세가 되었다.

구원자는 있다!

타우치우트족에 잡혀간 테무진은 목에 칼을 쓰게 된다. 옛날 죄수들이 쓰던 행차칼이다. 그래서 걸을 수는 있지만, 손을 움직일 수 없어서 다른 사람이 도와주지 않으면 먹고 마실 수도 없었다. 그는 행차칼을 쓴 채 매일 이 집 저 집을 옮겨 다니며 그 집에서 먹여 주는 것만 먹고 감시를 당해서 도망가지 못하는 생활을 했다.

그런데 타우치우트족 안에는 하인 집단이 따로 있었다. 그들은 대부분 전쟁 포로였다. 이 하인 집단 사람들이 테무진을 동정 어린 눈빛으로 바라봐 주었다. 테무진의 감시 역으로 가끔 하인 집단이 배정되는 경우도 있었는데, 그럴 때면 그들은 먹을 것도 잘 주고 칼 때문에 난 목의 상처를 치료해 주기도 했다. 어떤 집안에서는 자식들이 밤에 부모 몰래 칼을 풀어 주기도 했다.

그러던 어느 날 타우치우트족이 오논 강기슭에서 잔치를 벌였는데, 마침 몸이 약한 소년이 테무진을 지키게 되었다. 그래서 테무진은 행차칼을 들어 올려 소년의 머리를 때리고는 달아나서 오논 강가의 물속 돌틈에 숨었다. 정신을 차린 소년이 테무진이 도망친 사실을 모두에게 알리자 타우치우트족은 그를 찾아 나섰다. 테무진을 처음 발견한 사람은 하인 집단에 속한 소르칸 시라였다. 그런데 테무진을 발견한 그는 모두에게 알리지 않고 이렇게 중얼거렸다.

"이렇게 재주가 있고, 눈에는 불이 있으며, 얼굴에서는 빛이 있기 때문에 타우치우트족이 시기하는구나. 그대로 누워 있어라. 고발하지 않으마. 나를 보았다고 하지 말아라."

그러면서 그는 그 자리를 떠나갔다.

밤이 되자 강 속에서 나온 테무진은 소르칸 시라의 집으로 찾아갔다. 그 집으로 간 이유는 테무진이 전에 그 집에 갔을 때, 그 집 아들들이 마음 아파하며 행차칼을 벗겨 주고 자게 해 주었던 사실을 기억해냈기 때문이다.

소르칸 시라는 타우치우트족의 노예 집안이었고, 주된 임무는 마유를 만드는 일이었다. 마유는 우유를 발효시켜 만든 음료수 같은 것인데, 주로 밤에 일을 많이 했다. 테무진을 본 소르칸 시라가 깜짝 놀라며 테무진을 받아들이지 않으려 하자, 그의 아들들이 이렇게 말했다.

"참새가 매에게 쫓겨 풀숲으로 숨어 들면 풀숲도 그 생명을 구하는데, 사람인 우리가 그를 구해 주지 않는다면 우리는 풀숲보다 못한 존재입니까?"

결국 소르칸 시라는 테무진을 장작과 양털을 모아둔 창고에 숨겨 주었고 행차칼도 벗겨 태워버렸다. 위험을 무릅쓰고 테무진을 구해 준 셈이다. 소르칸 시라는 양고기를 삶아서 먹을 것을 챙겨 주었고, 말 잔등의 안장을 빼낸 다음에 말을 타고 가게 했으며, 불을 피우는 부싯돌은 주지 않았다. 말안장을 제거한 것은 혹시나 테무진이 붙잡히면 말안장을 보고 자기 집을 특정할 우려를 없애기 위한 것이고, 부싯돌을 주지 않은 것은 도망치다 불을 피울까 염려했기 때문이다.

테무진은 그 가난한 하인 집단의 가족이 목숨을 걸고 자신을 도와준 사실에 큰 감동을 받았다. 테무진은 도망치면서 많은 생각을 한다. 가까운 집안이었던 타우치우트족은 자기를 죽이려고 안달이 났는데, 같은 씨족도 아닌 사람이 목숨을 걸고 도와주었으니, 테무진은 지금까지 가졌던 혈연적 유대라는 사고에서 벗어나 자신에게 보여준 태도와 행동을 기준으로 사람을 판단해야 한다는 생각이 싹트게 된다.

초원 사회에서 같은 핏줄이면 보호해 준다는 지금까지의 생각에서 벗어나야 한다. 많은 생각을 하면서 위기에서 벗어난 테무진은 가슴에 많은 교훈을 새겼다. 그리고 자기를 찾아 헤매고 있을 가족을 찾아 말의 박차를 가했다. 테무진은 오논 강 상류로 한참을 올라가 코르초크 동산에서 가족을 다시 만나게 된다.

의로운 친구를 만나다

테무진은 가족을 만난 후에도 타우치우트족을 피해 여덟 번이나 거처를 옮겼다. 그러나 얼마 지나지 않아 타우치우트족과 한통속인 주르킨족 사람에게 거처를 들키고 만다. 주르킨족은 목축보다 도둑과 약탈을 주로 하는 부족이었다. 그들은 테무진 형제들이 사냥을 나간 사이에 테무진 집안의 생명줄과 같은 여덟 필의 말을 끌고 달아났다.

사냥에서 돌아온 테무진은 말을 찾기 위해 집안에 남은 늙고 기력이 쇠한 말을 타고 도적 떼를 찾으러 떠났다. 나흘 째 되던 날, 한 무리의 말 떼가 모여 있는 곳을 발견하게 했다. 그곳에서는 자기보다 약간 어린 소년이 말 젖을 짜고 있었다. 테무진은 그 소년에게 물었다.

"이 부근으로 말 여덟 마리가 지나가는 것을 보지 못했습니까?"

"보았는데 왜 그러십니까?"

"말 도둑놈들이 집에 남자들이 없는 틈을 타서 말을 훔쳐 가서 찾으러 가는 길입니다."

"이런 고약한 도둑놈들을 봤나. 붙잡아서 혼을 내 주어야겠네요. 나도 함께 갑시다."

그 소년은 하던 일을 정리하고 함께 갈 준비를 했다. 우선 테무진이 타고 온 늙은 말을 보고는 자기 집에 있는 등이 검은 백마 한 필을 끌고 와서 타라고 했다. 그리고는 부모에게 알리지도 않고 앞장서서 말을 달리기 시작했다. 그 소년은 테무진보다 나이가 적었다. 자기 이름은 보오추루이고 아버지는 니큐버얀이며, 자기는 외아들이라고 했다.

그들은 초원 이곳저곳을 며칠 동안 찾아다녔으나 테무진의 말을 찾을 수 없었다. 그러다가 엿새째 되는 저녁 무렵, 한 야영지에서 풀을 뜯고 있는 테무진의 말들을 발견하게 되었다. 그 옆에는 장막이 쳐 있었다. 그들은 말에서 내려 장막 안을 조심스럽게 살펴보았다. 말 도둑들은 피곤한 몸을 쉬고 있는지 자는 듯 누워 있었다. 그들은 살금살금 말을 몰고 그곳을 벗어났다. 얼마 있다가 주르킨족 사람들은 말이 없어진 것을 알고 떼를 지어 쫓아 왔다. 테무진은 활을 쏘며 달려갔다. 한참을 달리다 보니 날이 어두워졌고 주르킨족 사람들은 쫓아오는 것을 포기했다.

〈몽골비사〉에서는 당시의 모습을 다음과 같이 묘사하고 있다.

"해가 떨어진 황혼 무렵이어서 하늘이 어두워진 까닭에 뒤를 따라온 사람들은 모두 멈추어 섰다."

테무진은 그 소년의 도움으로 말을 찾게 되었으니 사례로 말 몇 마리를 주겠다고 했다. 그러나 보오추르는 한 마디로 거절하면서 자기 집은 아들이 하나뿐이어서 집안이 넉넉하니 걱정하지 말라고 했다. 그는 테무진이 딱한 사정에 놓인 것 같아서 동료로서 도운 것뿐이라고 했다. 보오추르는 테무진을 자기 숙영지로 데리고 갔다. 보오추르의 아버지 니큐버얀은 아들의 행방을 몰라 애태우고 있었다. 그는 돌아온 아들을 보자 어찌된 영문인지 물었고, 아들의 이야기를 들은 아버지는 칭찬을 하면서도 한편으로는 꾸짖기도 했다. 그리고 이렇게 말했다.

"너희 두 사람은 지금부터 서로 보살펴 주어야 하고 신의를 저버려서는 안 된다."

그 이후 보오추르는 칭기즈칸과 동거동락하며 나중에는 훌륭한 장군이 되어 테무진과 함께한다.

테무진, 결혼하다

1178년 테무진은 17세가 되었다. 그는 7년 전 약혼하고 아버지가 세상을 떠난 후 한 번도 부르테를 만나지 못했다. 테무진은 동생 벨구데이와 함께 그녀가 사는 케룰렌 강 상류의 옹가리트 마을을 찾아갔다. 장인 데이 세첸은 테무진을 보고 매우 기뻐하면서도 이렇게 말했다.

"타우치우트 형제 집안이 자네를 시기하고 괴롭힌다는 말을 듣고 매우 걱정했다네."

부르테도 기쁘게 맞이해 주었다. 그녀는 18세로 테무진보다 나이가 많았다. 그의 어머니 초탄은 예의 바르고 인자했다. 테무진은 그곳에서 간단하게 초례(醮禮)를 치렀다. 그리고는 어머니가 미리 준비해 둔

예물을 가지고 부르테는 테무진을 따라나섰다. 어머니는 집에서 멀리 떨어진 셍구르 강까지 와서 배웅을 하고 돌아갔다.

시부모에게 좋은 옷을 가져가는 것이 당시의 혼례 관습이었다. 그런데 부르테의 부모는 아버지 예수게이가 죽고 없는데도 초원에서 가장 가치 있는 예물인 검은담비 외투를 보내 주었다. 그 예물은 아버지가 생존해 계셨다면 문제가 없는데 이미 세상을 떠나고 없으니 고민을 하게 된다. 검은담비 외투를 본 어머니와 테무진은 눈물이 났다.

테무진은 담비 외투를 사용할 좋은 방도를 궁리한 끝에 아버지 살아생전 친하게 지냈던 토오릴이라는 사람에게 주기로 했다. 후에 옹 칸이라 불리는 인물이다. 테무진이 토오릴에게 검은담비 외투를 주려는 까닭은 아버지와의 옛정을 생각해서 자신을 도와달라는 뜻이 담겨 있었다. 토오릴은 케레이트족 소속이었다. 케레이트족은 몽골 중부의 가장 비옥한 초원을 차지하고 있었으며, 몽골의 다른 부족과는 달리 왕(王) 아래 여러 부족이 힘을 합해 강력한 부족 동맹을 이루고 있었다.

당시 각 부족이 차지하고 있는 영역을 살펴보면 다음과 같다. 고비 사막 북부의 넓은 초원은 네 개의 주요 부족이 장악하고 있었다. 중앙은 케레이트족, 서쪽은 나이만족, 북쪽은 주르켄족(여진족), 동쪽은 여진족에 예속되어 지배를 받는 타타르족이 장악하고 있었다. 그리고 인접한 부족들 사이에서는 상황에 따라 동맹을 맺기도 하고 전쟁을 치르기도 하면서 서로를 견제하고 있었다.

테무진의 아버지 예수게이는 케레이트족과 친족 관계는 아니었으나 상호 협조하며 살았다. 이때 이들이 맺은 유대관계는 단순한 상하 관계를 넘어 있었다. 예수게이는 젊은 시절 케레이트족의 통치자였던 구르 칸을 제거하고 옹 칸이 케레이트족의 왕이 되도록 많은 도움을 주었다. 그래서 다른 부족과 싸울 때 동맹 관계로 협조를 주고받았다.

보통 초원에서의 동맹 관계는 같은 씨족에 속하는 혈연관계가 주를 이루었지만, 혈연관계가 아닐 때는 의식을 통해 가상의 친족관계를 형성했다. 예수게이가 케레이트족과 의식을 통해 맺은 것이 형제관계라면, 이제 테무진은 옹 칸과 부자지간이 되는 셈이다. 그래서 테무진이 검은담비 외투를 옹 칸에게 준 행위는 자신을 옹 칸의 아들로 인정해 달라는 일종의 청원이었던 셈이다. 만약에 받지 않는다면 관계를 맺을 생각이 없다는 뜻이 된다. 옹 칸과 부자지간의 관계를 형성하는 것이 테무진에게는 어떤 의미로 종속관계일 수도 있다. 하지만 테무진의 현재 상황은 고립무원의 상태였기에 이것저것 따질 계제가 아니었다.

테무진을 맞이해서 검은담비 외투를 본 옹 칸은 순수하게 기쁜 마음으로 받아들였다. 양자로 받아들일 결심을 굳힌 것이다. 이로써 테무진은 옹 칸으로부터 자신을 보호해 준다는 약속을 받고 자기의 숙영지로 돌아오게 된다. 이 일로 인해 훗날 실제로 테무진은 어려운 상황에서 옹 칸의 도움을 받게 된다. 테무진의 간절함이 하늘을 감동시켜 인연을 맺게 해 준 것일까?

호사다마

테무진은 결혼을 했고, 옹 칸이라는 든든한 후견인도 둘 수 있게 되었으며, 동생들도 성장하여 일을 도우니 집안 사정은 날로 좋아지는 상황이었다. 지난날 오논 강가 척박한 땅에 버려졌을 때와 비교하면 크게 호전된 상황이 아닐 수 없다. 테무진 개인적으로도 점차 제왕적 기질이 발현되었는지 비범함이 드러나기 시작하기도 했다. 이즈음 테무진의 결혼 소식도 소문을 타고 여러 지역으로 퍼져나갔다.

이 소식은 메르키트족에게까지 전해지게 되었다. 이 부족은 테무진의 아버지가 호엘룬을 데려올 때 죽인 칠레두가 속한 부족이었다. 메르키트족은 18년 전의 일을 잊지 않고 있었다. 그래서 그때의 일을 복수하고자 테무진의 신부인 부르테를 유괴할 계획을 세운다.

어느 날 아침 테무진 집안에서 오랫동안 일하고 있는 코아그친이라는 노파가 눈을 떴을 때 미세하게 지축이 울리는 것을 감지했다. 그리고 이어서 말발굽 소리가 희미하게 들려왔다. 노파는 서둘러 식구들을 깨웠고, 사태를 눈치챈 테무진 일가는 보르칸 성산 쪽으로 급히 도망갔다. 그런데 큰어머니(벨구데이의 어머니)와 노파, 그리고 부르테가 뒤쳐지고 말았다. 결국 세 사람은 메르키트족에게 붙잡히는 신세가 되고 말았다.

계획대로 부르테를 유괴하는 데 성공한 메르키트족은 보르칸 성산 쪽으로 도망간 테무진 일가마저 잡아들이기 위해 애를 썼으나 이미 울창한 숲속으로 몸을 숨긴 그들을 찾는 데 실패하고 돌아가버렸다. 테무진은 사흘 밤낮을 숲속에 숨어 있다가 간신히 살아남을 수 있었다.

〈몽골비사〉에 따르면 테무진은 숲속에서 나와 해와 달을 향해 허리띠와 모자를 벗어놓고 손으로 가슴을 치며 아홉 번 절하고, 말젖을 발효하여 만든 술을 바치며 맹세했다고 한다. 몽골족이 허리띠를 푼다는 것은 자신은 신 앞에 무력한 존재임을 보이는 행위라고 한다. 즉 테무진은 신의 은덕을 입어 목숨을 구했고, 이는 자신이 신으로부터 보호를 받고 있다는 사실을 은연중에 드러낸 셈이다. 몽골족은 푸른 하늘, 황금빛 태양, 푸른 숲에는 영혼이 있다고 믿고 있었다.

옹 칸의 도움을 받다

테무진은 메르키트족에 잡혀간 부인을 구하기 위해 다시 한 번 옹 칸을 찾아갔다. 사정을 들은 옹 칸은 즉시 도움을 주기로 하고 다음과 같이 말했다.

"코르코낙 숲에 있는 자무카를 찾아가서 내 뜻을 전하라. 나는 이곳에서 2만의 병력을 출진하여 우익을 맡을 테니 자무카는 좌익을 맡아 달라고 해라. 집결 장소와 시간 등은 자무카가 직접 결정하고 기별해 달라고 이르라."

자무카는 몽골에서 새롭게 떠오르는 영웅으로 대접받던 인물로, 지금은 테무진이 어릴 적에 '안다 언약(형제가 되기로 하는 약속)'을 맺은 자다란족의 지도자였다. 자무카는 옹 칸의 부름에 기꺼이 응하여 의형제를 도와 메르키트족과 싸우기로 했다. 그리하여 옹 칸과 자무카 군대는 부르칸 칼둔 근처 오논 강의 발원지에서 집결하여 산을 넘은 다음 초원을 지나 바이칼 호 방향의 셀렝게 강변에 살고 있는 메르키트족의 영토로 쳐들어갔다. 옹 칸과 자무카의 도움으로 야습이 이루어졌고, 메르키트족은 이렇다 할 힘 한 번 써 보지 못하고 도망치기에 급급했다.

옹 칸과 자무카 군대는 메르키트족이 남기고 도망간 게르를 돌며 물건을 약탈했다. 한편, 테무진은 게르를 돌며 부르테를 찾기 시작했다. 모든 게르를 다 뒤져도 부르테를 찾지 못하자, 테무진은 도망치는 메르키트족을 뒤쫓으며 부르테를 불러댔다. 퇴각하는 메르키트족에 잡혀 있던 부르테는 테무진의 목소리를 듣고 타고 있던 수레에서 몸을 날려 목소리가 들리는 뒤쪽으로 정신없이 달렸다.

테무진은 정신없이 말을 몰아 메르키트족의 뒤를 쫓느라 부르테를 발견하지 못했지만, 부르테가 테무진의 모습을 발견하고는 테무진의 말고삐를 잡아챘다. 그제야 부르테를 알아본 테무진이 말에서 뛰어내려 부르테를 힘껏 안았다. 이렇게 두 사람은 다시 하나가 되었지만, 안타깝게도 큰 어머니인 소치겔과 늙은 하인 코아그친은 끝내 구하지 못했다.

자무카와의 인연
의형제를 맺다

테무진은 옹 칸과 자무카의 도움으로 메르키트족을 물리치고 부인 부르테를 되찾는 데 성공했다. 이후 테무진은 자무카와 함께 코르코낙 숲으로 가서 공동 숙영을 하게 된다. 두 사람은 이번 메르키트족과의 전투를 통해 처음 알게 된 사이는 아니다. 그들은 어릴 때 이미 의형제를 맺은 사이였다. 자무카는 자다란족의 흰 뼈 후손으로 우월감을 갖고 있었다.

몽골족 관습에 따르면 의형제를 맺을 때는 증표로 선물을 주고받는다. 그때 테무진은 자무카에게 수노루 발목뼈로 만든 주사위를 주었고 자무카는 구리로 만든 주사위를 주었다. 그때 테무진은 11살 무렵이었고 자무카는 그보다 2살 정도가 많았다고 한다. 이 둘은 옹 칸과 함께 테무진의 부인을 찾게 된 것을 기념해 두 번째 의형제를 맺는다. 두 번째 의형제를 맺을 때 자무카는 송아지의 뿔로 만든 우는 화살을 주었고, 테무진은 노간주나무로 만든 고두리 화살을 주었다. 그들은 두 번째 의형제를 맺으며 다음과 같이 말했다.

"의형제가 된 우리 두 사람의 목숨은 이제부터 하나다. 서로 버리지 않으며 서로에게 생명의 보호자가 되겠노라."

자무카와 의형제를 맺은 테무진은 자무카의 봉지에서 생활하기로 하고 자신의 식솔들을 데리고 갔다. 자무카의 봉지는 땅이 비옥하여 초지가 좋은 곳이었다. 테무진은 이곳에서 자무카의 뜻에 따라 행동하기로 했다. 자무카의 본거지였으니 어찌 보면 당연한 결과였다. 하지만 한편으로는 이곳에서 생활하면서부터 테무진의 형편은 크게 나아지게 되었다.

테무진과 자무카, 헤어지다

자무카와 의형제를 맺은 테무진은 실제로 자무카의 도움을 많이 받았다. 하지만 시간이 지나면서 둘 사이에는 의견 차이가 생기기 시작했다. 추구하는 이상이 서로 달랐기 때문이다. 거기에 더해 나이도 많고 권력도 큰 자무카가 테무진의 의견을 묻지도 않고 처리하는 일들이 많아졌다. 그렇다고 해서 테무진이 할 수 있는 일은 별로 없었다. 이런 상황은 테무진에게 열등감을 심어주게 되었다. 그런데 테무진은 선천적으로 열등감을 감내하는 성격이 아니었다.

1181년 5월 자무카는 겨울 야영지를 떠나 멀리 떨어진 목초지로 옮기게 되었다. 자무카와 테무진은 맨 앞에서 말을 타고 갔다. 해가 저물어 야영를 준비할 시간이 되었다. 그때 자무카는 테무진에게 양과 염소를 이끌고 강 가까운 곳에 가서 야영지를 만들라는 말을 했다. 그리고 자신은 말떼를 이끌고 산 가까운 곳에서 야영지를 꾸리겠다고 했다.

자산 가치로 볼 때 말은 양이나 염소와는 비교할 수도 없는 가치가 있었다. 이런 자무카의 행동은 테무진에게 큰 굴욕감을 주었다. 테무진은 즉시 어머니 호엘룬을 찾아가 자신의 심정을 밝히고 상의했다. 그 자리에 부인 부르테가 나타나서는 성난 목소리로 이제는 자무카와 헤어질 때가 된 것 같다고 했다. 그러면서 테무진을 따르는 사람들과 함께 따로 움직이자고 주장했다.

그날 테무진은 자무카와 멀리 떨어진 곳에 야영지를 꾸린 후, 밤이 깊어지자 자신을 따르는 무리를 이끌고 야영 장비를 거두어들여 밤새도록 움직였다. 이 사실을 알게 된 자무카는 테무진이 자기와 헤어지기 위해 멀리 떠나간다고 생각했지만 별다른 행동을 취하지 않았다. 결별을 사실상 인정한 셈이다. 이는 곧 의형제의 결의를 버리기로 한 것이나 다름없었다.

두 마리 용이 한 곳에 머물 수 없는 것일까? 그들은 서로에게서 등을 돌렸다.

테무진, 칸이 되다

1181년 초여름 밤에 벌어진 두 사람 사이의 비극은 이후 20여 년에 걸쳐 다툼을 이어가는 시발점이 되고 말았다. 그도 그럴 것이 두 사람 모두 몽골의 왕이 되고자 하는 큰 야망을 품고 있었기 때문이다.

테무진은 19살 때 자무카와 결별한 뒤 자신을 따르는 전사들의 지도

자가 되었다. 자무카와 테무진은 갈라진 상태에서 사람을 모으고 자신의 권력 기반을 다지기 위해 힘썼다. 두 사람은 서로 자신의 주도하에 몽골족이 통일되기를 희망했고 '칸'의 자리에 오르려 했을 것이다. 이제 자무카와 테무진은 서로에게 가장 강력한 경쟁자가 되었으며, 그로부터 몽골족은 25년 동안 최고 통치자의 자리를 놓고 분쟁을 이어가게 된다.

자무카와 결별한 뒤 잘라이르, 키야트, 바이란 같은 사람들이 테무진과 뜻을 같이 했다. 그의 주위에는 몽골족 가운데 지위가 높은 귀족들도 모여들었다.

자무카는 탁월한 재능을 가졌고 많은 씨족을 거느리고 있었다. 하지만 조상 선대로 올라가면 다른 민족의 피가 섞여 있다는 문제가 있었고, 성격이 너그럽지 못하고 독선적인 성향이 강했다. 그래서 그를 따르던 씨족들 중에 그의 곁을 떠나는 무리가 있었다. 반면 테무진에게는 키얀 부족과 산하 노예 집단이 몸을 의탁하며 무리 지어 몰려왔다. 〈유라시아 유목제국사〉를 저술한 르네 그루쎄(Rene Grousset)는 그의 저서에서 이렇게 서술하고 있다.

"옛 왕가의 대표들은 테무진을 더 전통적이고 더 온순하다고 판단한 데에 비해 자무카의 활기찬 성격과 헌신적인 성향에 대해서는 불안감을 느꼈기 때문에 새로운 왕가의 군주 자리를 노리는 두 사람 가운데 테무진을 선호했다."

자무카와 헤어지고 8년이 지난 1189년 여름 28세의 테무진은 푸른 호수 옆 초원에서 추종자를 불러 정책결정 최고기관인 쿠릴타이를 개최했다. 테무진이 개최하는 쿠릴타이에 참석한다는 것은 곧 테무진을 지지한다는 것을 의미한다. 그리고 이 회의에서 테무진은 몽골족의 우두머리를 칭하는 '칸'의 지위에 오른다. 사실상 몽골족은 예수게이 사망 후 20여 년 동안 1인 체제의 군주를 세우지 못한 상태였다. 이 무렵 테무진과 양아버지 관계에 있는 옹 칸은 아직까지 몽골 초원에서 다른 부족에 대해 강력한 영향력을 행사할 수 있는 힘이 있었다. 그리고 그의 힘은 테무진이 '칸'으로 추대되는 데에 결정적인 배경으로 작용했다고 볼 수 있다.

테무진은 '칸'으로 추대된 후, 옹 칸에게 사절단을 보냈다. 사절단 파견 목적은 자신을 인정해 달라는 것과 앞으로 계속해서 후원을 부탁한다는 뜻이 담겨 있었다. 사절단은 옹 칸을 배알한 후 테무진이 '칸'이라는 칭호를 사용하는 목적은 오로지 흩어진 부족을 모으기 위함이라고 전한다. 이에 옹 칸은 당시의 정황을 보고받은 자리에서 매우 기뻐하며 다음과 같이 말했다고 한다.

"내 아들 테무진을 세워 '칸'으로 삼았으니 매우 옳다. 너희 몽골이 어찌 '칸' 없이 살겠는가?"

옹 칸은 몽골족이 자신에게 충성하는 한 그들의 통일을 위한 행위에 크게 신경 쓰지 않았다. 이는 다른 의미에서 옹 칸이 몽골족의 통일을 아직은 요원하다고 판단했으리라는 추측이 가능하다. 때문에 테무진이 소수 집단의 '칸'으로 활동하는 것에 대해 옹 칸은 지지를 보인 것이다.

이후 테무진은 자무카에게도 사절단을 보냈다. 테무진이 '칸'의 위치에 오르기 전에는 몽골족에 대한 대권을 사실상 자무카가 쥐고 있었다. 그래서 자무카는 사절단이 찾아오자 불쾌한 표정을 지으며 다음과 같이 말했다고 한다.

"왜 두 마리 숫양처럼 나와 테무진의 형제 관계를 이간질하는가? 테무진을 추대하여 '칸'으로 삼은 저의는 무엇인가?"

명백하게 반대 의사를 표시한 셈이다. 테무진은 '칸'에 오른 뒤, 부족 내의 권력 구조에 대해 변혁을 시도했다. 먼

칸 등극 장면

저 그는 '칸'의 전용 숙영지인 오르도를 관리하는 주체로, 과거의 친인척 중심에서 능력과 충성도를 고려한 인물들로 채웠다. 이런 조치는 혈통이 아니라 능력에 따라 임무를 부여하겠다는 의미로, 당시로서는 혁신적인 변화라고 할 수 있다. 또한 테무진은 우수한 전사 150명을 뽑아 친위대를 조직했고 주간에는 70명, 야간에는 50명이 숙영지를 지키도록 하는 24시간 체제를 만들었다.

자무카, 테무진을 습격하다

테무진이 몽골 부족의 '칸'으로 선출된 것에 대해 자무카는 매우 불쾌한 감정을 가지고 있었다. 어떻게든 꼬투리를 잡고자 했다. 그리고 테무진이 '칸'으로 선출된 다음해인 1190년 자무카가 원하는 사건, 일명 '말떼 사건'이 터진다.

자무카의 동생이 테무진 숙부의 농장에 침입하여 말을 훔쳐 달아났

다. 테무진의 숙부는 말이 울부짖는 소리를 듣자마자 도적을 쫓아가 활로 쏘았다. 그런데 그만 그 활에 맞은 자무카의 동생이 죽어버렸다. 이에 자무카는 자기 휘하의 전사 3만 명을 이끌고 테무진 진영으로 쳐들어갔다. 테무진은 급히 군대를 편성하여 대항했으나 너무나 큰 전력 차이를 극복하지 못하고 오논 강의 제레네 협곡으로 쫓겨 갔다.

테무진은 이 전투에서 밀렸지만, 사실상 병력의 손실은 적었다. 수적 열세를 너무나 잘 알고 있던 테무진은 대적하는 척하다가 곧바로 후퇴했기 때문이다. 그렇다고 해서 피해가 전혀 없었던 것은 아니다. 100여 명이 포로로 잡혀갔다. 그런데 자무카는 여기에서 큰 실수를 저지르고 만다. 포로로 잡아간 테무진의 전사 100여 명을 산 채로 가마솥에 삶아 죽이고 지도자급 인사들은 따로 참하여 머리만 말에 매달아 끌고 다니게 하는 만행을 저지른 것이다.

고래로 전투에서 붙잡은 포로는 죽이지 않는 것이 관례이다. 그런데 자무카는 포로를 잔인한 방법으로 죽인 데다가 인간의 영혼을 짓밟는 행위까지 서슴지 않았다. 이렇게 잔인한 행동을 당하게 되면 인간은 극도의 공포감을 느끼게 된다. 그리고 그 공포감은 적의로 변한다. 자무카의 이런 행동은 다른 씨족 사람들로부터 마음을 돌리게 하는 원인으로 작용했다. 테무진은 전투에서 졌지만, 자무카는 몽골 대중의 마음에서 멀어진 존재가 된 셈이다. 자무카에게서 멀어진 민심은 자연스럽게 테무진에게로 향했다.

〈몽골비사〉에 따르면 이 사건 이후에 오로오드족과 망고드족이 자무카 세력에서 이탈하여 테무진의 진영으로 넘어왔다. 예수게이 사망 이후 자무카에게 의탁하고 있던 뭉릭이 테무진 진영으로 들어온 것도

이 무렵이었다. 순식간에 불어난 테무진의 세력이었다.

부족의 통일을 향하여
타타르족을 치다

이 무렵까지 몽골족은 통일된 부족 체제를 형성하기 위한 시도가 있었다고 한다. 하지만 대부분은 무위로 끝나고 말았으며, 테무진이 '칭기즈칸 시대'를 열기 전까지 몽골족은 통일을 이루지 못한 채 분열 상태에 놓여 있었다. 그것은 한 곳에 정착하여 생활할 수 없는 자연환경 탓도 있었고, 또 고비사막 남쪽에 있던 키타이족이 몽골족보다 발전된 국가 체제를 형성하고 있는 주리첸(여진족)을 조종하여 몽골족을 정치적으로 관여하게 함으로써 몽골족의 통일을 방해한 때문이기도 하다. 즉 몽골족이 작은 씨족끼리 서로 전쟁을 하게 함으로써 세력을 약화시켜 어느 부족도 타 부족을 위협할 정도의 세력을 형성하지 못하게 관여한 셈이다.

그런데 테무진이 33세 되던 1195년경에 시대의 흐름이 예기치 못한 방향으로 흘러갔다. 그 흐름은 강한 부족이 약한 부족을 병합하는 방향으로 흘렀고, 테무진 또한 이런 흐름에 편승하여 타 부족을 병합해 나갔다. 이런 과정을 통해 테무진은 경제력과 군사력에서 비약적인 성장을 이루게 되었다.

한편, 오랜 세월 주리첸과 타타르족은 동맹을 맺고 상호협력하며 살아왔다. 그런데 타타르족의 국력이 강해지는 것에 불안을 느낀 주리첸이 옹 칸과 손잡고 타타르족을 공격했다. 이 전쟁에서 테무진은 옹 칸의 은혜에 보답하고자 타타르 공격에 참여하게 된다. 테무진이 이 전쟁에 능동적으로 참여한 것은 아버지 예수게이가 타타르족에 의해 독살당한 원한을 갚기 위한 결정이었을 수도 있다고 필자는 생각한다.

한편, 주리첸 왕국이 벌인 이번 전쟁에 참여하면서도 테무진은 막강한 주르첸 왕국이 국경의 부족들을 부추겨 서로 싸우게 한다는 사실 또한 인지하고 있었다. 테무진은 자무카의 경우처럼 오늘의 친구가 내일의 적이 될 수 있다는 사실 또한 자각하고 있었다. 오늘 정복당한 부족은 언젠가 다시 복수를 위해 전쟁을 일으킬 것이기 때문에 싸움이 끊임없이 계속될 것임을 예견했다. 그래서 테무진은 지금 상태라면 영원한 승자도 지속적인 평화도 없으리라는 사실을 알고 있었다.

이 전쟁은 결국 연합 세력의 승리로 끝남으로써 타타르족은 극도로 세력이 약해졌다. 테무진이 이끄는 몽골족은 이 전쟁을 통해 유례없는 규모의 물자를 획득할 수 있었고, 그에 따라 테무진의 위상 또한 더욱 높아졌다. 즉 타타르족과의 전쟁에서 얻은 전리품 덕분에 추종자의 수가 늘어났고, 아직까지 테무진 쪽에 합류하지 않은 다른 씨족들에게도 압력을 행사할 수 있을 정도로 영향력이 확대되었다.

주르킨족을 치다

테무진은 타타르족과 전투를 승리로 이끈 후, 1197년 주르킨 원정에 나섰다. 주르킨은 몽골족 안에서도 규모가 작은 편에 속했기 때문에 테무진 입장에서는 굳이 전쟁을 일으켜 병합을 꾀할 생각까지는 없었다. 그런데 주르킨족은 왠지 평소부터 테무진의 가족을 멸시하는 습관을 가지고 있었다. 그 이유는 주르킨족이 원래 왕족의 후손이기도 했고, 그 때문인지 테무진이 칸에 오른 사실에 대해 애초부터 반감을 가지고 있었다.

테무진이 주르킨족을 치게 된 배경을 〈몽골비사〉에서 훑어보면 충분히 납득할 만하다. 때는 타타르족과의 전쟁에 참가하기 바로 전이었다. 테무진은 원정에 앞서 주르킨족을 잔치에 초대했다. 그런데 여흥이 좀 지나자 그들은 테무진의 배다른 동생 벨구데이를 모욕적인 방법으로 무시했다. 또 여흥 중에 아무 이유도 없이 말을 끌고 가려고 했다. 그래서 벨구데이가 그들에게 달려가 항의했다. 그랬더니 그들은 잔치에 참여할 때는 무기를 소지할 수 없다는 규정을 어기고 몰래 숨겨 가져온 칼로 벨구데이의 어깨에 상처를 입혔다.

그런 일이 있고 테무진은 주르킨족에게 타타르족을 치는 일에 함께할 것을 요구했다. 이에 주르킨족은 흔쾌히 수락했다. 그런데 그들은 집결지에 나타나지 않았다. 뿐만 아니라 테무진이 타타르족과의 전쟁에 나가 있는 틈을 타서 테무진의 본거지를 습격하여 구성원 10명을 죽이고 물건을 약탈해 갔다. 테무진은 머리끝까지 화가 나고 말았다.

테무진은 타타르 원정을 마치고 돌아온 즉시 주르킨족 공격에 나섰다. 결과는 테무진의 승리였고, 주르킨족의 자취는 사라지고 말았다. 주르킨족을 합병한 테무진은 곧바로 쿠릴타이를 개최하여 전투 중에 생긴 문제 등을 논의했다. 보통 초원 사회에서의 관습은 승리한 자는 물건을 약탈해갔고 구성원 가운데 지도자급들은 죽이거나 노비로 삼았으며, 나머지 구성원은 승리한 쪽에 그대로 흡수되는 것으로 마무리된다. 굳이 회의 같은 것을 개최해 논공행상을 하지 않는다.

하지만 테무진은 쿠릴타이를 개최하여 주르킨족을 친 것에 대해 다른 부족들과 공유하고 의견을 나누었다. 이런 방식은 당시 유목민 사회에서 획기적인 변화였다. 태무진은 이 회의에서 주르킨족이 저지른 그동안의 잘못을 열거하고 그에 합당한 조치를 취했노라고 설명했는데, 주르킨족의 죄목으로는 다음과 같이 말했다.

"그들은 타타르족 원정 시 함께 싸우겠다는 맹약을 어기고 집결 장소에 6일 동안이나 나타나지 않았고 연락도 오지 않았다. 또한 내가 부재중인 것을 알고는 우리 숙영지를 습격했으니 그 죄는 무엇보다 크다."

테무진이 주르킨족을 친 후 그 땅을 병합함으로써 힘과 세력을 키워 나갔다.

타우치우트족을 치다

이후로도 테무진은 꾸준히 세력을 키워나갔다. 재물이 늘고 존경심을 얻고 사람들이 주위로 몰려들었다.

한편, 자무카는 타우치우트 귀족들로부터 적극적인 후원을 받고 있었다. 또한 예수게이 생존 시에 따르던 많은 부족이 자무카 산하로 들어갔기 때문에 아직까지 강한 세력을 유지하고 있었다. 자무카를 비롯한 타우치우트족 측에서는 테무진이 전통적인 생활 방식과 관습 등을 개혁하는 것에 큰 반감을 가지고 있었기 때문에 사사건건 테무진의 정책에 반대하고 훼방을 놓았다.

테무진이 급격하게 세력을 불린 이 시기에 몽골족은 테무진의 보르지긴족과 자무카의 타우치우트족의 양대 세력으로 나뉘어 있었다. 그리고 두 세력 중 살아남는 쪽이 중앙 초원의 최고 통치자가 되는 분위기였다.

두 세력의 충돌 정황이 무르익고 더 이상 미룰 수 없는 상황이 되었다. 두 세력은 오논 강 근처에서 벌어진 첫 번째 전투를 시작으로, 쿠이텐 평원의 대회전, 카라칼지트 사막 전투, 차키르마우트 전투 등을 이어간다.

첫 번째 전투에서는 테무진 전사들의 기세에 압도당한 타우치우트 쪽 전사들이 패배의 공포감에 휩싸이며 전장에서 도망치기 시작했다. 이대로라면 테무진의 승리가 확실한 상황이었다. 그런데 어둠을 뚫고 날아든 화살이 공교롭게도 테무진의 목에 박히고 말았다. 테무진은 피를 흘리며 쓰러졌다. 다행히 어둠 때문에 활을 쏜 적군도, 싸움에 여념이 없는 아군도 이러한 사실을 알지 못했다. 그때 테무진의 충성스러운 전사 젤메가 밤새도록 간호한 결과 새벽녘에 의식을 되찾았다. 의식을 되찾은 테무진은 전투를 승리로 이끌었다. 그리고 테무진은 젤메를 절대적으로 신임하게 되었고 대소사를 젤메에게 위임하여 처리하도록 했다.

한편, 이번 전투의 승리를 통해 예전에 타우치우트족에 붙잡혀 행차 칼을 쓰고 고생할 때 그를 도와준 소라칸 시라 가족을 만날 수 있었다. 이에 테무진은 이들 가족을 노비의 속박에서 풀어주는 훈훈한 에피소드도 있었다. 30여 년 전의 호의가 값진 선물이 되어 되돌아온 것이다.

옹 칸, 망령이 들다
발주나의 맹약

테무진과 옹 칸은 양아버지와 양아들의 관계로 20여 년을 서로 협조하며 살아왔다. 그런데 옹 칸이 나이가 많아지면서 이상한 행동을 하기 시작했다. 한편으로는 테무진을 도와주면서도 또 다른 한편으로는 자무카도 도와주었다. 이런 옹 칸의 행동은 세력의 균형을 유지하기 위함일 수도 있지만, 테무진 입장에서는 많은 부담이 될 수밖에 없었다.

한편, 옹 칸의 아들 일카 셍굼도 장성하게 되어 부자간에도 많은 조정이 필요했다. 테무진은 큰 뜻을 펼치기 위해 셍굼과 툴라 강가에서 피를 나누어 마시면서 형제의 결의를 맺었지만 오래 지속되지는 못했다. 그래서 테무진은 과거의 인연을 살려 앞으로 옹 칸과의 관계를 돈독히 하고자 두 집안의 혼담을 제시하게 된다. 옹 칸의 딸을 테무진 자신의 아들 주치와 맺어주고, 테무진 자신의 딸은 옹 칸의 손자, 즉 셍굼의 아들과 혼인시키자고 제한했다.

이 제안에 대해 셍굼은 두 집안 사이의 항렬 상 문제가 있다는 이유로 거절했다. 그러나 그 이유는 명목상일 뿐이고, 당시 초원의 관습으로는 전혀 문제가 없는 내용이었다. 즉 아버지가 죽으면 둘째, 셋째 부인 등은 아들과 맺어주기도 하고 형이 죽으면 동생이 형수와 사는 수계혼(收繼婚)의 풍습이 있었기에 항렬 상의 구분은 엄격하지 않았다.

그럼 셍굼은 왜 이런 이유를 들어 혼인 제안을 거절한 것일까? 그 배후에는 자무카의 농간이 있었다. 자무카는 혼인으로 두 집안이 맺어지면 상대적으로 자신의 세력이 약해질 것이 뻔하기 때문에 셍굼으로 하여금 거절하도록 이간질을 한 것이다. 하지만 자무카의 이간질도 소용이 없었는지, 얼마 지나지 않아 청혼 거절 사실을 번복하고 두 집안의 결혼을 받아들이겠다고 연락해 왔다.

하지만 사실은 여기에도 자무카의 계략이 숨어 있었다. 즉 결혼식이 거행될 때 그 자리에 참석한 테무진을 제거하기로 흉계를 꾸민 것이다. 이런 사실을 모른 채 테무진은 예식에 참석했다. 당시 관습으로는 혼인 축하연 참석 시, 이끌고 온 전사들은 멀리 뒤쪽에 두고 소수의 호위 병력만 데리고 가게 되어 있었다. 하마터면 위기에 몰릴 뻔했으나, 다행히 선발대가 그들의 흉계를 탐지하고 연락해 왔다. 테무진을 결혼식장에서 죽일 계획을 꾸미고 있다는 사실을 알게 되었다. 하지만 테무진은 이미 본대에서 멀리 떨어져 축하연 가까이까지 다가온 상태였다.

테무진은 급히 호위대와 함께 동쪽으로 도망쳤다. 결혼식에 참석할 예정이었기 때문에 비상식량도 준비하지 않았다. 정신없이 도망쳐 간신히 추격대를 따돌린 일행은 발주나 호숫가에 이르렀다. 따라온 전사를 확인해 보니 19명밖에 안 되었다. 일부는 붙잡혀 포로가 되었고, 일부는 다른 곳으로 피신했다.

일행은 허기에 시달렸다. 그때 마침 야생마 한 마리가 목격되었다. 일행은 야생마를 잡아 요리했다. 그릇도 없고 땔감도 없는 상황에서 요리해 먹을 방법이 없자, 말의 가죽을 벗겨 네 방향에서 끈을 묶어 매달았다. 그 속에 물을 붓고 말고기를 잘라서 넣었다. 땔감으로 동물의 마른 배설물을 모아 불을 피우고 거기에 주먹만 한 돌을 넣어 벌겋게 달군 후 가죽 부대 속에 넣고 물을 끓여 고기를 익혀 먹었다. 이 방법은 지금도 전통적인 방식으로 사용되는 것 중 하나이다. 물은 호수의 물을 먹었는데, 주로 흙탕물이어서 맑지 못했다. 그래도 살기 위해서는 어쩔 수 없는 선택이었다.

몽골족에게 말은 가장 명예로운 짐승으로 여기기 때문에 잡아먹거나 하지는 않는다. 다만, 야생마였기에 식용이 가능했고, 이는 테무진 일행에게는 하늘이 내려준 행운이었다. 테무진은 끝까지 함께한 부하들의 충성심에 감사하며 발주나 호수의 흙탕물을 손에 담아 축배를 올렸다. 모두 흙탕물을 함께 마시며 끝까지 테무진과 함께하겠노라고 맹세했다. 후세는 이를 두고 '발주나의 맹약'이라고 한다.

발주나 맹약은 친족, 인종, 종교를 떠나 상호 헌신과 의리를 기반으로 한 몽골 민족의 다양성을 보여준 사건이다. 테무진과 함께 쫓기며 싸운 19명은 9개 부족 출신이었다.

번개 작전

테무진이 발주나 호수에 있다는 소식을 들은 전사들이 속속 모여들었다. 테무진과 의형제를 맺은 쿠일다르가 크게 부상을 당한 채 가까스로 합류했고, 아들 오고타이도 생사를 넘나드는 고통 속에 합류했다. 이제 테무진의 병력이 모두 모였다.

테무진은 그동안 양아버지로 모셔왔고 많은 도움도 주고받던 옹 칸의 배신을 믿을 수 없었지만, 한편으로는 벌어진 상황이 명확하니 인정하지 않을 수도 없었다. 이에 자무카와 옹 칸에게 반격하기로 결심한다.

한편 자무카와 옹 칸은 테무진의 세력을 완전히 꺾어 놓았다고 판단했다. 테무진은 소수의 호위대만 대동한 채 도망갔고, 그의 군대도 모두 흩어졌으니 재기하기는 힘들다고 생각했다. 그래서 궁궐 같은 황금 게르 안에서 큰 잔치를 벌였고 경계도 거의 하지 않았다. 그러나 테무진은 그들의 느슨해진 마음을 이용해 최대한 빨리 전열을 재정비하여 자무카와 옹 칸이 마음 놓고 잔치를 벌이는 곳을 향해 진격했다.

옹 칸의 왕궁 게르로 가는 길은 들판을 가로지르면 빠르고 편히 갈 수 있지만, 적에게 쉽게 노출되는 약점이 있기 때문에 험한 고개를 넘어야 하는 우회로를 선택했다. 말에게는 재갈을 물렸고 인기척도 최대한 죽였다. 그리고 번개처럼 공격을 개시했다. 자무카와 옹 칸의 병사들은 반격할 새도 없이 순식간에 당하고 말았다.

테무진의 번개 작전은 주효해서 승리를 거머쥐었다. 자무카와 옹 칸의 군대는 뿔뿔이 흩어졌으며, 그 경황 중에 옹 칸의 아들 셍굼은 사막에서 죽음을 맞이했다. 자무카는 몇 명 안 되는 부하를 거느리고 나이만 영토로 달아났다. 나이만 부족은 초원의 3대 부족으로 매우 강했다. 옹 칸은 나이만 국경까지 쫓겨 갔는데, 국경의 경비병이 초라한 행색을 한 사람이 옹 칸이라는 사실을 알아차리지 못하고 죽여버렸다. 참으로 허무한 죽음이 아닐 수 없었다.

이제 테무진의 다음 목표는 나이만일 수밖에 없었다.

나이만족

나이만은 강한 부족이었다. 그런데 이난차 빌케 칸이 죽고 타양 칸이 즉위하고 나서 국력이 약해졌다. 나이만의 왕비는 옹 칸이 테무진에게 쫓겨 나이만으로 쫓겨오다가 국경 경비병에 의해 죽임을 당한 것을 속죄하는 뜻에서 머리를 가져다 제사를 지내 주었다. 그런데 믿지 못할 일이 생겼다. 술 한 잔을 부었더니 죽은 옹 칸이 혀를 날름하고 내밀었다고 한다. 불길한 이 현상을 놓고 논의한 결과 머리를 부수어 내버려야 한다는 주장이 제기되었고, 그에 따라 머리를 으깨어 내다버렸다.

이후 나이만 군주인 타양 칸은 테무진을 치기로 결심한다. 여기에서 잠시 타양 칸의 면모를 살펴보면, 그는 군주로서의 덕목이 부족한 면이 있었다. 타양 칸은 이난차 빌케 칸의 아들로 궁중에서 응석받이로 자란 탓에 곤란을 겪어본 일이 없고 경험도 많이 부족했다. 그래서 아버지 이난차 빌케 칸은 그를 훈련받지 못한 말(馬)에 비유하면서 평소에 많이 걱정했고 신료들에게 부탁도 자주 했다.

이난차 빌케 칸 사후의 일이다. 궁에는 아버지 이난차 빌케의 후궁 가운데 구루베수라는 젊고 아름다운 후궁이 있었다. 타양 칸은 관습에 따라 아버지의 후궁이었던 그 여인을 자신의 후궁으로 맞이했다. 구루베수는 미모도 출중했지만 영악하기도 하여 타양 칸의 총애를 많이 받았다. 그러다 보니 정치에 관여하여 국정을 좌지우지하는 지경에까지 이른다.

특히나 그녀는 몽골족을 싫어했는지, 몽골족에 관해 비하하는 발언을 많이 했다고 한다. 이런 분위기였기 때문에 타양 칸의 몽골 정벌 주장은 점점 구체적인 양상을 띠었다. 이때 나이든 신하가 이렇게 말했다.

"전쟁은 국가의 흥망이 달려 있습니다. 신중하게 논의한 후 결정해야 한다고 생각합니다."

그러나 타양 칸은 나이든 신하의 충언을 무시하고 후궁의 말을 들어 몽골과의 전쟁에 뛰어든다.

회전초 대형 전법

테무진과 나이만의 혈전은 서기 1204년에 벌어졌다. 테무진의 병력은 나이만의 병력에 비해 그 수가 적었다. 하지만 병사들의 질적 수준은 나이만을 압도하여 지휘관의 명령에 일사불란하게 움직였다.

그런데 나이만과 대치 중에 적의 동태를 살피러 나갔던 병사가 나이만 군대에게 잡혀갔다. 그들은 잡아온 몽골 병사를 자세히 살펴보니, 말의 안장도 원시적인 것이었고 말이 여위어 있는 것을 보고 몽골족은 궁색하고 강하지 못하다고 오판을 하게 된다. 반면, 테무진은 전사가 한 명 잡혀갔다는 말을 듣고 그날부터 매일 저녁마다 전사 한 명이 모닥불을 5개씩 피우게 했다. 일종의 허장성세였다. 병력이 많은 것처럼 위장하는 전술을 썼다.

테무진의 군대는 10명씩 분대를 편성하게 했다. 나이만의 진지를 분대 병력으로 선제공격을 가한 후 대응하지 않고 곧바로 빠져나오도록 했다. 이런 작전을 밤마다 반복하니 적은 매우 불안했다. 테무진은 대단위 병력으로 나이만을 공격한 것이 아니라 십 호 단위로 밤에만 공격했다. 이것을 '회전초 대형'이라고 부른다.

회전초 대형은 가을철 바람이 불면 잡초들이 둥글게 뭉쳐져서 굴러가는 모습을 보고 이와 같은 이름을 붙인 것이라고 한다.

회전초

호수 대형 전법

나이만 군대가 진을 치고 있거나 싸울 때, 십 호 단위로 빠르게 공격하고 빠져나오는 회전초 대형 방식은 적을 심리적으로 불안하게 만든 것이다. 나이만 군대는 몽골군이 공격하고 후퇴하여 빨리 빠져나가는 것을 보고도 따라갈 수 없었다. 복병을 매복시켜 놓고 공격하는 척하다가 후퇴하는 것이라고 착각했기 때문이다. 테무진은 공격 방향을 일정하게 두지 않고 사방에서 공격하도록 했다. 그러니 나이만 군대의 불안감은 커져만 갔다.

테무진은 회전초 대형 작전과 더불어 호수 대형 작전도 병행했다. 즉 공격할 대상의 전면에 횡대로 길게 서서 맨 앞줄이 화살을 날리고 나서 재빠르게 뒤로 빠지면 그다음 줄이 적을 향해 화살을 쏘는 식으로 계속해서 화살을 날림으로써 적을 무력하게 만들었다. 궁수들은 대부분 나이가 많은 사람이었고 기병이나 보병은 젊은 전사들로 구성했다.

테무진이 호수 대형 전법으로 바꾸면 나이만 군대도 따라서 길게 늘어뜨려 대응에 나섰다. 그러면 테무진은 전법을 또 바꾸었다. 십 호 단위 분대를 종대로 세워 한 곳을 집중적으로 공격하게 했다. 뾰족한 송곳 또는 끌 모양의 대형으로 바꾸었다, 그리고 이 대형을 이용해 한 곳만 집중적으로 공략했다. 그러면 나이만 군대의 한 지점이 무너지게 된다. 이렇게 되면 군대 전체의 지휘 체계가 제대로 전달되지 못하게 되어 결국에는 전체적인 전선이 붕괴되는 현상으로 나타난다. 적은 우왕좌왕할 수밖에 없다.

그렇게 전투가 진행되던 어느 날 밤 타양 칸의 군대가 무너져 후퇴하기 시작했다. 테무진은 산속을 향해 패주하는 적을 쫓아가지 말라고 말했다. 그들이 탈출할 수 있는 길은 가파른 언덕길뿐이었다. 달도 없는 가파른 비탈길에서 적은 미끄러져 깊은 골짜기로 굴러 떨어졌다. 그들이 절벽 바닥에 굴러 떨어져 죽은 모습을 〈몽골비사〉에서는 썩은 통나무들이 쌓인 모습과 같다고 표현했다.

타양 칸은 몸에 깊은 상처를 입고 가파른 산기슭으로 도망쳤다. 다음 날 아침 몽골군은 살아남은 얼마 안 되는 적을 죽였고 타양 칸을 죽였다. 테무진은 타양 칸의 후궁 구루베수가 몽골족은 몸에서 냄새가 나고 열등한 민족이라고 비웃었다는 말을 듣고 자신의 부하에게 주어 부인으로 삼으라고 했다. 타양 칸의 식솔들은 죽거나 모두 뿔뿔이 흩어져 도망쳤다. 이렇게 전쟁이 막을 내렸다.

전쟁이 끝나자 여러 종족이 모두 귀순하여 칭기즈칸의 어전으로 왔다. 메르키트 종족만은 오지 않고 도망쳤다. 테무진은 혁신적이면서도 자기만의 독특한 전략으로 전법을 재구성했다. 그는 지휘관에 대한 복종을 바탕으로 새로운 형태의 군대를 만들었다. 그는 적은 병력을 말(馬)을 이용하여 기동력을 높임으로써 신출귀몰하게 싸웠다. 그리고 승리했다.

자무카의 최후

자무카와 테무진은 어렸을 때 의형제를 맺었고 또 성인이 되어서도 의형제를 맺었다. 자무카는 나이만 군사와 싸우는 테무진의 군대를 바라보고 대형과 전열이 남과 다르다고 말하며 나이만의 군대에서 멀리 떠나갔다. 자무카가 숲 속으로 도망갈 때 따라온 부하는 얼마 되지 않았다. 메르키트 족은 대부분 죽음으로 곁을 떠났고 도망친 전사는 얼마 되지 않았다. 인생 마흔의 자무카는 소수의 전사를 이끌고 산속으로 들어가 야생 동물을 잡아먹고 산적처럼 살았다.

하늘은 묘한 운명의 역전 모습을 이들에게 보여주었다. 한때 귀족처럼 풍요롭게 살던 자무카의 모습은 테무진이 어렸을 때 아버지 예수게이가 타타르족에게 독살당하고 짐승처럼 처참하게 살았던 그때처럼 비슷하게 자무카는 꺼져가는 숯덩이와 같았다.

테무진이 나이만에게 승리를 거두고 나서 몽골 통일은 성큼 다가왔다. 전쟁이 끝난 서기 1205년에 절망과 체념에 빠진 자무카를 그의 부하들이 포승하여 테무진에게 데리고 왔다. 테무진은 한때 의형제를 맺고 함께 지냈던 우애를 생각해 자무카를 잡아온 옛 자무카의 부하들에게 함께 죽지 못한 죄를 물어 자무카 앞에서 모두 처형했다. 20여 년 동안 의형제까지 맺었던 그들이 쌓아온 마지막을 〈몽골비사〉에서는 다음과 같이 표현하고 있다.

"우리 동무 되자, 서로 일깨워주자 했던 그들이 서로 죽고 죽이는 시절에는 나 때문에 그대가 고통을 겪었고, 베고 베이던 시절에는 그대의 심장이 나 때문에 고통을 겪었다."

그리고 모든 것을 잊고 테무진은 함께 살자는 뜻을 보였다. 그러나 〈몽골비사〉에는 자무카가 이렇게 말했다고 한다.

"이제 세상이 그대를 맞이할 준비를 하고 있는데 내가 그대의 동무가 되는 것이 무슨 소용이 있겠는가? 우리는 소화되지 않은 음식을 함께 먹었고 한 이불을 덮고 자면서 잊을 수 없는 이야기를 나눴다. 나는 너를 실망시켰지만, 죽음으로써 더 나은 친구가 되겠다."

테무진은 안다(의형제)의 맹세를 할 때, 자무카로부터 받았던 황금 허리띠를 채워 장사 지내 주었다.

테무진, 몽골 제국의 칸(汗)이 되다
칭기즈칸이 되다

테무진은 몽골 부족을 통일하고 서기 1206년 부르칸 칼둔 성산 근처 오논 강의 원류 초원에서 열린 쿠릴타이에서 몽골 제국의 대칸(大汗)으로 추대되어 '칭기즈칸'이 되었다. 의식은 엄숙한 가운데 말총으로 만든 술테가 인도하고 영기(令旗)가 서 있었다. 그리고 부족 대표들은 새로이 추대된 칭기즈칸 앞에서 아홉 번 무릎을 꿇어 절하고 복종을 맹세했다.

엄숙한 의식이 거행된 후에는 잔치를 벌여 칭기즈칸의 추대를 축하했다. 낮에는 '텝 텡그리(Tengri 大天神)'의 주도하에 북을 치고 노래하며 축제를 즐겼고, 밤에는 몽골족 특유의 느릿느릿한 노래가 울려퍼졌다. 축제에 참가한 사람들에게는 아이라그, 부즈, 코르호그 같은 음식들이 제공되었다. 테무진, 이제부터는 칭기즈칸이라 불리는 대칸의 야영지로부터 사방팔방으로 게르가 까마득하게 줄지어 있었다.

세계를 정복하다

몽골을 통일한 칭기즈칸은 날쌘 기마병을 중심으로 군대를 재정비했다. 또한 멀리서 달려온 말을 쉬게 하고 새로운 말로 교체하여 타고 갈 수 있는 역참을 운영하여 원정길에 나섰다. 첫 번째 목표는 여진족이 세운 금(金)나라였다. 금나라는 만주 일대와 중국 북부를 지배하고 있었는데, 몽골을 침입하여 사람을 죽이고 물건을 약탈해갔다.

호라즘

서기 1211년 봄, 칭기즈칸은 힘찬 말발굽 소리를 울리며 초원과 사막을 건너고 만리장성을 넘어 황하 이북을 단숨에 수중에 넣어버린다. 그리고 2년 뒤인 1213년 금나라의 수도 북경에 도달했고, 2년 뒤인 1215년 5월에 북경을 함락했다. 그리고 여세를 몰아 중앙아시아로 출정하여 사마르칸트(Samarqand)를 중심으로 하는 호라즘(Khwarezm)을 공략했다. 호라즘은 이슬람교를 믿고 중앙아시아 일대의 교역을 담당하고 있었다.

칭기즈칸은 호라즘에 경제사절단을 파견했다. 전쟁 없이 무역을 트고 평화롭게 살자는 뜻을 전달하기 위함이었다. 그런데 호라즘은 오해로 인해 사절단 450명을 처형하고 만다. 분노한 칭기즈칸은 1219년에 호라즘을 공격했다. 호라즘의 군대는 용병을 중심으로 구성된 조직으로 전투력이 약했다. 몽골군은 호라즘의 요새 오트라르(Otrar)를 5개월 만에 함락시켰고 사마르칸트를 닷새 만에 무너뜨렸다.

몽골군이 지나간 땅은 폐허로 변했다. 호라즘 왕 무하마드(muhammad)는 카스피 해의 한 섬에 피신했지만 화병으로 죽고 말았다. 그 후 칭기즈칸은 페르시아, 코카서스 산맥 너머의 남러시아, 크림 반도와 볼가 강 유역의 헝가리 부근까지 진출하여 몽골 통일 이후

바그다드 공략

20년 만에 유럽의 동부지역까지 정복함으로써 대제국을 건설했다.

그가 점령한 대제국은 아들 주치, 차가타이, 오고타이, 툴루이 등 네 명의 자식들이 분할 상속하여 지배하게 했다. 그리고 맏아들 주치가 죽자 그 땅은 손자 바투가 물려받았다.

칸의 자리를 두고 암투를 벌인 결과 툴루이의 셋째 아들(칭기즈칸의 손자) 쿠빌라이가 이어받게 되었다. 쿠빌라이는 1271년에 수도를 카라코룸(Karakorum)에서 북경으로 옮기고 나라 이름을 원(元)으로 정했다. 칭기즈칸은 66세까지 살았다는 설과 76세까지 살았다는 설이 있다.

칭기즈칸이 이룬 것

테무진, 칭기즈칸은 몽골 고원의 아주 열세한 보르지긴 씨족 출신 예수게이의 아들로 태어나 13살 때 아버지가 타타르족에게 독살당하고 같은 씨족에게도 버림을 받았으며 짐승처럼 처참한 생활을 했다. 그런 상황에서도 어머니 호엘룬의 강인한 생활력과 침착성으로 추운 겨울에도 땅굴 속에서 살아남았다.

그는 어렸을 때 오논 강가에서 바늘을 휘어 만든 낚시로 물고기를 잡고 사냥도 했으며 산열매를 따고 나무뿌리, 풀뿌리 등을 캐어 먹으며 성장했다. 그가 성장하면서 그의 비범성을 인정하고 돌보아 준 부족이 있는가 하면 타우치우트족처럼 같은 씨족이면서도 테무진을 괴롭힌 이도 있었다.

한때는 노예 생활을 한 적도 있었다. 노예 생활 도중 죽음의 순간에 탈출하는 등 눈물겨운 청소년 시절을 보냈다. 이 고난은 그를 강인하게 만들었고 대인관계나 집단을 슬기롭게 통솔할 수 있는 능력도 향상시켜 주었다.

세월이 흘러 그를 믿고 따르는 무리가 많아졌고 그는 지도자로서의 탁월한 능력을 발휘하여 몽골 고원에 흩어져 생활하던 부족을 통일했다. 테무진은 몽골 고원의 부족을 통일한 후에는 만리장성을 넘어 중국을 장악했고 중앙아시아 코카서스, 호라즘을 공략하여 유라시아 대륙에 걸친 대제국을 건설했다.

그때 그가 정복한 땅의 면적은 당시까지 발견된 지구상 땅의 절반 정도였다고 한다. 그는 중국 대륙에 원나라를 세웠고 66세(또는 72세)까지 살았다. 몽골군은 빠른 기병으로 적은 군대를 가지고 종횡무진

활약하여 수가 많은 적을 굴복시켰다.

  몽골군은 25년이라는 짧은 기간 동안 로마군이 400년에 걸쳐 정복한 것보다 넓은 땅을 정복했다.

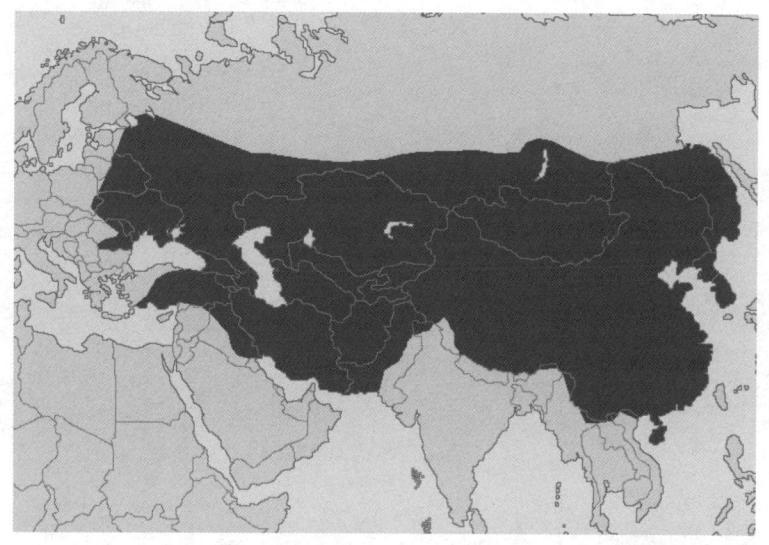

몽골 제국의 영토

제3부

일본 편

내 삶의 나침반
한·중·일 인물 열전

01 오다 노부나가(織田信長)
02 도요토미 히데요시(豊臣秀吉)
03 요시다 쇼인(吉田松陰)

01
오다 노부나가
(織田信長)

당시 일본의 정세

16세기 당시 일본은 텐노(天皇. 천왕), 바쿠후(幕府. 막부), 쇼군(将軍. 장군), 사무라이(侍. 무사)가 조화를 이루면서 정치를 하는 무신정권 시대였다. 이 시대의 일본 천왕은 실권이 없는 것이나 다름없었고, 천왕으로부터 권력을 부여받은 막부체제의 쇼군(将軍)이 최고 권력자였던 셈이다.

최초의 무신정권은 가마쿠라 막부(鎌倉幕府)였다. 이들은 12세기 말, 관동(關東) 지역의 무사가 중심이 된 무신정권이었다. 가마쿠라 막부가 개설된 후 쇼군의 외척인 호조(北条) 씨에 의해 국정이 부패하게 된다. 그로부터 100여 년 후에 천왕과 아시카가(足利) 세력에 의해 가마쿠라 막부는 문을 닫게 된다. 그 뒤 고다이고(後醍醐) 천왕이 친정을 펴려고 시도했지만, 아시카가 다카우지(足利尊氏)에 의해 무산된다. 1336년 아시카가 다카우지는 교토(京都)에 무로마치 막부(室町幕府) 정권을 펼치게 된다. 그러나 무로마치 막부도 15세기경부터 쇼군의 권력을 둘러싸고 암투가 시작된다.

16세기에 들어서자 막부정권은 측근들에 의해 농단되고 부패하게 된다. 즉 쇼군의 권력을 대신하는 간레이(管領. 관령)와 또 칸레이의 권력을 대신하는 슈지(執事. 집사), 또 슈지를 보좌하는 가로(家老. 가노)에 의해 막부정권이 농락되고 부패된 셈이다. 그런 상황 속에 15세기~17세기 초에 일본은 많은 변화를 겪게 된다.

시대를 조금 거슬러 올라가서 13세기 말 두 차례에 걸친 몽골의 침공을 막아내는 데 큰 역할을 한 것은 무사계급이었다. 그런데 그 후 무사계급에 대한 보상 조치가 미흡하자, 무사계급은 불만을 드러내며 지배체제에 변화를 시도했다. 한편, 중국 대륙과의 무역 등으로 제조업이 발달하게 되었고, 화폐 사용으로 상업 도시의 발달과 그로 인한 부의 축적은 사회의 변화를 가져왔다. 이런 시대 흐름 속에서 다이묘(大名. 영주)들의 힘이 강해져 막부의 지시에 따르지 않고 지방자치권을 요구하게 되었다.

당시 제8대 쇼군 아시카가 요시마사(足利義政)는 후계자를 정할 때 아들이 없어서 사후에 쇼군의 자리를 동생인 아시카가 요시미(足利義視)에게 물려주기로 결정했다. 그런데 그런 결정이 있은 후에 요시마사의 부인 히노 도미코(日野富子)가 아들 요시히사(義尙)를 낳게 되니, 후계자 문제로 동생 집안과 처가 집안 사이에 분쟁이 시작된다.

드디어 1467년 주도권을 잡겠다는 욕망으로 전쟁이 벌어진다. 동생 요시미를 지지하는 세력은 교토 무로마치 쇼군 저택에 16만 병력이 진을 쳤고, 요시마사의 아들을 지지하는 세력은 교토 부근 평야에 진을 쳤다. 이 전쟁은 두 세력의 전력이 백중지세였기에 11년 동안이나 계속되었고, 그 피해가 막심했으며 국론은 분열되었다. 이것을 '오닌(応仁)의 난'이라고 한다.

여기서 천왕가와 막부의 관계를 살펴보자. 천왕가는 지묘인(持明院) 계통과 다이카쿠지(大覚寺) 계통으로 나뉘어 대립했다. 그러다가 1318년에 다이카쿠지 계통에서 고다이고(後醍醐) 천왕이 즉위한다. 그는 매우 의욕적이었다. 당시 막부의 권력이 강력하여 천왕은 있으나 마나한 존재였다. 그래서 천왕의 권위 회복을 위해 선정을 베풀고 막부 타도를 위한 거사를 계획했다가 사전에 발각되어 가사기(笠置) 산으로 천왕의 3종 신기(거울, 칼, 곡옥)를 가지고 피신한다. 이에 막부는 지묘인(持明院) 계통의 가즈히토(量仁)를 옹립하는데, 그가 고곤(光厳) 천왕이다.

한편, 고다이고 천왕은 지지 세력들의 추대를 받아 요시노(吉野) 정권을 수립하게 되는데, 이를 '남조(南朝)'라 하고, 지묘인(持明院) 쪽은 고곤(光厳)을 이은 고묘(光明) 천왕을 앞세워 세운 정권을 북조(北朝)라고 한다. 그 후 남북조 정권은 북조에 의해 통일될 때까지 50년간 싸우게 되니 군웅들이 활거하게 된다.

이런 사정으로 당시 일본은 천왕가의 내홍, 천왕가와 막부 세력의 갈등, 무사 세력의 발흥 등으로 무로마치 막부도 붕괴의 길로 들어선다. 그리고 무로마치 막부가 붕괴되면서 전국시대(戦国時代)로 접어들어 130여 년 동안 싸우게 된다.

오다 노부나가(織田信長)는 바로 이 전국시대에 태어나 일세를 풍미하다 사라진 풍운아였다.

관직명 및 업무 내용

내용 이해를 돕기 위해 몇몇 명칭에 대해 설명하고자 한다.

천왕(天皇)은 일본어로 '덴노'라고 발음한다. 신성한 자를 뜻하며 옛날 일본의 통치자이다.

쇼군(将軍)은 한자 자체는 '장군'으로, 무사정권의 최고 권력자를 지칭한다.

바쿠후(幕府), 즉 '막부'는 장군의 군막을 뜻하는데, 군대가 정권을 잡은 뒤에 그 군막에서 정치를 한다는 의미에서 무사정권을 뜻한다.

다이묘(大名)는 지방의 영주, 즉 대토지를 소유하고 권력을 행사한 호족을 뜻한다.

슈고(守護)는 쇼군에 의해 파견된 지방관으로 군사권과 경찰권을 행사했으며, 전쟁 시에는 관할 지역의 무사를 지휘했다. 슈고는 세습되는 것이 보통이다.

슈고 다이묘(守護大名)는 지방에 있으면서 대토지를 소유한 행정관인데, 슈고가 그대로 그 지역의 영주가 된 사람을 뜻한다.

고케닌(御家人)은 쇼군을 모시는 문무 가신을 뜻한다.

사무라이(侍)는 부하를 거느리고 말을 탈 자격이 있는 상급 무사를 뜻한다.

간레이(管領)는 쇼군 다음의 최고위 직책으로, 쇼군을 보좌하고 막부의 업무를 관장한다.

'오닌의 난' 이후의 정세

막부의 주도권 싸움인 '오닌의 난' 이후 무로마치 막부는 슈고와 지방 무사를 통제하지 못해 차츰 붕괴의 길로 접어들었다. 막부의 권위가 곤두박질치면서 슈고 다이묘들의 권력은 더욱 커져갔다. 따라서 중앙의 통제를 벗어나 각 지역별로 자체적인 세력을 형성하는 무리가 늘어났고, 그로 인해 지역마다 잦은 전쟁이 발발했다. 이른바 전국시대의 출현이다.

이 시기에는 슈고 다이묘의 대리인이나 지방 토착 세력들이 슈고 다이묘를 몰아내는 경우도 많았다. 또 부하가 주군의 자리를 빼앗아 그 자리를 차지하는 하극상의 풍조도 생겨났다. 그렇게 각 지역을 중심으로 새롭게 자치 체제를 완성한 이들을 센고쿠다이묘(戰國大名)라고 한다. 이들은 더 좋은 곳에 더 넓은 영지를 차지하기 위해 끊임없이 전쟁을 치렀다.

센고쿠 다이묘는 보호를 원하는 무사나 농민들과 주종관계를 맺으며 한 지역의 지배자가 되었다. 그들은 무사단을 이끌고 점차 독립 국가 형태를 완성했으며 막부 쇼군의 권위를 부정했다. 센고쿠 다이묘는 힘을 바탕으로 평상시에는 신하를 관리하고 전쟁 중에는 백성의 안위와 영토를 보호했다.

이 당시 독립 국가 형태를 갖춘 조그마한 국가가 60여 개나 되었다고 한다. 그런데 이 와중에 다이묘들 가운데는 전국 통일을 꿈꾸는 자들이 생겨났다. 사정이 이렇게 되자, 일본 전국은 그야말로 전쟁의 소용돌이에 휘말린 셈이 되고 말았다.

전국시대(戦国時代)

오다 노부나가가 태어나고 성장하던 시기는 바로 전국시대였다.

무로마치 막부와 슈고 다이묘를 주축으로 하는 무사계급 조직이 분열되었고, 군웅들이 할거했으며, 의리와 이해관계 속에서 야합도 하고 분열도 하면서 전쟁이 지속되었다. 그들의 일차적인 목표는 영지의 확보와 확장이었다. 그렇게 100여 년의 세월이 전란에 휩싸였다.

백성들은 비참한 생활을 했고 농민들은 군대에 붙잡혀 갔고 아녀자와 아이들이 농사를 짓게 되니 수확은 줄어들 수밖에 없었다. 게다가 과도한 세금을 걷어가니 농민들의 생활은 비참했고 새로운 세상을 염원했다. 이처럼 곤경에서 허덕이던 농민들은 살기 위해 힘을 합쳐 1485년 12월에 토착 무사들과 힘을 합쳐 봉기하기도 하는 등 사회는 혼란했다.

이렇게 전국의 군웅들이 자신의 영지를 보다 많이 차지하기 위해 전쟁을 벌이고 있을 때 오하리국(尾張国) 남부 기요즈성(清洲城)의 성주 노부나가(信長)는 전국 통일의 야망을 품고 준비에 박차를 가하고 있었다.

오다 노부나가(織田信長)의 등장
출생과 성장 과정

오다 노부나가의 선조는 에치젠(越前) 오다쓰루기 신사(織田劒神社)의 제사를 관장하는 인베씨(忌部氏)의 후손으로 뉴군 오다장(丹生郡 織田庄)의 장관(將官) 가문이었다. 이들은 처음에는 에치젠의 슈고인 시바 씨(斯波氏)를 모셨다. 시바 씨는 오하리국(尾張国)의 슈고도 겸임하게 되었다. 그래서 그는 오하리국의 슈고 밑에서 일하게 된다. 세월이 지나면서 시바 씨의 세력이 약해졌다. 그래서 그는 시바 씨를 대신하여 세력을 키우게 된다.

그런 와중에 시대는 전국시대로 접어들었다. 전국시대로 접어들면서 두 가문으로 분리하게 된다. 그때 아버지 노부히데(織田信秀)는 두 가문 중 하나인 기요스 오다(清洲織田) 가문에서 행정 사무를 담당하는 봉행(奉行)이라는 직책으로 일하게 된다. 기요스 오다 가문은 전국시대의 여느 가문처럼 하극상을 통해 자신의 세력을 확장한 신흥 다이묘였고, 아버지 노부히데는 토착 무사로서 실력을 쌓은 사람이었다.

이런 환경에서 오다 노부나가는 서기 1534년 차남으로 태어났다. 형이 하나 있었지만 그는 서자였기 때문에 적장자였던 노부나가가 나고야 성(名古屋城)의 성주로 임명되었다. 아버지 노부히데는 노부나가가 18살 되던 해에 타계했다.

장례식장에서 그의 동생 노부유키(信行)는 예의 바르게 제를 올린 반면, 노부나가는 단정치 못한 용모에 의복도 격식에 맞지 않는 것을 입고서는 향을 한 움큼이나 잡아 제사상을 향해 확 뿌리는 등 무례한 행동을 하여 많은 사람을 놀라게 했다. 그의 이런 행동으로 보아 아버지와의 관계가 원만하지 않았음을 알 수 있다. 사실 오다 가문에서 노부나가 대신 동생 노부유키를 추대하려는 움직임이 있었다. 노부나가는 이에 대해 반항의 뜻을 표출한 셈이다.

평상시 그의 차림새는 특이했다. 유카타(浴衣) 소매를 밖으로 빼고 짧은 하카마(袴)에 주머니를 주렁주렁 달았으며 울긋불긋한 끈으로 머리를 묶었다. 장검 집은 붉게 칠하고 부하들에게 붉은색 무구를 달게 했다.

오다 노부나가가 20세 정도 되었을 무렵 미노(美濃)의 다이묘인 사이토 도산(斎藤道三)의 초대를 받게 된다. 그때 사이토 도산은 그가 바보짓을 하고 다닌다는 소문을 듣고 그를 초청하여 숨어서 관찰했다. 실제로 노부나가가 해괴망측한 옷차림을 하고 나타나 기이한 행동을 하는 것을 보고 수긍할 수밖에 없었다.

그런데 시간이 지나고 정식 회의석상에 나타난 노부나가는 전혀 다른 사람이 되어 있었다. 그는 준비해 온 옷으로 단정하게 갈아입고 정식으로 상투도 틀었으며 호신용 단검도 허리에 차고 나타났다. 사이토 도산은 그가 일부러 괴상한 몸차림을 하고 이상한 행동을 하며, 바보처럼 행동한다는 사실을 알게 되었다. 그리고 그를 다시 평가했다.

수련 과정

남을 누르기 위해서는 자신의 실력을 길러야 한다고 노부나가는 생각했다. 그는 철이 들 무렵부터 기마술을 익히고 숙련시켰다. 물에 들어갈 수 있는 3월에서 9월까지는 강에서 수영 실력 쌓기도 병행했다. 창술을 익힐 때는 기존의 창보다 조금 더 길게 하면 좋겠다고 생각했다. 당시 창의 길이는 세 간(間)이었다. 그래서 그는 3간 반으로 조금 길게 만들게 했다. 1간은 180cm였으니 3간이면 540cm가 되는데, 3간 반이면 630cm가 된다. 그러니 기존의 창보다 90cm가 길어지니 실전에서 유리하다고 생각했다.

오다 노부나가는 다양한 무학을 여러 사람에게 익혔다. 활쏘기는 이치가와 다이스케(市川大祐)에게서 배웠고, 소총 기술은 하시모토 잇파(橋本一巴)에게서 배웠으며, 병법은 히라타 산미(平田三位)에게서 배웠다. 이 시기는 노부나가에게 자아실현 또는 자기를 확인하는 시기라고 볼 수 있다. 노부나가는 17살이 될 무렵부터는 독창성도 발휘했다. 앞에 서술한 3간 반 길이의 창을 착안한 것은 나중에 전술적으로 큰 소득을 가져다주었다.

무력 발산의 시대
홀로 서는 청년 시절

청년 시절 때 동생 노부유키와 비교해보면, 노부유키는 가족, 가신들의 의식을 유념했고 기존 질서에 순응하고 사회 통념을 존중했다. 그러나 오다 노부나가는 기존의 사회 통념과 가치의 틀을 깨고 그 범주를 벗어나서 새로운 이상의 세계를 이룩하려고 생각했다.

그와 같은 생각에 대해 부친이나 가신들은 염려했고 노부히데의 후계자로 동생 노부유키를 세우려 했다. 그는 아버지 장례식장에서 향을 한 움큼 뿌리는 등 기존 질서에 반항하는 모습을 보이기도 했다. 그는 혼자 힘으로 뜻을 세우려 했기에 가신이나 일족 그 누구의 협조나 세력에 의지하지 않고 매사를 주의 깊게 관찰하며 처리했다.

아버지 노부히테에 의해 발탁되어 나루미 성(鳴海城)의 성주까지 올랐던 야마구치 사마노스케(山口左馬助)와 그의 아들 구라지로(九郎次郎)가 아버지의 사후에 배반하고 이마가와 요시모토(今川義元)와 손을 잡는 상황이 전개되었다. 한편으로는 유일하게 노부나가의 편을 들어주었던 히라테 마사히데(平手政秀)가 세상을 떠나자 주위에는 그를 도와줄 사람이 남아 있지 않았다. 이제부터는 오로지 혼자의 힘으로 나아가야 했다.

19세 때에는 후계자 자리를 놓고 자신의 정예군을 이끌고 직접 선두에 서서 노부유키가 거느린 7,000여 명의 군대를 격파하여 일족의 반항 세력을 움직이지 못하게 했다. 그리고 23세가 됐을 무렵 최대 위기를 맞는다. 노부나가의 중신 가운데 필두인 하야시 히데사다(林秀貞)와 미치토모(林通具) 형제, 그리고 시바타 가쓰이에(柴田勝家)가 동생 노부유키를 오다 가문의 당주로 추대하기 위해 공격해 왔다. 노부나가에게는 위험한 순간이었다.

가쓰이에군 1,000명은 나고야 성 해안 남동쪽에 진을 쳤고, 하야시 미치토모는 700명을 이끌고 그보다 남쪽에 진을 쳤다. 이때 노부나가 군은 700명이 채 안 되었다. 정오 무렵에 노부나가는 남동쪽에 진을 쳤다. 당시 노부나가의 군대는 배가 넘는 적군과 싸우는 것이 흔한 일이었기에 평소 훈련대로 임전태세를 갖췄고 전술은 새롭게 짰다. 많은 적군과 싸울 때 밀리지 않고 상황에 따라 병력을 이동할 수 있는 고도의 훈련을 쌓은 수병이었다. 가쓰이에군은 벅찬 상대였다.

전투 도중 부장 몇몇이 전사했다. 그러자 일시적으로 형세가 불리해졌고, 노부나가는 본영으로 후퇴했다가 전열을 가다듬은 뒤 다시 군령을 내리자, 그의 군령과 위력에 적군은 후퇴했다. 즉 그의 인격적 위엄이 큰 힘을 발휘했다.

오케하자마(桶狭間) 전투의 영향

1560년 5월 오다 노부나가의 일생에 큰 전환점을 가져다주는 전투가 벌어진다. 일본의 전쟁사에서도 기적의 전투라고 일컬어지는 오케하자마 전투이다. 이 전투에서의 승리로 인해 27세의 오다 노부나가는 거목의 교두보를 마련하게 된다.

당시 노부나가는 기요스성(清洲城)에 웅거하고 있었다. 이곳으로 이마가와 요시모토(今川義元)가 공격해 온다는 급보가 전해진다. 당장에 회의가 소집되었고, 가신들은 어떻게 대처해야 할지 논의를 이어간다. 하지만 정작 노부나가는 별 의견을 내놓지 않았다. 이에 일부 가신이 실망감을 표현했다고 한다.

다음날 새벽이 되자 적군이 와시즈성(鷲津)과 마루네성(丸根城)으로 쳐들어왔다는 급보가 왔다. 그때도 노부나가는 아무런 작전 계획도 말하지 않고 가신들을 돌려보냈다. 그리고는 부채를 들고는 평소 즐겨 부르던 노래를 읊으며 춤을 추었다고 한다.

"인생은 일장춘몽이요, 덧없는 게 인생이라. 태어난 사람은 언젠가 죽고 만난 사람은 헤어지게 마련이라네. 생을 얻은 자 그 뉘가 있어 아니 죽으리오."

한 번 태어난 인생 언젠가는 죽을 목숨이니, 죽음에 이르더라도 장렬히 싸우리라는 뜻이었을까?

쳐들어온 요시모토 군대는 25,000명. 노부나가의 군대는 3,000명(일설에는 2,000명). 무려 열 배에 이르는 군세와 맞서 싸워야 할 처지에서 노부나가는 어떤 작전을 가지고 있었을까? 사료에 따르면 노부나가는 적진에 심어둔 간자로부터 요시모토 군대의 상황을 모두 전해 듣고 있었다고 한다. 또 작전회의에서 별다른 의견을 내지 않은 것은 자신의 진영에도 요시모토의 간자가 있으리라는 의심을 품었기 때문이라고 한다. 노부나가는 지금껏 많은 사람들로부터 배신당한 경험이 있었기에 그만큼 신중하게 대처한 셈이다.

결전의 날 요시모토의 군대 25,000명은 두 곳으로 나뉘어 10,000명씩 공격을 개시했다. 때문에 요시모토 곁에는 2,500명의 병사만 함께 하고 있는 실정이었다. 하늘도 노부나가를 돕는 것인지 폭우가 쏟아지는 이른 아침 노부나가는 갑옷과 투구를 착용한 채 재빠르게 식사를 마친 후 소수의 인원만 대동한 채 은밀하게 성문을 나가 아쓰타신사(熱田神社)로 향했다. 그리고 다른 방향에서 성을 빠져나온 1,000여 명의 병사가 속속들이 도착했다. 아쓰타신사에 도착했을 때는 2,000명의 병사가 모였다고 한다.

수집해 온 정보에 의하면, 적장 이마가와 요시모토(今川義元)는 부장 마쓰다이라 모토야스(松平元康)에게 군대를 주어 와시즈성과 마루네성을 공격하도록 하고, 자신이 거느린 2,500명의 본군은 덴가쿠하자마(田樂狹間) 계곡에서 휴식을 취하고 있다는 정보였다. 적이 숙영한 곳은 폭이 좁고 긴 협곡이었다. 당시 요시모토의 본진 장병들은 승리를 기정사실화하며 축배를 들고 개인 병기도 갖추지 않은 채였으며, 경계 임무도 소홀히 하고 있었다. 이른 아침부터 쏟아지는 폭우 때문에 진지의 상태도 엉망이었다.

이윽고 폭우가 잠잠해진 순간에 노부나가의 병력은 함성을 지르며 기습공격을 감행했다. 협곡이라 앞뒤로 길게 늘어진 형태의 진을 이루고 있어서 요시모토 대군은 숫적 우세를 살리지 못하고 속수무책으로 무너졌다. 요시모토 군영은 무기를 챙길 틈도 없이 아수라장이 되었다. 그때 노부나가의 부하인 모리신스케(毛利新助)가 적진으로 뛰어들어 적장 요시모토를 찔러 죽였다. 이때가 5월 19일 오후 2시 조금 지난 시간이었다. 노부나가의 대승리였다. 순간의 방심과 자만이 요시모토 군의 패전요인이다. 방심은 금물이다.

노부나가가 요시모토의 대군을 쉽게 무너뜨릴 수 있었던 것은 고도로 훈련된 병사와 지형을 잘 이용했기 때문이다. 구릉 사이에 낀 험하고 좁은 길에서 대군이 자유로이 행동할 수 없는 약점을 이용해 기습작전을 감행한 노부나가의 작전이 제대로 들어맞았다. 이것을 오케하자마(桶狹間) 전투라고 한다.

교토 상경을 이루다

이 시대에는 천왕이나 쇼군의 권력이 크게 줄어든 상태였다. 하지만 군웅들은 교토로 가서 천왕이나 쇼군을 배알하는 것을 큰 영광으로 생각했다. 그것은 명목상의 권위일망정 오랜 역사를 통해 전체 국민에게 심어진 심리적 영향력이 상당했기 때문이다. 그래서 군웅들은 자신의 권력을 유지하는 정당성을 확보하기 위해 천왕이나 쇼군의 상징적 권위를 등에 업을 필요가 있었다.

이에 노부나가도 교토 상경을 계획하게 된다. 하지만 교토를 다녀오는 일에는 여러 가지 조건이 맞아야 했다. 자신의 본성을 다른 적들의 침입으로부터 방어할 수 있는 조치도 필요했고, 교토로 상경하는 길목을 노리고 있을지 모를 많은 적들과의 전쟁에서 이길 수 있어야만 했다. 그래서 노부나가는 자신의 기후성(岐阜城)을 도쿠가와 이에야스(德川家康)에게 부탁하고 1568년 9월 7일 상경 군을 거느리고 교토로 향했다.

도중에 몇몇 세력이 상경하는 그를 방해했지만 적들을 물리치고 출발한 지 3주 후인 9월 26일 교토에 입성함으로써 군웅들의 꿈을 노부나가도 이루었다. 그리고 1568년 10월 22일 아시카가 요시아키(足利義昭)가 제15대 쇼군이 될 수 있게 후원해 주었다. 이로써 노부나가의 위상은 몰라보게 격상되었다.

위상이 오르고 보니 많은 유력자들이 그를 끌어들이려고 현혹했지만 그는 동요하지 않았다. 노부나가는 요시아키가 자신에게 도움을 청했다는 사실만을 영광으로 생각하고 다른 것에는 신경 쓰지 않았다. 그리고 노부나가가 기후성으로 돌아가겠다는 의사를 밝혔을 때, 요시아키는 다음과 같은 서신을 보내왔다.

"제가 오다 노부나가를 아버지라 칭했습니다. 흉악한 폭도들을 단시일에 토벌한 무용은 천하제일이었음은 말할 나위도 없습니다. 앞으로도 국가의 안위를 부탁드립니다."

노부나가가 교토를 다녀온 이후에는 지방에 산재한 다이묘나 무사들이 노부나가의 실력에 도전하여 공격해오는 일이 잦았다. 그런 와중에 1570년 아사쿠라 요시카게(朝倉義景)를 정벌하기 위해 에치젠을 공격했을 때, 의형제였던 아자이 나가마사(浅井長政)에게 배신당해 교토로 패군하는 고난도 있었다. 2개월 뒤 노부나가는 군대를 재편성하여 아네 강(姉川) 전투에서 아자이·아사쿠라(浅井·朝倉) 연합군을 공격하여 큰 타격을 주었다.

종교 반란군을 제거하다

전국시대로 접어들면서 사회가 혼란한 틈을 타서 불교의 이단 집단인 일향종(一向宗) 계통의 세력들이 승병, 화포 등으로 무장하고 반란을 일으켰다. 불법을 가르치는 절로 하여금 국가에 헌납금을 내게 하고 사원의 토지를 몰수하는 것은 부당하다는 이유에서이다.

반란 종교 세력 가운데 이시야마 혼간지(石山本願寺)의 세력이 매우 강력했다. 수륙 교통이 편리한 요도 강(淀川) 하구에 위치한 혼간지는 절(사찰)이라기보다는 무장 세력들이 웅거하며 반대 세력을 공격하기 위한 성(城)과 같았다. 이 혼간지의 주지는 겐뇨(顕如)라는 사람으로 위세가 당당했고 이곳에 거처하면서 일향종을 지휘했고 다이묘들과 교류했다.

이들은 1570년 9월 오다 노부나가를 반대하는 세력과 연계하여 철포로 무장한 3만여 명의 승병이 궐기했다. 이때 엔라쿠지(円楽寺)의 승병 및 미나미오미(南近江)의 다이묘 롯카쿠 요시카타(六角義賢)도 공격해 왔다. 나가시마(長島)의 종교 반란 때 노부나가의 동생인 노부유키(信行)는 전사하게 된다. 사면초가에 직면한 노부나가는 쇼군 아시카가 요시아키(足利義昭)의 협조로 오기마치(正親町) 천왕으로 하여금 정전 명령을 내리게 하여 위기를 모면하고 권토중래를 기약한다.

그는 와신상담 끝에 1571년 교토 근처에 있는 엔라쿠지를 공격하여 본당, 불상 등을 불태우고 반항 세력들을 섬멸했다. 또 1574년에는 몇 차례 패배를 맛보았던 이세(伊勢)의 나가시마(長島)에 출동하여 기소강(木曽川) 하구에 주둔한 일향종 종교 반란군 2만 명을 불태워 죽이고 나가시마의 종교 반란을 진압했다. 그 후 노부나가가 1576년 아즈치성(安土城)에 웅거하고 있을 때 최대의 반항 세력은 오사카의 이시야마 혼간지(石山本願寺)였다.

혼간지와의 싸움은 1570년부터 10년 동안 이어졌으나 좀처럼 그들을 물리칠 수 없었다. 그 배경에는 기이(紀伊) 북쪽의 사이가(雜賀)에서 보급품 및 군량미 등을 지원해 주고 있었기 때문이다. 그래서 1577년 사이가를 선제공격하여 항복을 받고 혼간지를 지원하는 세력인 아사쿠라·아자이(朝倉·淺井) 연합군 및 일향종 반란 세력들을 격파했다.

사태가 이렇게 급변하자 혼간지의 주지 겐뇨도 힘을 잃게 되었다. 이에 오기마치 천황의 권유에 따라 1580년 3월 혼간지를 오다 노부나가에 인도하고 기이(紀伊)로 도망친다. 이렇게 해서 11년에 걸친 혼간지와의 싸움은 노부나가의 승리로 끝나고 천하통일을 향한 그의 발걸음은 빨라졌다.

가끔은 행운도 찾아온다

당시 다케다 신겐(武田信玄)은 오다 노부나가로서는 대적하기 힘든 존재였다. 그는 교토로 진출하려는 야망을 품고 노부나가를 견제하고 있었다.

노부나가 군은 1572년 10월 미카타가하라(三方原)에서 신겐의 대군과 격돌했으나 대패했다. 그래서 노부나가는 차라리 강화를 맺는 편이 좋겠다고 생각해, 과거 쇼군 취임 때 협조해 주었던 요시아키에게 부탁했다. 하지만 요시아키는 이를 역이용해 신겐, 아자이, 아사쿠라 등과 연합하여 노부나가를 제거하려는 음모를 꾸미고 있었다. 그래서 노부나가는 요시아키가 웅거하고 있는 니조 성(二条城)을 포위 공격하여 많은 타격을 입혔다.

다케다 신겐

그런데 그렇게나 위세당당하던 다케다 신겐이 갑작스럽게 병사하고 말았다. 그러자 노부나가는 힘을 얻어 요시아키를 공격해 승리한 뒤에 요시아키의 목숨을 살려 주고 가와치(河内)로 추방했다. 그렇게 해서 2세기 동안 이어오던 무로마치 막부(室町幕府)는 1573년 7월 문을 닫게 된다. 그리고 그해 8월 에치젠(越前)과 오미(近江)로 진격하여 아사쿠라 요시카게(朝倉義景)와 아자이 나가마사(浅井長政)의 연합 세력을 무찌르고 둘을 자결하도록 하여 멸망시켰다.

다음으로는 에치고(越後)에 도사리고 있는 강적 우에스기 겐신(上杉謙信)과 한판 승부를 벌여야 했다. 그는 죽은 다케다 신겐에 버금가는 명장이었으며 대영주이기도 했다. 노부나가는 우에스기 겐신과의 일전을 위해 용의주도하게 준비했다. 우에스기 겐신 또한 교토로 진출하여 노부나가와 한판 승부를 펼치기 위해 철저하게 준비하고 있었다. 그런데 출전을 앞두고 우에스기 겐신이 갑자기 사망하고 만다.

반노부나가 동맹군

1570년 4월에 노부나가가 교토로 다시 돌아와 보니, 아자이 나가마사가 '반노부나가 동맹군'을 결성하여 항거하므로 오미(近江) 일대는 다시 전쟁이 일어나고 있었다. 노부나가의 세력이 강해지게 되니, 그의 출현으로 인해 손해를 본 사람이나 앞으로 손해를 볼 것이라고 느낀 사람은 모두 등을 돌렸고, 그와 뜻을 같이하는 부하 장수와 동맹자만 호의적이었다.

교토에 입성한 지 1년 반 만에 그는 열 배가 넘는 적 또는 잠재적인 반노부나가 세력과 끝없는 싸움을 이어가야 하는 고초를 겪게 된다. 그가 처음 군대를 일으켰을 때는 700여 명 정도로 미미했지만, 지금은 20만 명의 대군이 그를 따르고 있었다.

여기서 잠깐 반노부나가 세력을 살펴보면, 아자이 나가마사(浅井長政)가 오미(近江) 일대에서 궐기했고 또 아사쿠라 요시카게(朝倉義景)도 전쟁을 선포함으로써 고난(甲南)과 고후(甲府) 일대는 반노부나가 세력이 강했다. 한편, 서쪽으로는 오사카의 혼간지도 신도들을 선동하여 반기를 들었다. 그래서 그는 1570년 5월 그의 본성인 기후성으로 돌아오게 되는데, 아자이의 잔당이 길목에 매복했다가 화승총으로 저격한다. 저격한 스기타니 젠주보(杉谷善住坊)는 명사수인데, 하늘의 도움이었는지 총알이 살짝 옷을 스쳐 지나가는 바람에 생명을 건질 수 있었다.

그는 적의 기습을 받고도 아무런 동요 없이 가던 길을 재촉했다. 그는 전쟁터에 투신한 이래 이와 같은 위험을 여러 차례 겪었다. 그의 대범한 행동은 그가 이끄는 군대도 대범하게 만들었다. 무사히 기후성으로 돌아온 지 한 달 후인 6월에 노부나가는 반노부나가 동맹군의 중심 세력인 아사쿠라·아자이 연합 세력과 아네 강(姉川) 계곡에서 결전을 벌인다.

그런데 반노부나가 동맹군에는 노부나가와 같은 전략 전술에 뛰어난 인물이 없었다. 병력은 많았으나 이들을 올바르게 이끌어줄 뛰어난 지휘자가 없는 셈이다. 그러나 노부나가 군대는 노부나가를 하나의 구심점으로 하여 효율적으로 진격해 나갔다. 그의 군대는 통일적인 모양을 이루어 일사불란하게 맡은 지역에서 임무를 성공적으로 수행했다.

반노부나가의 세력인 아자이, 신겐, 혼간지, 일향종 신도들은 그 동기와 의도하는 목적이 달랐기에 그들에게 통일성을 기대하기란 불가능했다. 그래서 반노부나가 세력들이 전투에 임하는 목적과 태도도 달랐다. 반노부나가 동맹군의 이상을 살펴보면, 그들은 이 전쟁을 통해 특권을 유지 또는 강화하려는 자와 빼앗긴 특권을 회복하려는 자, 또는 신흥 세력으로 부상하려는 자 등 서로의 목적이 달랐기에 구심점을 찾을 수 없었고, 때문에 효율적이지도 못했다.

반면, 노부나가 군대는 모순된 점을 타파하고 개혁하려는 이상이 있었기에 통일적인 행동을 할 수 있었다. 그는 옛 질서와 관습에 집착하지 않고 새로운 세상을 열려는 이상이 있었다. 그래서 그는 이름 없는 하급 무사의 아이들, 상인, 백성, 유랑자를 신뢰했고 능력 있는 자는 등용했다. 그래서 그와 처음부터 함께한 700~800명의 병사는 보석과도 같은 소중한 자산이었다.

아네 강 전투(姉川の戦い)

전국시대의 병력 보유량은 군수물자의 보급 능력에 비례했다. 그 지역에서 생산되는 쌀 10,000석당 군사 250명으로 계산했다. 그래서 그 지역의 농지 규모에 의해 상대의 전력을 예측했다.

먼저 아네 강 전투에 동원된 양쪽의 병력을 비교해 보자. 우선 노부나가 측은 노부나가 군 60,000명 도쿠가와 이에야스(德川家康) 군 15,000명, 기타 5,000명으로, 도합 80,000여 명이었다. 그리고 반노부나가 동맹군은 아자이 군 10,000명, 아사쿠라 군 22,000명, 아자이 본군 8,000명, 아사쿠라 지원군 10,000명, 도합 52,000여 명, 기타 지원군 10,000명이었다.

전투는 아네 강 유역에서 오전 5시에 시작됐다. 노부나가와 이에야스 연합군이 적진을 향해 일제히 진격했다. 반노부나가 동맹군도 강을 건너 돌격해 왔다. 강변에서 검은 연기가 피어오르고 칼과 창이 부딪히는 소리, 총소리, 화염과 흙먼지가 자욱한 가운데 싸웠다. 오전 5시에 시작된 전투는 오후 2시에 끝났다. 아네 강 전투는 노부나가 군의 승리로 끝났다. 그러나 노부나가 또한 전투에서 많은 장수와 병사를 잃었다. 후세에 전해질 많은 무용담도 생겨났다.

노부나가는 아네 강 유역의 전투에서 승리했지만 더 큰 시련이 기다렸다. 잠재해 있던 무리들이 적군이 되어 반노부나가 동맹군에게 힘을 실어 주었기 때문이다. 또한 이 전쟁에서의 승리로 인해 사찰 세력이 적으로 완전히 돌아섰다. 사찰은 옛 질서의 상징인 동시에 예부터 내려오는 제도와 관습으로 가공할 만한 영향력을 갖춘 잠재 귀족 세력과 토착 세력을 확보한 상황이었다. 게다가 요시아키, 나가마사, 혼간지,

신겐 등이 비밀 동맹을 맺어 반노부나가 동맹군을 강화했다.

한편, 노부나가는 니조 성(二条城)을 건설하고 황궁을 수리하는 등 교토 재건에 힘썼다. 이는 교토를 중심으로 강력한 권력 구조를 만들어 교토를 정치권력의 핵심 도시로 만들기 위해서였다. 노부나가의 아네 강 전투의 승리로 당황한 구세력들은 천왕의 권위와 전통을 배경으로 강력한 영토 지배력과 군사력을 보유하고 있었기에 그들은 일정 지역을 통치하는 다이묘라고 할 수 있었다. 때문에 노부나가 세력을 강하게 견제하게 된다. 특히 혼간지의 세력은 종교 집단의 이상을 실현한다는 구실 아래 국경을 초월한 명령권을 가진 존재였다. 그래서 그들이 반노부나가 세력을 구축해 옛 질서를 그대로 유지하고 싶은 향수에 젖었다면, 노부나가의 마음속에는 새로운 세상이라는 이상이 내재되어 있었다.

철포 문명에 몰입하다
일본과 서양의 교역

전국시대 말기 무렵 일본 역사에 큰 영향을 끼친 것은 유럽과의 교역이었다. 유럽과의 교역을 통해 일본에 철포와 천주교 등 새로운 문화가 전래되었다. 철포와 천주교는 일본의 정치, 경제, 문화면에 많은 영향을 끼쳤다.

1543년 8월 규슈(九州) 남쪽에 있는 다네가 섬(種子島)에 이상하게 생긴 사람들이 큰 배를 타고 와서 상륙했다. 이들은 포르투갈 사람이었다. 그런데 그들은 일본인이 보는 앞에서 가지고 온 조총을 발사해 목표물을 정확하게 맞혔다. 그것은 큰 소리를 내었고 총신에서 뿜어져

나오는 불과 함께 철탄이 쏟아져 목표물을 맞혔다.

다네가 섬의 영주인 도키타가(時堯)는 포르투갈 사람으로부터 철포를 구입하여 부하들에게 철포 제작 방법을 습득시킨 결과, 1년 후에는 수십 정의 철포를 제작하는 데 성공했다. 그리고 네고로지(根来寺)의 승려와 사카이(堺)의 상인 다치바나야(橘屋) 등이 철포 연구에 힘을 기울여 현대화된 전쟁으로 발전하는 데 기여했다. 철포의 사용은 지금까지의 전쟁 방식을 바꾸는 데 크게 기여했다. 지금까지는 칼, 창, 활로 적과 싸웠는데 철포가 전해져 그것을 사용함에 따라 전략, 전술 면에서 획기적인 변화를 가져왔다.

철포가 전해진 40여 년 후, 노부나가가 철포를 사용하여 나가시노 전투에서 다케다 기마군단을 격파할 정도로 위력이 대단하니 철포의 제작이 활발해졌다. 철포를 통한 포르투갈 사람들의 왕래는 일본에 서양 문물을 전해주어 일본의 발전에 기여했다. 한편, 무역선이 오고 가는 가운데 1549년 일본에 천주교가 전래되었다.

노부나가는 조총을 구입해 철포 부대를 창건할 정도의 재력도 있었고, 철포 연구와 철포 부대 운영에 매진한 결과, 전국시대에 탁월한 무장으로 우뚝 서게 되었다. 또한 그는 천주교에 대해 매우 호의적이었다. 1578년 교토에 난반지(南蛮寺)가 설립되었다. 불교 사원의 건축 양식을 본떠서 만들었는데, 지붕에는 기와를 사용했고 방은 다다미를 깐 3층짜리 교회였다.

그가 천주교 신자는 아니면서 천주교에 호의적이었고 교세 확장을 도와준 것은 아마도 당시 엔라쿠지와 같은 막강한 세력을 가진 불교 집단에 의해 많은 고통을 받았기 때문이 아닐까 생각된다. 즉 불교 세력을 억제하기 위해 천주교를 옹호하는 정책을 폈다고 볼 수 있다. 또한 가지는 철포 문화를 받아들여 강한 군대를 육성한 것처럼 교회, 병원 등 서양의 발달한 문명을 받아들여 일본을 현대화하기 위한 것으로 볼 수 있다.

나가시노 전투(長篠合戦)

1574년 7월, 노부나가는 몇 차례에 걸쳐 뼈아픈 패배를 맛보았다. 나가시마에 군대를 파견하여 기소 강(木曽川) 하구에 포진해 있던 일향종(一向宗) 폭도들과 치열한 전투를 되풀이했다. 노부나가가 치른 전쟁 중에서 하이라이트라고 할 수 있는 나가시노 전투는 온갖 수수께끼 투성이이다. 최강의 다케다 신겐 기마군이 장난감 병정처럼 나가떨어지며 처참한 패배를 맛보았다.

5월 8일, 다케다 신겐의 아들 다케다 가쓰요리(武田勝頼)는 병력 15,000명을 동원하여 노부나가와 연합군을 형성한 이에야스가 주둔 중인 나가시노 성을 공격했다. 상황이 급박해지자 이에야스는 노부나가에게 지원군을 요청했다. 노부나가는 병사 30,000명을 이끌고 출격했다. 그는 더디게 행군했다. 미카타가하라(三方ヶ原) 전투 이후 더디게 이동한 지원군의 행군 속도는 나가시노 전투의 수수께끼를 푸는 열쇠다. 이것은 노부나가가 다케다 군을 상대하기 위한 새로운 전략이었다.

나가시노 전투는 5월 21일, 오전 6시부터 오후 2시까지 계속됐다. 노부나가가 진을 친 시타라가바라(設楽原)는 사방이 언덕으로 둘러싸인 웅덩이 모양의 땅이다. 노부나가와 이에야스의 연합군 30,000명은 적군에게 진영이 노출되지 않게 산 서쪽에 진지를 구축했다. 이에야스는 다케다 군의 기마군단에 대비하여 전투마가 뛰어넘지 못하도록 마방책을 높게 설치했고 끝을 예리하게 만들었다. 끝이 예리하고 높은 방책 때문에 다케다 군의 말은 달려들다가 주저하며 멈춰 섰다. 바로 그때 노부나가의 조총수 부대가 조총을 발사하여 다케다 군을 섬멸했다. 나가시노 전투는 조총의 위력을 유감없이 발휘한 최고의 전투였다.

  노부나가 군이 다케다 군을 가까운 거리에서 사격할 수 있었던 것은 하늘이 도왔기 때문이다. 만약 비라도 내렸다면 조총 사용은 어떻게 되었을까? 화약에 습기가 차서 제대로 발사도 못했을 것이다. 노부나가는 조총을 대량으로 구입한 다음 조총으로 무장한 군대를 훈련시켰다. 전국시대의 주도권을 그가 장악할 수 있게 된 것은 누구보다 먼저 조총을 이용했기 때문이다.

  그가 조총을 전투에 이용한 방법은 '3열 횡대 전법'이다. 조총이 당시에는 획기적인 무기였지만 단점이 몇 가지 있었다. 한 번 발사하고 나서는 다시 총구에 총알과 화약을 넣는 데 시간이 걸렸다. 그래서 그는 조총 부대를 3열 횡대로 서게 한 다음, 먼저 제1열이 발사를 끝내면 재빠르게 맨 뒤의 열로 이동해 총알과 화약을 넣는다. 이어서 제2열과 제3열도 같은 방식으로 발사 후 맨 뒤로 가서 총알과 화약을 넣는다. 이런 훈련을 계속하다 보니 발사하는 시간도 빨라졌고 정확도도 좋아졌다. 연속으로 발사하는 효과를 냈다. 노부나가의 조총 부대 위력 앞에 다케다 군은 전의를 잃었다. 이를 '3열 횡대 전법'이라고 한다.

  최상의 기마부대라고 자부하던 다케다 군은 거의 전멸하여 패전을 맛보게 된다. 말은 마방책에 찔려 죽기도 했다. 노부나가는 나가시노 전투를 치르면서 상황이나 지형 등을 적절하게 이용하는 등 전술에 많은 변화를 주었다. 또한 조총은 대포에 비해 가볍기 때문에 개인의 병기로 쉽게 들고 다니기에 편리하고 가벼운 장점이 있다. 그래서 조총부대에는 '발이 가볍다'는 뜻의 아시가루(足輕)라는 이름이 붙기도 했다.

원래 다케다 군은 속도가 빠른 기마부대를 이용해 적진 깊숙이 침투하여 적을 교란시켜 승리하는 전술을 사용했는데, 이번 전투에서는 현대화된 노부나가의 전법 앞에 패하고 말았다. 그런데 알 수 없는 일은 다케다 군이 똑같이 당하면서도 무려 여덟 차례나 똑같은 전술을 사용했다는 점이다. 참 미련도 하다. 다케다 군은 계속 밀어붙이면 물러날 것으로 생각했는지 모르겠지만 그것은 오산이었다.

다케다 장군은 용장이었을지는 모르지만, 똑같은 방법으로 노부나가 군을 공격하여 패배했다면, 그는 분명 지장의 재능은 부족한 듯하다. 똑같은 방법으로 계속 당했다면 그 공격 방법을 지양하고 새로운 방법을 모색했어야 했다.

전쟁에서는 한 가지 방법보다 지형이나 날씨를 살피고 적의 화력과 병력 수 및 전투 능력 등을 고려하여 그에 맞는 작전을 구사해야 한다는 생각을 해 본다.

높은 안목을 가지다

노부나가가 교토 입성을 꿈꾸고 있을 때, 그는 오하리의 평범한 일개 영주에 불과했다. 그 시대에는 전국적으로 노부나가보다 월등한 능력을 갖춘 영웅들이 교토 입성을 호시탐탐 노리고 있었다. 그런데 그가 이른 시기에 교토 입성을 할 수 있었던 이유는 무엇이었을까? 그것은 철포를 일찍 받아들여 군을 현대화시켰기 때문이다. 그가 철포 문화를 일찍 받아들일 수 있던 것은 그의 경제력 덕분이다.

노부나가의 근거지인 오하리 지방은 비옥한 평야 지대로 경제 능력이 타 지역보다 우세했다. 즉 비옥한 평야 지대였기에 부(富)를 더 많이 축적할 수 있었던 셈이다. 이 지방은 요도 강(淀川) 유역과 비와 호수(琵琶湖) 남쪽의 평야와 함께 그 당시로는 농업이 가장 발달한 지역이었다. 또 하나 유리했던 점은 교토와의 거리가 가까운 덕분이기도 하다.

노부나가는 일찍부터 시대의 변화에 민감한 적응력을 갖고 있었다. 그래서 그는 종교 집단의 우두머리 격인 엔라쿠지(円楽寺)를 공격해 그의 기세를 꺾었고 변화를 빨리 받아들였다. 이처럼 유연한 사고와 빼어난 안목을 가졌기에 철포 문화를 빨리 받아들일 수 있었다.

한편, 기동력의 중요성을 일찍부터 간파했다. 영지를 시찰하면서 기동력이 얼마나 전쟁의 승패를 좌우하는지 알고는 이즈미(和泉)의 사카이(境)나 오미(近江)의 구니토모촌(国友村) 등에 있던 철포 제조 공장을 자신의 영내로 끌어들여 다량의 철포를 생산했다.

그는 무장으로서도 걸출했지만, 정치적인 면에서도 판단력이 빨랐고 실행력도 기민했다. 또 쇼군 요시아키를 공격할 때도 준비해 두었던 쾌속정으로 비와 호수(琵琶湖)를 단숨에 가로질러 승리를 쟁취했다. 그는 신무기를 적절하고 교묘하게 이용했고 기동력을 최대한으로 활용한 무장이다.

또한 노부나가는 원래 노미평야(濃尾平野)의 기후(岐阜)라는 곳을 세력의 근거지로 삼았는데, 1576년 1월부터는 오미의 아즈치 산(安土

山)에 새로운 성을 쌓아 그곳을 세력의 중심지로 삼았다. 이런 일련의 일들은 혼간지를 비롯한 각 지방의 강력한 세력들을 평정하기 위해서였다.

아즈치(安土)는 교토까지 말과 배로 하루밖에 안 걸리는 곳에 위치한다. 또한 육로로 도카이(東海) 지방으로 진출하기 위해 비와 호수 동쪽에 있는 도로를 이용하려면 아즈치를 반드시 거쳐야 하는 교통의 요지였다. 비와 호수의 수상 교통은 매우 발달했다. 아즈치 산은 비와 호수로 돌출한 곳이어서 선박의 왕래를 감시하기 좋은 곳이다. 그래서 아즈치 성의 천수각(天守閣)은 돌담의 높이가 22m이고 건물의 높이도 32m였다. 외관상으로는 5층이고 내부에서는 7층으로 되어 있다. 그래서 동쪽의 평야나 서쪽을 바라볼 수 있는 곳에다 건설했으며 7층에는 많은 금장식을 했다.

전쟁 천재 노부나가

마사무네 하쿠초(正宗白鳥)라는 작가는 노부나가를 일본은 물론 세계에서도 보기 드문 독창적인 인물이라고 말했다. 그의 눈빛에는 사물을 꿰뚫어 보는 예리함이 깃들어 있다. 그는 오케하자마(桶狹間) 전투, 나가시노(長篠) 전투로 전쟁의 천재임이 증명됐다. 전쟁의 천재라고 한 데에는 여러 가지 증거를 댈 수 있다.

먼저 노부나가·이에야스 연합군이 마방책과 아시가루(삼단 소총) 부대로 새로운 전략을 구사해 소총만으로 다케다 군을 궁지에 몰아넣은 일은 일본 전쟁 역사상 유례없는 일이었다. 또 마방책과 소총은 보통 방어 태세를 운영할 때 사용하는데, 노부나가는 발상을 전환해 공격하는 데 사용했다는 점을 들 수 있다. 그리고 마방책을 상대가 잘 보이는 곳에 설치한 점도 독창적이다. 원래 마방책은 수비를 위한 것이므로 다케다 군과 싸울 의사가 없다는 증표로 인식시켜 적의 판단을 흐리게 한 것이다. 즉 인식의 착오를 통해 적을 물리친 전술이었다. 보통 마방책을 설치하고 그 뒤에 방어 병력을 은폐시키는데 노부나가는 마방책 옆에 소총 부대를 배치했다. 이것은 위장 전술이었다. 마방책 방향으로 달려드는 다케다 군의 기마군단을 옆에서 소총을 발사해 격퇴하는 새로운 전술을 생각해냈다.

선발대가 쓰려져 전의를 상실했는데도 계속해서 같은 전략을 반복했다는 것은 다케다 군이 잘못된 상황판단을 한 결과라고 본다. 마방책과 아시가루 소총 부대의 조합이라는 수비 형태에서 공격형 자세로 바뀐 노부나가의 획기적인 발상은 다케다 군의 허실을 제대로 찔렀다고 볼 수 있다. 노부나가의 전략이 약삭빠르고 비열해 보일 수 있으나, 그보다는 현실주의적인 전법이라고 보는 것이 옳다. 소총 부대도 2단 사격술에서 더 발전시켜 3단 사격술로 변화를 주었다.

한편, 노부나가는 유년기부터 죽음을 맞는 '혼노지의 변(本能寺の変)'에 이르기까지 전투를 120여 회 치렀다. 그야말로 전쟁으로 점철된 삶을 살았다. 잠깐의 휴식도 없이, 편한 잠도 허락하지 않고 오로지 전쟁에서의 승리를 향한 의지만이 불타올랐다고 할 수 있다.

어쩌면 전쟁 천재인 노부나가도 가장 고민스러웠던 것은 적과 동지의 구분이 아니었을까? 철석같이 믿었던 가신이나 동료로부터 갑작스런 배신을 당하는 경우에는 그도 어찌할 바를 몰랐을 것 같다. 그래서 오케하자마(桶狭間) 전투에서 가신들에게 작전을 알려 주지 않았다든지, 이에야스에게는 점령지를 맡기지 않는 등의 고민 깊은 결정을 내렸을 것이라고 생각된다.

전쟁 천재 노부나가는 인간에 대한 연민도 있었다. 물론 '전쟁'이라는 참상 속에서 생활함으로써 냉정하고 가혹한 성격이 형성되었겠지만, 꼭 그런 이유만 있는 것은 아니다. 어느 날 교토로 가는 길에 비를 맞으며 구걸하는 걸인을 보았다. 그런데 그 걸인을 교토로 갈 때마다 마주쳤다. 노부나가는 어느 날 급한 용건으로 교토로 가던 길에 그 걸인에게 무명 스무 단을 손수 들고 가서 주었다. 자기의 부하에게 작은 집을 마련해 주고 굶어 죽지 않게 돌봐주라고 명령했다. 인간미가 넘치는 인정 아니겠는가?

적은 가까운 곳에

이상한 징후

1582년 3월 8일 밤 10시, 동쪽 하늘이 환해지더니 아즈치 성의 천수각(天守閣) 위쪽이 빨갛게 물들어 다음 날 아침까지 그 상태가 지속되었다. 당시로서는 하늘이 내리는 이상한 징후라고 생각할 만한 괴이한 현상이었다. 하지만 노부나가는 이런 상황에 전혀 개의치 않고 출진했다. 사람들은 경악을 금치 못했다. 그래도 그날은 아무 일도 일어나지 않고 순조롭게 지나갔다.

같은 해 5월 14일 밤 9시에 혜성 하나가 나타났다. 꼬리를 길게 늘어뜨린 채 며칠 동안 운행했으므로 사람들은 극심한 공포감을 느꼈다. 그로부터 며칠 뒤, 정오에 수도사 7~8명은 혜성인지 불꽃인지 알 수 없는 물체가 하늘에서 아즈치 성이 있는 곳으로 떨어지는 것을 보고 경악을 금치 못했다. 불과 2개월 사이에 일어난 하늘의 변화에 예사로운 일이 아니라는 사실을 알았을 것이다. 그리고 또 다른 사건을 암시하는 징후가 나타났다고 두려워했을 것이다.

내부에 웅크린 적

노부나가는 시코쿠(四国) 지역을 손에 넣기 위해 그곳의 강자인 모리(毛利) 씨를 제거하기로 하고 부하인 히데요시(秀吉)를 먼저 출병시켰다. 그러나 모리 씨의 저항이 예상 밖으로 강해 기다리던 승전 소식이 늦어지자 히데요시를 격려하며 직접 참전할 뜻을 밝힌 뒤, 아케치 미쓰히데(明智光秀)를 지원군으로 보내고는 교토의 혼노지(本能寺)로 향했다.

그런데 다음날 새벽 혼노지에 불길이 솟더니 일단의 군세가 공격해왔다. 노부나가를 노린 무리의 공격이었던 것이다. 그리고 그 배반자는 바로 히데요시에게 지원군으로 보낸 미쓰히데였다. 미쓰히데는 도

혼노지의 변

와주러 가는 척하다가 도중에 말머리를 돌려 호위하는 병력이 많지 않다는 사실을 알고 곧바로 혼노지의 노부나가를 친 것이다.

노부나가는 친히 창을 들고 달려드는 적에 맞서 싸웠으나 수가 너무 많았다. 불가항력이다. 노부나가는 자신에게 최후가 다가왔음을 직감하고 훨훨 타오르는 불길 속으로 들어가 자해하여 목숨을 끊었다. 참으로 허망한 일이었다.

부하에게 배신당한 노부나가는 비통함을 간직한 채 불타는 혼노지에서 생을 마쳤다. 전쟁의 시대에 태어나 전쟁 속에서 전쟁과 함께 생활하다가 끝내 창을 손에 쥐고 죽어갔다. 후에 '적은 혼노지에 있다(敵は本能寺にあり)'는 말이 생겨났다. '적은 내부에 있다'는 뜻으로 쓰이는 말이다.

그런데 미쓰히데는 왜 노부나가를 배신했을까? 그 이유와 관련된 기록은 없다. 다만 후세 연구가들의 정황상 추측이 있을 뿐이다. 어떤 이는 미쓰히데 자신이 천하를 차지하겠다는 욕심이 있었기 때문이라고 했다. 또 어떤 이는 노부나가가 자신의 영지를 빼앗을까봐 미리 선수를 친 것이라고도 했다.

여러 설 중에서 대체로 인정받는 것은 평소에 노부나가로부터 자존심에 상처 받는 일이 잦았기 때문이라는 설이다. 기록에도 그런 장면이 몇몇 보인다. 예를 들면 어느 술자리에서 노부나가가 미쓰히데의 머리를 가리키며 금관(金冠) 대가리라고 놀리기도 하고, 부채로 머리를 툭툭 쳤다는 이야기도 있다. 또 미쓰히데에게 이에야스의 접대를 맡으라고 했는데, 나중에 접대 방식이 서툴렀다며 그 임무를 교체시켰다는 기록도 있다.

당시 일본에 와 있던 선교사인 루이스 프로이스는 그의 저서에 다음과 같이 적었다.

"미쓰히데는 반역을 좋아하고 전쟁을 잘했을 뿐만 아니라 축성 기술도 뛰어났다. 또 자신이 일본 왕이 될 수 있는지 없는지를 시험할 생각도 가지고 있었다. 마쓰히데는 노부나가보다 나이가 많았다. 히데요시나 이에야스는 노부나가보다 나이가 아래였다. 노부나가는 당시에 유수한 집안의 아들이었다면 미쓰히데는 보잘것없는 집안의 자식이었다."

노부나가 살해에 성공한 미쓰히데도 후에 히데요시와의 싸움에서 패하여 죽음을 당한다.

사나움보다는 너그러움으로

일본은 16세기에 전국시대(戦国時代)를 연 이후 130여 년에 걸쳐 각 지역에서 궐기한 무사들이 자기의 영토 확장과 반대 세력을 굴복시키기 위해 전쟁을 이어간다. 이에 백성들의 삶은 도탄에 빠졌다. 군복무, 부역, 전쟁 물자 생산을 위해 동원된 그들은 비참한 생활을 했으며 목숨도 담보 받지 못했다. 서로 상대를 제압하기 위해 동맹도 맺고 배반을 일삼으며 믿음이 없는 세상을 만들었다. 그때그때 상황에 따라 아군이 되기도 하고 적군이 되기도 했다. 살기 위해 어제의 동맹이나 동지가 적군이 되고 오늘의 아군이 적이 되면서 무력이 모든 생활의 시금석이 되었다. 경우에 따라서는 주군을 배반하거나 죽이는 일 등 하극상이 빈번했다. 의(義)보다는 이(利)에 의한 삶을 살았다.

이와 같은 시대에 전쟁 천재 노부나가가 일본 통일을 눈앞에 두고 부하의 배신으로 죽임을 당하고 만다. 그는 천재성과 독창성은 갖췄지만, 조급하고 가혹한 성격이 천하 통일의 기회를 멀어지게 했다. 다만, 일본 천하 130여 년의 전쟁을 종식시킬 수 있는 기반을 마련한 것만은 틀림이 없다.

〈서경(書經)〉의 일부 내용을 적어 보며 글을 맺는다.

代虐以寬(대학이관) 兆民允懷(조민윤희)

사나움에 대신하여 너그러이 정치하니, 수많은 백성이 믿고 따르더라.

02

도요토미 히데요시
(豊臣秀吉)

시대 상황과 도요토미 히데요시

1467년부터 1468년에 걸친 '오닌(応仁)의 난' 이후 무로마치 막부(室町幕府)의 정치력이 약해지면서 전국적으로 30여 명의 유력 다이묘(지방 영주)가 영토 분쟁과 세력 다툼을 이어가는 전국시대(戰國時代)로 접어들게 된다. 유력 다이묘 중에서도 세력이 강했던 사람은 스루가(駿河)의 이마가와 요시모토(今河義元), 에치고(越後)의 우에스기 겐신(上杉謙信), 가이(甲斐)의 다케다 신겐(武田信玄), 호조 소운(北条早雲) 등이다. 바야흐로 130여 년 동안 이어질 약육강식의 시대이자, 어떤 이에게는 기회의 시대이기도 한 전국시대의 개막이다.

이런 역사적 배경하에 도요토미 히데요시(豊臣秀吉)는 1537년 미천한 농민의 아들로 태어났다. 장성하여서는 당시에 유력한 군웅이었던 오다 노부나가(織田信長)의 말을 관리하는 직책을 얻어 노부나가를 지근거리에서 모셨다고 한다. 충성심도 대단하여 추운 겨울날 노부나가가 벗어 놓은 신발을 가슴에 안고 있다가 새벽에 주인이 집을 나설 때 따뜻한 신발을 신게 했다는 일화가 유명하다. 전국시대에 태어나 전국시대를 종결시키고 일본을 통일한 인물로 일본인들의 존경을 받는 인물이기도 하다.

그의 인생의 첫 번째 변화는 노부나가가 자신의 부하인 아케치 미쓰히데(明智光秀)에게 죽임을 당하는 사건이 일어난 후부터이다. 히데요시가 처음으로 단위 부대를 지휘한 때는 42세라고 한다. 보통은 30대 중후반이었다고 하니, 다른 사람에 비하면 늦게 찾아온 기회였다. 그러나 히데요시는 야마자키(山崎) 전투에서 승리를 거머쥐며 노부나가를 죽인 미쓰히데를 처형하는 데 성공했다.

히데요시는 미쓰히데를 치러 나가면서 자기의 매부에게 이렇게 말했다고 한다.

"내가 패하면 이 성에 불을 지르고 나의 가솔은 알아서 처리해라."

실로 비장한 출전 의지였다. 미쓰히데와의 전쟁에서 힘겹게 승리한 뒤에도 많은 적들이 동맹을 결성하며 공격해 왔다. 그러나 요시히데는 수많은 적들을 물리치며 노부나가 사후 장장 8년에 걸친 투쟁 끝에 일본 천하를 통일했다.

히데요시의 여러 가지 출생 배경

농민 출생 설

히데요시의 아버지는 오하리노쿠니(尾張国) 출신의 기노시타 야에몬(木下彌石衛門)이며, 어머니 또한 같은 지역 출신이라고 한다. 야에몬은 오다 노부나가의 아버지 노부히데(信秀)의 부하였으며, 전쟁 통에 부상을 당해 평민이 되었다고 전한다.

한편, 다른 설이 있는데, 1536년 오하리노쿠니에서 농민의 아들로 태어났는데, 일찍이 어린 시절 아버지가 죽고 어머니가 재혼을 했다. 의붓아버지 지쿠아미(竹阿彌)는 전쟁에서 부상을 입은 무인이었다고 한다. 이 의붓아버지의 학대가 심해 일찍 가출했다. 이런 사연으로 히데요시와 누나인 도모(とも)는 야에몬 소생이고, 남동생 히데나가(香長)와 여동생 아사히히메(旭姫)는 새아버지 지쿠아미의 소생인 셈이다.

한편 교토 즈이류지(瑞龍寺)라는 절에 소장되어 있는 기노시타(木下) 가계도에서 히데요시의 친부 야에몬이 히데요시가 일곱 살 때인 1543년에 죽은 것으로 되어 있다. 이것을 받아들인다면 친부가 살아있을 때 두 동생이 태어난 것이 되는데, 이는 히데요시의 두 동생이 새아버지의 자식이이라는 설이 부정되기 때문에 의문이 남는다.

천왕의 사생아 설

어머니와 관련된 재미있는 설도 있다. 히데요시의 외조부는 임금의 음식물과 옷을 준비해 주는 벼슬을 했는데 히데요시의 어머니 오만도코로(大政所)가 3살 때 어떤 사람의 무고로 오하리(尾張)라는 곳에서 유배생활을 한다. 몇 년이 지나 유배 생활에서 벗어나 다시 궁으로 돌아갔다. 그때 히데요시의 어머니 오만도코로(大政所)도 궁중으로 돌아가 수라간에서 일하다가 나중에 오하리로 돌아와 히데요시를 낳았다.

그런데 어머니의 임신과 관련한 내용이 특이하다. 즉 수라간에서 일하던 젊은 시절의 어머니가 뜻하지 않게 옥체를 모신 일이 있다는 기록이 있다. 그리고 그날 밤 꿈에 신사(神社)에서 주는 수많은 부적이 이세(伊勢. 천왕의 조상을 모신 곳)로부터 하늘로 날아올랐고, 신성한 신의 폐백(幣帛)을 손에 들라는 꿈을 꾸었다고 한다.

어머니는 히데요시를 임신한 후에 오하리로 갔고, 다시 그곳에서 10여 가구만 사는 작은 섬에 숨어들어 그곳에서 해산을 했다고 한다. 섬 사람들은 외지인에 대한 의심이 많았지만, 남편이 전쟁 통에 전사하여 살길이 막막해서 섬으로 왔다고 말해 그곳 사람들로부터 동정을 받으며 살았다고 한다.

사통에 의한 출생 설

또 다른 설에 따르면 히데요시는 어머니가 사통하여 낳은 자식이라는 주장이다. 즉 어머니가 어린 히데요시를 데리고 기노시타 야에몬에게 시집을 왔는데, 야에몬이 일찍 세상을 뜨자 그 무렵 오다(織田) 집안에서 다도 등의 차(茶) 일을 맡아보던 지쿠아미라는 자가 떠돌이 무사가 되어 근처 마을에 있던 것을 남편으로 맞아 들였다는 설이다.

이런 이유로 야에몬은 히데요시의 의붓아버지가 되고 지쿠아미는 양아버지가 된다. 재혼할 때 히데요시의 어머니는 31살 과부였다. 어머니가 사통하여 낳은 자식이므로 친아버지에 대해서는 이름조차 알 수 없었던 셈이다. 히데요시는 이를 깨닫고 자기에게는 그저 아버지가 없다고 말했다고 한다. 만약 야에몬이나 지쿠아미 두 사람 중에 생부가 있다면 어머니는 그 사실을 알고 있을 것이기 때문에 히데요시의 이름이 천하에 알려졌을 때 아버지의 혼백을 모시는 사당을 건립하여 명복을 비는 것이 당연했을 것이다. 그런데 그런 일이 없었던 것으로 보면 사통하여 낳은 자식일 수 있다는 설이다.

필자가 생각하건대, 당시는 전란의 시대였으므로 많은 사람이 죽고 여인들이 고단한 삶을 이어가던 때인지라, 약한 여인이 본의 아니게 남자와 관계를 맺을 수 있었으니 히데요시의 어머니도 그렇게 말하지 않았나 추측해 본다.

미화시킨 출생 설

옛 일본의 관직 중에 관백(関白)이라는 실권자가 있다. 히데요시는 관백의 자리에 오른 후에 자신의 보잘 것 없는 신분을 은폐하기 위해 부하인 오무라 유키(大村由己)에게 명하여 자신의 전기집인 〈천정기(天正記)〉를 편찬하도록 했다. 바로 여기에 히데요시의 어머니가 임금을 모셨다는 내용이 나온다.

또 다른 자료에 따르면 히데요시가 지금의 대만인 고산국(高山國)에 보낸 문서 가운데 다음과 같은 내용이 있다.

"어머니가 나를 임신했을 때 태몽을 꾸었다. 한밤중에 어머니의 방에 햇빛이 대낮처럼 찬란하게 비치는 꿈을 꾸었는데, 이때 태어난 아기가 히데요시이다."

이 이야기를 들은 사람들은 모두 깜짝 놀라며 해몽가에게 물어본 결과, 이 아이는 장차 천하를 다스리고 그 위세를 사방에 떨칠 것이라고 예언했다고 외교 문서에 기록했는데, 오만방자함이 드러난 표현이다.

또 다른 내용은 일본 최초의 외교서인 〈선린국보기(善隣國寶記)〉에 들어 있다. 히데요시가 조선의 왕에게 보낸 외교 문서에 적었다는 내용은 다음과 같다.

"나를 잉태했을 때 자모께서 해가 품안으로 들어오는 꿈을 꾸었다. 해몽가가 말하기를 '햇빛이 미치는 곳, 다스리지 않는 곳이 없을 것이다'라고 했다. 장년에 이르러 반드시 그 인덕이 팔방에 미치고 천하에 위명을 떨칠 것이다."

필자의 생각에는 외교 문서에 이런 내용이 왜 필요한지 모를 일이다. 자신은 큰 복과 덕을 입고 태어났으니, 나에게 복속하라는 오만방자함이 극치를 이룬 내용이라 하지 않을 수 없다.

히데요시와 관련된 전기 작품으로 1625년에 편찬된 〈태합기(太閤記)〉가 있다. 태합(太閤)이라는 관직명은 히데요시가 조선 침략 1년 전인 1591년 말에 만들어 사용했다. 그동안 사용하던 관백(關白)이란 직책은 후계자에게 물려주고 자신은 태합(太閤)이란 칭호를 쓴 셈이다.

〈태합기(太閤記)〉에는 그의 출생과 관련하여 다음과 같이 적혀 있다.

"고요제(後陽成) 천왕 시대 때 태정대신(太政大臣) 도요토미 히데요시 공이 있었다. 그는 미천한 데서 일어나 고금에 빼어난 이륜절류(離倫絶類)의 대기(大器)이다. 아버지는 오하리노쿠니(尾張国) 나카무라(中村) 사람으로 지쿠아미(竹阿彌)라고 했다. 언젠가 어머니 품

안으로 태양이 들어오는 꿈을 꾸고 나서 임신하여 출생했다. 그래서 아명을 히요시(日吉)라고 했다."

위의 내용은 사실일까? 필자는 꾸민 것으로 본다. 즉 히데요시가 대륙을 정복하려 할 때 고산(五山)의 승려들이 해외 선전용으로 만들어 낸 것이라고 일본의 역사 연구가 기타시마 만지(北島万次)는 말하고 있다.

이와 같은 내용은 1590년 통신사들이 일본에 갔을 때 히데요시 명의로 쓴 화답국서로 조선에 보내온 것이다. 이 얼마나 허무맹랑하고 외교 문서에 담아서는 안 될 행위인가! 허무맹랑한 글을 써서 모두 자기 앞에 굴복하라는 간악함과 교만함이 드러난 작폐이다.

만들어진 원숭이 이미지

히데요시를 원숭이 이미지로 표현한 전기 작품에 〈태합기(太閤記)〉가 있다. 이것은 17세기 후반에 전해오는 이야기에 의거해서 지은 책이라고 한다. 관련 내용을 간추리면 다음과 같다.

히데요시는 바늘장사를 하면서 일본의 이곳저곳을 찾아 유랑생활을 한다. 그러다가 중부지방 구노(久野)라는 곳에서 그곳의 조그만 성주인 마쓰시타(松下)라는 사람을 만난다. 구노에서 하마마쓰(浜松)로 가는 길에서 만났다며 히데요시를 데리고 온 사람이 '어떻게 보면 원숭이 같기도 한 못생긴 사람인데, 성주님을 만나고 싶다고 하여 데리고 왔다'고 했다. 그래서 성주가 어디서 무엇 때문에 왔냐고 물었더니, 대답하기를 오하리(尾張)에서 왔으며 성주님 밑에서 일하고 싶다고 했다.

이에 성주 마쓰시타는 하마마쓰에 데리고 가서 주군인 부젠(豊前)에게 말하기를 모습이 색다른 점이 있어 데리고 왔다고 말했다. 원숭이처럼 생겼는데, 말을 하고 먹는 것도 잘 먹고 해서 적삼도 주고 바지에 비단옷을 입히니 모습이 달라졌다. 이렇게 해서 히데요시는 신발을 담당하는 일을 하게 되었다.

이 일화를 통해 원숭이란 말을 처음 만들어냈는데, 도쿠가와 이에야스(德川家康) 막부에 의해 몰락한 히데요시를 미천한 모습으로 표현하기 위해 지어낸 것 같다. 출생연도까지 1년을 앞당겨서 원숭이 해인 1536년 병신년 정월 초하루로 만들었다. 그래서 어려서부터 이름을 '사루(猿. 원숭이)'라고 불렀다고 한다. 필자가 생각하기에는 이 작품의 저자가 히데요시의 출세 이야기를 극적으로 그려내기 위해 히데요시의 어린 시절을 천한 원숭이 모습으로 그려 낸 것 같다.

한편, 그로부터 100여 년이 지나 간행된 〈그림책 태합기(絵本太閤記)〉에는 히데요시의 원숭이 상을 신상(神像)으로 표현했다. 내용의 일부를 살펴보면 다음과 같다.

"어머니가 신께 지극정성으로 기도하여 남자아이 낳기를 소원했다. 그 기도에 감복했는지 어느 날 태양이 품안으로 들어온 꿈을 꾸고 임신한 지 13개월째인 1536년(병신년) 정월 초하루에 남자아이를 출산했다. 그때 집 주위에 신령한 별이 나타나 비추는 것이 대낮 같았고 성장한 후에 전쟁이 있을 때마다 틀림없이 나타나서 흉(凶)을 길(吉)로 바꾸어 주었다. 그런데 얼굴이 원숭이에 가까웠다. 이름을 히요시 마루(日吉丸)라고 지었지만 원숭이를 닮았다고 해서 사루(猿. 원숭이)라는 별명으로 불렀다."

히데요시를 원숭이 이미지와 결부시킨 것은 히데요시가 천박하지만 원숭이 같이 재주가 많은 인물임을 강조한 듯하다. 또한 사람들에게 친근한 영웅이라는 느낌을 주었다. 그래서 원숭이 이미지는 일본의 전통 종교인 신도(神道)의 신상과 결부되어 어느새 히데요시 영웅상으로 탈바꿈하게 된 것이다.

히데요시의 성장 배경
동자승이 되다

히데요시의 어머니는 서른이라는 젊은 나이에 과부가 되어 살길이 막막하니 재혼을 하기로 했다. 그런데 그에게는 이미 히데요시와 그 여동생이 있었다. 이에 히데요시는 고묘지(光明寺)라는 절에 동자승으로 보내게 되었다. 그때 히데요시의 나이는 8살이었다.

히데요시는 절에 와서 잔심부름도 하고 물도 길어 오고 불을 때는 등 잡일을 도와주면서 그 절의 스님에게서 글을 배웠다. 그런데 어린 히데요시는 잔꾀에 밝아 일을 제대로 안 하거나 칼 쓰는 방법을 혼자서 연습하고 스님이 가르쳐 주는 글공부도 게을리 하여 스님에게 걱정을 끼쳤다. 몇 번 타일러 보았으나 중이 되기는 글렀다고 생각한 스님은 어느 날 글공부를 게을리 하고 일도 제대로 안 하면 절에서 내쫓겠다고 말했다. 그랬더니 어린 히데요시의 대답이 기상천외(奇想天外)했다. 자기를 내쫓으면 절에 불을 지르겠다는 것이다. 그래서 스님은 그를 절에서 내쫓을 수 있는 묘안을 생각하게 된다. 좋은 옷을 한 벌 사고 용돈을 주면서 이렇게 말했다고 한다.

"지금 세상이 어떻게 돌아가는지 여행을 하면서 알아본 후에 다시

절로 돌아오너라."

그제서야 히데요시는 스님께 인사를 하고 절을 떠났다. 절에서 쫓겨난 히데요시는 재가한 어머니를 찾아갔다. 하지만 어머니는 따뜻하게 맞아주지 않았고 의붓아버지의 학대는 점점 심해졌다. 가난하다 보니 먹는 것도 부족했다. 10살부터는 남의 집에 가서 머슴살이도 했다. 이에 히데요시는 집을 나서서 유랑 길에 올랐다. 동자승으로 맡겨진 절에서 스님 덕분에 글을 읽을 수 있었다고 하니, 그에게는 행운이었던 셈이다.

세상을 유랑하다

유랑에 나서기 전에 요시히데는 돌아가신 친아버지의 유품 중에서 돈처럼 보이는 것을 가지고 나왔다. 그것은 당시 당나라 화폐인 '영락전'이었다고 한다. 이때 요시히데의 나이는 15세 전후였고, 활동 지역은 주로 중부지방이었다고 한다.

히데요시는 유랑생활을 하면서 닥치는 대로 일을 했다. 남의 집 처마 밑이나 창고 등 불편한 곳에서 잠을 잤다. 남들이 싫어하는 일도 했다. 예로 재래식 변소의 오물통에 쌓인 인분을 퍼서 퇴비장이나 논밭에 버리는 일도 했다. 그는 한 곳에서 일 년 이상 머무는 일은 없었다고 한다. 한두 달이나 한 계절 정도 머물며 일도 하고 세상을 구경했다. 3년 동안 서른여덟 집에서 일을 했다고 한다. 고생은 말할 수 없이 힘들었고 그것을 통해 세상의 인심과 여러 지역의 생활상도 알게 됐다.

그는 천성이 잔꾀 부리기를 좋아해 주인한테 쫓겨나기도 많이 했다고 한다. 그는 유랑생활을 통해 많은 것을 배웠다. 이 시기가 그의 인격 형성에 많은 영향을 미쳤을 것이다.

노부나가와 히데요시
노부나가의 밑으로

히데요시가 유랑생활을 하다가 중부지방의 구노(久野)라는 곳에서 그 지방의 성주인 마쓰시타(松下)를 만나 그 밑에 들어가 신발 관리하는 일을 하게 되었다. 히데요시의 그때 나이는 18살 정도였다고 한다.

어느 날 마쓰시타가 히데요시에게 노부나가의 병사들은 어떤 갑옷을 입느냐고 물어보았다. 그러자 히데요시는 노부나가 병사들은 갑옷 조각을 오른쪽 옆구리에서 묶는 형태의 갑옷을 입는다고 대답했다. 그러자 마쓰시타는 히데요시에게 금화 다섯 냥을 주면서 그 갑옷을 사오라고 심부름을 시켰다. 마쓰시타가 준 금화 5냥을 가지고 노부나가 병사들이 입는 갑옷을 사러 가다가 히데요시는 이런 생각을 한다. 이 돈으로 대장부가 되는 데 필요한 갑옷 등 무구를 사는 데 쓰고 훗날 훌륭한 사람을 만나 입신양명한 뒤에 이 돈을 돌려주면 되겠구나. 즉 마쓰시타를 배반하고 유능한 주인을 만나서 일하겠다고 결심한 셈이다.

그리하여 그가 찾아간 사람은 다름 아닌 오다 노부나가였다. 〈태합기(太閤記)〉에 따르면 히데요시는 노부나가를 찾아가 직접 자신을 써 달라며 이렇게 직소했다고 한다.

"제 아비는 노부히데 장군(노부나가의 부친) 밑에서 봉직한 사람으로, 아이치(愛知) 고을 나카무라(中村) 사람입니다. 대대로 무사 집안이긴 하지만 부친 때 집이 가난하여 어려서부터 이곳저곳 돌아다니며 얻어먹고 남의 집 일을 해 주고 사는 신세가 되었습니다. 바라옵건대 주군의 은덕을 입고자 합니다."

이렇게 아뢰자 노부나가는 그를 보며 이렇게 말했다고 한다.

"얼굴이 원숭이를 닮았구나. 마음이 가벼워 보이고 기(氣)가 좋아 보이는구나. 열심히 해 보거라."

히데요시가 처음 맡은 일은 노부나가의 신발을 들고 따라다니는 것이었다. 그리고 나중에 인정을 받은 후에는 승진을 하여 잡일을 맡아 보는 하인들의 우두머리가 되었다.

노부나가의 마음을 얻다

눈발이 날리는 추운 겨울이었다. 추운 데다가 진눈깨비까지 날리니 땅은 질척질척했다. 노보나가가 가신들과 회의를 마치고 외출하기 위해 댓돌 위에 놓인 신발을 신는 순간 따뜻하다는 느낌을 받는다. 차가워야 할 신발이 따뜻하다는 느낌에 노부나가는 성질이 났다. 그래서 신발 담당인 히데요시를 불러 야단을 쳤다. 노부나가는 한겨울에 차가워야 할 신발이 따뜻하다는 것은 보초는 제대로 서지 않고 자신의 신발을 깔고 앉아 있었다고 생각했기 때문이다.

그런데 야단을 맞은 히데요시는 자신의 상의를 젖혀 가슴을 보이며 이렇게 말했다.

"주군, 저는 신발을 깔고 앉아 있지 않았습니다. 주군의 신발이 젖어 있기에 말리느라 가슴에 앉고 있었습니다. 가슴에 찍힌 신발 진흙자국을 보아 주셔요."

판단력은 빠르나 성질이 급한 노부나가의 오해가 풀리고, 이 일을 계기로 히데요시는 신임을 얻게 되었다. 그리고 어느 날 늦은 밤에 문득 잠에서 깬 노부나가가 "거기 누구 있느냐?" 하고 물으니, "주군, 히데요시 여기 있습니다." 하는 대답이 돌아왔다고 한다. 그 후부터 노부나가는 히데요시를 더욱 가까이 두게 되었고, 그의 근면함과 충성심에 감탄과 칭찬을 아끼지 않았다고 한다. 히데요시는 상대방의 비위를 잘 맞추고 임기응변이 좋았다.

히데요시는 노부나가의 신임을 얻은 후에도 그의 눈 밖에 나는 행동은 조금도 하지 않았다. 노부나가의 성격이 대범하면서도 시기심이 많다는 사실을 히데요시는 잘 간파하고 있었기 때문이다. 히데요시는 노부나가의 마음속에 항상 자기가 있기를 바라면서 노력했다. 노부나가에 대한 히데요시의 충성심을 잘 보여 주는 다음과 같은 일화가 있다.

히데요시가 어느덧 군대의 일부를 지휘할 수 있는 지위가 되었을 때의 일이다. 힘겨운 전투 끝에 적을 포위망 안에 가둘 수 있었다. 이제 명령만 내리면 적을 섬멸할 수 있는데 다음과 같이 말했다.

"적은 독안에 든 쥐와 같다. 주군(노부나가)이 올 때까지 포위만 하고 있어야 한다. 더 이상의 공격은 불허한다."

히데요시는 일부러 시간을 끌었고, 오늘의 승전은 주군께서 오셔서 지휘했기 때문에 가능했다며 승전의 공을 노부나가에게 돌리며, 노부나가의 지도력과 권위를 세워 주었다. 일종의 아부였다. 히데요시는 노부나가에 대한 충성심과 복종심만이 그의 마음을 얻고 자신을 지킬 수 있다고 생각하며 노부나가의 급한 성격에 모든 것을 맞추기 위해 항상 마음을 졸이며 생활했다.

한편 두 사람 사이에는 서로 믿으면서 경계하는 눈빛이 오고 갔다.

노부나가는 히데요시를 둘도 없는 부하지만 한편으로는 경계해야 할 사람이라고 생각했다. 이 시대에는 하극상이 많아 부하가 너무 똑똑하면 조심해야 했다. 히데요시 또한 긴장을 늦추지 않았다. 그래서 노부나가의 넷째아들을 양자로 맞아 들였다. 히데요시는 이제 지위도 높아지고 성주가 되었으니 노부나가가 경계도 하고 의심도 할 것이라는 사실을 잘 알고 있었다.

역사가들은 노부나가 사망 이후 히데요시에 의한 천하통일은 노부나가의 바탕 위에서 이루어졌다고 말하지만 필자의 생각은 조금 다르다. 그저 운이 좋았다고만 볼 수는 없다. 그의 피눈물 나는 노력이 있었기에 가능한 일이었다고 생각한다.

쪽방에 용이 머물다

여기에서 잠시 히데요시의 결혼과 관련된 이야기를 짚고 넘어가 보자. 히데요시의 부인은 스기하라 뉴도(杉原入道)라는 사람의 딸로 이름은 오만도코로(大政所)였다. 오만의 아버지는 노부나가 가신 집에서 고용살이를 했다. 그리고 부근에 노부나가의 기마 무사로 있던 이토 우콘(伊藤右近)이라는 이가 있었다. 오만도코로의 아버지는 그녀가 태어나기 전부터 우콘이라는 이의 밭에서 일했다. 오만도코로는 자라서 우콘의 소개로 이집저집 옮겨다니며 일을 했다.

오만도코로가 우콘의 소개로 어느 집에서 일하고 있을 때의 일이다. 마침 그 집 부근에서 히데요시가 홀로 기거하고 있다가 오만도코로를 보고 마음에 들어 청혼을 했다. 청혼을 받은 그녀는 답을 주지 않고 우콘 아저씨한테 가서 히데요시가 청혼해 왔다며 어찌 할지를 물었다.

그러자 우콘은 히데요시가 영리하다고 소문이 났으니 서로 잘 이야기해 보라고 했다.

그렇게 해서 서로 결혼을 하기로 하고 결혼 준비를 마쳤다. 당시 일본은 결혼식 날 식만 올리고 식사 대접을 못하는 경우가 많았다. 다들 힘든 시기라 그리 큰 흉은 아니었다. 결혼 당시 히데요시는 32살, 오만도코로는 20살이었다. 두 사람은 띠 지붕을 인 쪽방에 볏짚을 깔고 그 위에 얼추 엮은 돗자리를 얹어 신방을 차렸다. 당시에 형편이 어려운 사람은 다다미가 사치였던지라 엄두도 내지 못했다.

오만도코로는 본성이 부드럽고 덕이 높았다고 한다. 또 부부의 정이 깊어 히데요시를 한결같이 존경하고 귀하게 여겨, 일본 역사상 가장 행복한 삶을 산 부인 중 한 사람이라고 한다.

세월이 흘러 그녀는 자기가 나고 자란 오하리(尾張)를 찾아갔다. 집터에 이르니 예전의 자취는 사라지고 없었다. 뜰은 쑥대로 우거져 이슬에 흠뻑 젖어 있었고, 떨어진 솔잎이 처마를 뒤덮고 있었다. 그 모습에 하염없이 눈물이 흘러 소맷자락으로 다 닦지 못했다고 한다. 그러고 있으려니 날이 저물어 어슴푸레 달이 뜨는데, 둥지를 찾아 날아가는 기러기 울음소리에 하도 서글퍼서 지었다는 한 편의 시가 전한다.

> 돌아가는 기러기들아
> 고향은 이 같은 것을
> 어찌 그리 애태우며
> 갈 길을 재촉하는가

지나온 길은 다시 되돌아가지 말고 추억으로 간직하라고 말하고 싶은 것일까?

존귀한 인물이 되다

16세기 후반에 들어서자 막부정권은 측근들에 의해 농단되는 가운데 쇼군이 죽임을 당하기도 하고 쫓겨나는 등 혼란한 시기였다. 부언하면 쇼군은 천왕으로부터 권력을 받는데, 쇼군이 천왕을 좌지우지한다든가, 쇼군의 권력을 대신하는 간레이(管領), 간레이의 권력을 대신하는 슈지(執事), 슈지를 보조하는 가로(家老)에 의해 막부의 권력이 농단되고 있었던 셈이다.

제13대 쇼군 요시테루(義輝)가 반대파에 의해 암살되고, 그의 사촌 동생인 요시히데(義栄)가 제14대 쇼군이 되었다. 그러자 나라(奈良) 지방의 고후쿠지(興福寺)의 승려였던 동생 요시아키(善昭)가 에치젠(越前)의 아사쿠라(浅倉)에게 몸을 의탁하고 각지의 영주들에게 도움을 청했다. 이 부름에 응한 사람이 중부 미노(美濃) 지방을 장악하고 있던 오다 노부나가였다.

요시아키에게는 든든한 세력이 필요했고, 노부나가에게는 명분이 필요했다. 노부나가는 요시아키를 모시고 교토로의 입성을 위한 힘찬 발걸음을 옮겼다. 노부나가는 반대파들의 공격을 물리치는 등 위험한 고비를 넘기고 무사히 교토에 입성했다. 그 덕분에 요시아키는 쇼군의 자리에 오르게 되었다. 그가 바로 무로마치 막부의 마지막 쇼군이었다. 실상 요시아키가 쇼군의 자리에 앉았으나 모든 일은 노부나가가 처리하게 되니 실권 없는 허수아비에 불과했다.

노부나가는 교토에 들어온 후 니조성(二条城)을 지어 요시아키에게 바치고 자신의 본성으로 돌아가려 할 때에 요시아키는 믿을 만하고 무예에 뛰어난 사람을 이곳에 두어 자신을 지켜달라고 했다. 이에 노부나가는 적합한 인물을 물색하게 된다. 선정 기준으로 충성심, 무예 능력, 통솔력 등 다방면에서 걸쳐 살펴본 결과 히데요시로 낙점됐다. 그러나 많은 사람들이 히데요시는 출신이 분명하지 않고 무예 능력이 뛰어나지 못하다며 불평했다. 하지만 노부나가의 결정은 바뀌지 않았다.

히데요시가 젊은 나이에 노부나가의 신임을 얻어 요시아키 쇼군을 호위하고 감시하는 중요한 역할을 맡게 된 것은 노부나가로부터 신임을 받고 있다는 증거가 된다. 이에 사람들은 노부나가의 마음속에 히데요시가 있다는 사실을 알게 되었고 히데요시를 대하는 태도 또한 달라졌다.

히데요시가 노부나가로부터 쇼군 호위 임무를 부여받아 업무를 수행하던 중, 예고 없이 요시아키가 머물고 있는 성을 찾아가 뵙기를 청했다. 그러자 요시아키의 측근들이 히데요시를 업신여기며 무례하다며 다음날 찾아오라며 거절했다. 이에 히데요시는 물러나지 않고 지금 당장 쇼군을 뵙고 하명을 받아 처리해야 할 일이 있음을 높여 말하자 쇼군을 만나게 해 주었다. 이미 그들도 히데요시가 노부나가의 신임을 얻은 존귀한 존재가 되었음을 인지한 때문이다.

군 지휘관이 되다
주고쿠(中国) 공략의 책임자

히데요시가 하급무사에서 출발하여 오다 노부나가 군대의 장교 반열에 오른 후 주고쿠(中国) 지역의 강자인 모리(毛利) 씨를 공격하라는 명령을 받는 것은 그의 일생에 큰 영광이었다. 밑바닥 인생 비천한 신분에서 오다 노부나가에게 눈물을 흘리며 거두어 달라고 애원하여 얻은 '말 돌보는 일, 짚신 들고 다니는 일, 마구간 청소, 가마 메고 다니는 일' 등을 하다가 노부나가로부터 인정받아 무사가 되었고 장교가 되었다. 그런 그였기에 주고쿠 지역을 점령하고 항복을 받아 오라는 임무를 부여받은 일은 그의 일생일대의 변혁기를 맞은 것이었다. 바꾸어 말하면 주고쿠 지방을 공략할 군대의 사령관이 된 셈이다.

1577년 주고쿠 지역의 공략 임무를 부여받은 시기를 기점으로 그의 인생은 새로운 전환기를 맞게 된다. 과거로 거슬러 올라가서 그는 32살에 노부나가 군대의 하급 장교가 되었다. 그리고 38살에 북오미(北近江)의 32만 석 다이묘가 되었고, 42세에 처음으로 휘하 병력을 이끌고 자신의 의지대로 작전을 세워 주고쿠 지역을 공략하라는 명령을 받은 것이다. 이는 주고쿠 10국의 영주인 모리(毛利) 씨와 대등한 관계에서 창칼을 맞대고 싸우는 사령관이 되었음을 의미한다. 자신의 재능을 유감없이 발휘할 수 있는 기회가 찾아온 것이다.

히데요시가 주고쿠 지역을 공격하는 총대장으로 임명되자 수긍 못하는 무리가 있었다. 특히 반슈(播州)의 동쪽 8군을 지배하면서 미키성(三木城)에 있던 벳쇼 나가하루(別所長治)는 불만을 털어 놓았다. 그런 중차대한 책무는 오다 가문의 경험이 풍부한 노장을 임명하는 것이 옳다고 항의했다. 이는 그 동안 노부나가를 끈질기게 괴롭혀 온 배반의 경험들 때문에 나온 주장이기도 했다.

하지만 이번에도 노부나가의 결심은 확고했다. 히데요시를 믿고 밀어붙인 것이다. 명마는 명마를 알아볼 수 있는 사람만이 찾을 수 있다고 하지 않았던가? 훌륭한 인물을 찾으려면 그 역시 훌륭한 인물이어야 가능하지 않을까? 그런 의미에서 노부나가와 히데요시는 서로가 서로를 알아본 것이 아닐까?

이와 같은 맥락에서 히데요시라는 인물을 살펴볼 때 당시 노부나가 외에도 히데요시의 인간성에 매료된 사람들이 있다. 노부나가가 히데요시로 하여금 주고쿠 지방 공략을 명하고 떠나보내면서 히데요시의 행동을 감독하기 위해 다케나카 한베(竹中半兵衛)를 함께 보냈다. 그의 모든 행동을 감독하라는 일종의 군감인 셈이다.

그런데 한베는 히데요시의 재치와 인간미에 감동을 받고 오히려 히데요시의 충실한 참모가 되어버린다. 그리고 지략이 뛰어난 무사였던 히메지성(姬路城)의 성주였던 구로다 간베이(黒田官兵衛) 또한 히데요시의 인품에 감동하여 충성스런 무사가 되었다. 그리고 주고쿠 지역 공략에 이 두 사람의 도움을 받을 수 있었던 히데요시에게는 다행스럽기 그지없는 일이었다. 한번 인연을 맺은 사람에게는 그와의 관계를 끊기 힘든 감정을 일으켜 평생 자기편이 되도록 한 그의 인간성이 결국 일본 천하를 통일할 수 있는 원동력이 아니었나 생각해 본다.

먼 훗날의 이야기이다. 쓰가루(津軽) 집안에서는 도쿠가와 이에야스의 영정을 모시고 제사를 지냈다. 그런데 참배소 뒤에는 그 집안사람들만 따로 은밀히 모시는 사당이 있었다. 나중에야 밝혀진 사실이지만, 그 별도의 사당에는 히데요시의 영정이 있었다고 한다. 쓰가루(津輕)는 일찍이 히데요시와 은밀히 관계를 맺고 비호를 받았으므로 이에 대한 감사의 마음으로 도쿠가와 이에야스의 권위에 버금가게 하기 위해 비밀스럽게 히데요시의 영정을 모시고 제사를 지냈을 것으로 추측된다. 히데요시가 쓰가루에게 평생 잊지 못할 감동을 주었을 것이라는 추측이 가능하다.

주고쿠 지역을 공략하여 그곳의 강자인 모리(毛利) 씨의 항복을 받기는 쉬운 일이 아니었다. 그곳은 모리 집안의 뿌리 깊은 인연이 여러 군웅들과 얽혀 있기 때문이다. 하지만 히데요시는 끝내 자신이 가진 인간미와 능력으로 난관을 극복하고 주고쿠 지방 점령에 성공한다.

이나바산성 함락

중부지방의 기후(岐阜) 시에서 남쪽으로 이나바산성(稻葉山城)이 보인다. 이 성은 원래 사이토(斎藤) 씨의 것이었는데, 1567년 노부나가가 사이토 가문이 내분으로 혼란스러운 틈을 타 공격하여 함락했다. 그리고 10년 정도 이곳에서 생활했다. 노부나가가 이 성을 공략할 때 크게 활약한 사람이 바로 히데요시이다.

히데요시는 이 성을 난공불락의 성으로 여겼다. 때문에 정면 돌파로는 승산이 없다고 생각해 다른 방법을 찾기 시작했다. 이 산성은 정면이 난공불락이고, 후면은 깎아지른 듯한 경사면에 산세조차 험했다. 히데요시는 오히려 이 점에 착안하여 산을 잘 타는 소수 정예를 선발해 후면 공략을 노렸다.

히데요시는 특수대원 7명과 함께 뒷산을 통해 성내에 잠입하기로 하고 신호를 하면 정면에서 공격하라고 지시한 후 어두운 밤에 후면 등반에 나섰다. 가파르고 암석이 예리하게 솟아 있는 산이지만, 그들은 나무뿌리를 잡고 나무토막을 이용해 협곡에 다리를 놓아 건너기도 하면서 어렵사리 이나바산성의 후면 등반에 성공한다.

후면으로는 공격하지 못할 것으로 여겼는지 경비도 삼엄하지 않아 큰 어려움 없이 성안으로 잠입하는 데 성공했다. 산성 뒤쪽에서는 병사들이 누워서 쉬고 있었다. 히데요시를 비롯한 특수대원들은 누워서 쉬고 있는 병사들을 처치하고 옷을 벗겨 갈아입고는 다른 병사들 틈으로 자연스럽게 섞여들었다.

그리고 쌓아둔 땔감에 불을 질러놓고 밥통을 들고 정문 쪽으로 가도 검문하는 병사가 없었다. 결국 그대로 정문에 이르러 아군과 약속한 대로 대나무에 물통으로 가지고 갔던 표주박 통을 매달아 흔들었다. 그 뒤 많은 병사들이 달려와 산성을 함락했다.

히데요시가 이나바산성을 공격할 때 몸이 날렵하여 가파른 언덕을 단숨에 오르고 줄사다리를 놓아 다른 대원들을 오르게 했다는 일화가 전해지나 증명된 것은 없다고 한다.

미키성(三木城) 아사 작전

히데요시는 1577년 노부나가로부터 히메지성(姬路城)을 본거지로 하여 주고쿠(中國) 지방을 공략하라는 명령을 받는다. 참고로 히메지성은 나고야성(名古屋城), 오사카성(大阪城), 구마모토성(熊本城)과 함께 일본의 4대 성에 속한다.

당시 주고쿠(中國) 지방은 지금의 히로시마(広島) 아키성(安芸城)

에 본성을 두고 주위에 여러 성이 있었다. 이 지역은 모리(毛利) 가문의 지배 영역으로 한때는 세력이 강했다. 한창 공략에 열을 올리고 있을 때, 반슈(播州)의 동쪽 8군을 지배하던 벳쇼 나가하루(別所長治)가 반기를 들고 군마나 식량 등 만반의 준비를 갖추고 미키성(三木城)에 틀어박혀 농성을 벌였다.

그래서 히데요시는 수많은 병력으로 성을 애워싸고 군량 및 병력이 성으로 들어갈 수 없게 했다. 당시 미키성 안에는 7~8천 명이 농성 중이었다.

히데요시는 공격도 하지 않고 2년의 세월을 포위만 하고 있었다. 그래서 성 안의 백성들은 풀뿌리를 먹었고 짐승을 잡아먹었으며, 심지어는 인육도 먹었다고 한다. 1580년 히데요시는 성 안의 백성을 살려준다는 조건으로 벳쇼 나가하루 등 세 명의 대장이 할복하도록 종용했다. 그래서 벳쇼 나가하루가 가족을 죽이고 할복하여 성을 함락했다. 그러나 약속과 달리 성 안의 아이들과 부녀자까지 묶어 놓고 찔러 죽이는 참상을 벌였다.

야마자키 전투

다카마쓰성 수공(水攻) 작전

히데요시는 톳토리성(鳥取城)을 함락하고 서쪽으로 가서 빗추(備中)에 있는 다카마쓰성(高松城)을 공격했다. 다카마쓰성은 히데요시의 근거지인 히메지성에서 서쪽으로 80km 떨어진 곳으로 모리 씨의 권역이었다.

우선 히데요시는 1582년 3월 15일 히메지성을 출발하여 오카야마성

(岡山城)의 우카다 히데이에(宇喜多秀家)의 병력을 포함한 5만여 명의 병력으로 4월 중순부터 다카마쓰성을 공격했다. 우선은 다카마쓰성 주변의 다른 성들을 공격하여 항복을 받는다. 이때 제법 큰 희생을 치러야 했지만, 다른 성의 주민에게 공포감을 안겨 줌으로써 대항 의지를 꺾어 놓는 효과를 보았다.

다카마쓰성은 3면이 늪으로 둘러싸여 있고, 한 면만 인마의 통행이 가능했다. 때문에 접근할 수 있는 수에 제한이 생겨 공략이 쉽지 않았다. 히데요시는 장기전을 예상하고 궁리 끝에 수공(水攻) 작전을 결정했다. 그래서 부근의 아시모리(足守) 하천을 막고 3km 정도의 성 주변에 높이 7m 정도의 제방을 쌓았다. 그리고 주변의 모든 물줄기를 그곳으로 집중시켰다. 계절 또한 5월 말로 장마철이라 비가 많이 내려 성 주변은 순식간에 인공호수처럼 되어 버렸다.

물이 차오르자, 성은 물에 잠기는 꼴이 되었고, 성안으로 물이 들어가자 뱀이나 쥐 등이 건물 안으로 피했고, 그 때문에 성 안은 아수라장이 되었다. 이렇게 다카마쓰성 공략이 순조롭게 진행되는 가운데 노부나가가 격려차 이 지역으로 오다가 혼노지에 잠시 머물던 도중 부하 장수 미쓰히데의 배반으로 목숨을 잃었다는 소식을 접하고는 급한 마음에 성을 들이친다. 이에 다카마쓰성은 더 이상 버티지 못하고 항복했으며, 그 조건으로 성주인 시미즈 무네하루(清水宗治)를 포함한 네 명의 장수를 자살하도록 했다.

이제 주군을 배신하고 죽음으로 몰아간 아케치 미쓰히데(明智光秀)를 치기 위한 준비를 서둘러야 했다.

다카마쓰를 뒤로 하고

주군 노부나가의 사망 소식을 접한 히데요시는 우선 사기 저하를 막기 위해 노부나가의 사망에 대해 비밀을 유지할 필요가 있다고 생각했다. 그래서 그 소식을 가지고 온 전령을 그 자리에서 참했다. 그리고는 자신의 본성인 히메지성으로 회군했다.

당시는 장마에 태풍이 겹치는 바람에 회군에 많은 어려움이 있었다. 그래서 일단 정예병 1만 명만 데리고 밤낮을 가리지 않고 히메지성으로 급히 돌아왔다. 나머지는 한참 후에 합류할 만큼 힘든 강행군으로, 일본 내 전쟁사에서는 손꼽히는 회군 작전이었다. 이를 '주고쿠 대회군(中国大返し)'이라고 한다.

히메지성에 집결한 히데요시 군은 쉴 틈 없이 병력을 정비하여 6월 9일 히메지성을 출발하여 오사카와 교토의 중간 지점에 있는 야마자키(山崎)에 진을 쳤다. 그리고 그곳으로 노부나가의 충실한 부하였던 니와 나가히데(丹羽長秀)와 노부나가의 3남인 노부타카(信孝)의 병력이 합류했다.

한편, 쿠데타에 성공한 아케치 미쓰히데(明智光秀)는 백성들이 피난을 떠난 텅 빈 아즈치성(安土城)에 입성한다. 그리고 노부나가가 모아놓은 재물을 약탈해 부하 장수들에게 나누어 주었다. 그때 히데요시가 회군을 개시했다는 소식을 접하고는 급히 교토로 되돌아왔다.

비장한 출전

히메지성을 나서기 하루 전 히데요시는 다음과 같이 군령을 내렸다.
"내일 아침 첫 번째 나팔 소리가 울리면 밥을 짓고, 두 번째 나팔 소리가 울리면 일꾼들을 모두 성에서 내보내고, 세 번째 나팔 소리가 울리면 전장에 병력을 집결시켜라."

그리고는 재정 담당자를 불러 모든 금과 은, 화폐를 가지고 출전하라면서 이렇게 명령했다.

"군량미를 확인하고, 오늘부터 섣달그믐까지 병사들에게 녹미를 다섯 배로 늘려 지급하라."

이는 병사가 전사하더라도 그 가족이 당분간 생계를 유지할 수 있도록 함으로써 병사들의 사기를 올리려는 의도였다.

다음날 결전을 치르기 위해 성을 나서면서 히데요시는 매형을 불러 다음과 같이 당부했다.

"이제 결전을 치르러 가겠소. 성을 잘 지켜 주시오. 만약 내가 패한다면 어머니와 아내를 은밀하게 처리해 주시오. 그리고 성에는 불을 질러 하나도 남김없이 불태워 주시오."

실로 비장한 출전 의지라고 하지 않을 수 없다. 이는 노부나가가 죽고 없는 지금의 상황이 매우 불리하다고 생각한 때문일 것이다. 46세의 히데요시와 55세의 미쓰히데의 대결이 임박해 오고 있었다.

야마자키(山崎)에 도착한 히데요시는 주군 노부나가의 명복을 빌기 위해 머리를 깎고 절에 들어가서 정성들여 기도했다. 그날 저녁 노부나가의 둘째 아들 노부가쓰(信勝)에게 이렇게 말했다.

"아케치 미쓰히데(明智光秀)는 자네에게는 부모를 죽인 원수이자 나에게는 주군 노부나가를 죽인 원수이기도 하다. 그러니 이번 전투에서는 죽는다는 각오로 싸워야 할 것이다. 만약 네가 전사한다면 나 또한 너의 뒤를 따라 전사할 각오로 싸우겠다."

군대를 움직이는 히데요시

1582년 6월 12일 본격적인 전투가 시작되기 하루 전 미쓰히데와 히데요시 군은 4km 거리를 두고 마주하고 있었다. 당시 미쓰히데는 소류지성(蒼龍寺城)에 있었는데, 히데요시가 지형을 보니 야습을 당하면 불리한 형국이었다. 그래서 히데요시는 멀리까지 척후병을 보내 야습을 견제하기 위해 경계를 강화했다. 하지만 다행히 야습은 없었다.

사실 미쓰히데는 야습에는 관심조차 없었던 듯하다. 왜냐하면 히데요시의 군대는 멀리서 달려왔기 때문에 병사와 군마가 모두 지쳐 있었고 지형 또한 자신에게 유리했는데, 그런 상황을 이용하려는 징조조차 보이지 않았기 때문이다. 게다가 전략상 중요한 위치에 있던 덴노산(天王山)을 히데요시 군이 점령하도록 내버려 두었다.

드디어 6월 13일, 히데요시가 군대를 움직이기 시작했다. 선봉은 호리 히데마사(堀秀政)에게 맡겼다. 29세의 창창한 나이로 전술에 밝아 히데요시는 그가 선봉으로서 손색이 없다고 판단했다. 그 뒤를 받치는 본진은 히데요시가 직접 지휘했다. 노부나가의 둘째 아들인 노부카쓰 또한 전진 배치함으로써 부친의 복수에 힘을 실어 주었다. 한편, 적의 우측과 좌측에도 군대를 배치해 협공이 가능하도록 했고, 충신 가토 미쓰야스(加藤光泰)로 하여금 크게 돌아서 적의 배후에서 은밀하게 대기하다가 기회가 오면 뒤를 치도록 지시해 두었다. 그렇게 해서 덴노산(天王山)을 점령하고 있는 군대까지 합하여 히데요시의 촘촘한 진이 완성되었다.

운명의 덴노산(天王山)

히데요시와 미쓰히데가 진을 치고 있는 중간 지점에 소나무가 자라고 있는 나지막한 덴노산이 있었다. 히데요시는 이 덴노산에 총병과 포병을 배치해 적의 예상 경로에서 대기하며 예기를 꺾고자 했다. 한편, 미쓰히데 진영의 참모 중 한 사람이 덴노산이 수상하다며 척후병을 보내 정찰할 것을 제안했으나, 미쓰히데는 그 말을 무시했다. 그리고는 먼저 덴노산을 점령하라고 외치며 전투의 개시를 알렸다.

덴노산에 매복해 있던 히데요시의 군대는 미쓰히데 군이 가까이 다가오자 일제히 총포에서 불을 뿜어댔다. 이에 미쓰히데 군의 선두가 무너지며 군 전체가 혼란에 빠져 후퇴하기 시작했다. 히데요시는 이 기세를 놓치지 않고 전면 압박을 강화하고, 양쪽에서 적군의 허리를 치고들었으며, 배후로 돌아가 숨어 있던 군대를 움직여 완전 포위 형태를 구축하여 몰아쳤다. 결국 사분오열되어 후퇴를 거듭하던 미쓰히데 군은 가쓰라강(桂川)에서 태반이 무너졌다.

미쓰히데는 불과 30여 명의 호위들과 겨우 몸만 빠져나와 쇼류지(勝竜寺)에 숨어들었다. 하지만 히데요시는 곧바로 그의 행방을 찾아내 쇼류지를 덮쳤다. 이에 다시 서너 명의 호위와 더불어 쇼류지를 빠져나와 전장을 헤매다 누구의 손에 죽은지도 모르게 죽고 말았다. 그리고 미쓰히데 군을 물리친 히데요시가 미이데라(三井寺)에서 사카모토성(坂本城) 공략을 위해 작전 회의를 주관하고 있을 때, 한 촌로가 미쓰히데의 수급을 발견했다며 가지고 왔다. 히데요시가 살펴보니 과연 미쓰히데의 수급이 맞았다.

히데요시는 미이데라 본당 앞에 상을 차리고 미쓰히데의 머리를 올려놓은 뒤 술을 부어 올리고는 한참 동안 아무 말도 하지 않은 채 있었다고 한다. 그는 그 침묵 속에서 무슨 생각을 했을까?

'우리는 오다(織田) 가문의 비호 아래 수십 년을 함께해 오지 않았던가? 어찌 그 은혜를 저버리고 주군을 해하였소?'

이런 원망을 미쓰히데에게 하지 않았을까?

당시 요도 강에는 머리 없는 500여 구의 시체가 시뻘건 핏물과 함께 떠내려갔다고 한다. 그리고 며칠 사이에 만 명 이상의 쿠데타 세력이 살해되었다고 한다. 참혹한 전국시대의 참상을 상상하게 한다.

시즈가타케(賤ヶ岳) 전투
시작되는 음모

주군 오다 노부나가에게 반역하고 죽인 아케치 미쓰히데를 야마자키 전투에서 물리치고 장례를 치른 히데요시는 다른 군웅들의 위협에서 아직 벗어나지 못하고 있었다. 노부나가의 부하 장수였던 시바타 가쓰이에(柴田勝家) 등은 실제로 히데요시를 살해하려 했으나 니와 나가히데(丹羽長秀)가 히데요시를 돕는 바람에 실패하고 만다.

히데요시는 노부나가의 장례식을 마친 뒤 교토 서남쪽에 위치한 야마자키에 성을 쌓고 오랜 전쟁으로 피폐한 백성들을 돌보는 한편, 노부나가의 후계자가 될 적손 오다 히데노부(織田秀信)를 아즈치성에 모신 후 그의 보호에도 힘썼다. 하지만 노부나가의 셋째 아들인 노부타카(信孝) 등은 이에 강력하게 반발하고 나섰다. 이들은 히데요시가 히데노부의 후견인을 자처하며 정권을 마음대로 휘두를 것이라고 생각했다.

이에 이들 세력은 시바타 가쓰이에(柴田勝家)를 중심으로 히데요시를 제거하려는 음모를 꾸미기 시작했다. 이제는 히데요시와 가쓰이에 사이의 전투가 불가피하게 되었다. 하지만 양쪽 모두 세력이 엇비슷하여 당장 전투를 개시할 상황은 아니었다. 작전을 세우고 상황이 만들어져 분위기가 무르익기를 기다려야 했다.

평화협정서와 겨울 전쟁

노부나가가 사망한 것은 6월이었고, 정식으로 장례를 치른 것은 그로부터 한참이 지난 10월 15일이었다. 히데요시가 독자적으로 장례식을 치른 것과 적손 히데노부의 옹립과 관련된 일로 히데요시와 그 반대 세력이 갈등을 빚기 시작한 것은 그 이후이므로, 계절로 치면 겨울을 앞두고 있는 셈이다.

가쓰이에가 다스리는 영지는 북쪽에 위치해 있어서 겨울이 되면 눈이 많이 쌓이곤 했기 때문에 병력을 움직이기가 여간 어려운 일이 아니었다. 그래서 가쓰이에는 히데요시를 속여 겨울철 전쟁을 연기하게 하면서 뒤로는 다른 유력 세력을 자기편으로 끌어들이기 위한 작업에 들어간다는 계획을 세웠다. 그 첫 번째 작업으로 먼저 히데요시와 평화협정을 맺기 위해 사신을 보냈다.

한편 히데요시는 그런 가쓰이에의 음모를 간파하고 있으면서도 모르는 척하며 정성껏 사신을 맞이했다. 그리고 내년 봄에 히데요시 쪽에서 적손 히데노부를 데려온다는 내용을 평화협정서에 넣어줄 것을 요구하고 그것이 받아들여지자 서명했다. 이어서 적손께서 오실 때 불편하지 않도록 행차로를 잘 가꿀 수 있도록 허락해 달라고 요구했다.

이런 요청은 불필요한 일이지만, 한편으로는 가쓰이에를 방심하도록 만들기 위한 수싸움이었다.

이렇게 동상이몽의 탈을 쓴 평화협정이 이루어지자 히데요시는 마지막으로 한 가지 더 요청을 한다. 가쓰이에의 사신단 방문의 답례로 이쪽에서도 사신을 보낼 테니 응해 달라는 것이었다. 이에 가쓰이에 측에서 승낙하자, 히데요시는 사신으로 자기의 동생 히데나가를 선택했다. 그리고 히데나가에게는 다음과 같이 말했다.

"가쓰이에 쪽에 사신으로 가거든 그쪽에 눈이 내리는 정도를 확인하고, 눈이 많이 쌓이면 즉시 복귀하거라."

히데요시가 이런 명령을 내린 것은 북쪽에 눈이 많이 쌓여 가쓰이에의 군대가 움직이기 힘들어지면, 남쪽에 치우친 그의 지지세력인 다른 성들을 선제공격하겠다는 발상이었다. 히데요시가 이런 작전을 세울 수 있었던 것은 과거 북쪽 지방에서 생활한 경험이 있기 때문이었다.

그리고 드디어 작전을 개시할 시기가 다가왔다. 사신으로 갔던 히데나가는 눈이 많이 쌓이는 것을 확인하자마자 급히 복귀한 것이다. 히데요시는 히데나가가 복귀하자마자 가쓰이에의 양자인 시바타 가쓰토요(柴田勝豊)의 성 공략에 나섰다. 그런데 어쩐 일인지 성이 적에게 둘러싸이자 가쓰토요는 아무런 저항도 없이 히데요시 쪽에 항복해 왔다. 사정을 알고 보니, 가쓰이에의 신임이 자신에게서 다른 사람에게로 옮겨졌음을 깨닫고 히데요시 쪽에 붙기로 마음을 굳힌 까닭이었다. 물론 그 이전에 눈이 많이 쌓여 가쓰이에로부터 지원군이 올 수 없는 상황이었다는 사실도 크게 한 몫 한 것은 당연한 일이었다.

가쓰토요의 항복을 받아낸 히데요시는 시일을 허비하지 않고 당장 노부나가의 셋째 아들 노부타카(信孝)가 버티고 있는 기후성(岐阜城) 공격에 착수했다. 이 또한 가쓰이에가 움직이지 못하는 상황이 아니라면 불가능한 일이었다. 노부타카 또한 이렇다 할 저항 한 번 해 보지 못하고 항복하고 만다. 이에 히데요시는 그의 모친과 딸을 인질로 확보하고 되돌아왔다.

가쓰이에 남하하다

봄이 되어 눈이 녹자, 시바타 가쓰이에는 병력을 이끌고 남쪽으로 내려왔다. 그리고 이때를 기해 지난겨울 항복한 기후성의 노부타카가 다시 가쓰이에 쪽에 가담했다는 소식이 들려왔다. 이에 히데요시는 병력의 일부를 비와호(琵琶湖) 북쪽으로 보내 남하하는 가쓰이에 군에 대비토록 하고 자신은 동쪽의 기후성 공략에 나섰다. 물론 인질로 잡아놓은 노부타카의 모친과 딸은 처형했다.

그런데 이때 문제가 발생했다. 지난겨울 항복한 가쓰토요의 휘하 장수였던 야마지(山路)라는 자가 히데요시를 배반함으로써 비와호 북쪽으로 보낸 히데요시 군의 선발대가 패배하고 만 것이다. 히데요시는 이 소식을 접하자마자 전군을 이끌고 전력질주하여 시즈가타케(賤ヶ岳)로 향했다. 당시 히데요시 군은 매우 지쳐 있었는데, 길목마다 주민들이 나와서 호응해 주었고, 주먹밥도 만들어 주었다고 전해진다.

처절한 전투와 신승(辛勝)

가쓰이에는 첫 번째 전투에서 올린 승리의 여세를 몰아 6만여 명의 병력으로 공격 태세를 갖추고는 히데요시 군을 향해 전의를 불태웠다.

히데요시는 이번 전투가 그의 운명을 가르는 기로임을 직감하며 긴장의 끈을 놓지 않았다.

히데요시는 병력을 적의 정면과 좌우측으로 배치하고는 조금의 여유도 주지 않고 총포를 쏜 후 세 방향에서 돌격 명령을 내렸다. 가쓰이에 군보다 머릿수에서 밀리는 히데요시 군이지만, 전투 경험이 많은 병사들로 채워져 있어 수적 열세를 만회해 주었다. 밀고 밀리는 일곱여 차례의 공방이 오후 늦게까지 이어졌다. 승부는 좀처럼 나지 않았고 사상자는 늘어만 갔다.

이에 히데요시는 마지막으로 정예 300명을 선발하여 돌격대를 꾸렸다. 가쓰이에의 군막을 직접 겨냥해 치고들 생각이었다. 히데요시의 명령이 떨어지자 300명의 정예는 다른 전투에는 눈길도 주지 않고 오로지 가쓰이에의 군막을 향해 돌진했다. 가쓰이에의 군막은 1천 병사가 지키고 있었지만 정예 300을 당해내지 못했다. 결국 가쓰이에는 간신히 몸만 빼내 자신의 영지로 피신했다.

하지만 히데요시는 전투의 승리에 취해 있지 않았다. 즉시 가쓰이에의 성까지 추격해 성을 공격했다. 가쓰이에는 성의 꼭대기층인 천수각으로 숨어들었다. 공격을 견디지 못한 가쓰이에 진영에서는 항복할 테니 가쓰이에를 살려 달라고 요청했다. 그러자 히데요시는 이렇게 말했다고 한다.

"가쓰이에를 살려 두는 것은 연못에 독사를 풀어 놓고, 정원 앞에 호랑이를 기르는 것과 같도다."

결국 협상이 실패로 돌아가고 히데요시 군이 천수각을 공격하는 모습을 본 가쓰이에는 천수각에 불을 지르고 자결했다. 그리고 그 소식을 접한 가쓰이에의 지지세력들이 차례로 항복하거나 자결함으로써 히데요시는 천하를 손에 넣게 되었다. 그때까지 중립을 지키며 전황을 관망하고만 있던 도쿠가와 이에야스(德川家康)도 결국 축하 사신을 보내왔다.

훗날 사람들은 히데요시가 천하를 재패할 수 있었던 데에는 도시이에와 나가히데가 있었기 때문이라고 평가했는데, 히데요시 또한 인정하고 있다. 특히 도시이에에 대한 평가를 더 후하게 내렸다.

도요토미 히데요시의 망상

일본 천하를 손에 넣은 히데요시는 스스로 오다 노부나가의 후계자가 되어 오사카에 성을 쌓았다. 그리고 자신은 무장임에도 불구하고 궁중 귀족의 양자로 이름을 올린 후 정치적 실권을 쥐는 관백이라는 자리에 올랐다. 이렇게 해서 군 통수권과 행정의 수반으로서 확고한 지위를 다진 셈이다.

하지만 히데요시에게는 아직도 정적이 많았고, 언제든 들고일어날지 모르는 무가들을 걱정하지 않을 수 없었다. 그래서 국내의 혼란을 밖으로 돌리기 위해 조선 정복이라는 카드를 꺼내든다. 그러면서 유력자들에게 조선을 점령하여 식민지로 만들면 공이 큰 무장들에게 조선 각지를 영지로 분배하겠다는 공약을 내건다.

이런 연유로 하여 임진년(1592년) 4월에 고니시 유키나가(小西行長)와 가토 기요마사(加藤淸正)를 앞세워 조선을 침략하도록 한다. 일본군은 전쟁을 시작한 지 불과 두 달 만에 조선의 거의 모든 국토를 유린하는 성과를 거두었다. 하지만 의병의 활약으로 공세가 약화되었고, 이순신 장군의 활약으로 병력 지원 및 군수물자 보급에 차질을 빚는 등 곤란을 겪게 됨으로써 일본군의 사기가 많이 떨어졌다. 그런 상황에서 명나라까지 가세하자 열세를 극복하지 못하는 지경에 이르렀다.

결정적으로 1598년 히데요시가 죽음을 맞이하자 일본군은 퇴각을 결정한다. 결국 히데요시의 허황된 꿈은 자신의 죽음과 함께 사라져버린 셈이다. 임진왜란이 막을 내린 후 일본에서는 도쿠가와 이에야스가 정권을 잡았고, 중국에서는 명나라가 망하고 청나라가 들어서게 된다.

도요토미 히데요시는 미천한 신분으로 태어나 청소년 시절 유랑 생활을 하며 고생도 했지만, 한편으로는 견문도 넓히는 계기를 가졌다. 유랑 생활을 마치고 고향에 돌아온 히데요시는 당시 권력을 쥐고 있던 오다 노부나가의 휘하로 들어가 신발지기부터 시작하여 숱한 역경을 이겨내며 마침내 일본을 통일했다. 일본인 입장에서는 존경해마지않는 인물임에 틀림없다.

독립기념관장을 지낸 최창규 교수는 이렇게 말했다.

"우리 민족은 단군 이래 1004회에 걸친 외세의 침략을 받았는데, 그 대부분이 북방민족(중국)과 일본이다."

지금도 우리나라는 안보상으로 많은 문제를 안고 있다. 국력을 강화하고 외세의 변화에 적절하게 대응함으로써 국가 보위에 힘써야 할 것이다. 외세의 침략으로 인한 전쟁의 참화를 겪지 않도록 최선을 다해야 한다.

03 요시다 쇼인
(吉田松陰)

시대 상황과 요시다 쇼인의 등장
하기(萩)라는 곳

19세기 중반의 일본은 에도 막부(江戸幕府) 시대 말기였다. 이 시대는 서양 열강이 위세를 떨치던 때이다. 이 시대의 일본은 260여 개의 번(藩)으로 행정구역이 나뉘어 있었다. 각 번(藩)은 번국(藩國)이라고 하여 막부의 쇼군에게서 권한을 받은 번주(藩主)가 통치했는데 백성들에게 막대한 영향력을 행사했다. 번의 면적은 우리나라의 군(郡)보다는 크고 도(道)보다는 작은 행정구역이다. 그리고 각 번에 속한 주민은 다른 번으로 가려면 허락을 받아야 했다.

　에도 막부 시절 조슈 번(長州藩)의 주성(主城)이 있던 곳은 하기(萩)라는 곳이다. 지금의 야마구치(山口) 현이 있는 곳으로 그리 비옥한 곳은 아니다. 조슈 번은 도요토미 히데요시 시대에 관서(關西) 지방의 세력가로 군림하던 모리(毛利) 집안이 쇠락하여 하기(萩) 땅에 조그마한 성을 쌓고 은둔생활을 하며 재기의 날을 학수고대하던 곳이다.

　혼슈(本州)의 서남단 끝자락에 자리한 조슈 번은 간몬해협(関門海峽)을 사이에 두고 규슈(九州)와 마주보고 있다. 이 간몬해협을 통해 예부터 많은 선박이 왕래하며 외래문물이 전파된 곳이기도 하다. 시모노세키(下關)는 한국의 부산과 일직선상에 놓인 곳이다. 하기는 지금도 옛날의 모습이 잘 보존되어 있다.

　그곳에 일본의 근대화 과정에 활동했던 인물들의 생가가 그대로 보존되어 있다고 한다. 하기를 통과하는 유일한 철도인 산인혼센(山陰本線)은 하기의 외곽을 둘러싸고 흐르는 마쓰모토강(松本川)을 따라 우회하고 있다. 만약 철도를 도시 중앙으로 통과하게 했다면 유적들이 사라지거나 훼손될 것을 염려하여 배려한 듯하다. 이 비좁고 황량한 땅에서 총리만 5명, 27%에 이르는 장성을 배출했다고 한다.

　그럼 이 척박하고 황량한 땅에서 어떻게 그런 인물들이 배출되었을까? 그 이유로 이곳에 있는 쇼카손주쿠(松下村塾)를 든다. 주쿠(塾)는 우리의 '학당' 같은 곳이다. 시골의 조그마한 이 학당(塾)은 면적이 다다미 8장 정도였다고 한다. 이 학당을 거쳐 간 인물들이 일본 근대화의 주역을 담당했다. 그리고 이곳이 바로 요시다 쇼인(吉田松陰)이라는 망상가가 태어난 곳이다.

모리(毛利) 가문의 쇠락

도쿠가와 이에야스(德川家康)가 세키가하라(関ヶ原) 전투에서 승리한 후 일본의 패권을 잡게 되는데, 그는 반란에 대비하여 무가제법도(武家諸法度)와 참근교대(參勤交代) 정책으로 지방 영주 및 무사들의 세력을 통제했다.

무가제법도(武家諸法度)란 번(藩)의 다이묘나 무사들을 통제하기 위하여 제정한 법률이다. 성곽의 신축이나 건축 그리고 다이묘 간의 결혼 등에 대해 허가제를 시행했고, 독자적인 선박 건조를 제한했으며, 기독교의 포교 활동도 못하게 했다.

참근교대(參勤交代)란 번의 영주들을 수도인 에도(江戶)에 정기적으로 방문하도록 하고, 영주의 처자식을 에도에 거주하게 함으로써 반란을 일으키지 못하도록 통제한 법률이다. 즉 영주나 무사들의 일거수일투족을 감시한 셈이다.

에도 막부 시대에는 중앙정부인 막부와 지방정부인 번이 공존하는 막번체제(幕藩体制)였다. 지방은 실질적인 권력을 가진 다이묘들이 막부의 지시를 받아 관할지역을 다스렸으며 농민들로부터 수취한 양곡을 중앙으로 전달하고 인력 및 병력 또한 동원에 응했다.

이와 같은 정치체제 속에서 임진왜란 당시 조선에 출병했던 모리 데루모토(毛利光元)는 도요토미 히데요시의 충실한 부하였던 이시다 미쓰나리(石田三成)와 함께 도쿠가와 이에야스와 반대 전선을 편 서군(西軍)의 대장으로 세키가하라 전투에서 적극적인 참전을 기피함으로써 도쿠가와 이에야스가 승리하는 빌미를 제공했다. 일종의 배반이다. 기회를 엿본 셈인데, 종국에는 불리한 결과를 가져오게 되었다.

세키가하라 전투에서 승리한 후 패권을 잡은 도쿠가와 이에야스는 모리(毛利) 가문이 관장하고 있는 조슈 번(長州藩)의 영지 3분의 2를 몰수했다. 또 당시의 주성(主城)이 있던 곳에서 멀리 떨어진 척박하고 황량한 벽촌인 하기 땅에 조그마한 성을 쌓고 명맥만 유지하게 했다. 모리 가문은 한때 관서(關西)지방의 8개 영지를 다스리며 112만 석을 수취하던 세력가였다.

도쿠가와 이에야스는 모리 가문이 수군에 강하다는 것을 알고 있었기에 에도 막부와 인접한 바다에 함께 있으면 위협적인 존재가 된다고 생각해 하기 땅으로 이주하게 했다. 일종이 귀양이었다.

혼슈(本州)의 서남단 끝자락에 있는 조슈 번과 규슈(九州) 사이에 있는 간몬해협(間門海峽)을 통해 서양의 선단들이 왕래하니 이 지역은 일찍이 서양문물을 접하게 되었고 개화의 물결이 일기 시작했다. 하기(萩)는 간몬해협이 있는 시모노세키에서 북동쪽에 있다. 그리고 하기에서 요시다 쇼인 (吉田松陰)이 출생하게 된다.

서세동점(西勢東漸)의 시대 도래

1800년대 초를 기점으로 서양 세력은 지난 250여 년 동안 평화롭던 에도 막부에 큰 영향을 끼쳤다. 서양은 산업혁명으로 국력을 신장시켰고, 발달된 국력을 기반으로 아직 산업혁명을 이루지 못한 동양으로 그 세력을 뻗어 왔다. 그들은 일본 등 동양에 진출하며 통상 및 기독교 전파를 강요하게 되니 일본 사회는 큰 변화를 겪게 됐다.

처음으로 일본에 진출한 서양 국가는 네덜란드였다. 그 후 서양은 식민지 확보를 위해 동양으로 밀려들어와 서로 각축전을 벌였다. 그 결과 초창기에 왕성했던 에스파냐, 포르투갈 세력은 밀려나고 영국, 프랑스, 미국 등의 세력이 중국, 일본 등에 세력을 뻗게 되었다. 그들이 동양으로 진출하게 된 원인은 산업혁명으로 대량 생산한 제품의 판매 시장을 확보해야 할 필요성이 있었고, 또 한편으로는 원료 수급처를 구해야 했기 때문이다.

서양이 동양으로 진출할 당시 일본은 에도 막부 정권으로 농업경제 체제에 안주하고 있었다. 이런 상황에서 거대한 증기선이 일본 영해에 출현하여 개항과 통상을 요구하니 에도 막부는 큰 충격에 휩싸였고, 쇄국파와 개항파로 갈리어 신·구세력 간 의견 충돌을 빚게 되었다. 한편 동양에서 패권 국가를 자처하던 청나라는 1840년 아편전쟁으로 영국에 패배한 후 서양 세력 앞에 무기력한 존재가 되었다. 이로써 당시까지 문명의 발달은 중국이 최고였다는 세계관이 붕괴되는 변곡점을 맞게 되었다.

1850년경 일본 바다에는 서양 배들이 출몰하여 일본을 자극했다. 북쪽 해안에는 러시아 배가 출몰하여 정박했고 서쪽 해안에는 영국 배가 출몰하여 영해를 침범하여 정박하는 사태가 발생했다. 그러나 에도 막부는 그들의 침입에 제대로 된 대응을 못했다. 이를 계기로 에도 막부 체재가 흔들리게 되는 큰 사건이 발생한다.

1853년 6월 3일 수도인 에도 앞바다에 선체를 온통 까만색으로 칠한 거대한 군함 4척이 나타났다. 당시에는 상선이든 전함이든 모두 목재로 만들었기에 바닷물에 나무가 부패하는 것을 방지하기 위해 검

서스퀘해나

미시시피

새라토가

플리머스

은색 콜타르칠을 했다. 이른바 흑선이다. 이 흑선 선단은 기함 서스퀘해나 호(USS Susquehanna)를 선두로 순양함 미시시피 호(USS Mississippi), 전함 플리머스 호(USS Plymouth)와 새라토가 호(USS Saratoga) 등 네 척으로 구성되었다. 미국 흑선 선단은 사전 통보 없이 에도의 코앞까지 진입하여 마구 휘젓고 다니면서 대포와 총을 쏘아대며 무력시위를 했다. 이에 대해 에도 막부는 발칵 뒤집혔다.

   미국 동인도 사령관인 페리(Matthew Calbraith Perry) 제독이 이끌고 온 흑선 함대는 일본과 통상조약을 체결하기 위해 미국 필모어(Millard Fillmore) 대통령의 특명을 받고 에도 앞바다에 출현하여 서한을 전달하려 했으나 막부가 거절했다. 그래서 미국 흑선 함대는 공포를 쏘며 무력시위를 한 것이다.

미국이 일본과 통상조약을 맺고자 한 이유는 영국, 프랑스 등 유럽 국가가 동양으로 진출하는 것을 견제하는 한편 청나라로 진출하기 위한 보급기지로서 일본의 항구가 필요했기 때문이다. 흑선이 일본 에도 앞바다를 제멋대로 다닐 때 백성들은 인산인해를 이루어 구경하느라 정신이 없었다고 한다.

그리고 그 무리 속에는 훗날 일본을 개혁하게 될 요시다 쇼인 일행이 섞여 있었다. 요시다 쇼인(吉田松陰), 기도 다카요시(木戶孝允), 사이고 다카모리(西鄕隆盛), 오쿠보 도시미치(大久保利通) 등이 그들이다. 그들은 훗날 메이지 유신(明治維新)을 완성한 '유신 3걸'이라 일컬어진다.

당시 흑선을 목격한 조슈 번(長州蕃)의 병학사범이던 23세의 청년 요시다 쇼인은 큰 충격을 받았고, 이 사태와 관련해 군사 전략적인 측면에서 대응하는 방법에 대해 고민하게 된다. 그래서 그는 하루속히 군대를 서양식으로 정비하지 않으면 일본은 서구 열강에 의해 식민지로 전락하게 된다는 위기감을 갖는다. 당시 일본을 휘젓고 다닌 흑선은 노나 바람의 힘을 이용하는 것이 아니라 증기기관의 힘으로 선체 바깥의 수레바퀴를 돌려 배가 움직이는 외륜선이었다. 그래서 일본인들은 그 구조를 신기하게 생각했고 큰 충격을 받게 된다.

한편 내적으로 에도 막부 250여 년 동안 사무라이와 상공업에 종사하는 계층 사이에 변화가 일어났다. 즉 지배계층이었던 사무라이들은 막부에 충성하고 살아온 한편, 상공업에 종사하는 계층들은 부를 축척했는데, 상인 계급이 축적한 부를 바탕으로 위력을 과시하니 궁극적으로 에도 막부의 지배체재가 흔들리기 시작했다.

새로운 세상을 알게 되다

집안 내력과 출생

　요시다 쇼인(吉田松陰)은 1830년 9월 20일에 태어나서 1859년 11월 21일 29세라는 짧은 생애를 살다 갔다. 그는 일본의 서남단 끝자락 조슈 번(長州藩)의 하기(萩)에서 반농반사(半農斑師)의 아들로 태어났다. 조슈 번은 지금의 야마구치 현(山口縣)이다. 야마구치 현의 시모노세키(下關)에서 직선으로 항해하면 우리나라의 부산에 이른다. 반농반사란 무사로서 평상시에는 농사를 지으며 생활하다가 유사시에는 군대를 지휘한다. 스기(杉) 집안은 당시 번(藩)으로부터 세습적으로 물려받은 녹봉이 30여석밖에 안 되는 하급 무사의 집안이었다. 그러나 그들은 조상을 잘 섬겼으며 근검절약하며 어렵게나마 생활을 이어갔다. 부모는 어려운 환경 속에서도 3남 4녀를 두었으며 할머니와 작은아버지까지 함께 생활하는 화목한 가정이었다.

　아버지는 3형제였다. 아버지 스기 쓰네미치(杉常道)는 3형제 중 맏이였고, 그 동생은 요시다 다이스케(吉田大助, 셋째는 다마키 분노신(玉木文之進)이었다. 둘째 숙부는 당시 공립학교인 명륜관(현재의 초등학교)의 병학사범(兵學師範)이었다. 즉 군사학을 가르치는 선생이었던 셈이다. 그런데 그에게 큰 근심거리가 있었다. 그에게는 자신의 가업을 이어갈 아들이 없었던 것이다. 즉 명륜관에서 병학을 가르칠 아들이 없었다. 후손이 없으면 가업을 이어가지 못하고 번(藩)으로부터 받은 농토도 돌려주어야 하며 가문의 이름도 없어지게 된다. 그래서 형제가 의논한 끝에 맏형의 둘째 아들을 양자로 삼아서 가문을 이어가게 하기로 했다. 이 양자가 바로 요시다 쇼인이다. 당시 병학(군사학) 사범은 에도 막부에서 중요한 직업이었다.

유소년 시절

요시다 쇼인(吉田松陰)은 5살 때 첫 번째 숙부인 요시다 다이스케의 양자가 되었다. 그런데 양부인 요시다 다이스케는 1835년 병을 얻어 29살이라는 젊은 나이에 급사를 하게 된다. 그래서 양자가 된 그 다음해 6살 때 요시다 쇼인은 가업 병학사범을 이어 받게 된다. 즉 가독(家督)이 된 셈이다.

일본에서는 당시 부친이 하던 가업을 자식이 이어받는 것이 전통적으로 내려오는 관습이었다. 당시에도 사무라이(무사)가 아들이 없어 가문을 이어가지 못하면 가문의 이름이 없어지게 되었다. 때문에 요시다 다이스케처럼 양자라도 들이지 않으면 요시다 가문은 번(藩) 정부로부터 받은 농토마저 몰수당하게 된다. 이와 같은 제도는 당시 일본 신분사회의 특수한 관행이었다. 이 당시 그 가문은 평소에는 농사를 지으며 생활하다가 국가가 위급한 상황이 되었을 때는 병졸이 되는 최하급 사무라이 집안이었다.

그래서 6살 어린 나이에 양아버지가 하던 가업인 병학사범(兵學師範)을 물려받게 되었지만 어린 나이였기에 하기 번(萩藩) 정부에서는 가업인 병학사범에 대리교수로 하여금 그 업무를 수행하게 했다. 그래서 또 한 명의 숙부인 다마키 분노신이 후견인 역할을 하게 되었다. 다마키 분노신도 요시다 다이스케와 마찬가지로 병학을 연구했기에 후견인으로서 역할을 할 수 있는 능력의 소유자였다.

요시다 쇼인은 숙부인 다마키 분노신으로부터 엄격한 교육을 받았다. 쇼인은 성실하게 유학과 병학을 연구했다. 한편 다마키 분노신은 하기(萩)에 사립학교인 쇼카손 주쿠(松下村塾)를 세워 유학, 병학, 새로운 학문을 교육했다. 이런 과정을 통해 쇼인은 다방면의 학문을 습득하게 된다.

1840년 11살이 되었을 때는 야마가류 병학(山鹿流兵学)에서 교범으로 활용하는 무교전서(武校全書)를 훌륭하게 강의하여 조슈 번(長州藩)의 번주인 모리 다카치카(毛利敬親)와 관료들을 놀라게 했다. 무교전서는 야마가류 병학의 원조인 야마가 소코(山鹿素行)가 남긴 훌륭한 병학서적이다.

그리고 어린 나이에 세계에 대한 견문을 넓힐 수 있도록 도움을 준 사람도 있었다. 그는 무라타 세이후(村田淸風)라는 인물로, 조슈 번의 산업발전에 크게 이바지했다. 또 국가의 위난을 대비하기 위해서는 서양식 군대를 양성해야 한다고 역설했다. 14살이던 쇼인은 병학사범으로 그가 주관하는 훈련에 참가하여 서양식 전투 방법과 포술 등을 익혔으며 국방의 중요성에 대해 실감했다.

또 야마다 우에몬(山田宇右衛門)이라는 사람이 있었는데, 그는 에도(지금의 도쿄)에 가서 많은 정보를 수집해 왔다. 특히 네델란드어로 만들어진 세계지도의 일본어 번역본을 구해 와서 열람하도록 배려했다. 요시다 쇼인은 이 지도를 통해 넓은 세계와 서양 세력이 동양으로 밀려오는 상황을 실감하게 되었다.

그리고 양부와 친분이 깊었던 야마다 마타스케(山田亦介)라는 인물이 있었는데, 그는 서양 세력이 인도와 중국에 세력을 넓히더니 이제는 일본 쪽으로 세력을 확장하고 있다는 사실을 깨우쳐 주었다.

이처럼 요시다 쇼인 많은 사람으로부터 지도를 받아 19살에 야마가류 병학사범으로 독립하게 되었다. 즉 후견인의 지도에서 벗어나 정식으로 명륜관의 병학사범으로 임명된 셈이다.

견문을 넓히다
규슈(九州) 지역을 탐방하다

조슈 번(長州藩) 번주의 신임을 받은 요시다 쇼인은 규슈 지역을 탐방할 수 있는 기회를 맞이한다. 당시 일본 백성은 자신이 거주하는 번(藩)을 벗어나서 다른 번으로 여행하려면 번주의 허가를 받아야 했다. 즉 통행권을 발급받아야 번을 벗어날 수 있었던 셈이다.

규슈로 가려면 혼슈와 규슈 사이에 있는 간몬해협(間門海峽)을 건너야 한다. 그는 1850년 8월 25일에 길을 떠나서 4개월 동안 규슈 지역을 탐방하고 12월 29일에 하기로 돌아왔다. 그는 규슈 탐방길에 오르기 전에 병학자이자 경제문제, 사회문제에 대해 식견이 있는 무라타 세이후(村田淸風)로부터 소개장을 받고 조언도 들었다.

당시 에도 막부는 쇄국정책을 실시했는데, 나가사키(長崎)만은 네덜란드에 개방하여 해외문물을 접하게 되었고 세계 정세를 피상적이나마 알게 되었다. 그는 하기를 떠나 간몬해협을 건너 규슈의 끝자락에 있는 히라도(平戶)에 도착했다. 히라도에는 야마가류 병학을 창시한 야마가 소코가 에도에 있던 공부방을 옮겨와서 오랜 세월 대대로 학통(學統)을 이어온 고장이다. 또 8세기경 당나라를 통해 대륙의 선진문물과 불교를 받아들였고 근세에 와서는 포르투갈, 네덜란드, 영국 등과 통상하면서 서양문물을 받아들인 곳으로 일찍이 개화에 눈이 뜨인 고장이기도 하다.

쇼인은 히라도에 도착해 무라타 세이후(村田淸風)가 써 준 소개장을 가지고 유학과 병학을 연구하는 하야마 사나이(葉山左內)와 야마가류 병학의 종가를 이끌고 있는 야마가 만스케(山鹿万助)를 찾아갔다. 하야마 사나이(葉山左內)는 유명한 유학자인 사토 잇사이(佐滕一齊)의 제자이자 양명학을 연구하는 학자이기도 했다. 요시다 쇼인은 히라도에 체류하는 동안 많은 서적을 탐독했고 여러 사람과의 교류도 이어갔다.

쇼인이 규슈에 체류하면서 깊이 깨달은 것은 구미 열강 등이 일본을 둘러싸고 각축전을 벌이고 있다는 사실이었다. 아편전쟁에 관한 책도 읽게 되었고, 근세 일본의 설계도라 할 수 있는 아이자와 세이시사이(会沢正志斎)의 〈신론(新論)〉, 양명학을 집대성한 〈전습록(傳襲錄)〉도 읽으면서 역사적인 문제 등 많은 것을 알게 되었다. 또한 이 많은 정보들이 에도로부터 온다는 사실을 알고 에도를 방문해야겠다는 생각을 한다.

쇼인이 만난 사람 중에는 유학자이자 과학자인 호아시 반리(帆促萬里)라는 사람이 있는데, 그로부터는 다음과 같은 사상도 전해 듣는다.

"능력에 따라 인재를 각 분야에 등용하기 위해서는 신분제도를 없애야 한다. 또한 대학을 세워 국가 발전에 필요한 인재를 양성하고 함선을 만들어 국방력을 증가시키며 무역을 확대하여 산업을 발전시켜야 한다."

4개월 동안의 규슈(九州) 지역 탐방은 그의 안목을 넓혀 주었고 사상 형성에 많은 영향을 끼쳤다. 그리고 그런 경험이 후에 메이지 유신

(明治維新)의 밑거름이 되었음은 말할 나위도 없다. 그는 규슈 지역 탐방 내용을 〈서유일기(西遊日記)〉에 자세히 담아 기록했다.

에도를 탐방하다

당시 권력을 쥐고 있던 도쿠가와 이에야스는 천왕이 있는 교토에서 멀리 떨어진 에도(지금의 도쿄)에서 국가를 운영하고 있었다. 즉 실질적인 수도는 에도일 수밖에 없었다. 따라서 모든 문물이 모이는 곳도 에도요, 모인 문물을 정제하여 각지로 보급하는 곳 또한 에도였다.

또 전국 각지에서 다양한 지식과 가치관을 가진 사람들이 모여 살게 되니 학자나 다이묘들은 에도에 학교를 세워 교육을 시켰다. 이에 각 번(藩)에서는 우수한 인재들을 에도로 보내 유학하게 하는 것이 당연하게 여겨졌다. 이런 시기에 요시다 쇼인은 조슈 번의 번주로부터 장래가 촉망되는 청년으로 인정받고 있었다. 마침 조슈 번의 관리들이 공적인 일로 에도에 출장을 가게 되었다. 이에 쇼인은 번주로부터 에도로 가는 행렬과 함께 동행하여 많은 것을 살펴보고 배워 오라는 명을 받게 되었다.

일행이 하기를 떠나 에도에 도착하기까지는 30여 일이 걸렸다고 한다. 쇼인은 도중에 구스노키 마사시게(楠木正成)의 묘를 찾아가 참배했다. 구스노키 마사시게는 1333년 가마쿠라 막부를 멸망시키고 천왕에게 충성한 사무라이다. 쇼인은 그 묘비를 보면서 작금의 에도 막부 체제를 종식시키고 천왕이 친정하여 국가를 발전시켜야 한다는 생각을 하게 된다. 이 생각이 훗날 메이지 유신(明治維新)을 결행하는 데 영향을 미쳤다고 볼 수 있다.

쇼인은 에도에 도착한 후 막부에서 설립한 관영학교에서 성리학(性理學)을 가르치는 아사카 곤사이(安積艮斎)와 야마가류 병학(山鹿流兵学)의 종가인 야마가 소스이(山鹿素水)가 운영하는 학교에 가서 유학과 병학을 공부했다.

그러나 이들이 공부하는 방향이 서양의 학문을 배척하고 기존의 학문만 고집하고 있는 것에 실망하게 된다. 쇼인은 학문의 실용적인 문제에 대하여 깊은 생각을 했다. 작금의 현실로서는 학문하는 그 자체에만 머물지 말고 일본을 위협하는 서양 세력에 일본을 보위하는 문제에 대해 고민하면서 실용적인 학문을 지향해야 한다고 생각했다.

이런 생각 저런 생각을 하며 고민하고 있을 때 지난해 규슈(九州) 탐방 때 만나 끈끈한 정을 쌓은 미야베 테조(宮部鼎蔵)를 만나게 되었다. 그도 자기 번의 정책에 따라 에도로 견문을 온 것이다. 둘은 에도 막부가 서양 세력의 위협 앞에 제대로 대비를 못하고 있는 현실에 대해 개탄하면서 군사 요충지의 방어체제를 살펴보았다.

탐방이 끝나고 돌아온 쇼인에게 조슈 번 출신의 학자인 다가미 우헤타(田上宇平太)가 지금 에도에서 뛰어난 학자로 존경받고 있는 사사쿠마 쇼잔(佐久間象山)을 찾아가 보라고 권해 주었다. 그는 병학과 세계정세에 대해 해박한 학식을 가진 학자였다. 이에 두 사람은 그가 설립한 학교에서 공부를 하게 되는데 사사쿠마 쇼잔을 통해 국내외 문제에 대해 많은 것을 알게 되었다.

동북 지역을 탐방하다

에도를 함께 돌아본 요시다 쇼인과 미야베 테조는 뜻을 같이하며 이번에는 동북 지역을 함께 돌아보기로 했다. 동북 지역에 있는 여러 번 (藩)들이 예로부터 천왕에 대한 충성심이 강하게 뿌리박힌 지역으로 알려져 있었다. 지금의 에도 막부는 천왕을 허수아비 같은 존재로 취급하면서 쇼군의 의지대로 정치를 하고 있었다.

제2대 미토 번(水戸藩)의 번주였던 도쿠가와 미쓰쿠니(德川光圀)는 사마천의 〈사기〉를 읽고 크게 감명 받아 일본의 천왕에 대한 역사를 〈대일본사(大日本史)〉라는 책으로 편찬하기 시작한 인물로 유명하다. 미토 번주였던 그의 노력은 '미토학(水戸学)'이라는 학문으로 체계화되었고, 에도 막부 말기에 불기 시작한 '존왕양의(尊王攘夷)' 운동의 핵심 사상으로 전개되고 있었다. 이는 후에 메이지 유신의 사상적 원동력이 되었다.

요시다 쇼인이 에도 탐방에 이어서 동북지방을 탐방한 과정을 간략하게 살펴보면 다음과 같다.

에도를 떠나 미토(水戸)와 아이즈(会津)를 거쳐 호쿠리쿠(北陸) 지방을 돌아서 다시 북상하여 쓰가루(津軽) 반도까지 4개월에 걸쳐 탐방했다. 당시 쓰가루 해협을 통해 서양의 선박들이 아무런 제재 없이 일본 영해를 왕래하는 상황을 보고 국가 보위의 중요성에 대해 절실하게 개탄했다. 쓰가루 해협은 혼슈(本州)와 홋카이도(北海道) 사이의 바다를 말한다.

쇼인이 미토 번을 탐방했을 때 규슈 탐방 시에 읽고 감명을 갚은 〈신론(新論)〉의 저자인 아이자와 세이시사이(会沢正志斎)를 만나 대화를 나누게 된다. 〈신론(新論)〉은 존왕양이 사상을 논리적으로 정리했고 국가의 정체성을 천왕을 중심으로 전개해야 한다고 피력해 훗날 메이지 유신에 지대한 영향을 끼친 서적이다. 그리고 미토학자들을 만나 대화하거나 강의를 듣는 과정에서 그는 국체를 올바로 세우는 것이 일본의 미래와 번영을 위해 필요하다고 자각한다.

한편 미토 번의 제2대 번주로서 미토학(水戶学)의 기초를 세운 미쓰쿠니의 별장과 가시마 신궁(鹿島神宮)을 둘러보고 나서, 1년 전 규슈를 탐방했을 때 규슈가 조수 번보다 광활하다고 감탄했는데, 이곳은 규슈보다 더 넓다며 감탄했다. 이처럼 미토 번을 탐방하면서 안목이 넓어진 쇼인은 일본의 역사에 대해 공부하면서 자신의 사상을 구체화시켜 나갔다. 그는 미토에서 20여 일을 보내고 후쿠시마(福島) 현의 서부 중심도시인 아이즈 와카마쓰(会津若松)로 이동해 공립학교인 일신관(日新館)을 견학했다.

이어서 니카타(新潟)로 넘어가 에도 막부의 재정적 기반을 마련해 준 일본의 최대 금광이 있는 사도섬(佐渡島)의 아이카와(相川)를 둘러보았다. 이 금광은 연간 25,000kg의 금을 채굴했으며 광부들은 사회에서 죄를 짓고 끌려오는 사람이 많았으며 환경이 열악하다는 것을 알고 약간 흥분된 마음을 가져보기도 했다.

다시 북쪽으로 올라가서 아오모리(青森) 현에 속하는 히로사키(弘前)에서는 유학자인 이토 바이켄(伊東梅軒)을 만나 군사교육과 일본의 역사에 대해서 많은 대화를 했다. 그리고 혼슈(本州)의 최북단 고도마리(小泊)에서는 필리핀 등지를 다니며 무역업에 종사한 한 상인을 만나 해외 사정에 대해서도 많은 대화를 나누었다.

다시 북쪽으로 올라가서 혼슈의 끝자락인 닷피자키(竜飛崎)에서는 다시 한 번 쓰가루 해협을 건너 멀리 홋카이도를 바라보니 가슴속에

애국심이 안개처럼 피어올랐다.

동북지방 탐방은 〈동북유일기(東北遊日記)〉라는 책에 기록했다.

시대를 거스르다
통행증이 필요하다

두 사람의 동북 지역 탐방은 막을 내렸으나, 한 가지 문제가 생기고 말았다. 요시다 쇼인이 에도를 방문했을 때는 하기 번으로부터 통행증을 발급받았지만, 동북 지역을 방문했을 때는 통행증을 발급받지 못했다. 이는 당시 법률상 위법행위에 해당했다.

사실 요시다 쇼인은 당시 하기 번에 동북 지역을 방문할 수 있는 통행증을 신청했는데 어떤 이유에서인지 통행증 발급이 지연되었고, 그는 통행증 없이 주의 경계선을 넘은 것이 되어 체벌을 면할 수 없었다. 이에 쇼인은 가문의 폐절과 함께 무사 신분을 박탈당했다. 이는 쇼인이 무사가 아니라 낭인 신분으로 전락하게 되었음을 뜻한다. 그리고 조슈 번으로부터 부여받은 병학사범이라는 신분도 박탈됨으로써, 병학사범에 할당된 토지까지 몰수당했다.

뿐만 아니라 아버지 스기 쓰네미치(杉常道) 또한 평민 신분으로 추락했다. 모든 가족이 의기소침해 있을 때 아버지는 쇼인에게 희망을 가지라며 다음과 같은 말로 위로했다.

"이번에 뜻하지 않게 잘못을 저질렀으나, 너는 뜻하는 바가 원대하다. 모든 일에는 모두 때가 있는 법이니 준비하며 기다리거라."

고향 하기로 돌아온 쇼인은 생가에서 근신하며 여행에서 크게 느꼈던 일본 역사와 해상 방위 그리고 유교에 관한 지식 탐구에 몰두했다.

근신형에서 풀려나다

쇼인이 근신 중에 아버지는 조슈 번 정부에 쇼인이 통행증 없이 동북지역을 방문한 것은 지적 욕구에 의한 충동으로 저지른 행동이니 너그럽게 용서해 달라는 내용의 탄원서를 제출했다. 탄원서의 효과 덕분인지 1850년 1월 쇼인은 근신형에서 풀려나 국내 여행을 해도 좋다는 연락을 받게 되었다. 조슈 번주 또한 쇼인의 재능을 알고 있었기에 그의 재능을 발휘할 수 있도록 배려한 것이다. 쇼인은 지체 없이 하기를 출발하여 동남쪽인 히로시마(広島), 오사카(大阪)를 거슬러 올라가 야마토(大和) 방향으로 탐방에 나섰다.

이 여행에서 쇼인은 모리타 셋사이(森田節斎)라는 유학자와 조우하게 된다. 그는 난해한 한문 문장을 올바르게 해석하는 천재적인 재능을 가진 유학자였다. 쇼인은 셋사이를 따라 오사카(大阪) 주변을 살펴보고 허심탄회하게 대화했다. 그리고 쇼인은 셋사이의 소개로 당시 열렬한 천왕주의자였던 다니 산잔(谷三山)을 찾아가서 대화를 나누었다. 다니 산잔은 사립학교를 설립하여 학생들을 교육하고 있었는데, 학생들에게 '일본과 일본 국민은 신성하다'라는 국수주의적인 사상을 주입하고 있었다. 그들은 '미토학'에 대해서도 많은 대화를 나누었다.

그 뒤 쇼인은 에도로 넘어와 즈이센지(瑞泉寺)를 찾아가 주지인 지쿠인 스님(竹院和尚)을 만난다. 지쿠인 스님으로부터는 너무 명성이나 재물을 탐하지 말라는 조언을 듣기도 했다. 이때 쇼인의 나이 아직 20대 초반이었는데, 13,000리에 달하는 거리를 탐방하고 다닌 셈이다. 당시 쇼인은 각 지역의 풍습과 지형을 살펴보았다. 또한 다양한 학자를 만나 대화하고 책을 읽었으며 강론을 펼쳐 안목을 넓혔다.

그가 여행을 통해 많은 사람을 만나고 안목을 넓힌 것은 아직 현실을 제대로 인식하지 못한 조국 일본을 깨우치기 위한 노력이었다. 그의 용기와 행동력은 그 자체만으로 귀감이 될 만하다고 하지 않을 수 없다. 지금도 일본 곳곳에는 쇼인의 발자취가 남아 있다.

흑선이 출몰하다

요시다 쇼인이 일본의 곳곳을 누비며 견문을 넓히고 있을 즈음, 에도 막부 정부는 서양 세력으로부터 항구 개방 압력을 받고 있었다. 1853년 미국의 동인도 함대의 사령관인 페리 제독이 최신형 군함 네 척을 이끌고 에도만 입구인 우라가(浦賀)에 나타나 항구 개방과 통상을 요청해 왔다.

그러나 에도 막부는 200여 년간 견지해 온 쇄국정책을 근거로 페리 제독의 요구를 받아들이지 않았다. 이에 페리 제독은 공포탄을 쏘며 위협했다. 페리 제독은 이미 개방된 나가사키로 가겠다며 다시 연락을 해 달라고 강요했다. 고심 끝에 에도 막부는 개항 여부를 협의하여 1년 뒤 답변을 주겠다고 페리 제독에게 전했다. 이에 페리 제독은 중국으로 갔다가 1년 뒤인 1954년 1월에 전보다 세 척이 많은 일곱 척의 함정을 이끌고 다시 나타나 재차 개항과 통상을 요구했다.

에도 막부와 페리 제독은 3월까지 네 차례의 교섭 끝에 시모다(下田)와 하코다테(函館)를 개방하는 통상조약을 맺게 된다. 시모다 항구는 에도와 오사카를 왕래하는 선박들의 주요 기항지였다. 그 뒤 미국 영사관이 설치되었고 이곳에서 비밀 통상수호 조약이 체결되었다. 하코다테(函館)는 홋카이도 남단의 도시로 교역이 번창했고 막부의 봉행소가 있던 곳이다. 에도 막부는 200여 년간 지켜온 쇄국정책을 미국에 의해 포기하고 개항하기에 이른다. 이에 국수주의자들은 이 조약에 대해 천왕의 의사와 무관하게 제멋대로 결정한 처사라며 에도 막부를 비난했다.

당시 쇼인의 스승인 사사쿠마 쇼잔(佐久間象山)의 학도들도 분개하여 목소리를 높였다. 쇼인 또한 물질적인 발전과 더불어 일본의 고귀한 정신인 야마토정신(大和魂)으로 일치단결해야 한다고 역설했다. 그리고 조슈 번에 편지를 보내 번도 군함을 두 척 이상 건조 또는 구입하여 일본의 군사력을 길러야 한다고 역설했다.

그러나 조슈 번 관리들은 전통적인 방식만을 고집했다. 한편 쇼잔도 일본의 젊은이를 외국에 유학 보내서 그들의 현대화된 기술을 익혀 일본을 근대화시켜야 한다고 역설했다. 당시 일본은 네덜란드와 교역하면서 서양의 문물을 이미 받아들이고 있었다. 네덜란드는 일본이 서양 세력과 통상을 한 최초의 국가이다. 그들을 통해 화약 제조, 유리 제조, 종두법, 사진 제작술 등의 기술이 전래되었다.

미수에 그친 밀항 계획

당시 에도 막부의 통역관 중 한 명이 있었는데, 그의 원래 직업은 어부였다고 한다. 어느 날 고기를 잡으러 나갔다가 큰 파도를 만났다. 예상치 못한 파도에 휩쓸려 어딘지도 모를 먼 곳에서 표류하다가 미국 선박의 구조를 받았다. 그 선박은 미국으로 향하던 참이라, 그 어부를 위해 일본으로 방향을 틀 수 없었기에 그대로 미국으로 갔다. 그리고 그 어부는 미국에서 영어를 배우고 나중에 귀국하여 에도 막부에서 통역관으로 일하고 있었다.

　요시다 쇼인은 당시 일본 앞바다에 정박해 있는 미국 군함 흑선을 보고 그 웅장함에 크게 놀랐으며, 동시에 그 어부의 사례를 떠올리며, 표류를 가장한 밀항 계획을 세웠다. 물론 미야베 테조 같은 친구는 무모한 짓이라며 극구 만류했지만 쇼인의 결심을 꺾을 수는 없었다.

　당시에는 외국으로 탈출하다 발각되면 사형이었다. 한창 밀항을 계획하던 중, 1년 전 나가사키에서 만난 가네코 시게노스케(金子重之輔)라는 친구가 자기도 밀항을 생각하고 있었다고 했다. 두 사람은 의기투합하여 미국 함정이 정박하고 있는 가나가와 항구로 갔다. 하지만 그 함대는 이미 시모다(下田) 항구로 떠나가고 없었다.

　두 사람은 서둘러 함대가 정박하고 있다는 시모다(下田) 항구로 갔다. 그리고는 미국 함대의 사령관인 페리 제독에게 줄 편지를 써서 육지에 잠시 상륙한 미국 군인에게 그들의 하소연을 적은 편지를 전해 주었다. 당시의 편지 내용을 요약하면 다음과 같다.

　"우리는 책을 통해 발달된 미국 문화에 대해 알게 되었다. 하지만 일본의 법률이 엄격하여 해외에 나갈 수 없다. 배만 태워 준다면 무슨 일이든 할 터이니 우리를 미국으로 데려 가 달라. 만약 이 편지 내용이 밖에 알려지면 우리는 사형을 면치 못할 것이므로, 기밀 유지에 특별히 유념해 달라. 어두운 밤에 조각배를 이용해 귀 함대에 접근하겠다."

　1854년 3월 27일 새벽 2시 준비를 마친 두 사람은 조각배를 저어 미국 함정으로 접근했고, 그들을 발견한 경계병에 의해 갑판으로 올라갔다. 그들은 통역사인 윌리엄스에게 사정을 이야기했고, 윌리엄스는 페리 제독에게 밀항을 요청한 일본 청년 문제를 보고했다. 그런데 보고를 받은 페리 제독은 두 사람의 밀항 요구를 거절했다.

페리 제독은 두 일본 청년이 미국 문화를 배우고자 죽음을 각오하고 밀항하겠다는 생각은 기특하나, 지금은 일본과 조약을 맺은 직후이기 때문에 양국 간 원만한 조약 이행을 위해서 부득이 거절할 수밖에 없었다. 그래서 미 해군은 보트를 이용해 두 사람을 시모다 해안까지 태워다 주었다. 이 사건과 관련하여 페리 제독은 〈중국해와 일본에 대한 미국 함대의 탐험 이야기(Narrative of the Expedition of an American Squadron to the China Seas and Japan)〉라는 책 속에 다음과 같은 글을 남겼다.

"넓은 세상의 현실을 배우고 돌아와 일본을 근대화시키겠다며 목숨까지 버리고 밀항하려 한 그들의 행동에 대해 큰 감명을 받았다. 일본은 현재 이 두 청년의 도전정신만큼 강한 면을 보인 것은 없다. 지금은 엄격한 법이 그들을 억눌렀지만, 만약 모든 일본인이 이 두 젊은이와 같다면 일본은 미국만큼 강해질 것이다."

덴마초(伝馬町) 감옥에 갇히다

그 사건은 그렇게 끝나는가 싶었지만, 두 사람이 타고 나갔던 조각배가 나중에 발견되고, 그 전말이 밝혀짐으로써 그들은 물론 스승인 사사쿠마 쇼잔(佐久間象山)까지 수감되고 만다. 그 조각배 속에는 그들이 사용했던 소지품과 검이 있었고, 쇼잔이 쇼인에게 보낸 편지도 있었다. 그래서 그들은 도항 목적, 도피 경로, 협조해 준 사람에 대해 조사를 받았다. 결국 쇼인 일행은 정치범을 수용하는 에도의 덴마초(伝馬町) 감옥으로 옮겨졌다.

쇼인은 덴마초 감옥에서 조사를 받으면서도 주변의 수감자들에게 현재의 서세동점 상황을 설명해 주면서 우리는 서양에 가서 공부하여 일본을 근대화시켜야 한다고 주장했다. 이들은 감옥에서 6개월 동안 수감되었다가 9월에 고향 조슈 번으로 유배시키는 한편, 외출 및 외부인 접촉 금지에 해당하는 근신형에 처했다.

조슈 번의 하기(萩)에 도착한 후 쇼인은 노야마(野山) 감옥에, 시게노스케는 이와쿠라(岩倉) 감옥에 수감되었다. 그런데 근신형에 처한 이번에도 막부의 결정은 왠지 죄를 가볍게 다룬 느낌이 있었다. 그럼에도 막부는 왜 근신형이라는 가벼운 처벌만 내렸을까? 그것은 쇼인이 서양에 대한 강한 탐구심과 서양의 현실을 배우고 귀국하여 일본의 발전에 이바지하겠다는 애국심을 참작하여 판결했다고 한다.

한편, 이와쿠라 감옥에 갇혀 있던 시게노스케의 건강 상태가 좋지 않다는 소식이 들려오더니, 이듬해 1월에는 감옥에서 병사했다는 소식이 들려왔다. 쇼인은 함께 목숨을 걸고 일본의 근대화를 꿈꾸던 동지이자 친구이며 제자였던 시게노스케의 사망 소식을 듣고 매우 슬퍼했다. 지인들에게 그를 애도하는 비석을 세울 것을 부탁했다. 지금도 이와쿠라 감옥 터에는 그를 기리는 쇼인의 시비와 추모비가 세워져 있다.

쇼인은 감옥에서도 일본의 미래를 걱정했으며 고뇌를 달래기 위해 독서에 열중했다. 교도관의 배려로 등잔을 넣어 주어 밤에도 독서에 열중했다. 1년도 채 안 되는 기간 동안 노야마 감옥에서 읽은 책이 500여 권에 이르렀다고 한다. 쇼인의 세계정세에 대한 해박한 지식과 열정에 수감자들은 존경과 감탄을 보냈다.

그는 우리 일본도 훌륭한 인재를 기르고 뜻을 함께 모으면 서구의 침략을 막을 수 있다고 역설했다. 이어서 여러분은 지금 감옥에서 고생하고 있지만 언젠가는 일본의 발전을 위해 일할 수 있는 인재로 성장해야 한다고 호소했다. 비록 지금은 부자유한 몸이지만 나라를 위해 훌륭한 인재가 될 수 있다는 가능성을 그들의 마음속에 심어 주었다.

쇼인은 또 다른 한편으로 〈맹자〉에 대한 강의를 열성적으로 해 주었는데 이것을 보고 교도관들도 감동하여 먹과 붓을 마련해 주었다고 한다. 그리고 면회 온 사람들도 그의 강의를 들을 수 있도록 배려해 주니 감옥은 학교와 같은 느낌을 갖게 되었다. 더 나아가 쇼인의 강의에 심취하여 감옥으로 찾아오는 사람도 있었다.

그해 12월 쇼인은 다른 수형자들에게 모범이 되었다는 이유로, 집을 벗어날 수 없다는 조건으로 감옥에서 나왔다. 쇼인은 두 번 다시 조슈번에 폐를 끼치면 안 된다는 조건과 친척 외 그 누구도 만나지 않겠다고 서약했다. 가택연금 생활을 하면서 쇼인은 미국으로 밀항하려 했던 목적과 배경 등을 담은 〈유수록(幽囚錄)〉이라는 책을 저술했는데, 이 안에 정한론(征韓論)이 담겨 있다. 정한론은 조선을 정벌해야 한다는 주장이다.

쇼인의 이 주장은 훗날 대동아 공영권 이론으로 발전되었다. 쇼인의 망상은 훗날 일본이 19세기 초 아시아 주변 국가를 침략하는 정책에 영향을 주었다. 그의 사상은 태평양 전쟁으로 이어졌고 현 일본 극우 세력은 쇼인의 주장을 신봉하고 있다. 그래서 군함을 만들고 지역마다 해안가에는 포대를 만들고 훗가이도를 개척하고 캄차카와 오호츠크를 빼앗고, 조선을 정벌하고, 원래 일본 영토를 되찾아야 한다는 허무맹랑한 망상을 하고 있었다. 한편 북쪽으로 만주를 취하고, 남쪽으로 대만과 필리핀 제도를 확보해야 한다는 침략 망상에 잡혀 있었다.

쇼카손 주쿠에서 학생을 가르치다

쇼인은 어린 시절 숙부가 운영하던 사립학교 쇼카손 주쿠(松下村塾)에서 수준 높은 교육을 받았다. 그런데 숙부 다마키 분노신(玉木文之進)이 번정(藩政)에 참여하게 되면서 학교를 정상적으로 운영할 수 없게 되었다. 이에 학문이 낮은 친척이 맡아서 읽기, 쓰기, 주산 등 기초적이고 실용적인 것만 가르치고 있었다.

여기에서 공부를 하던 아이들이 하굣길에 근신형을 받고 있는 쇼인의 집에 와서 이런저런 질문을 하면서 공부를 하다가 집으로 돌아갔다. 쇼인은 학생들의 질문에 성의껏 대답하고 가르쳐 주니 쇼인의 덕망이 지역에 알려지게 되었다. 조슈 번에서는 죄를 짓고 근신 중인 자가 외부 사람과 교류하는 일은 금지되어 있지만 학생들의 교육에 협조하는 일로 여겨 눈감아 주는 실정이었다.

한편, 번의 공식학교인 명륜관에서 공부하던 학생들도 그의 학식과 덕망에 매료되어 쇼인을 찾아와서 가르침을 받게 되었다. 그리고 쇼인을 찾아와서 교육을 받고자 하는 학생이 늘어나는데 수용할 수 있는 교실이 부족했다. 처음에는 마구간을 교실로 사용하기도 했지만 쇼인을 찾는 사람들이 너무 많아 결국에는 쇼카손 주쿠를 직접 운영하게 되었다.

쇼인은 쇼카손 주쿠를 찾아와서 교육을 받으려는 학생들의 신분을 가리지 않았다. 그래서 천민의 자녀도 능력에 따라 배우게 했다. 그러다보니 다른 지역에서도 자취를 하면서까지 쇼인에게 배우겠다는 사람이 찾아오는 바람에 점차 학생 수가 늘어났다.

한편 쇼카손 주쿠에서 공부를 마친 학생들이 교토나 에도에 가서 생활하면서 알게 된 일본의 사정을 편지 등을 통해 전해오니 쇼인은 일본의 미래에 대해 걱정했다. 1857년에는 쇼카손 주쿠에서 공부한 학생이 90명을 넘었다고 한다. 이곳에서 공부한 학생으로 일본의 근대화에 이바지한 인물로는 이토 히로부미(伊藤博文), 마에바라 잇세이(前原一誠) 등이 있었는데, 훗날 메이지 유신(明治維新)의 주역이 되었다. 그 뒤에도 하기 땅에서 많은 인물이 배출되었다.

대옥사가 벌어지다

1854년 미·일 화친조약 체결 후 미국은 1856년 총영사로 타운젠트 해리스(Townsend Harris)를 파견한다. 부임 후 해리스 영사는 1857년 10월경 에도 막부에 미·일 수호조약을 체결하자고 압박한다. 당시 막부는 13대 도쿠가와 이에사다(德川家定)의 후계자 문제로 여러 세력이 첨예하게 대립하고 있었다. 그렇게 국내 정세가 혼란스러우니 미국의 압박에 제대로 대처하지 못했고, 그렇다고 무턱대고 해리스의 요구를 거절할 수만도 없었다. 그래서 궁여지책으로 천왕의 승인을 받을 수 있는 유예기간을 요청하며 시간을 끌었다.

그런데 정작 천왕은 미국의 요구에 불응한다는 사실이 알려지면서 막부는 우왕좌왕하게 되고 미국은 막부를 압박했다. 이에 막부를 비판하는 세력들은 막부가 제대로 대비하지 못해 이런 사태가 발생했다며 공격하니 정국은 혼란에 빠졌다. 쇼인 또한 지금까지 일본은 외세에 굴복한 적이 없는데, 이번 사태는 일본의 국체를 훼손하는 일이니 절대로 묵과할 수 없는 치욕스런 일이라며 탄원서를 조슈 번에 제출했다. 그러나 조슈 번은 그의 의견을 받아들이지 않았다.

이런 와중에 막부는 하코네 번주였던 이이 나오스게(井伊直弼)를 막부의 최고위직인 다이로(大老)에 임명하고, 그에게 천왕의 승인도 없이 미국과 통상조약을 체결하도록 했다. 여기에 그치지 않고 미토학을 신봉하고 천왕께 충성하며 막부의 정책을 반대하는 사람들을 체포하여 구금하는 대 옥사를 벌인다. 이른바 '안세이대옥(安政の大獄)' 사건이다. 이에 전국 각지에서는 막부 타도 운동을 벌이며 이이 나오스케를 암살하려고 했다.

쇼인 또한 여기에 합류하여 이이 나오스케의 오른팔 역할을 하는 마나베 아키카쓰(間部詮勝)를 암살하려는 계획을 세운다. 자신을 포함해 쇼카손 주쿠 출신의 제자 등 17명이 모여 암살 계획을 논의했다. 이런 그들의 계획은 조슈 번의 관리의 귀에 들어가고, 관리는 에도 막부에 이 사실을 알렸다. 이에 1858년 12월 에도 막부는 쇼인을 체포하여 노야마 감옥에 감금시켰다. 그는 감옥에 갇혀서도 교토의 서쪽에 있는 번(藩)들은 군대를 동원하여 막부를 타도하자고 외쳤다.

형장의 이슬로 사라지다

쇼인은 감옥에서도 막부 타도와 마나베 아키카쓰의 암살 실행을 요구했다. 하지만 대부분의 사람들로부터는 반응이 없었다. 그리고 소수이지만 쇼인을 끝까지 믿고 따르는 제자들이 뭉쳐 아키카쓰 암살을 실행하려 했지만 비밀이 거사 전에 누설되어 살인미수로 옥에 갇히는 신세가 되었다.

한편 에도 막부는 5월에 과격분자인 쇼인을 에도 감옥으로 이송하라는 명령을 내렸다. 에도 감옥으로의 이송은 살아서 돌아오기 힘들다는 것을 뜻했다. 이에 그의 제자와 지인들은 지금 잠깐 뜻을 굽혀 뒷날을 도모하라고 권유했으나 그는 뜻을 굽히지 않았다. 그는 지인들에게 이별의 편지를 써서 보내며 뒷일을 부탁했다.

쇼인은 죄수용 가마에 실려 조슈 번을 떠나 6월 하순 에도에 도착한 후 7월에 에도 막부의 최고법원에 끌려가 재판을 받았다. 쇼인은 아키카쓰를 암살하려 했다고 스스로 실토했다. 그래서 막부 관리들은 쇼인에게 살인 미수 판결을 내렸다. 10월 하순 쇼인은 자신의 죄를 기록한 용지에 서명했다. 사형에 처해질 것을 직감했다.

쇼인은 덴마초 감옥으로 면회 온 제자 다카스기 신사구(高杉晋作)에게 이렇게 말하며 죽음에 초연한 모습을 보였다고 한다.

"이 세상에 몸은 살았지만 마음이 죽은 자 있고, 몸은 죽었지만 혼을 남긴 이가 있도다. 마음이 죽으면 살아 있어도 좋은 게 없고, 혼이 살아 있으면 죽어도 손해 볼 것이 없다."

또한 그는 죽기 직전에 친구와 지인, 제자들에게 자신이 죽은 뒤에도 일본을 위해 힘써 줄 것을 당부하는 편지를 남겼다고 한다.

1859년 10월 27일 쇼인은 덴마초 감옥에서 형장의 이슬로 사라졌다. 막부는 쇼인의 시신을 발가벗긴 채 나무통에 넣어 사람들이 모르게 은밀한 곳에 버렸다. 쇼인의 제자인 이토 히로부미 등 4명이 시신을 찾아서 에코인(回向院)에 안장하고 묘비를 세웠다. 그 뒤 1862년 제자들은 하기(萩) 땅의 요시다 가문의 터에 쇼인의 머리카락를 묻고 묘비를 세웠다. 그 묘비는 지금도 하기(萩) 시가 내려다보이는 산 중턱에 보존되어 있다.

그 뒤 1863년 1월 메이지 천왕은 안세이대옥(安政の大獄) 때 처형된 사람들의 신원을 회복해 주었고, 1882년에는 쇼인을 신으로 모시는 신사(神社)가 세워졌다. 메이지 유신(明治維新)을 이끈 이토 히로부미 등 쇼카손 주쿠 출신들이 1868년 도쿄 지요다 구(千代田区)에 조슈 신사(長川神社)를 세우고 쇼인을 위시한 일본의 근대화를 꾀하다 죽은 쇼카손 주쿠 출신들의 넋을 기리는 신사(神社)를 세웠다.

1879년 조슈 신사(長川神社)는 야스쿠니 신사(靖國神社)로 이름이 바뀌어 오늘에 이르고 있다. 그 후 별도로 이토 히로부미 등 쇼카손 주쿠 출신들이 하기 땅에 쇼인 신사를 건립하고 쇼인의 유해가 이장된 5월 25일과 사형당한 11월 21일에 제사를 크게 지낸다.

야스쿠니 신사

또 조슈 번(長川藩)의 시모노세키(下関)에 사쿠라야마 신사(桜山神社)를 세우고 쇼인을 비롯하여 에도 막부와의 전쟁에서 조슈 번을 위해 몸 바친 300여 명의 비석이 세워져 있다.

요시다 쇼인의 사상
역성혁명과 일군만민론

쇼인의 사상은 무엇일까? 있다면 어떤 연유로 그와 같은 생각에 함몰되었으며, 어떻게 그런 바람을 일으켰을까? 〈맹자〉에 다음과 같은 일화가 있다. 어느 날 맹자는 제(齊)나라 선왕(宣王)의 물음에 다음과 같이 답했다고 한다.

群有大過則諫(군유대과즉간)
- 임금에게 큰 과오가 있으면 간하고
反復之而不聽(반복지이불청)
- 되풀이하여 간해도 듣지 않으면
則易位(즉역위)
- 임금을 바꿔 버려라.

이 내용에는 역성혁명(易姓革命)의 사상이 내재되어 있다고 볼 수 있다. 또 '진심장구(盡心章句)' 편에는 다음과 같은 말도 있다.

諸侯危社稷(제후위사직)
- 제후가 사직을 위태롭게 한다면

則變違(즉변위)
- 갈아 치워야 한다.

쇼인이 노야마 감옥에서 복역할 때 수감자를 교화하는 차원에서 서예, 하이쿠(俳句. 5·7·5조의 시) 짓기를 가르치면서 〈맹자〉도 강의했다. 그럼 〈맹자〉가 담고 있는 주된 사상은 무엇일까? 잘못된 왕조는 천명을 받은 세력이 힘으로 교체시킬 수 있다는 역성혁명 사상이 내제되어 있다.

요시다 쇼인은 머리가 총명했고 중국의 고전에도 조예가 있었다. 그런 그가 〈맹자〉를 콕 짚어서 가르쳤다면 〈맹자〉의 저변에 깔린 사상에 함몰되어 있었고 행동의 지표로 삼았다는 추론도 가능하다. 그가 지은 〈강맹여화(講孟余話)〉에 따르면 '천하는 천왕이 지배하고 그 아래 만민은 평등하다'는 일군만민론(一郡萬民論)을 주장했다고 볼 수 있다. 그런 그에게 일본의 정치체계를 바꾼다는 역성혁명은 수용 가능한 사상이었을까? 이 괴리에 대해서는 쇼인이 에도 막부에 품고 있던 생각과 관련이 있을 것이다.

에도 막부 말기인 1800년대 국가 안위가 서양 세력 앞에 풍전등화와 같을 때 책임소재에 대해 고민했을 것이다. 그 책임의 소재를 천왕에게서 찾을 것인가? 막부에게서 찾을 것인가? 중국을 예로 들자면 중국의 황제가 제후에게 일정한 봉토를 주고 그 지역의 통치를 위임했는데, 잘 다스리지 못했다면 그 책임은 누구에게 있는가? 쇼인은 제후에게 있다고 봤고, 따라서 작금 일본의 상황 또한 아무런 힘이 없는 천왕에게 책임이 있는 것이 아니라 실질적인 권력을 가진 에도 막부에 있다고 본 것이다. 그렇다면 그의 머릿속에 에도 막부 타도라는 목표가 형성되는 것도 이상하지 않다.

왕정복고의 당위성

천왕의 위상은 시대의 변화에 따라 변했다. 초기에는 제사나 주관하는 정도였고, 정치권력은 막부의 쇼군(장군)이 장악했다. 가마쿠라 막부(鎌倉幕府)에서 에도 막부(江戶幕府)로 오면서 막부의 부패, 쇼군가의 갈등, 무능력 등에 의해 국가 존립이 위태로울 때는 천왕이 정치권력을 장악하기도 했다.

한편 막부로부터 왕정복고로의 투쟁 시기도 있었다. 제96대 천왕으로 1319년에 즉위한 고다이고(後醍醐) 천왕 때를 살펴보자. 고다이고 천왕은 가마쿠라 막부의 섭정인 호조 씨(北條氏) 전왕으로 막부에 대한 불만이 고조된 시대가 있었다. 그때 고다이고 천왕은 자신을 지지해 줄 수 있는 지방호족과 다이묘들의 세력을 규합하여 거사를 비밀리에 도모하고자 했다. 그러나 천왕 측근의 배반으로 탄로 나는 바람에 고다이고 천왕은 가마쿠라 막부에 의해 1331년 오키제도(隱岐諸島)로 유배되었다.

그러나 그는 1333년 오키제도를 탈출했다. 이에 막부는 그를 토벌할 대장으로 아시카가 다카우지(足利尊氏)를 임명했다. 그러나 아시가가 다카우지는 천왕 측근의 감언이설에 현혹되어 막부에 등을 돌리고 천왕을 지지했다. 그래서 150여 년간 유지해온 가마쿠라 막부의 정권은 종말을 고하게 된다. 그리고 고다이고 천왕은 그해의 연호를 겐무(建武)라고 칭했다.

그런데 가마쿠라 막부를 배반하고 고다이고 천왕의 왕정복고에 공헌했던 아시카가 다가우지가 자신의 대우 문제에 대해 불만을 품고 규슈에서 10만 대군으로 반란을 일으켰다. 다급해진 고다이고 천왕은 오사카 지방의 호족인 구스노키 마사시게(楠木正成)에게 도움을 요청했다. 마사시게는 2천의 병력으로 교토 수호를 위해 분전했으나 중과부적으로 패하여 칠생보국(七生報國)을 외치며 가족과 함께 자결했다. 칠생보국이란 일곱 번 다시 태어나도 천왕을 위해 죽겠다는 뜻이다.

이와 같은 역사적 사실을 원용하여 구스노키 마사기게를 천왕에 대한 충성심의 표상으로 삼고 에도 막부 타도와 천왕의 재기를 주장하게 된다. 그래서 쇼카손 주쿠에서 수학한 학생이나 지인들에게 에도 막부의 무능함을 규탄하고 천왕을 받들어 서양 세력을 물리치자는 존왕양이 운동을 전개하게 되니 많은 파장을 일으켰다. 이때 쇼인은 마나베 아키카쓰(間部詮勝) 저격 음모에 연루되어 막부에 의해 체포당하게 된다.

〈유혼록(遺魂錄)〉에 담긴 사상

에도 막부는 250여 년 동안은 안정된 봉건 사회를 유지해왔으나, 18세기 말부터 서세동점의 격랑 속에 변화를 겪게 된다. 지금까지 견지해온 쇄국정책의 굴레에서 벗어나 미국, 네덜란드, 러시아 등 서양에 문호를 개방했다. 이는 서양의 발달된 문물을 스스로 받아들여 근대화에 기여했다기보다 서양의 강압에 의한 불평등한 강제 개방이라는 측면이 강했다.

이런 문제를 놓고 천왕을 지지하는 국수주의자들은 회의를 느꼈고,

국체를 파괴하는 행위라고 규탄했다. 즉 막부를 중심으로 움직이는 개화파와 천왕을 지지하는 천왕파는 심한 갈등으로 대립했다. 이런 와중에 마나베 아키카쓰의 암살 계획에 연루된 쇼인이 체포되어 노야마 감옥에 갇힌 후 수형 생활을 하다가 사형 당하는데, 당시 그가 남긴 일기 형식의 글이 〈유혼록(留魂錄)〉이다.

〈유혼록〉에서 쇼인은 자신의 의견이 막부 정책을 비판했다는 불경죄로 에도 막부에 의해 체포되어 처형될 처지이지만, 일본인으로서의 영혼이 이 세상에 남아 뜻한 바를 성취하고 싶다고 했다. 그래서 쇼카손 주쿠에서 공부한 문하생 및 동지들에게 자신의 뜻을 전달하기 위해 이 글을 작성했다고 언급되어 있다. 또 중국의 역사적 인물로 비극적 삶을 마감했지만 훗날 충신으로 평가 받은 조나라의 관고(貫高)와 초나라의 굴평(屈平)에 자신을 비유했다.

실제로 쇼인이 〈유혼록〉에서 외친 주장은 문하생들의 정치활동에 영향을 주어 일본의 역사를 전환시킨 원동력으로 나타났다. 쇼인이 〈유혼록〉에서 문하생 및 지인들에게 호소한 정치사상과 실천 내용이 도쿠가와 미쓰쿠니(德川光圀)가 주장한 미토학적 존왕양이론과 맥락을 같이한다고 말하고 있다. 그리고 요시다 쇼인은 자신의 사후에도 교류하라고 언급했다.

존왕양이(尊王壤夷) 사상

요시다 쇼인은 일군만민론(一郡萬民論)을 제창한 존왕론자이다. 일본은 신이 만든 나라이고 천하는 천왕이 다스리며 만민이 평등하다고 외쳤다. 일본의 천왕은 원래 종교행사를 주관하는 존재에 그 의미를 두었다. 그러나 난세의 영웅이라 칭하는 사무라이들이 함께하면서 존재 가치에 대한 변화가 생겼다.

사무라이들은 권력의 정당성을 천왕에게서 찾아 자신의 입지를 확립하고자 했다. 그래서 그들은 자신의 지지 세력을 이끌고 교토에 있는 천왕을 배알하고자 했다. 교토까지 가는 도중에는 반대세력의 방해 등으로 뜻을 이루지 못하고 좌절되거나 제거되기도 했다.

1192년 권력을 장악하고 가마쿠라 막부를 연 사무라이들은 통치 권력의 정당성을 천왕으로부터 찾고자 했다. 그래서 그들은 상징적인 존재인 천왕으로부터는 다음의 한 마디를 듣기 위해 고난을 무릅쓰고 교토로 향했던 것이다.

"이 난세를 평정할 수 있는 권한을 그대에게 주노라."

이 말을 들은 사무라이들은 자신이 행사하는 모든 권력은 천왕으로부터 위임받았다고 생각하고 막부를 구성하고 권력을 행사했다.

도쿠가와 이에야스는 임진왜란 후 많은 세력과 자웅을 다투었고 세키가하라(関ヶ原) 전투에서 승리한 후 에도 막부를 열어 250여 년간 일본을 통치했다. 그러나 1800년대 서양 세력에 의해 일본의 안위가 위태롭게 되자 존왕파들은 그 책임을 에도 막부에게 물었다.

이 난국을 극복하는 길은 에도 막부를 철폐하고 천왕에게 통치 권력을 되돌려 주자는 것이 쇼인의 생각이었다. 그는 초망굴기(草莽屈起)를 설파하며 한 지인에게 보낸 편지에서 "대중들이여 일어나서 막부를 타도하라!"고 외쳤다. 난세를 몰고 온 무능한 에도 막부를 없애고 천왕에게 모든 국가 권력을 주어야 한다는 이 생각은 얼마나 급진적이고 혁명적인 생각인가?

천왕파들은 에도 막부가 천왕의 의지를 거역하고 미국 등과 불평등한 조약을 체결한 것을 치욕으로 생각했다. 그리고 청나라가 아편전쟁에서 영국에게 무참하게 패한 것을 보고 서양의 발달된 문명을 배워 서양의 침략에 대비하자고 했다. 즉 한 걸음 후퇴하여 서양을 배워 서양의 침탈 행위를 저지하자는 존왕양이 사상을 내건 셈이다.

병탄(倂呑)과 개국 사상

도요토미 히데요시가 일본을 통일하기 전인 150여 년간의 전국시대(戰國時代)에는 강한 국가가 약한 국가를 침탈하여 병탄하는 혼란한 시대였다. 그러면 쇼인은 어떤 생각을 한 인물일까? 망상에 사로잡혔던 공상가라고 볼 수 있다. 앞에서도 언급한 것처럼 쇼인은 감옥에서 생활할 때 〈유수록(幽囚錄)〉이라는 글을 지었는데, 거기에서 일본이 무력을 길러 홋카이도와 오키나와를 병탄하고, 조선을 정복하여 조공을 바치도록 하며, 만주, 대만, 필리핀 등을 침탈하여 옛 영화를 누리자는 망령된 주장을 늘어놓았다.

이 얼마나 아시아 주변 국가를 침략하겠다는 야욕이 드러난 말인가? 쇼인의 이런 망상은 스스로 일본의 역사책인 〈고사기(古事記)〉에서 언급된 내용이라고 했지만, 일본의 역사학자들은 〈고사기〉의 그 어디에도 그런 내용이 없으므로 근거 없다고 일축한 바 있다. 또 조선이 일본을 상국으로 모시고 조공을 바쳤다고 하는데 그것은 조선의 통신사들이 외교적 임무를 띠고 방문한 것을 거짓으로 꾸민 흑색선전에 불과하다.

또한 일본은 중앙의 막부(幕府)와 지방정부인 번(藩)이 협력하여 정

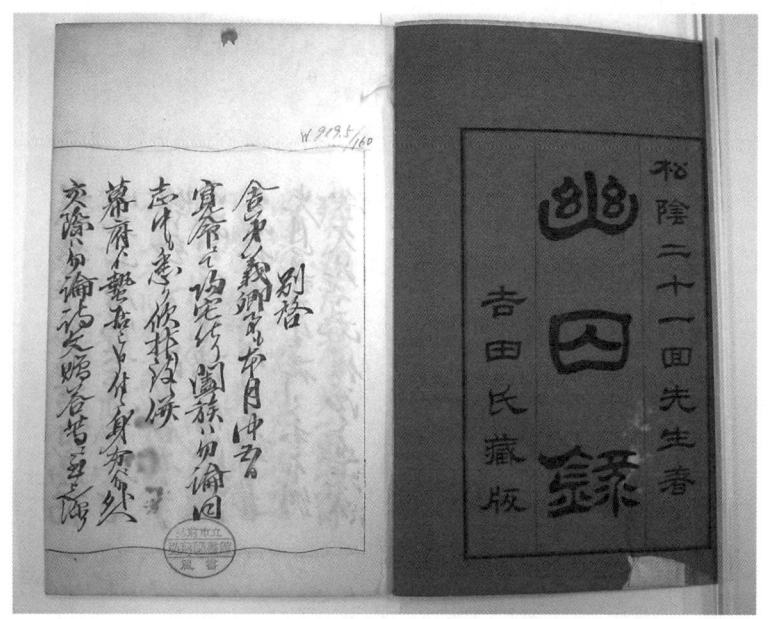

유수록

치가 이루어지는 막번체제(幕藩体制)이다. 쇼인은 '안세이대옥(安政の大獄)' 때 형장의 이슬로 사라졌는데, 죄목은 불경죄였다. 즉 지방의 하급 사무라이가 중앙정부인 막부의 결정에 대해 왈가왈부한 것으로, 하극상에 해당하는 불경죄로 보아 사형에 처한 것이다.

그는 〈유수록(幽囚錄)〉 등의 글을 통해 1853~1858년 사이에 서양 세력과 체결한 통상조약을 거울 삼아 앞으로 일본의 대외 정책을 제시하면서 일본이 독립 국가로 발전할 수 있는 방향을 제시했다. 그는 개국을 통해 서양의 문물을 받아들여 개화하고, 국위를 해외에 떨쳐야 한다고 주장한 개국론자이다.

그는 일본의 안위를 위협하는 외국 세력을 몰아내야 한다는 것에만 집착하는 단순한 쇄국론자가 아니었다. 지금까지 서양 세력과 맺은 불평등한 조약으로 국가 안위가 문제인데, 막부는 쇼군의 계승권을 둘러싸고 권력 싸움에 여념이 없다며 규탄했다. 심지어 결연한 표현으로 지금 일본은 망하는 길로 가고 있다고 주장했다.

후세에 끼친 영향

요시다 쇼인은 29년이라는 짧은 생을 살았지만, 그가 일본 역사에 미친 영향은 실로 지대했다. 그는 쇼카손 주쿠(松下村塾)에서의 가르침을 통해 당시 일본의 젊은이들에게 새로운 세상을 열기를 바랐다. 신분의 벽에 억눌려 생활하던 평민이나 천민에게는 큰 희망을 주었다. 어쩌면 신분의 벽을 허무는 계기가 되었는지는 모른다. 요시다 쇼인은 제자들에게 다음과 같은 말했다.

"학문도 중요하다. 그러나 학문을 아는 것에만 그치지 않고 실행하는 것이 남자의 길이다. 서재에서 시를 짓고 있는 것만으로는 뜻을 펼 수 없다. 사나이란 모름지기 자기의 일생을 한편의 시로 만들어야 한다."

이런 그의 가르침은 20대 초반의 피 끓는 젊은이들에게 얼마나 감동적이었을까? 그리고 그 역시 한편의 시처럼 살다가 갔다.

쇼카손 주쿠(松下村塾)를 거쳐 간 사람은 90여 명에 이르는데, 이 중에는 훗날 총리, 장관, 장군 등 걸출한 인물로 성장하여 일본의 현대화에 공헌한 인물들이 있다. 대표적인 사람이 이토 히로부미(伊藤博文)이다. 그는 메이지 유신(明治維新)을 단행하는 데 중추적인 역할을 했고, 일본의 근대화에 지대한 영향을 끼쳤다.

메이지 유신을 통한 일본의 근대화 과정과 서구 열강의 근대화 과정을 비교해 보면 큰 차이를 발견할 수 있다. 영국의 청교도혁명, 명예혁명, 프랑스 대혁명은 국민의 인권을 위해 왕권을 제한하기 위한 것이었던 데 비해, 일본은 천왕을 위해 충성하고 신명을 바치자는 주의였다. 그의 이런 사상은 태평양 전쟁 때 수많은 사람을 전쟁터로 내몰았고, 자국민뿐만 아니라 아시아 여러 나라의 국민들을 잔혹하게 희생시켰다.

그리고 쇼인의 이런 사상과 행동력은 지금껏 일본 극우파들에 의해 계승되고 있다는 사실을 깊이 새겨야 한다는 생각을 하며 글을 맺는다.

내 삶의 나침반 한·중·일 인물 열전

초판 인쇄 2024년 07월 10일
초판 발행 2024년 07월 15일

지은이 이공록 / **펴낸이** 서대종
편집 서승철 / **디자인** 박정현

펴낸곳 도서출판 담아내기 / **인쇄** 와이엠미디어
주소 서울시 마포구 희우정로 100, 5층 / **전화번호** 070-8820-5046
등록일 2020년 9월 24일 / **등록번호** 제2020-000259호

ISBN 979-11-972134-4-1 03910

* 이 책의 내용을 허가 없이 전재하거나 복제할 경우 법적인 제재를 받을 수 있습니다.
* 잘못된 책은 구입하신 서점에서 교환해 드립니다.
* 정가는 표지에 표시되어 있습니다.